外交学院一流学科建设文库系列丛书

联盟研究：

理论与案例

Study on Alliances: Theories and Cases

凌胜利◎著

世界知识出版社

图书在版编目（CIP）数据

联盟研究：理论与案例 / 凌胜利著 . --北京：世界知识出版社，2022. 6

ISBN 978-7-5012-6464-3

Ⅰ. ①联… Ⅱ. ①凌… Ⅲ. ①对外关系—理论研究—美国 Ⅳ. ①D871. 22

中国版本图书馆 CIP 数据核字（2021）第 264772 号

责任编辑　蒋少荣　张怿丹
责任出版　赵　玥
责任校对　陈可望

书　　名　**联盟研究：理论与案例**
Lianmeng Yanjiu：Lilun yu Anli
作　　者　凌胜利

出版发行　世界知识出版社
地址邮编　北京市东城区干面胡同 51 号（100010）
网　　址　www. ishizhi. cn
电　　话　010-65265923（发行）
010-85119023（邮购）
经　　销　新华书店
印　　刷　北京虎彩文化传播有限公司
开本印张　787 毫米×1092 毫米　1/16　28⅛印张
字　　数　470 千字
版次印次　2022 年 6 月第一版　2022 年 6 月第一次印刷
标准书号　ISBN 978-7-5012-6464-3
定　　价　98. 00 元

序　　言

联盟是国际关系中的古老现象，在古今中外都广泛存在。在中国古代，春秋战国时期诸侯之间战争不断，“合纵连横”便是这一时期联盟与反联盟战略的运筹。在西方，伯罗奔尼撒战争中的联盟战略运用也非常频繁。进入近代以来，国际关系中的联盟现象更是俯拾即是，第一次世界大战、第二次世界大战和冷战都有着非常浓厚的联盟色彩。在当前的国际关系当中，联盟依然具有重要影响。北约不断东扩导致欧洲地区出现地缘政治危机，其影响将极为深远。为了维护自身霸权地位，除了推动北约东扩，美国在亚太地区也不断强化联盟体系。美日韩、美日澳等小多边合作不断增加，美日澳印“四边机制”历经多年演变，逐渐成为美国亚太安全战略的重要支柱之一。美英澳也不断加强合作，形成美英澳三边安全伙伴关系，其盎格鲁—撒克逊色彩非常浓厚。此外，“五眼联盟”也不断拓展合作内容，正在由以情报合作为主的“议题联盟”向共同应对非传统安全问题和大国竞争的“多边联盟”转型。显然，联盟在国际关系当中的重要影响仍在继续。作为国际权力斗争的重要方式，联盟战略被许多国家频繁使用，也使得联盟研究存在大量实践案例。

鉴于联盟对国际安全的影响如此重要，加强对其的理论研究也十分必要。对于联盟形成、联盟管理、联盟分化等理论问题，学术界已经进行了大量的探讨。相对于联盟形成、联盟管理而言，联盟分化的研究在近年才被学术界高度关注，一些观点还在争鸣当中。相对于复杂多变的联盟实践而言，理论研究依然存在滞后的情况。类似联盟的国际安全合作、复合多元时代的联盟困境演变、联盟内部的安全与经济冲突等问题还有广泛的理论探索空间。随着国际环境的变迁，在传统军事联盟之外，有许多类似联盟性质的国际安全合作形式不断兴起，如国际联合阵线、议题联盟、志愿者联盟。这些国际安全合作形式既有一些联盟性质的合作内容，又相对军事联盟更为松散灵活，对这些类联盟的理论研究还有待加强。联盟困境与联盟实践如影相随，不过当前的联盟困境也发生了巨大的改变，这对联盟关系将产生何种影响，有待深入分析。鉴于各国之间的经济联系不断增加，联盟的安全与经济之间的张力也有所增加，对此加强分析对于理解当下的联盟关系具有重要价值。

坦率地讲，尽管中国历史当中不乏联盟实践，但对于联盟理论的研究创新还比较有限。当前中国已经旗帜鲜明地提出了“结伴不结盟”，希望国际社会能摒弃联盟政治的旧思维，探寻非联盟的国际安全合作形式。这也对中国学者的联盟理论研究提出了更高的要求。面对传统安全问题与非传统安全问题相互交织的局面，中国如何向国际社会提供一条国际安全合作的新思路？面对海外利益的安全保障压力日益增加，中国如何通过构建全球伙伴关系网络来解决安全问题？这些都需要中国学者从理论上加强研究。

非常高兴凌胜利博士的专著《联盟研究：理论与案例》能够付梓，这是他过去 10 多年深耕联盟研究领域的学术结晶。此书涉及联盟理论与实践诸多方面，既对联盟理论进行了相对系统深入的论述，也对联盟实践的诸多案例进行了鞭辟入里的分析。该书在凌博士讲授多年的联盟研究课程基础上写作而成，很大程度上吸收了师生互动过程中产生的新思想和成果，体现了教学相长，可以视为国内首部系统性的关于联盟研究的专著，也可以作为高校联盟研究课程的教材或国际安全、地区安全、战略研究等课程的参考资料。

作为他的博士生导师，我非常欣慰地见证了他的学术成长。他硕士阶段研究联盟转型，博士阶段主攻楔子战略，这些研究在国内都具有很强的开创性，也体现了他敏锐的问题意识。他关于楔子战略的研究深入独到，他还出版了国内首部关于楔子战略的专著《分而制胜：冷战时期美国楔子战略研究》，该书产生了广泛的学术影响。以联盟研究为基础，凌博士的学术专长聚焦于亚太安全、中美关系、中国外交，在这些领域他同样取得了不俗的学术成果。他主持的国家社科基金项目“中美亚太主导权竞争及其影响研究”质量上乘，以“优秀”等级结项，对中美战略竞争做了很好的前瞻性研究。如今，这本厚厚的《联盟研究：理论与案例》又将出版，这既体现了他的学术韧性，也展示了他的学术悟性。当然，联盟理论与实践领域还有不少值得探索的问题，需要进一步深入研究。本书难免有一些局限，如对于亚太地区之外的联盟实践较少涉及，在联盟研究中定量研究、大数据研究方法运用相对较少，等等。但总体而言，瑕不掩瑜，本书具有很高的学术水准，对于联盟理论与实践提出了不少富有建设性的观点，可以给学术界、政策界和社会各界提供参考。

王　帆

外交学院副院长、中国国际关系学会副会长

2022 年 4 月 12 日

目　录

第一篇　联盟理论研究

第二篇　美国亚太联盟体系

第三篇　双边联盟

第四篇　类联盟

第五篇　联盟的未来

导论：联盟研究的演进

联盟是国际关系当中既非常古老又不断焕发生机的事物。古往今来，人们对于联盟的探索与研究也从未中断。对于联盟的理论研究基本上涉及联盟概念、联盟类型、联盟形成、联盟管理、联盟转型、联盟分化和联盟瓦解七大问题。联盟研究的基本取向经历了从理性主义向认知主义的演变，研究方法实现了从定性研究向定量研究的发展，研究问题从联盟形成延伸到联盟瓦解，研究内容也从安全关系向安全与经济、安全与制度、战略与心理等方面不断拓展。① 总体而言，联盟研究具有很强的实践驱动性。虽然未来联盟的发展还面临着诸多不确定性，但联盟研究也会根据联盟实践的新变化而不断有所创新。冷战后，苏联领导的联盟体系虽然基本不复存在，但美国主导的联盟体系却不断调整，联盟实践依然有着丰富的内容。有关联盟的研究也开始更多从联盟形成转向联盟管理、联盟分化等问题，联盟研究的内容也超越了以往的硬实力、高级政治领域，开始向软实力、低级政治转变，有关内政、观念、经贸等安全之外的因素与联盟关系的研究日益增加，也推动了联盟研究进一步发展。

一、联盟概念

古今中外，联盟作为一种国际安全合作形式从未间断，联盟形式也是丰富多样，这就使得对联盟概念进行界定存在困难。何谓联盟，在英文当中，“Alliance”“Alignment”“Coaliation”等都表示一定程度的安全合作，不过存在安全合作的松散程度、有无盟约等差异。在当今国际关系的现实当中，人们经常听到“欧盟”“东盟”“非盟”“阿盟”等概念，这些国际组织也常

① 孙德刚：《联而不盟：国际安全合作中的准联盟理论》，《外交评论》2007 年第 6 期。

被误认为是联盟。由此可见，不对联盟的概念进行较为精确的界定，就无法确定联盟的研究对象和范畴，也使联盟研究甚至有可能出现“鸡同鸭讲”的现象。事实上，关于联盟概念的界定，学术界也存在一定的分歧，突出表现在联盟的范围是否要限定在传统安全范畴、联盟是否需要盟约等方面。较为严格的联盟概念主要将联盟视为国家间在安全领域通过签订盟约方式所形成的正式组织。如阿诺德·沃尔弗斯（Arnold Wolfers）认为，“联盟是指两个或多个主权国家之间所作出的关于相互间进行军事援助的承诺”。① 相对而言，这种安全承诺比较严格，确立了在军事方面互相进行援助的义务。格林·斯奈德（Glenn H. Snyder）则将联盟定义为“两个或多个主权国家之间利用武力对付外来威胁而形成的一种正式联合”。② 正式联合意味着需要就安全合作的权责进行明确的协商与规定。乔治·利斯卡（George Liska）认为联盟主要是指建立在利益或胁迫基础上的正式联合。③ 罗伯特·奥斯古德（Robert Osgood）认为联盟是一种正式协定，成员国承诺共同使用军事力量反对具体国家，其中一个或多个签字国在具体情况下承诺单方面或与盟国协商后使用武力。④

相比之下，较为宽松的联盟概念主要认为不必签订盟约，联盟也可以以非正式组织的形式存在。斯蒂芬·沃尔特（Stephen M. Walt）对联盟的界定相对宽泛，主要将联盟界定为两个或多个主权国家之间在安全合作方面所作出的正式或非正式的安排。与较为狭义的联盟概念界定不同的是，沃尔特将非正式的安全合作也看作联盟的一种形式，换言之，他认为缔结正式的条约或协定并不是建立联盟的必要条件。⑤ 约瑟夫·奈（Joseph S. Nye）也认为联盟不必一定要签订盟约，联盟是指主权国家为了确保共同的安全而相互之

---

① Arnold Wolfers, “Alliances,” in *International Encyclopedia of Social Sciences*, ed. David L. Sills (New York: Macmillan, 1968), pp. 268-269.

② Glenn H. Snyder, *Alliance Politics* (Ithaca: Cornell University Press, 1987), p. 4.

③ George F. Liska, *Nations in Alliance: The Limits of Interdependence* (Baltimore: Johns Hopkins Press, 1962), p. 12.

④ Robert E. Osgood, *Alliance and American Foreign Policy* (Baltimore and London: The Johns Hopkins Press, 1968), p. 17.

⑤ Stephen M. Walt, *The Origins of Alliances* (Ithaca: Cornell University Press, 1982), p. 12. 转引自于铁军：《国际政治中的同盟理论：进展与争论》，《欧洲》1999 年第 5 期。

间建立起来的正式或非正式的安排。① 相比签订正式的盟约而言，不签订盟约能够减少盟国间承受的压力，各盟国的行动也会相对灵活。

除联盟到底是否依据签署正式盟约进行区分外，冷战后对联盟概念界定所构成的最大挑战是“安全化”所带来的“联盟化”现象。以往联盟基本局限在传统安全领域，且联盟的存续时间较短，基本是为战争而准备。冷战后美国联盟关系的强盛不衰和调整转型，使得联盟不仅在传统安全领域不断加强合作，在非传统安全领域甚至是非安全领域的合作也日益拓展。联盟的合作内容实现了前所未有的扩大，这对联盟概念的界定也造成了极大的挑战。此外，国家间在安全领域的合作程度也是判断其是否属于联盟的重要因素。以往联盟的概念界定对于成员国间的安全合作的程度并未做详细规定，这也使得如何区分国家间的一般性安全合作和联盟性质的安全合作存在分歧，比如一些包含安全合作条款的战略伙伴关系是否可以视为联盟。为了避免对联盟框架下的安全合作作出过于宽泛的界定，可以将联盟的安全合作界定为联盟成员国就未来某成员国发生战争时的军事力量相互支援作出约定。

综上所述，联盟可界定为两个或两个以上国家在传统安全领域针对特定敌人或潜在威胁而形成的相互间须进行军事援助的安全合作关系。联盟的基本要素有四点：一是联盟的主体是主权国家，非主权国家不能成为联盟主体；二是达成盟约，不管是公开还是秘密，书面还是口头，都要求盟国间达成必要的军事合作共识；三是合作领域聚焦安全合作，即便联盟合作并不局限于安全领域，但毋庸置疑的是，只有在传统安全领域进行的合作才有可能被称为联盟；四是安全合作程度较高，国际安全合作形式具有多样性，安全合作程度不一，联盟是国际安全合作中程度较高的形式，涉及战时的军事相互支援。

总之，尽管联盟内涵与外延已历经变化，但联盟本质上依旧是国际安全合作的重要形式，无论联盟最终的合作内容如何拓展，联盟的核心仍是在传统安全领域进行较高程度的军事合作。

---

① 小约瑟夫·奈：《理解国际冲突：理论与历史》（第五版），张小明译，上海人民出版社，2005，第81页。

二、联盟类型

联盟是一种重要的国际安全合作形式，类型多样。联盟依据其成员多寡、有无核武器、实力对比可分成多种类型。

其一是依据成员国的多寡，联盟可以分为多边联盟和双边联盟。有关美国为何在欧洲建立了多边联盟，而在亚洲则建立双边联盟的讨论由来已久，近年来关于美国联盟的讨论更是转向是否会出现“亚洲版的北约”。相对而言，双边联盟和多边联盟的主要区别在于联盟的协调问题。一般而言，多边联盟比双边联盟的战略协同更为困难，这也使得多边联盟的制度化水平、联盟设计等诸多方面深受影响。

其二是根据有无核武器，联盟可以分为有核联盟和无核联盟。核武器的出现对战略与安全研究造成了前所未有的冲击，核武器成为影响联盟的突出因素，在联盟形成、管理与瓦解当中均具有重要作用。① 在有核联盟当中，还可以依据联盟成员国拥有核武器的数量再进一步区分。对于双边联盟而言，一国还是两国拥有核武器对联盟关系的影响非常显著。核武器对联盟关系的影响主要体现在延伸威胁的有效性和盟国的安全自助能力等方面，这涉及盟国间的威胁认知、联盟困境等多种因素。一般而言，由于核武器对于国家安全能力具有独特作用，这会使得联盟成员国核能力的变化影响联盟管理，甚至导致联盟关系破裂。

其三是根据内部的实力对比，联盟可以分为对称性联盟和非对称性联盟。当然，绝对对称性的联盟基本是不存在的，因为很难在同一时间在全世界找到两个实力完全相当的国家组成联盟，因而对称性联盟往往是指联盟成员国实力相差不大，彼此间的需求大体相当的联盟。对于对称性联盟而言，大国、中等国家和小国等不同类型的国家所组成的对称性联盟所持续的时间也有所不同。不过到底是抱团取暖的弱弱组合，还是强强联手的大国联盟更为持久一些，还有待深入研究。相对而言，对称性联盟一般都不如不对称性联盟关系持久。不对称性联盟是指联盟成员国之间实力相差较大，彼此间的

① 张景全：《核武器对同盟的影响——以朝核问题与日美同盟的互动为例》，《当代亚太》2009年第4期。

相互需求不对等，形成了不对称关系的相互依赖的联盟。在其中，强国与弱国之间往往存在“安全—自主”的交易，也就是说弱国往往需要牺牲一定的国家主权以换取强国的安全保护。

其四是根据进攻与防御意图，联盟可以分为进攻性联盟和防御性联盟。基于“安全平衡”的联盟形成观认为联盟基本是防御性的，是为了应对外部安全威胁而形成的；而基于“利益平衡”的联盟形成观则认为国家结盟是为了寻求利益扩大，是出于修正主义而非维持现状。不过对于进攻与防御的区分在国际关系学界争议不断，根据意图去判断联盟是进攻还是防御性的，面临着较大的不确定性，因为国家往往会隐藏其意图，而根据行为去判断又往往会为时已晚。进攻性联盟往往被认为更易于引发战争，不利于国际和平与稳定。不过联盟形成与战争之间的关系涉及多种复杂因素，难以基于单一因素而下定论。

其五是根据合作范围，联盟可以划分为军事联盟和综合性联盟。冷战后，由于安全威胁的多元化，联盟合作内容也有所增加。为了缓解联盟内部的矛盾，盟国间也往往寻求拓展联盟的共有利益基础，比如当前许多联盟不仅在安全领域加强合作，在经济、政治等领域的合作也不断增加，从而促使联盟内部通过多种交易实现利益协调，推动联盟延续；联盟成员国间的战略支持也不断增强，从而也使得联盟出现了军事联盟与综合性联盟的分野。相对而言，就目前美国的联盟来看，联盟转型的一大趋势就是从军事联盟向综合性联盟转变，联盟合作领域实现了前所未有的扩大。

其六是依据持续时间长短，联盟可以区分为临时性联盟和长期性联盟。以往的联盟大多是临时性联盟，战争一结束就解体。由于联盟对国家对外政策的限制性，一些国家对参与长期性联盟有所顾忌，典型的以英美为代表。英国曾经很长时期执行“光辉孤立”政策，偶尔为了维持欧洲大陆均势而参与临时性联盟；美国在一战后和在二战后在是否组建联盟上面临着巨大的国内限制，二战后通过相对变通的办法才组建了广泛的联盟体系。不过随着国家为了战争积蓄能量要求的增加以及国家之间战争频率的下降，联盟的延续时间有所增加，其平时管理也变得更加重要。

此外，对于联盟类型的区分还有多种其他观点。如摩根索将联盟分为利益一致型、利益互补型、意识形态一致型和政策一致型四类。① 也有学者将美国的联盟分为三类，即利益和政策一致型联盟、利益和政策互补型联盟、利益和政策暂时一致型联盟。② 保罗·施罗德（Paul W. Schroeder）则按照联盟的对内、对外功能将联盟分为作为权力增强工具的联盟与作为管理工具的联盟。马克·塞萨（Marco Cesa）则依据联盟成员间关系的紧密程度与联盟成员间的利益相容性对联盟进行分类，他将联盟分为实力增强型联盟、协调型联盟、霸权型联盟与飘忽不定型联盟。③ 这些划分涉及联盟内部各成员国之间的关系以及联盟的内部结构。如果将这些分类作为一种分析工具，会发现它们绝大多数涉及的是军事力量、安全利益这些联盟中最核心的问题。④

除了联盟外，准联盟是否也可以归结为一种联盟类型呢？对此学界存在分歧，孙德刚认为，“准联盟是指两个或两个以上国际实体在次级安全合作方针之上形成的安全管理模式，它与联盟、松散联盟、联合和协约等范畴之间存在类别上的差异。准联盟成员出于安全合作目的聚合力量，却不为安全合作签订正式盟约，体现出‘联而不盟’之特点”。⑤ 尽管准联盟是联而不盟，其实际上与联盟的功能相差不多，同样也存在联盟困境，因而准联盟是否能够与联盟并列也不乏分歧。

总之，依据不同的分类标准，联盟的类型千差万别。如果回顾联盟演变的历程，联盟类型恐怕更是千姿百态，因为现实往往比理论更为复杂。对联盟类型的划分能够为联盟理论研究提供帮助，不过联盟类型大多是复合而非单一的，同一联盟可能属于多种联盟类型，这在具体研究中需要格外注意。

---

① 汉斯·摩根索：《国际纵横策论——争强权、求和平》，卢明华等译，上海译文出版社，1995，第241页。

② 李小华：《美国联盟体系的层次分析》，《现代国际关系》1999年第11期。

③ Marco Cesa, “From Hegemony to Ambivalence: NATO 's Transformation and European Stability,” 1999, http://www.nato.int/acad/fellow/97-99/cesa.pdf.

④ Paul W. Schroeder, “Alliance, 1815 - 1945: Weapons of Power and Tools of Management,” in *Historical Dimensions of National Security Problems*, ed. Klaus Knorr Lawrence (Kansas: University Press of Kansas, 1976), pp. 227-262；杨毅：《安全联盟与经济合作研究——基于四种联盟类型的分析》，《世界经济与政治》2011年第10期。

⑤ 孙德刚：《联而不盟：国际安全合作中的准联盟理论》，《外交评论》2007年第6期。

三、联盟形成

国家为何要结盟，促使国家结盟的主要原因何在，这些一直是联盟研究的焦点。有关联盟形成的理论研究，目前主要有权力平衡、利益平衡与威胁平衡三种代表性观点。

权力平衡的代表性人物主要是现实主义的汉斯·摩根索、阿诺德·沃尔弗斯和新现实主义的肯尼思·沃尔兹。权力平衡体现了权力制衡的理念，联盟往往被视为国家增加权力的一种手段。在摩根索看来，均势是国际关系的铁律，为了实现权力制衡，国家往往可以采取三种方式，一是增强自我实力，也可理解为“强身健体”；二是通过结盟等方式壮大力量，也就是所谓的“借力打力”；三是阻止对手实力的增强，也即“孤立分化”。其中第二种涉及联盟战略，而第三种则涉及楔子战略。结盟行为向来被国际关系学者——尤其是现实主义学者——看作一种抗衡行为，亦即为了自身的安全进行的所谓“外部抗衡”。其原因在于，在安全和生存受到威胁时，处于无政府状态下的国家需要借助他国的力量来弥补自身的不足。① 联盟起源于国家追求权力、制衡强权的原始动机，基于以权力界定安全的逻辑，现实主义认为国家关注的是权力或安全的最大化。从权力平衡的角度来看，国家结盟大多是出于防御性目的。不过基于权力平衡来理解联盟形成，所面临的问题是国家如何判断自身权力和安全是否足够。

利益平衡论的代表性人物是新古典现实主义的兰德尔·施韦勒（Randall Schweller）。在他看来，“国家的结盟行为是由它们所认定的利益决定的，而不仅仅是由权力分布或所谓的威胁决定的，国家更关注谁拥有权力，而非权力的不平衡。利益而非权力，决定了国家如何选择敌友”。② 施韦勒认为国家存在不同类型，简单地可以分为维持现状国家和修正主义国家，这两类国家对于权力、安全的偏好有所不同。在联盟形成理论中，“权力平衡论”和“威胁平衡论”实际上假定国家都是维持现状偏好，是对现有国际体系和制

① 节大磊：《约束盟国的逻辑与困境》，《世界经济与政治》2016 年第 3 期。

② Randall Schweller, *Deadly Imbalances: Tripolarity and Hitler's Strategy of World Conquest* (New York: Columbia University Press, 1998).

度感到满足的国家，因而其更多追求安全最大化。不过事实上也有一些国家对现存国际体系或秩序感到不满，寻求变革甚至是颠覆现有秩序，更多地追求利益最大化而非安全最大化。这类国家实际上就是修正主义国家，其结盟动因更多是寻求利益扩张。① 国家结盟不仅仅是一种应对外在威胁的战略选择，也是主动追求权力、财富与价值等以增强自身的安全的手段。利益平衡论对国家结盟行为选择的动机有所区分，即权力平衡论与威胁平衡论更多地强调国家防御性的联盟动机，国家出于制衡强权或者对自身威胁最大的国家而选择结盟，利益平衡论则认为国家具有主动追求利益回报的进攻性动机。事实上，在不同的国际体系当中，由于国家所面临的体系压力有所不同，国家的制衡意愿也深受影响，其显著地影响了国家的结盟意愿。② 不过利益平衡论的缺陷在于联盟利益存在差异性，权力、安全和利益之间的关系如何厘清也不乏困难。

威胁平衡论的代表性人物是斯蒂芬·沃尔特。沃尔特认为国家结盟的原因更有可能是制衡威胁而非制衡权力或追求利益。国家的威胁认知决定了国家的结盟政策选择，地理距离、实力关系等因素决定了一个国家对其他国家的威胁认知。③ 威胁平衡论也被认为是联盟形成的认知主义分析路径，与安全平衡论、利益平衡论的理性主义分析有所不同。联盟形成的认知主义分析更加注重认知、心理、文化、历史等软性因素对联盟形成的影响，对国内政治因素的影响也更为重视。

总体而言，上述三种观点是有关联盟形成的主要代表性观点，对其的批评主要源自各自理论假定的缺陷和理论演进逻辑的不够严谨。④ 对于联盟形成的理论分析基本上可以分为理性主义与认知主义两种路径。理性主义的分析主要包括基于权力政治的联盟形成、基于利益回报的联盟形成、基于国内政治对国内动员和对外结盟的考量三种分析，而基于认知主义的联盟形成理论则主要存在基于规范认同的联盟形成理论、基于威胁应对的联盟形成理论、基于历史学习的联盟形成理论三种。⑤ 就具体研究问题而言，关于联盟

① 汪伟民、张爱华：《单极体系下的联盟理论与实践——初步的理论分析》，《世界经济与政治论坛》2006 年第 2 期。

② 刘丰：《制衡的逻辑：结构压力、霸权正当性与大国行为》，世界知识出版社，2010。

③ 斯蒂芬·沃尔特：《联盟的起源》，北京大学出版社，2007。

④ 周建仁：《联盟形成理论：评估及对中国的政策启示》，《当代亚太》2012 年第 3 期。

⑤ 尹继武：《国际关系中的联盟信任形成研究：一项基本评估》，《外交评论》2008 年第 2 期。

形成的理性主义分析主要涉及联盟需要什么样的共同利益基础、制衡性的联盟为何没有出现、国际结构如何塑造大国的联盟选择、地理因素如何影响联盟的形成以及联盟起源的其他根源有哪些五大问题。① 联盟形成的认知主义分析则涉及观念、历史经验、意识形态、政治制度等因素对联盟形成的研究。② 不过值得注意的是，国家的结盟动机非常复杂且不易判定，而联盟形成又是多个联盟成员国的选择结果，其中的联盟形成原因也就更为复杂。即便是同一个联盟，不同成员国的结盟动机也可能存在差异。

四、联盟管理

在联盟形成之后，联盟关系如何维系就涉及联盟管理，联盟管理贯穿于联盟形成到联盟瓦解这一过程之间。对于任何联盟而言，联盟管理都是无法回避的事情。“由于成员国均谋求其自身利益的最大化，因此收益与成本不符、责任与义务失衡成为联盟成员间无法克服的心理障碍。联盟的演变和沿革中，始终存在联盟管理与协调的难题。”③

从狭义上看，联盟管理是指联盟内部成员国之间对各自承担义务、应对威胁等的分配，主要依据的是所签署联盟条约的具体条款和规定；而在广义上，联盟管理包括联盟成员为协调各自行为而作出的正式或非正式安排。④ 联盟与战争的关系、联盟的行为、联盟对国际格局的影响等问题都是发生在联盟管理的背景下。因而只有理解了联盟管理，才能理解联盟政治的全过程。⑤

对于联盟管理的探讨离不开对于联盟功效的分析，因为联盟成员国往往会基于“成本—收益”的视角来权衡其联盟功效，从而影响其联盟政策。奥斯古德认为，联盟主要具有对外权力的增加、国家内部的安全、对盟国的约

---

① 宋伟：《联盟的起源：理性主义研究新进展》，《国际安全研究》2013 年第 6 期。

② 张景全：《观念与同盟关系探析》，《世界经济与政治》2010 年第 9 期；徐进：《当代中国拒斥同盟心理的由来》，《国际经济评论》2015 年第 5 期；梁军：《联盟的建立与维持：历史经验视角下的理论建构与思考》，《社会主义研究》2015 年第 1 期。

③ 王帆：《联盟管理理论与联盟管理困境》，《欧洲研究》2006 年第 4 期。

④ 刘丰：《美国的联盟管理及其对中国的影响》，《外交评论》2014 年第 6 期。

⑤ 苏若林、唐世平：《相互制约：联盟管理的核心机制》，《当代亚太》2012 年第 3 期。

束以及对国家秩序的影响四大功能。① 国家进行结盟实际上是有得有失，在获得联盟功效收益的同时，也相应地需要付出一定的成本。从经济学角度来看，责任与收益是联盟价值的评估指标，联盟成员国会据此来制定其联盟政策。② 联盟成本一般包括联盟硬成本与联盟软成本，前者指联盟的组织成本及联盟行动成本，后者指联盟的声誉与可信性。③ 在安全威胁并不迫在眉睫的情况下，联盟成员国大多会根据联盟的“成本—收益”来进行联盟相关政策决策，这也使得盟国之间如何协调成本分担、利益分享成为联盟管理的主要内容。

联盟管理的核心问题是联盟成员国联盟困境的调适。联盟困境存在于所有联盟当中，包含“被抛弃”和“被牵连”两个维度。④ 决定联盟安全困境程度的有三个因素：利益、依赖性和承诺。⑤ 在联盟内部，联盟成员国之间的联盟困境并不对称，这种联盟困境的不对称性也成为联盟管理的重要影响因素。不过当今世界的联盟除了传统联盟困境外，也存在联盟新困境，即联盟对手与联盟经济伙伴同一性困境导致的联盟对外政策的两难。⑥ 联盟困境是影响联盟管理的重要因素。联盟管理则是联盟成员国为了调适联盟“成本—收益”以缓解联盟困境的行为。联盟管理的主要手段包括权力强制、制度约束、利益协调等方式。此外，围绕着联盟管理，联盟与战争、联盟内部的经济与安全关系、联盟与对外政策等是主要的研究议题。

五、联盟转型

古往今来，联盟作为国际安全合作的重要形式一直延续至今，不过其内涵与外延在不断演变。最早的联盟往往是基于战争而形成的安全合作，大多只是临时性的，战争结束即迅速解体。随着战争所需资源增加，联盟也开始

---

① 转引自于铁军：《国际政治中的同盟理论：进展与争论》，《欧洲》1999 年第 5 期。

② 王帆：《联盟管理理论与联盟管理困境》，《欧洲研究》2006 年第 4 期。

③ 张景全、刘丽莉：《成本与困境：同盟理论的新探索》，《东北亚论坛》2016 年第 2 期。

④ Glenn H. Snyder, “The Security Dilemma in Alliance Politics,” *World Politics*, Vol. 36, No. 4, 1984, pp. 461-495.

⑤ 转引自王帆：《联盟管理理论与联盟管理困境》，《欧洲研究》2006 年第 4 期。

⑥ 张景全、刘丽莉：《成本与困境：同盟理论的新探索》，《东北亚论坛》2016 年第 2 期。

成为和平时期谋求有利权力格局、储蓄战而胜之能力的一种方式。一旦联盟不再局限于战场之上，联盟的内涵就开始超越狭义的军事安全领域，逐渐拓展到其他领域，由军事联盟演变为综合性联盟，由战时联盟转变为平时联盟，这也推动了联盟转型。

联盟变化不等于联盟转型，判断联盟是否转型需要对联盟进行概念化操作，设定一系列指标来进行评估。一般而言，任何一个指标发生变化都可以称为联盟变化，不过能够推动联盟转型的唯有核心变量。联盟转型一般指联盟性质、联盟内容、联盟职能、联盟结构与联盟形式等联盟核心变量发生变更所导致的联盟变化。① 也有学者认为联盟转型存在一个过程，本质和内涵会逐渐发生变化，集体安全、合作安全、安全共同体等均是联盟转型可能的结果。② 北约转型、美国亚太联盟转型是探讨比较多的案例。

冷战后，通过北约东扩、国际维和、实施传统防区外的军事行动等一系列举措，北约实现了功能调整与再造，由军事政治联盟转变为政治军事联盟。近年来，由于亚太地区的快速变化，美国亚太联盟也不断出现调整与转型。美国亚太联盟呈现出向“软联盟”拓展、向“影子联盟”演变和向“分权”趋势发展等特点。③ 通过联盟转型，美国缓解了与亚太盟国的矛盾，联盟转型也有助于增强盟国对其的战略支持。不过美国亚太联盟转型也存在不少问题。关于美国亚太联盟何去何从，“联盟过时论”和“联盟是维护地区和平与稳定的基础”这两种观点争论不休。美国亚太联盟在安全领域的排他性无法适应地区合作的包容性成为美国亚太联盟转型的重要难题。④ 目前美国的基本做法还是不断强化其亚太联盟，推动其转型，这也使得其联盟转型面临诸多问题，除了较为封闭的联盟体系与更为开放的亚太多边安全之间的外在冲突，联盟承诺的可靠性也成为其亚太联盟转型的难题。⑤

尽管联盟弊端日益增多，但联盟不会很快退出历史舞台。即便是盟国之间存在矛盾，解除联盟后再重建联盟的高昂成本也会促使联盟成员国尽可能维持联盟关系。联盟转型可以使得联盟在新环境下继续存在，但就总体趋势

---

① 凌胜利：《联盟的转型：一项概念分析》，《太平洋学报》2015 年第 3 期。

② 魏光启：《同盟演进的基本模式及其互动关系——兼论冷战后北约的演变》，《廊坊师范学院学报（社会科学版）》2014 年第 6 期。

③ 刘卿：《美国亚太同盟关系衍化新趋势》，《国际问题研究》2016 年第 2 期。

④ 杨毅：《美国亚太联盟体系的维系与转型》，《当代世界与社会主义》2015 年第 6 期。

⑤ 左希迎：《承诺难题与美国亚太联盟转型》，《当代亚太》2015 年第 3 期。

而言，仅仅聚焦于传统安全合作领域的军事联盟将越来越少，联盟合作领域扩大会成为联盟转型的常态。

六、联盟分化

国家将联盟作为一种增强权力、拓展利益、维护安全的工具，势必也会引起其对手的回应，使其采取措施来分化敌对联盟。相对而言，联盟分化的范围相对广泛，其主要是指削弱敌对联盟。事实上，联盟分化作为联盟形成的对立面可谓与之如影相随。楔子战略是谋求联盟分化的重要手段，在古今中外不乏使用。

中国古代战略研究当中对联盟分化的研究散见于一些兵书。例如，《孙子兵法》的“用间篇”实际上是谋求分化削弱敌人，其核心思想是破坏敌人的团结，削弱敌人的力量。① 《六韬》中的“少众”也谋求孤立分化敌人。② 中国古典联盟思想高度重视拆解敌对联盟的外交活动，主张以积极的外交活动分化瓦解敌对联盟，实际上这也是楔子战略的运用。③ 当前，由于中国崛起日益遭受美国亚太联盟的限制，如何分化美国亚太联盟也在近年来成为中国联盟研究的重要议题。削弱美国亚太联盟对中国的负面影响需要中国对周边国家进行区别对待。④ 基于不同议题领域的性质寻找与其他国家的共同利益，使中国一方面可以广交好友，另一方面也能避免被美国离间而孤立。⑤ 联盟分化存在瓦解对手联盟战略和阻止联盟扩大战略两个方面，其同样也是两种性质根本不同的应对策略。由于建立联盟比维持同盟更加困难，因此阻止联盟扩大要比瓦解对手联盟更加容易。⑥

联盟分化很难一蹴而就，针对不同的联盟，差异性战略也经常被实施。

---

① 王建宇、牟虹等译注：《孙子兵法·孙膑兵法》，中华书局，2006，第91页。

② 曹胜高、安娜译注：《六韬·鬼谷子》，中华书局，2007，第60页、第71页、第198页、第199页。

③ 李德义、于汝波主编《中国古典联盟战略》，军事科学出版社，2004，第10页；张鸿石：《中国古代经典联盟思想论纲》，《国际安全研究》2013年第6期。

④ 周方银：《美国的亚太同盟体系与中国的应对》，《世界经济与政治》2013年第11期。

⑤ 刘丰：《亲而离之：分化对手联盟》，《世界知识》2013年第5期。

⑥ 周建仁：《同盟理论与美国“重返亚太”同盟战略应对》，《当代亚太》2015年第4期。

联盟分化需要因时因地动态调整，联盟分化战略的调适过程可分为战略试错、战略变革与战略强化三个阶段。① 联盟分化的研究困难在于效果检验。由于联盟分化的原因可能多元复杂，确定联盟分化战略的效果在变量控制上还有些困难。不管如何，联盟分化都是客观存在的，对其战略机制的探讨是联盟分化研究的关键。

七、联盟瓦解

联盟瓦解的情况包括国家的机会主义行为废除、联盟到期、成员国丧失独立和新条约签订。② 对于联盟瓦解的研究主要是探讨联盟瓦解的原因。关于联盟瓦解的原因，有学者总结了五种解释路径，“目标实现说”认为联盟目标实现后联盟就会解体；“联盟类型说”认为进攻性联盟、对称联盟和非制度化联盟更容易解体；“国家制度说”则认为西式“民主国家”之间的联盟更容易维持；“国内政治说”认为国内体制变化、人口代际更替以及意识形态分歧会导致联盟解体；“军备联盟效用比较说”认为联盟解体与否与军备联盟之间的效用比较有关。③ 也有学者将外部环境发生巨变和盟国的背叛视为联盟瓦解的重要原因。④

联盟是否瓦解主要取决于维持条件的改变以及抛弃联盟的代价。联盟瓦解的直接原因在于联盟内部成员之间互动的失败，但是从动态的角度看，在联盟形成到联盟瓦解的过程中伴随着一系列条件的改变。联盟属性、地理位置、联盟条款等因素也是影响联盟瓦解的重要因素。⑤ 在对双边联盟为何瓦解的研究中，战略分歧与自助能力被视为两个重要变量。联盟内部的战略分歧大小决定了联盟成本的高低，而弱国自助能力的强弱则决定了其联盟收益的大小，从而形成了战略分歧、自助能力到联盟解体的因果逻辑机制。⑥ 也

---

① 刘城晨、翟新：《战略调适与联盟瓦解：分化联盟的实践路径》，《世界经济与政治》2016 年第 4 期。

② 刘丰、董柞壮：《联盟为何走向瓦解》，《世界经济与政治》2012 年第 10 期。

③ 周建仁：《同盟解体的研究：回顾与评析》，《国际论坛》2012 年第 4 期。

④ 魏光启：《同盟演进的基本模式及其互动关系——兼论冷战后北约的演变》，《廊坊师范学院学报（社会科学版）》2014 年第 6 期。

⑤ 刘丰、董柞壮：《联盟为何走向瓦解》，《世界经济与政治》2012 年第 10 期。

⑥ 周建仁：《战略分歧、自助能力与同盟解体》，《世界经济与政治》2013 年第 1 期。

有学者认为战略利益、实力关系与国内秩序兼容性是决定联盟维系与瓦解的重要因素。①

联盟瓦解在国际关系中也比较常见，如中苏联盟为何瓦解就常被研究，关于联盟瓦解原因的看法也是不一而足。中苏之间的战略互动确实导致了多重系统效应，其中间接、非意图性、延迟或未发生的维度的效应在数量上更为可观。② 总之，联盟瓦解既有联盟内部的原因，也有联盟外部的原因。从理性分析视角来看，联盟瓦解的关键在于联盟成员国内部对于联盟成本与收益的失衡难以接受，不过联盟瓦解也并非完全是理性视角所能够解释的，其他认知因素也会有影响。

除了上述七个方面外，联盟信任、观念、核武器、内政等与联盟的关系也是联盟研究的关注点。特别值得注意的是，近年来中国学界对古代中国国际关系的研究增多，其中古典联盟思想也开始为人关注，学界分析了中国古代的联盟形成观、维系观、策略论等问题。③

展望未来，联盟作为国际安全合作形式依然有其价值，不会很快退出历史舞台。一则美国是全世界拥有盟国最多的国家，美国的强大实力和霸权诉求会促使其联盟维持意愿更加强烈；二则目前的联盟从单一军事联盟向综合性联盟转型，联盟内外困境都会有所缓解；三是只要各个国家仍需为自己的安全担忧，联盟就依然有用武之地。对于联盟研究而言，联盟管理、联盟分化和联盟瓦解将是联盟研究的主要内容，其研究方法也将呈现定量研究不断增多的现象。在研究议题上，盟国的国内政策与联盟的对外政策的协调、联盟与其他安全合作行为的关系、联盟对国际秩序的影响、联盟的扩展效应等是未来联盟研究需要关注的议题。④

从联盟实践的视角来看，目前相对受关注较多的是美国的亚太联盟和北约，对于世界上现存的其他联盟的研究还相对较少。事实上，中东、非洲地区的一些联盟有许多值得挖掘的地方，族群、宗教、领土等竞争以及大国博弈的卷入，使得这些地区的联盟实践更为复杂多变，对其进行研究更有可能促成理论创新。

---

① 宋伟、宋卓如：《联盟的维持与瓦解：理论分析与案例检验》，《世界经济与政治》2014年第12期。

② 唐世平、王凯、杨珊：《理解国际安全战略中的“系统效应”——以中苏同盟破裂的多重影响为例》，《世界经济与政治》2013年第8期。

③ 张鸿石：《中国古代经典联盟思想论纲》，《国际安全研究》2013年第6期。

④ 刘丰主编《联盟政治：理论与实践》，中国社会科学出版社，2018，第10—11页。

第一篇

联盟理论研究

联盟是国际安全研究中经久不衰的议题，有关联盟理论的研究主要围绕着联盟形成、管理、转型、分化、瓦解这条主线展开。不过随着联盟涉及范围的日益拓展，有关联盟研究的议题也不断增加，更加关注联盟成员国国内政治与联盟对外政策之间的协调。

相对而言，联盟形成、联盟管理、联盟转型与联盟分化在联盟研究中十分突出。联盟形成的研究呈现出权力平衡论、利益平衡论和威胁平衡论三种观点，但是缺乏对国家结盟动机的纵向考察。美国由孤立主义向霸权主义的转变，显著体现了美国结盟政策的演变，对其的解释很难基于单一的联盟形成理论。

联盟管理是近年来联盟研究的重要议题，主要涉及联盟与战争的关系、联盟对外政策协调等内容。联盟管理的核心驱动力是联盟困境的调适，其目的在于维系联盟并发挥联盟的聚合作用。

联盟虽然历经千百载，但并非一成不变。就某一联盟而言，随着国内外环境的变化，联盟也会出现转型。联盟转型是指联盟核心指标出现变化与调整。通过联盟转型，联盟实现了利益再协调、功能再设置、关系再调整、战略再协商等，进而有可能在内外环境变更情况下保持延续。

联盟分化的研究相对较晚，但发展迅速，采用定性、定量等研究方法对联盟分化进行研究产生了一系列高质量的研究成果。在联盟分化的研究当中，不得不提楔子战略。楔子战略在古今中外被频繁使用，但对其理论和战略层面的研究却较为少见，还有待深入挖掘。

联盟形成：基于美国结盟之道的探讨

导语：以往关于联盟形成主要存在基于权力平衡、基于利益平衡和基于威胁平衡三种观点。显然，以传统的联盟形成的观点来探讨美国结盟历程总是有不尽如人意的地方。美国联盟战略的演变与其国际体系角色有着密切关系。美国结盟主要是基于对国际主导权的衡量。当一国实力越强大时，其对国际体系的诉求就越多，其利益的“安全化”也就更显著，结盟需求也就更为强烈。美国的结盟历程显著地体现了这一点。传统的三种联盟形成观点更多是基于国家被动应对的角度，也只是针对国家某一阶段、某一次结盟行为的分析。基于对美国结盟历程的分析，可以发现国家利益和体系角色是决定美国结盟意愿的两大因素。国家利益是国家对外政策的基本出发点与归宿。尽管对于国家利益的界定，国际关系各理论流派存在分歧，但就国际关系中的国家利益而言，其内涵与国家的发展阶段密不可分。外交政策是实现国家利益的重要手段，会随着国家利益的变迁而不断调整。通过外交政策的运作，国家实现了与国际体系的互动，确定了国家的体系角色，进而对国家利益与外交政策形成了反馈，推动了国家对外结盟政策的演变。相对而言，美国对外结盟政策历程较好地体现了国家利益变迁和国际体系角色演变对于国家结盟政策演变的影响。

对于国家为何结盟，学界大多从权力、威胁与利益角度进行分析，但对于一国结盟政策的纵向考察却少之又少。从国家的不同发展阶段对结盟政策进行分析，可以拓展联盟形成的研究视野，探寻其背后的联盟形成原因，极富理论与现实意义。国家利益与国家的体系角色在国家的结盟政策变迁中扮演何种作用值得研究。是否随着一国利益的不断国际化以及国际体系角色的不断提升，国家的结盟意愿就越发强烈，就越倾向于推行结盟政策呢？

一、国家利益、体系角色与结盟政策

对于国家利益的概念，国际关系的主流理论流派各抒己见。现实主义大师汉斯·摩根索主张“以权力界定利益”,① 这意味着国家利益应与国家权力相匹配，并随着国家权力的增强，国家利益也随之拓展。在新现实主义看来，安全对国家而言至关重要。② 处于无政府状态下的国家，其对外行为深受国际体系制约。因此，生存是国家的第一需要，安全是国家的首要利益与核心所在。新自由主义认为在国际关系中国家利益存在相对利益与绝对利益之分，通过国际制度可以实现国家间利益的协调，进而推动国际合作。对于新现实主义与新自由主义而言，他们对国家利益的分歧少于共识，真正对国家利益概念构成颠覆的是建构主义。建构主义批评理性主义将国家利益当作既定事实，拒绝理性主义对国家利益的物质性看法。建构主义认为国家利益包含认知成分，离不开互动的建构过程。从国际关系理论层面来看，对国家利益看法的分歧主要是认识论上的，即国家利益的主观性与客观性问题。

然而在国际关系的现实当中，国家利益的分歧更为复杂。对国家利益的整体性与局部性、阶级性与全民性、延续性与变迁性等观点迥异。③ 无论如何，一般认为，国家利益是民族国家之后的产物，国家利益是国家的需求所在，国家利益主要是相对国家对外身份而确立，并大多通过外交政策实现。国家利益因其对外性而凝聚人心，国家利益的实现也往往与国际环境密切相关。在国家利益的实现过程中，国家的体系角色也随之确立。

“角色”是一个社会概念，国家的体系角色与社会认同紧密相连。国家的体系角色由两个因素确定：(1) 一国的身份 (identity)，就是一个国家的地缘状况、经济水平、历史文化特点、意识形态、制度结构等。(2) 一国的

① 汉斯·摩根索：《国家间政治——寻求权力与和平的斗争》，徐昕等译，中国人民公安大学出版社，1990，第5页。

② 肯尼思·沃尔兹：《国际政治理论》，胡少华、王红缨译，中国人民公安大学出版社，1992，第127页。

③ Scott Burchill, *The National Interest in International Relations Theory* (New York: Palgrave Macmillan, 2005).

地位（status），① 也即一国在国际体系中的地位次序。国家的体系角色是一个主客观复合体，是主权国家与国际社会不断互动建构的结果。对于一国的体系角色的塑造，无论是新现实主义还是新自由主义都忽视了认同因素，而建构主义对身份的挖掘无疑意义重大。秦亚青认为，“国家身份指一个国家相对于国际社会的角色。具体地说，国家身份是一个现代意义上的主权国家与主导国际社会的认同程度”。② 秉承建构主义，国家的体系角色与国家的内部认同、国际社会的认可不可分割，一旦这三者之间不相一致，一国的外交政策陷入困惑，国家利益也将受到损害。因此可以说，一国的体系角色是源于国家对利益的追求而与国际社会发生联系，并在互动的过程中形成的自我身份认同和获得的国际社会认可。

结盟政策是一种重要的外交手段，国家对外结盟动机十分复杂。关于联盟形成的原因，学术界基本上持三种观点，即利益平衡论、权力平衡论和威胁平衡论。③ 现实主义认为联盟的起源主要是基于权力，均势原则备受该派青睐。该派认为，为了实现均势，国家通过对外结盟实现权力平衡，其背后主要受制衡逻辑支配。斯蒂芬·沃尔特认为国家在面对威胁时实际上存在制衡与追随两种选择，④ 国家的行为选择往往不是基于权力而是基于威胁，因此制衡威胁将主导国家的对外结盟行为。但对于威胁的界定往往离不开认知因素的影响，而且威胁的对象往往被代之以“国家利益”。因此，国家利益的边界实际上决定了威胁的边界。兰德尔·施韦勒（Randall Schweller）是利益平衡论的代表者，其认为国家之所以结盟是因为利益追求所致，国家存在修正主义国家和维持现状国家的不同类型，这也导致国家对于权力、威胁等的认知存在差异，基于利益行事更符合国家的结盟动机。⑤ 关于国家缘何结盟，基于权力、威胁、利益的分析都有其合理之处，但在国家的现实结盟政策当中，权力、威胁与利益很难做到泾渭分明，其间千丝万缕的联系导致

---

① 李宁豫：《国家利益与国家角色：分析中国与国际体系关系的两种视角》，《太平洋学报》2003 年第 2 期。

② 秦亚青：《国家身份、战略文化和安全利益——关于中国与国际社会关系的三个假设》，《世界经济与政治》2003 年第 1 期。

③ 汪伟民：《联盟理论与美国的联盟战略——以美日、美韩联盟研究为例》，世界知识出版社，2007，第 46 页。

④ 斯蒂芬·沃尔特：《联盟的起源》，周丕启译，北京大学出版社，2007，第 3 页。

⑤ Randall Schweller, *Deadly Imbalances: Tripolarity and Hitler's Strategy of World Conquest* (New York: Columbia University Press, 1998).

国家外交决策困难重重。传统现实主义推崇“权力界定利益”，该观点虽屡遭批评但却实用，因为其试图为国家权力与国家利益之间的关系梳理出了一条清晰思路。审慎而明智的外交政策无不是权力与利益互动调适的产物。对国家权力认识得越全面深刻，对国家利益的界定也就越合理妥当，外交政策也就更为切实可行。不过权力的构成与界定本身就十分复杂，采用一种结构性权力视角来分析国家权力,① 既能更为客观准确地界定国家利益，又能吸纳体系角色的合理认知因素，对国家的外交政策的理解也更为深刻，从中也可以对国家的结盟政策进行更为清晰的解释。

一是国家的结构性权力会影响国家利益的界定。摩根索主张以“权力界定利益”。随着国家权力的增强，其国家利益也会相应增加，并且海外国家利益会逐渐增加，国家利益的维护能力与投射空间之间会出现张力。为了加强对国家海外利益的有效维护，国家的安全能力也需要加强，这导致国家的结盟需求相应增加。

二是国家的结构性权力会影响国家的体系角色。国家的体系角色与自身的实力、国际社会的认可相关。随着国家的结构性权力增强，国家更有能力承担国际责任，国际社会的期许也会有所增加，在内外因素推动下，国家的体系角色会更加中心化。国家的体系角色越中心化，为了增强国际主导权，国家的结盟意愿会越趋于强烈。因为通过结盟和其他国家开展安全合作是增强国际主导权的有效途径。

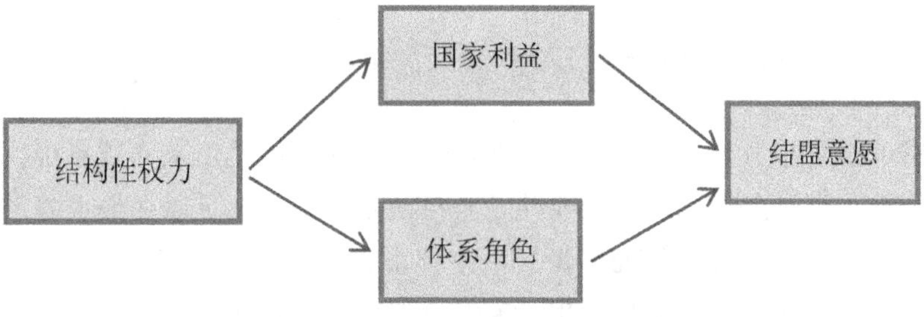

图 1-1　国家利益、体系角色与结盟意愿

资料来源：作者自制。

---

① 权力是一个异常复杂的概念，目前学界对权力的认识实现了由一维权力向多维权力的转变，而在国际政治当中，苏珊·斯特兰奇的“结构性权力”一说对国家权力的认识是一大突破。基于结构性权力来认识国家权力也因其全面客观而备受青睐。关于联盟中的结构性权力构成参见郭锐、凌胜利：《结构性权力视角下的美韩同盟变迁》，《社会主义研究》2010 年第 1 期。

通过国家利益、体系角色来考察国家的纵向结盟政策历程，美国是较好的例证。美国自建国以来，其结构性权力不断增强，国家利益不断拓展与深化，这进而推动其外交政策不断变更。在这一进程当中，美国不断融入国际体系，体系角色不断变化，这也导致美国对外结盟政策发生变更。显然，以传统的有关联盟形成的理论来探讨美国结盟的历程有不足之处。美国结盟战略的演变与其国际体系角色有着密切关系。美国结盟的原因主要是对国际地位的衡量。当一国实力越强大时，其对国际体系的诉求就越多，其利益的“安全化”也就更显著，也就是说，国家的实力越强大，其安全需求就越大，结盟的需求也就更为强烈。换而言之，美国结盟政策的动因源自其对国际主导权的追求。

二、从孤立主义走向规制主义
——国家利益与美国外交政策的变更

自建国至今，美国的外交政策经历了由“孤立主义”到“规制主义”的发展过程。这实际上是美国国家利益不断变化所致。考察美国建国以来的历史，可以发现，由于国家利益的不断发展，美国的外交政策也随之进行相应的调整。纵观二百多年的美国历史，可以将其外交政策划分为五个阶段。

（一）孤立主义阶段（1789—1865年）

联邦政府成立伊始，美国外交在很长一段时间内是追求商贸自由，寻求商业扩张。联邦外交面临的首要问题是自己是否强大到足以在最平静的环境里和最和平温和的邻居相处的情况下生存下去。① 事实证明，一个软弱、松散的联邦政府无法完成维护新生国家安全保障与商业拓展的重要使命。美国的命运从一开始就与欧洲的纷争紧密相连。华盛顿的告别演说为美国早期的外交政策提供了行为准则。“我们对待外国的重大行为准则是在扩展我们的商业关系的时候，尽量避免同他们发生政治上的牵连。”② 美国独立是追求

① S. F. 比米斯：《美国外交史（第一分册）》，叶笃义译，商务印书馆，1985，第73页。
② S. F. 比米斯：《美国外交史（第一分册）》，第119页。

商贸自由的结果，因此其建国之后仍奉商贸自由为圭臬，在欧洲混战之时维护其中立国权利以获取商贸利益。其孤立主义虽高举道义旗帜，实则谋取国家利益；其孤立主义只是一种外交的低调姿态而并非真正的与世隔绝；其孤立主义只是远离欧洲纷争而并非在美洲禁欲，是为巧妙避开当时的国际权力竞争纠纷而不断拓展自己的势力范围。

（二）门罗主义与门户开放阶段（1865—1917 年）

这一阶段美国国家利益由于政治与经济关系的日益密切、国家实力的日益强大而得到拓展，实现了由商贸利益向政治、地缘利益的延伸。资本主义进入帝国主义时代，美国以商贸自由为主导的国家利益不断受到侵蚀，其孤立主义的外交政策愈加难以为继。在美洲，美国的贸易受到了不平等的对待，激起了美国政府与民众的不满。在世界其他地方，弱肉强食的权力政治逻辑盛行，经济权力沦为军事权力的附属品，经济关系更加政治化，美国孱弱的军力不足以捍卫其广泛的商贸利益。因此维持、拓展商贸自由，发展一支较强实力的海军是当时美国国家利益所在。据此，美国在美洲开始真正推行门罗主义，以强硬的力量为美国商业扩张开路；在亚洲，美国提出“门户开放”政策，以“虔诚的道义”限制列强而赢得美国商业的一席之地。与此同时，美国改善了与海洋霸主英国的关系，通过仲裁的方式化解了英美之间的诸多分歧，并不断推动航海自由、商贸自由等原则为英国所认可而成为国际准则，进而服务于美国的商贸利益。

（三）游离主义阶段（1917—1941 年）

这一阶段国际形势变幻无常，美国对国家利益的认知陷入混乱，特别是对美国所扮演的“体系角色”意见不一。毋庸置疑的是美国依旧追求商贸自由，但第一次世界大战的爆发及战争双方的封锁政策给美国商贸利益与中立权利以重创。美国的利益已深深地与欧洲捆绑在一起了。正如乔治·凯南所言：“美国的安全在绝大部分时间里取决于英国的态度，而英国的态度又取决于欧洲大陆能否保持均势。”① 一战严重损害了欧洲均势及“平衡手”英国，美国被迫参战并谋求“没有胜利者的和平”，试图构建稳定的国际秩序，使得美国的利益能够得到一劳永逸的维护。可惜威尔逊的理想由于国内分歧未能实现。战后美国国内孤立主义的回潮导致美国不得不依旧专注于商贸利益，一心追求经济繁荣而未意识到维持国际体系稳定也是其利益所在。回避欧洲纷争，即使是在欧洲大战即将重燃与战火燃起之后，美国的四个“中立法”仍将其自绝于欧洲，美国的国家利益不断受到损害，美国的外交却自缚手脚、无所作为。

（四）全球主义与遏制主义阶段（1941—1991年）

《大西洋宪章》的签署开启了一个新时代，罗斯福总统将美国人民再次带入战争并承担起规划国际秩序的重任。如果法西斯取胜，那么美国的商贸自由将被剥夺，因此美国参战的首要目标是维护其最传统的国家利益——商贸利益。不过罗斯福所设想的美国领导的大国协调的世界秩序被冷战所阻断，其所奉行的全球主义外交也由于“杜鲁门主义”的出台而转变为遏制主义。冷战时期，美国的国家利益的界定主要依靠“冷战思维”，对以苏联为首的社会主义阵营执行遏制政策，并且“国家安全”成为冷战时期美国国家利益的首要与核心所在。受意识形态对抗影响，这一时段美国的国家利益中的价值观色彩浓厚，其所一贯追求的商贸自由与商业扩张被自由、美式民主的拓展所冲击。

（五）规制主义阶段（1991年至今）

冷战的意外结束致使美国的国家利益再次处于十字路口，国家利益观念的模糊以及不同国家利益主次缓急次序分歧导致美国外交的徘徊。② 对国家利益的最大争论是美国的体系角色问题及美国实力运用问题。1996年、2000年美国国家利益委员会先后出台《美国的国家利益》报告，将美国的国家利

① 乔治·凯南：《美国外交》，葵阳等译，世界知识出版社，1989，第2页。

② 李春玲：《国家利益的论争及界定对美国外交和安全战略的影响》，《国际观察》2005年第4期。

益按重要性依次划分为：生死攸关的利益、极其重要的利益、重要利益和次要利益四大类。[1] 美国的国家利益几乎无处不在、无所不包，美国遍布全球的驻军为其全球利益服务。作为冷战后世界的唯一超级大国，美国的国家利益也指向了全球霸权地位诉求，并且美国俨然以世界领导自居，“认为美国的国家利益应该引领世界朝着‘自由、民主’的道路前进”。[2] 采用规制主义，服务于美国全球领导地位是冷战结束以来美国外交战略的主线。

总而言之，自建国以来，美国国家利益的主线是确保商贸利益，寻求商业扩张。但随着美国国家实力的不断增长以及国际环境的变化，美国的国家利益不断拓展，其外交政策也随之变化，由孤立主义走向规制主义，与此同时，美国的体系角色也发生了相应变更。

三、从孤立者到领导者——美国体系角色的变更

美国的体系角色是与美国追求国家利益以及美国的外交政策演变分不开的。自建国至今，美国经历了从孤立者到领导者的五种体系角色变迁。

（一）孤立者（1789—1865年）

这一阶段美国的外交非常低调，与旧世界欧洲隔绝。华盛顿告别演说为美国外交定下了孤立主义的基调，建国初期的国家实力决定了美国的外交资源有限。在法国大革命期间，欧洲各国厮杀正酣，美国却抛弃盟国法国。美国与欧洲国家明显的政治联系是1812年的英美战争，即便如此，那也只是美国出于对本国安全的担忧而作出的回应。除此之外，美国尽可能地争取与当时的国际体系毫无瓜葛。美国拒绝英国邀请而单独发表《门罗宣言》，该宣言提出了“两个世界”的概念，即世界分成君主制的旧世界与共和制的新

---

① The Commission on America's National Interests, *American's National Interest*, July 2000, http://belfercenter. ksg. harvard. edu/publication/2058/americas_ national_ interests. html.

② Condoleezza Rice, "Promoting the National Interest—The Secretary of State Reflects on the Lessons of the Past Eight Years," *Foreign Affairs*, July/Agust, 2008, p. 45.

世界，[①] 这实际上表明当时美国拒绝认同其是欧洲中心的国际体系一员。即使在《门罗宣言》提出之后，美国也并未付诸实际行动，其对美洲各国的承认也是姗姗来迟。美国发表的只是“道义宣言”。因此有人评价，门罗主义与其说是一个当时的文献，毋宁说是一个关系将来的文献，实际上欧洲当时几乎没有注意到它。[②] 由此可见，无论是美国还是当时的国际社会都把其当成了孤立者，美国是当时国际体系名副其实的“孤立者”。

（二）牵涉者（1865—1917 年）

美国与国际社会联系的日益密切使得美国逐渐由孤立者变成牵涉者。所谓牵涉者包含两层含义：一是美国融入国际体系的被动性；二是美国与国际体系的互动较少。“扩张主义”成为美国渗入国际体系的重要原因。美国人在“明显的命运”推动下不断扩张国土，成为一个两洋国家。与此同时，“商业的诱惑又把美国商人吸引到亚洲的两个边缘，近东和远东”。[③] 国家利益实现了地域的扩大，美国的外交活动也逐渐活跃起来。古巴的独立运动给了美国一次践行《门罗宣言》的机会，美国在美洲的反帝战争却使其成为亚洲的帝国主义。在中国，“门户开放”开创了注定要在未来 40 年成为美国外交特征的一种模式。[④] 维护中国行政与领土完整以实现“门户开放”与“商业机会公平”，这也符合美国的商贸利益。美国之所以增强外交影响与当时国际体系中的大国竞争日益激烈具有重要关系。在美洲与亚洲，欧洲的殖民政策与瓜分势力范围严重地损害了美国的国家利益。一战的爆发导致美国无法通过外交手段维护商贸主导的国家利益，被动地卷入战争。这一时段，美国成为不折不扣的国际体系“牵涉者”。

（三）参与者（1917—1941 年）

一战爆发后，美国政府宣布中立。威尔逊总统要求美国人民“必须在道

① 李庆余：《美国外交史——从独立战争至 2004 年》，山东画报出版社，2008，第 16—17 页。

② S. F. 比米斯：《美国外交史（第一分册）》，第 228 页。

③ S. F. 比米斯：《美国外交史（第二分册）》，叶笃义译，商务印书馆，1989，第 139 页。

④ 乔治·凯南：《美国外交》，第 31 页。

义上和感情上首先想到美国与美国利益”。中立态度表明美国“凌驾其他国家之上，显示极为冷静的判断、高贵的自制与有效的公正行动”。① 但美国与交战国不均衡的商贸关系却最终使其倒向了协约国。威尔逊宣称寻求“没有胜利者的和平”，实际上是谋求与美国国家利益相适应的国际秩序。然而美国人民却拒绝了威尔逊总统积极促成的国联，仅仅往前迈了一小步，成为国际体系的参与者。参与德国的重建与赔款工作也大多是出于贷款回收等经济利益考虑，对一战后欧洲的安全秩序重建付出甚少。但较之于牵涉者阶段，美国更多、更积极地参与了国际裁军、军控以及赔款等事务。法西斯不断兴起，美国却仅埋头于国内新政。对于即将到来的大战，美国的对策是“中立主义”，防止再次被动卷入战争。对于法西斯国家非法扩张所得利益，美国采取“不承认主义”。美国几乎没有采取任何积极措施来规避世界大战，它仅是国际体系的参与者而已。

（四）建设者与半主导者（1941—1991 年）

尽管罗斯福总统知道美国无法幸免于战争的影响，但国内的孤立主义严重地阻碍了其对反法西斯国家的援助。在 1939 年 1 月的国情咨文中，罗斯福总统警告国会，“今天地球上不论何处发生侵略，没有一个国家会安然无恙”。② 通过一系列“炉边谈话”，罗斯福呼吁美国民众支持其援助反法西斯国家。欧洲地区的均势遭到破坏，亚太地区的日本咄咄逼人，这些都严重地损害了美国的利益。在安全威胁日益迫近、经济利益日益萎缩、民众思想日益变化的情况下，美国终于在 1941 年通过“租借法案”，成为反法西斯国家的大兵工厂。大战之中，罗斯福试图重建集体安全，并提出了“四警”的概念，实行美、苏、英、中四国共管世界。与威尔逊不同的是，罗斯福的世界秩序蓝图中不仅有政治上的联合，也有经济上的联合。联合国、国际货币基金组织等纷纷建立，确立了美国体系建设者的地位。但美苏之间的分歧将世界带入了冷战，意识形态的对抗取代了大国合作，美国未能实现由建设者向主导者的完全转变，但凭借其强大的实力与坚定的意愿，美国是“自由世界”当之无愧的主导者，是国际体系的半主导者。

---

① 李庆余：《美国外交史——从独立战争至 2004 年》，第 88 页。

② 李庆余：《美国外交史——从独立战争至 2004 年》，第 134 页。

（五）主导者（1991年至今）

冷战结束后，美国成为世界唯一超级大国，其综合实力令其他国家望尘莫及。失去了头号敌人苏联后，美国并没有从世界各地迅速撤退，反而将自己的影响向原社会主义阵营国家推进，不断挤压俄罗斯战略空间。美国继续在世界各地保持庞大的前沿军事存在，调整与巩固了与盟国的关系。美国政府毫不避讳地宣扬美国对世界的领导，宣称要将世界引向“自由、民主”。美国学者也不断鼓吹美国是自罗马帝国以来的第一个全球性大国。① 美国将防止欧亚大陆出现敌对性挑战国视为生死攸关的利益，② 表明美国将不惜一切维持其主导者的地位，这包括确保《核不扩散条约》等一系列有利于美国利益的国际条约的执行，打击“无赖”和“轴心”国家与恐怖主义。对中国、俄罗斯，美国加大了接触力度，希望中、俄两国的转型向符合美国利益的国际体系融入。如若不行，则施加压力和限制。“9·11”事件促使美国政府采取“先发制人”政策，实质上意味着美国安全与世界的联系。美国御敌于国门之外的“绝对安全”思想仍然根深蒂固。可以预计，只要美国实力不受到巨大削弱，美国国内政治不发生巨大的变更，无论采用硬实力、软实力还是巧实力，美国将一如既往地维持其主导者地位并不断巩固、强化它。美国特朗普政府虽然一度呈现一定的孤立主义态势，“退群毁约”举措损害了美国的国家声誉，但这并不意味着美国对其世界主导地位的诉求发生变化。只是特朗普政府更加重视美国的国家实力建设，将美国的国家实力视为其世界主导地位的基础。特朗普政府更多考虑在美国物质利益和全球领导地位之间实现平衡，尽可能减少美国领导的成本。这些都会促使美国不得不寻求国际合作，采取多边主义的态度，而一旦合作难以奏效，为了规避或减少美国利益的损害，其退回单边主义或孤立主义也是有可能的。

---

① 兹比格纽·布热津斯基：《大棋局：美国的首要地位及其地缘战略》，中国国际问题研究所译，上海人民出版社，2007，第15页。

② The Commission on America's National Interests, *American's National Interest*, July 2000, http://belfercenter.ksg.harvard.edu/publication/2058/americas_national_interests.html.

四、从拒绝结盟到积极构建多样式联盟——美国对外结盟政策的演变

尽管高举道义大旗，美国对外政策的实用主义色彩却无比浓厚。在“梦想与现实”的纠结中，美国大多逐利而为。美国的对外结盟政策正是基于国家利益考虑，其背后的权力政治十分显著，大体延续着以“权力界定利益”的现实主义政治传统。伴随着美国实力的不断增强，其国家利益不断拓展，经历了地域的扩大、内涵的丰富与价值观比例的增加。国家海外利益不断增加推动美国外交政策由“孤立主义”走向“全球主义”。实际上，美国的结盟政策是美国与国际体系互动的一部分，在互动当中，美国的体系角色逐渐提升，美国对国际主导权的诉求也不断增强，进而增强了美国的结盟意愿与行动。基于结构性权力视角，并以此界定美国国家利益，美国对外结盟政策大致经历了五个阶段。

（一）拒绝结盟阶段（1789—1861 年）

这一阶段美国对外奉行孤立主义的外交政策，是国际体系名副其实的孤立者，持拒绝结盟的态度。美国的国家利益不需要通过结盟即可实现，其体系角色保持“孤立者”态势。从安全结构而言，“美国的安全依赖于欧洲的均势，而欧洲的均势维系于英国的态度，因此美国的安全基本上受英国影响”。加拿大的脆弱防御则使得其是维持美国与大英帝国之间良好关系的有益与必不可少的保证。① 政治结构上，在法国大革命期间，美国国内曾就结盟政策分为两派，但不结盟的力量最终占据上风，美法联盟在法国大革命期间名存实亡并最终友好解体。经济结构上，美国的经济利益主要依靠商贸，因此与其他国家保持一种友好关系以便获取平时的“贸易自由”与战时的“中立权利”是美国的利益所在。文化结构上，美国民众虽对法国大革命以及拉美的独立运动抱有极大的同情，但他们以新世界自居，拒绝与旧世界合

① 乔治·凯南：《美国外交》，第 31 页。

作，更多地希望采取一种独立姿态。在这一阶段，美国大力追求商贸利益，奉行“政经分离”原则，不仅抛弃美法联盟，也拒绝与英国联合发表不干涉拉丁美洲的共同宣言。此时的美国显然是自绝于当时的欧洲中心体系，不结盟态度十分鲜明。

（二）被动的实际结盟阶段（1861—1919年）

这一阶段美国基本上还是拒绝结盟，极力塑造良好的美英关系并拓展商业机会，最终却被动地卷入一战，与协约国结成了战时联盟。安全结构上，内战后，通过进一步扩张，美国获取了阿拉斯加等地，安全环境明显改善。与此同时，美国通过国际仲裁的方式解决了与英国之间的内战赔偿等问题。① 政治结构上，内战解决了奴隶制问题，美国的对外领土扩张由于国内消化能力有限而受到抑制，直到洛奇、西奥多·罗斯福为代表的新一代扩张主义者登上政治舞台，这一局面才被打破。经济结构上，“谋求在外交上与英国的合作，是美国内战结束后的既定方针”。② 美国与英国在自由贸易、公海自由上形成默契，英国的海洋霸权实际上为美国海外利益保护提供了大量便利。但受各国势力范围割据影响，美国的经济利益不断受到排斥。文化结构上，虽有一小撮人鼓吹扩张，但这却违背了美国人历来信守和标榜的“自由民主”准则而导致美国公众心理上的失衡和信念上的动摇。③ 1916年的总统选举表明孤立主义在美国人民中间依然十分强烈。④ 美国采用单独编制参与一战足以表明其并非加入协约国的联盟，但实际上却被动地结盟。这一时期，美国虽仍大力追求商贸利益，但其政经分离原则所面临的国际束缚日益增加，美国不得不逐渐介入国际体系，虽略显被动，但结盟却成为事实。

（三）拒绝结盟阶段（1919—1941年）

参与一战，美国帮助欧洲暂时实现了和平，但威尔逊试图通过国际联盟

① S. F. 比米斯：《美国外交史（第二分册）》，第209页。
② 王玮、戴超武：《美国外交思想史——1775—2005年》，人民出版社，2007，第202页。
③ 王玮、戴超武：《美国外交思想史——1775—2005年》，第187页。
④ 李庆余：《美国外交史——从独立战争至2004年》，第89页。

领导世界的目标落空。安全结构上，欧洲的平静增加了美国的安全，通过在其后院推行睦邻政策并建立地区集体安全制度，美国安全得到极大改善。政治结构上，反对卷入战争是美国的主流政治生态，历届政府专注于国内经济，对与外部的政治、军事联系持警惕态度。经济结构上，美国实现了20世纪20年代的繁荣，经济危机强化了美国国内贸易保护主义倾向，美国通过“中立法”以远离任何可能将美国牵连到战争的贸易当中。文化结构上，美国对结盟比较排斥。和平主义与孤立主义是这一时段美国国内思潮的主流，对于欧洲的脆弱安全，美国民众更愿意选择自我隔绝而不是再次为“没有胜利者的和平”而战。总而言之，从结构性权力来看，这一时段美国在安全自主、政治内向、经济自顾、文化自闭的情况下国家利益内向性明显，在国际体系中参与力度虽有所加强，但大多集中在低级政治领域，对于高级政治领域的军事安全问题漠不关心，结盟态度冷淡，直到战争再次威胁美国的安全与利益。

（四）渐进式的构建联盟体系阶段（1941—1991年）

德国的闪电战使得欧洲力量严重失衡，日本在亚洲，特别是东南亚与太平洋的扩张严重地威胁着美国既得利益。美国选择与英、苏、中等国结成反法西斯联盟。二战后美苏的分歧导致冷战形成，为了对抗苏联，美国逐渐构建了以美国为领导的联盟体系，在欧洲与拉丁美洲以多边联盟为主，在亚洲则选择双边联盟。安全结构上，苏联的“威胁”成为美国安全的最大挑战，而且这种“威胁”经常被夸大。政治结构上，美国的各届政府都坚定地奉行遏制主义政策，支持获取军事优势以赢得最终胜利。经济结构上，美国作为西方世界的领导，放弃商业扩张机会与社会主义阵营对抗，牺牲经济利益以获取盟国支持。文化结构上，意识形态是冷战期间美国外交政策的重要指导思想。为了取得美苏较量的胜利，美国民众对政府的外交给予大力支持，虽然美国反战声音一直不绝于耳，但民众对于美国的联盟基本上持肯定态度。渐进式的联盟体系建立增加了美国的力量，为其赢得冷战胜利提供了巨大的支撑。这一时期美国的最大国家利益便是赢取冷战，为此美国不惜采取一切手段对抗与遏制社会主义阵营，充当所谓自由民主世界的盟主，在欧洲、拉美、亚洲积极构建联盟以获取支持。

（五）积极地构建多样式联盟体系阶段（1991 年至今）

冷战的结束并没有导致美国联盟体系的解体，北约通过功能调整实现了转型与扩大，美国的亚太联盟也处于转型之中。安全结构上，美国本土原本不需要担忧外部威胁，可“9·11”事件却给美国以巨大冲击，其视“先进技术与恐怖分子结合为最大威胁”。① 基于反恐等危机事件组成的“志愿者联盟”成为美国联盟的新形式。安全感的脆弱化提升了安全需求。政治结构上，美国克服了冷战后的孤立主义思潮影响，无论是共和党还是民主党政府都支持美国的世界领导地位，采用多种手段积极参与世界各地与美国利益相关的事务。经济结构上，美国作为世界头号经济强国，倡导并积极推动自由贸易，拥有巨大对外贸易份额并将经贸作为“自由、民主”推进、渗透的重要工具。不过不同时期的美国政府对于自由贸易还是公平贸易的倾向存在分歧，这也深刻地影响了美国与世界其他国家的贸易关系。文化结构上，出于对美国世界领导者地位与身份的支持，美国民众赞同继续维持冷战联盟并促进联盟转型。

总而言之，冷战结束后美国不断追求世界领导地位，除继续保持冷战时期的联盟外，还积极构建诸如“志愿者联盟”等新的联盟样式，形成了美国联盟体系的同心圆模式，通过促使联盟功能调整与转型，美国的联盟体系得到了持续深化与长久巩固。美国国家利益的全球性泛化以及威胁的多样化致使立志成为世界领导者的美国不得不采取多样式结盟政策，以尽可能争取更多的盟国或安全伙伴来应对日益增加的不确定性及威胁。

结语

大体遵循“以权力界定利益”的原则，外交政策在国家权力与国家利益的不断互动调适中形成。国家基于国家利益开展对外交往，并不断在国际体系中塑造其体系角色，进而影响国家的对外结盟政策。随着国家利益不断超

① The White House, *National Security Strategy of the United States of America*, September, 2002, http://merln.ndu.edu/whitepapers/USnss2002.pdf.

越国家主权边界，国家为维护国家利益对国际体系的参与也日益增加，由此推动国家体系角色不断中心化，结盟的需求与意愿增强。美国对外结盟政策的演变很好地验证了这一理论假设。自美国建国以来，美国国家利益的主线是追求商贸利益，商业的诱惑拓展了美国的活动区域，扩大了美国国家利益的关注范围，与此同时美国国家权力的增强也使其成为可能，从而推动美国外交从孤立主义走向谋求霸权。

表 1-1　美国外交政策、体系角色与结盟政策（1789 年至今）

—	1789—1861 年	1861—1917 年	1917—1941 年	1941—1991 年	1991 年至今
外交政策	孤立主义	门罗主义/门户开放	游离主义	全球主义/遏制主义	规制主义
体系角色	孤立者	牵涉者	参与者	半主导者	主导者
结盟政策	拒绝结盟	被动结盟	拒绝结盟	渐进式地构建联盟体系	积极构建多样式联盟

资料来源：作者自制。

美国自建国以来，其外交经历了孤立主义、门罗主义与“门户开放”、游离主义、全球主义与遏制主义、规制主义五个阶段，其在国际体系中的角色则经历了孤立者、牵涉者、参与者、半主导者、主导者的转变，与此对应的是，美国的对外结盟政策呈现出鲜明的阶段性，由拒绝结盟变成被动的实际结盟，又回归到拒绝结盟，中经渐进式地构建联盟体系，最后转变为积极地构建多样式联盟。美国的结盟政策变化反映了国家利益与体系角色对国家结盟政策的影响，但其中的内在机理需要进一步的细化研究并探寻其当前的适应性。事实上，美国的结盟历程甚至可以引出一种新的联盟形成观——基于国际主导权的联盟形成。这意味着国家实力越强大，其对地区和全球主导权的诉求就越强烈，其安全需求就越多，其结盟需求也就越强烈。即便是坚持“光辉孤立”的英国，也曾有过多次结盟经历。当然，结盟有其时代性，美国的经验可能并不适用于其他国家，当国家可以通过其他形式解决其域外安全诉求时，结盟并非必然要求。结盟毕竟是一项重大的国家安全战略，需要审慎评估、冷静规划、稳妥实施。在此之中，国家利益、体系角色是必不可少的考虑因素，但不同国家因战略文化、结盟偏好、地缘政治等环境不同，结盟政策也不尽相同。本文对于美国结盟动机的纵向考虑还有许多有待细化、探究和进一步研究的地方。以往对于联盟形成的研究更多关注国家的某次结盟原因，缺少对某一国家历次结盟的考察。同一次结盟行为中的不同盟国的结盟动机是否相同也值得探究。

思考题：

1. 国家结盟的主要原因有哪些？
2. 大国、中等国家和小国的结盟原因有哪些差异及其原因？
3. 国际规范变迁对国家结盟会产生何种影响？
4. 地缘政治、战略文化等因素对国家结盟有何影响？

联盟管理：概念、机制与议题

导语：纵观千百年来联盟实践的历程，一个显著的特点是联盟延续的时间越来越长，这也就使得平时如何协调联盟关系变得日益重要，联盟管理研究也更有必要。联盟管理是近年来联盟研究的重要议题，主要涉及联盟与战争的关系、联盟对外政策协调等方面。对于联盟管理而言，其核心驱动力是联盟困境的变化，其目的在于如何维系联盟并发挥联盟的聚合作用。联盟成员国为了以合乎自身利益的方式维持联盟关系，会对联盟内部的成本与收益进行协调，从而实现联盟收支、权责相契合，进而缓解联盟困境。联盟管理主要可以通过权力强制、制度约束、利益协调和权威引导四种方式进行。目前联盟管理研究的主要议题包括联盟与战争、联盟与成员国政治制度的关系、联盟内部的经济与安全关系、联盟与对外政策等议题。美国是当今世界拥有盟国较多的国家，其如何管理联盟关系对于美国的全球战略具有重要影响。美国亚太联盟管理对中国具有政治、安全、经济等多维影响，为了减少美国亚太联盟管理对中国的不利影响，中国需要重视美国亚太联盟管理并加强研究与应对。

在联盟形成之后，联盟关系如何维系涉及联盟管理的问题，联盟管理贯穿于联盟形成到联盟瓦解这一过程之间。对于任何联盟而言，联盟管理都是无法回避的事情。冷战后，随着国际环境趋向稳定，新的联盟形成已越来越少，而既有联盟的延续时间却越来越长，这就使得联盟管理成为常态，联盟管理研究也成为当前联盟研究的主要焦点。本文尝试对联盟管理的概念、机制和研究议题进行分析，并探讨当前美国亚太联盟的管理及中国的对策。

一、联盟管理的概念界定

联盟尽管不完全都是权宜之计，但联盟内部不乏利益分歧，这也使得联盟管理必不可少。由于成员国均谋求自身利益的最大化，因此联盟收益与成本不符、权利与义务失衡成为联盟管理与协调的难题。① 关于联盟管理的概念，王帆认为，联盟管理主要强调联盟内部的协调与谈判以及外在威胁不明时如何重塑或强化原有联盟。简而言之，联盟管理是与缓解联盟管理困境连在一起的。②

联盟管理的主要任务是协调盟国之间对成本与收益的权衡。“从狭义上看，联盟管理是指联盟内部成员国之间对各自承担义务、应对威胁等的分配，主要依据的是所签署联盟条约的具体条款和规定；而在广义上，联盟管理包括联盟成员国为协调各自行为而作出的正式或非正式安排。”③ 甚至可以认为，只有理解了联盟管理，才能理解联盟政治的全过程。因为联盟与战争的关系、联盟的行为、联盟对国际格局的影响等问题都是发生在联盟管理的背景下。④ 由此可见，相对于联盟形成与联盟瓦解而言，联盟管理是一个研究范围更为广泛的议题，不仅涉及联盟内部的权责分担，还关系到联盟行为的协调。联盟管理的概念可以界定为：联盟成员国为了以合乎自身利益的方式维持联盟关系，对联盟内部的成本与收益进行协调，从而实现联盟收支、权责相契合，进而缓解联盟困境。

对联盟管理的探讨离不开对联盟功效的分析，因为联盟成员国往往会基于成本—收益的视角来权衡其联盟功效，从而影响其联盟政策特别是联盟管理行为。“奥斯古德认为，联盟主要具有增加对外权力、维护国家安全、约束盟国和影响国际秩序四大功能。”⑤ 国家进行结盟实际上是有得有失，在获得联盟功效收益的同时，也相应地需要付出一定的成本。“责任与收益是

① 王帆：《联盟管理理论与联盟管理困境》，《欧洲研究》2006年第4期。
② 王帆：《联盟管理理论与联盟管理困境》。
③ 刘丰：《美国的联盟管理及其对中国的影响》，《外交评论》2014年第6期。
④ 苏若林、唐世平：《相互制约：联盟管理的核心机制》，《当代亚太》2012年第3期。
⑤ Robert Osgood, *Alliances and American Foreign Policy* (Baltimore: The Johns Hopkins Press, 1968), pp. 21-22.

联盟价值的评估，联盟成员国会据此来决定其联盟政策。”① 联盟成本一般包括联盟硬成本与联盟软成本，前者指联盟的组织成本及联盟行动成本，后者指联盟的声誉与可信性。② 在安全威胁并不迫在眉睫的情况下，联盟成员国大多会根据联盟的成本—收益来进行联盟决策，这也使得盟国之间如何协调成本分担、利益分享成为联盟管理的日常主要内容。

不过相对而言，联盟成本与收益的协调不过是联盟管理的表象，其更为深层次的原因是，成本与收益的关系主要受联盟困境的影响，因而联盟管理的核心问题是联盟成员国的联盟困境的调适。联盟困境存在于所有联盟当中，包含“被抛弃”和“被牵连”两个维度。③ 对于任何联盟而言，联盟困境加剧都会危及联盟的延续，因而实现联盟管理的核心在于调适联盟困境。在斯奈德看来，决定联盟困境程度的有三个因素：利益、依赖性和承诺。④ 联盟成员国对联盟困境的评估深刻地影响着其对联盟成本与收益的评估。

在联盟内部，联盟成员国之间的联盟困境并不对称，这种联盟困境的不对称性也成为联盟管理的重要影响因素。联盟困境的不对称性会导致联盟成员国对成本、利益的认知出现分歧，进而影响联盟的集体行动。一般而言，联盟被抛弃困境强一些的国家，联盟成本意愿会更强一些，甚至愿意牺牲一些国家自主性，这在早期的美国亚太联盟中，在以“安全—自主”为交易方式的联盟中体现得尤为明显。⑤ 联盟被牵连困境强一些的国家，联盟成本意愿有限，更有可能推卸责任。随着经济全球化的发展和国际环境总体趋向稳定，联盟的安全威胁已经大为缓解，联盟困境的敏感性也因此有所削弱，这也使得联盟内部对于成本与收益的认知更具动态性，联盟管理也更加困难。

不过当今的联盟除了传统联盟困境外，一些联盟还存在联盟新困境，即联盟对手与联盟经济伙伴同一性困境导致了联盟对外政策的两难，这显著地体现在美国亚太联盟当中，也成为美国亚太联盟管理的难题。⑥ 亚太地区二

---

① 王帆：《联盟管理理论与联盟管理困境》，《欧洲研究》2006年第4期。

② 张景全、刘丽莉：《成本与困境：同盟理论的新探索》，《东北亚论坛》2016年第2期。

③ Glenn H. Snyder, “The Security Dilemma in Alliance Politics,” *World Politics*, Vol. 36, No. 4, 1984, pp. 461–495.

④ Glenn H. Snyder, *Alliance Politics* (Ithaca and London: Cornell University Press, 1997), p. 175.

⑤ James D. Morrow, “Alliances and Asymmetry: An Alternative to the Capability Aggregation Model of Alliances,” *American Journal of Political Science*, Vol. 35, No. 4, 1991, pp. 904–933.

⑥ 张景全、刘丽莉：《成本与困境：同盟理论的新探索》，《东北亚论坛》2016年第2期。

元格局的存在使得美国亚太盟国在中美之间不时面临选择困境。美国亚太盟国安全上或多或少都对美国存在依赖，而经济上目前中国是澳大利亚、泰国、韩国、菲律宾的第一大贸易伙伴，是日本的第二大贸易伙伴。[①] 在安全利益和经济利益之间，如何克服中美竞争对这些利益的分化效应，已成为美国亚太盟国的联盟新困境，深刻地影响着这些国家的战略选择,[②] 也成为美国亚太联盟管理的重要内容。

二、联盟管理机制

联盟管理的目的在于提高联盟的可靠性。联盟的核心在于其可靠性而非持久性。联盟的可靠性来源于两个方面：威慑对手与援助盟国。联盟机制的作用体现在两方面：对于盟国主要是通过复杂的机制提高背叛成本；对于对手则是发出有代价的信号威慑其冒险行为。[③] 为了实现联盟管理的目的，联盟成员需要加强联盟管理的效力，这也使得理解联盟管理机制的运作很有必要。

苏若林等认为，“联盟维持和管理的机制是相互制约，两个变量分别是盟国之间的权力对比和意图匹配程度，通过相互制约的核心机制影响联盟的命运。在对称性联盟中，若盟国意图一致，则彼此相互制约易于成功，联盟容易管理；反之，则不易管理。在非对称性联盟中，只有当强国为防御性现实主义国家而弱国为进攻性现实主义国家时，相互制约才相对困难，联盟才较难管理”。[④] 而在多边联盟中，联盟管理更为复杂，联盟的协调行动也往往需要强有力的联盟领导，如美国对于北约的主导作用。刘丰认为，“根据联盟成员间协调方式的差异，联盟管理在理论上可以分为三种模式，分别是利益协调式管理、制度规则式管理和霸权主导式管理。在处理与盟国关系的

① 基于世界银行2016年发布的贸易数据。

② Evan Braden Montgomery, “Contested Primacy in the Western Pacific: China's Rise and the Future of U. S. Power Projection,” *International Security*, Vol. 38, No. 4, 2014, pp. 115 - 149; Stephen G. Brooks and William C. Wohlforth, “The Rise and Fall of the Great Powers in the Twenty-first Century: China's Rise and the Fate of America's Global Position,” *International Security*, Vol. 40, No. 3, 2016, pp. 7-53.

③ 董柞壮：《联盟类型、机制设置与联盟可靠性》，《当代亚太》2014年第1期。

④ 苏若林、唐世平：《相互制约：联盟管理的核心机制》，《当代亚太》2012年第3期。

实践中，美国通常会使用说服、诱导和强迫这三类手段，以弥合和协调与盟国之间的政策分歧，让盟国采取一致行动”。①

上述研究表明，在不同的联盟类型中，联盟管理的难度与方式也有所不同。联盟管理是联盟成员国都参与其中的联盟行为，联盟管理是相互管理而非单方管理。不过由于联盟内部实力对比的差异，联盟管理的能力也有所不同，但本质上还是相互限制以维护彼此利益，联盟管理的作用机制在于如何协调成本、收益与联盟困境相契合。联盟管理机制首先基于联盟成员国对联盟困境的评估，由于联盟成员国很难是联盟“被牵连”和联盟“被抛弃”困境均等存在，因而哪种联盟困境占优就会决定成员国的成本意愿。一般而言，如果是“被牵连”困境占优，那么联盟成员国更倾向于减少联盟成本，在以低成本维持联盟的同时减少“被牵连”困境。如果是“被抛弃”困境占优，联盟成员国会倾向于增加联盟成本，在联盟维持的同时减少“被抛弃”困境。无论采取何种方式，最终都是通过修改联盟条约、减少联盟违约等联盟行为来实现联盟维持。

为了调适联盟成本—收益以缓解联盟困境，联盟管理大体可以采取权力强制、制度约束、利益协调和权威引导四种方式。一是权力强制，通过利用在联盟中的权力对比优势，强制盟国服从本国的意见，在联盟管理中发挥主导作用。肯尼思·沃尔兹指出，在不对称联盟中，由于实力差距和需求差异，实力强大的盟国拥有强大的支配权，实力弱小的盟国基本上没有选择。② 尽管国家在联盟中并不动辄使用权力强制，但权力对比优势还是使得一些国家拥有更强的谈判能力，其对弱盟国的援助能力、干涉能力、补偿能力和损耗能力则很大程度上决定了联盟关系的走向，③ 也使得其采取权力强制具备了可能。二是通过制度约束来规范联盟中的权责分担。由于联盟信任程度的差异性，对于维持联盟的可靠性，减少联盟内部合作的交易成本，联盟制度建设被认为是比较可靠的方式。为了加强联盟管理的有效性，联盟制

① 刘丰：《美国的联盟管理及其对中国的影响》，第93—96页。

② Kenneth. N. Waltz, “The Origins of War in Neorealist Theory,” in *The Origins and Prevention of Major Wars*, ed. Robert I. Rotberg and Theodore K. Rabb (Cambridge: Cambridge University Press, 1989), p. 45.

③ 黄宇兴：《谈判能力与联盟转型》，《世界经济与政治》2017年第6期。

度建设被认为是重要工具。联盟制度化程度越高，其对盟国的战略选择影响越大。① 不过也有学者研究发现，联盟的制度化程度与联盟的可靠性之间并不存在显著的联系。② 不过总体而言，联盟制度建设缓冲了联盟困境变化对联盟关系的冲击强度，也使得联盟关系更为稳定。三是通过利益协调的方式来实现联盟内部的利益交换和利益拓展。联盟内部的利益分歧在所难免，联盟内部可以通过议题联系、利益交换、利益补偿、对外援助等方式实现利益的再平衡。除此之外，如果联盟在既有联盟合作领域的利益分歧难以得到有效化解，也可以通过扩大联盟合作领域来实现联盟共同利益的扩大，降低利益分歧在联盟利益中的占比，使得联盟的成本—收益更加平衡，联盟关系更趋稳定。四是权威引导。权威不同于强制，其实现方式源自从属者的自愿，而非依靠劝说或争辩。③ 通过权威引导的方式来实施联盟管理，更多依赖于联盟中的价值观、认同等软实力作用的发挥，不过权威关系的形成和维持是基于对利益回报的期待。当跟从国的关键利益与主导国的命令不符或相抵触时，跟从国极有可能违背主导国命令，冒着被规训的风险，追求自身的国家利益。④ 比如美国亚太地区联盟类似等级制体系，美国利用其主导性权威来管理联盟，形成了美国的“朝贡体系”。⑤ 相对而言，权威的使用受到议题领域、利益差异和战略分歧等因素的影响，效果参差不齐，一般对利益分歧较少的议题管理更为有效。

通过上述四种联盟管理方式，联盟成员国可以实现对联盟成本的调适，进而使本国的联盟成本—收益更加平衡，缓解本国所面临的联盟困境，维持联盟关系的相对稳定。不过由于联盟成员国之间的实力差异、利益差异、联盟困境差异等多种差异，联盟成员国采取何种联盟管理方式与其在联盟中的地位、联盟制度状况等因素密不可分。

---

① Geoffery P. R. Wallace, “Alliance, Institution Design, and the Determinants of Military Strategy,” *Conflict Management and Peace Science*, Vol. 25, No. 3, 2008, pp. 224-243.

② Brett Ashley leeds and Sezi Anac, “Alliance Institutionalization and Alliance Performance,” *International Interactions*, Vol. 31, No. 3, 2005, pp. 183-202.

③ Andres Rosler, *Political Authority and Obiligation in Aristole* (Oxford: Clarendon Press, 2005), pp. 90-91.

④ 高婉妮：《战后美国在亚太地区的权威研究》，博士学位论文，南开大学，2014，第173页。

⑤ 邝云峰：《美国的朝贡体系》，《国际政治科学》2013年第4期。

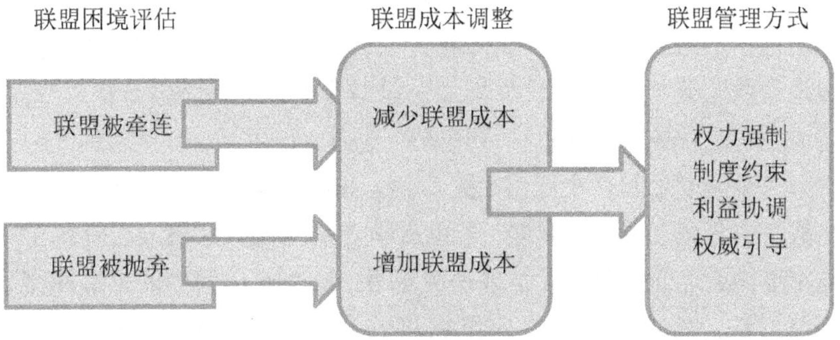

图 1-2 联盟管理的机制

资料来源：作者自制。

三、联盟管理的主要研究议题

围绕着联盟管理，联盟与战争、联盟与成员国政治制度的关系、联盟内部的经济与安全关系、联盟与对外政策等是联盟管理的主要研究议题。

（一）联盟与战争的关系

联盟与战争的关系是联盟管理研究的重要议题，也是国际安全领域的经典研究议题，主要涉及联盟到底是加剧战争的爆发还是限制了战争的爆发。目前学术界对此的研究观点主要有三类：第一类观点主张联盟是国家卷入军事冲突的重要原因，主要受联盟困境的被牵连因素影响。第二类观点强调联盟可以促进和平。联盟对冲突的抑制作用可能来自两个方面：一是攻击拥有盟国的国家，比攻击没有盟国的国家可能要付出更高的代价；二是联盟内部成员出于避免“被牵连”的考虑，可能会限制其盟国发动军事冲突。第三类观点认为，联盟引发军事冲突是有条件的，不同性质的联盟对冲突的偏好存在差异。[①] 探究联盟与战争爆发之间的关系需要区分联盟成员国维持联盟的

① 刘丰、董柞壮：《联盟网络与军事冲突：基于社会网络分析的考察》，《世界经济与政治》2015 年第 6 期。

动机，相对而言，进攻性联盟更有可能引发战争。①

总体而言，不采用一定的科学研究方法，针对特定时段的案例进行研究，将很难就联盟到底是导致战争增加还是减少有所定论。② 辛格（David Singer）和斯莫尔（Melvin Small）采用统计学方法研究后，认为20世纪上半叶联盟与战争爆发之间存在正相关关系，但并不能确定究竟是联盟诱发战争，还是战争的紧张气氛诱发联盟。③ 也有学者采用社会网络方法分析了联盟政治与军事冲突之间的关系。结果表明网络中心势与体系中的军事冲突数量呈负相关关系，而子群数量、网络密度与军事冲突的数量呈正相关关系。④ 研究联盟与战争关系，如果仅仅考察联盟关系与战争爆发二者之间的因果关系，则比较困难。如俾斯麦的大陆联盟体系被认为是缔造欧洲和平的重要原因，而一战的爆发又往往被认为与两大联盟体系的形成和僵化有关。冷战时期，联盟之间和联盟内部的冲突呈现截然不同的态势，联盟之间很少形成军事冲突，但联盟内部的干预却显著增加。⑤ 对于联盟与战争的关系，可能由于战争爆发原因具有多样性，需要超越联盟本身，基于更多变量进行分析，才能更准确地把握联盟与战争的关系，联盟与战争之间的关系很难基于相对简单的因果逻辑来把握。对于联盟管理而言，为了避免卷入战争，可以通过联盟制度约束来减少被牵连困境，约束联盟成员国的进攻意图。

（二）联盟与成员国政治制度

联盟管理与成员国政治制度的关系主要涉及西式“民主”国家组成的联盟是否更持久，是否更易于管理。尽管意识形态、价值观等因素被认为对联盟形成影响有限，但在联盟维系过程中却被认为能够发挥作用。基于西式“自由民主”意识形态或价值观组建的联盟被一些学者认为能够更持久一些。

---

① Christopher Sprecher, "Alliance Formation and the Timing of War Involvement," *International Interactions*, Vol. 30, No. 4, 2004, pp. 331-347.

② Alastair Smith, "Extended Deterrence and Alliance Formation," *International Interactions*, Vol. 24, No. 4, 1998, pp. 315-343.

③ James N. Rosenau, ed., *International Politics and Foreign Policy* (New York: Free Press, 1969), pp. 513-542.

④ 刘丰、董柞壮：《联盟网络与军事冲突：基于社会网络分析的考察》。

⑤ Herbert K. Tillema, "Cold War Alliance and Overt Military Intervention: 1945 - 1991," *International Interactions*, Vol. 20, No. 3, 1994, pp. 249-278.

对于西式“民主”制度是否有利于联盟维持，有学者运用定量方法，以1815—1989年双边军事联盟为样本进行分析，发现在双边联盟中，“民主”国家和“非民主”国家组成的联盟比其他形式的联盟持续时间更长，即“民主”国家和“非民主”国家组成的联盟最为持久。① 另外一种观点则认为，“民主”国家组成的联盟有利于抑制战争，由于“民主制度”内部决策过程的复杂性和漫长性，这些国家一般很少会轻率地发动战争，这实际上是典型的“民主和平论”的观点。对此的研究如果利用大数据进行分析，论断会更加客观一些。

针对冷战后美国的联盟关系为何大多能够延续至今，现实主义的理论解释力相对较弱，联盟的共同价值观、政治制度等软性因素往往被认为是联盟延续的重要原因，这也折射了一个问题，即联盟成员国之间共同的价值观、相同的政治制度是否有助于联盟管理。对于美国当前联盟关系的历程，有学者提出了一种威权式联盟的概念，认为美国相对于其盟国有一定的权威，从而使得联盟管理更为容易，② 联盟也因此能够更好地维持。

（三）联盟内部的经济与安全关系

联盟内部经济与安全的关系也是联盟管理的重要内容。联盟不仅涉及安全关系，也影响经济关系，对于联盟内部的安全—经济事务的协调也是联盟管理的重要任务。联盟的防务分担、公共产品供给、盟国间援助以及贸易摩擦等经贸因素作用巨大。有学者指出，军事联盟的盟国间更倾向于内部贸易，而且往往希望在签订军事联盟条约的同时也达成经贸协定，进而在盟国间推行议题联系战略。③ 对于联盟与贸易之间的关系，联盟可以在一定程度上减少贸易的外部性，联盟间的优惠贸易安排将推动贸易发展。④ 不过联盟

---

① 吴泽林、李玉杰：《民主国家组成的联盟更持久吗？——基于1815—1989年双边军事联盟数据的实证分析》，《当代亚太》2013年第3期。

② 汪伟民：《联盟理论与美国的联盟战略——以美日、美韩联盟为例》，博士学位论文，复旦大学，2005，第11—15页。

③ Andrew G. Long and Brett Ashley Leeds, “Trading for Security: Military Alliances and Economic Agreements,” *Journal of Peace Research*, Vol. 43, No. 4, 2006, p. 433.

④ Edward D. Mansfield and Rachel Bronson, “Alliances, Preferential Trading Arrangements, and International Trade,” *The American Political Science Review*, Vol. 91, No. 1, 1997, p. 94.

间的经贸关系对于联盟关系而言并非一直都是积极因素。在联盟管理中，经贸关系是联盟关系的一个核心变量，在安全威胁缓解的情况下，贸易作为利益交换的重要形式在联盟当中发挥着重要作用。① 联盟框架内存在的议题联系机制为联盟国家之间进行安全合作的同时开展经济合作提供了相应的交往渠道和方式。一国通过经济上的补偿性支付的方式向其盟国提供经济补偿，使其从经济上获益，从而确保了安全联盟的稳定。根据联盟成员间的相互依存度和利益相容性程度，联盟的经济合作与安全利益的关联程度会有不同的表现，补偿性支付也会发挥不同的作用。② “在外部威胁较大的情况下，联盟成员国宁愿作出牺牲，通过不对等的经济交换来确保安全利益；在外部威胁较小的情况下，联盟成员之间更愿在经济与安全利益上进行权衡，而国内政治因素会在其中发挥关键作用。”③ 就冷战后美国的联盟管理来看，如何协调盟国间因为经贸摩擦、经济利益分化所带来的挑战已成为联盟管理的重要任务，也是冷战后美国联盟转型呈现经济与安全双重强化的重要原因。与以往联盟管理框架下主要是通过经济补偿来稳定安全合作有所不同，在安全威胁有所降低的情况下，盟国对于经济利益的诉求意愿更为强烈，如此也就使得安全合作需要考虑如何契合经济利益分歧。

（四）联盟与对外政策

联盟与对外政策的关系也是联盟管理研究的重要议题。联盟为了发挥其聚合效应，对外交政策的协调是必不可少的。对于联盟与外交政策的关系，孙德刚总结了以均势论为代表的现实主义学派、以公共物品理论为代表的经济学派、以政治联合理论为代表的整合学派、以功能主义为代表的制度主义学派和以认同为考察对象的建构主义学派等五大学派。④ 基于不同视角，对于联盟内部如何进行对外政策协调，观点也五花八门。不过如何协调盟国，无论是通过权力强制、制度约束、利益协调还是权威引导等方式，其目的都

① 杨毅：《安全联盟与经济合作研究——基于四种联盟类型的分析》，《世界经济与政治》2011年第10期。

② 杨毅：《联盟体系下的经济事务与国家安全——一项分析框架》，《国际论坛》2010年第6期；杨毅：《安全联盟与经济合作研究——基于四种联盟类型的分析》。

③ 杨毅：《联盟体系下的经济事务与国家安全——一项分析框架》。

④ 孙德刚：《准联盟外交探析》，《国际观察》2007年第3期。

在于追求联盟在对外政策方面的聚合作用。随着联盟外部威胁的减少，联盟困境也有所加剧，联盟的利益分化和战略分歧会更加突显，联盟的对外政策协调也更为困难。

近年来联盟与强制外交的关系也备受关注。柯庆生以联盟内部凝聚力为核心解释变量，探讨了联盟的内部关系对强制外交效果的影响，指出联盟内部缺乏团结和不协调，会增加地区冲突发生的可能性以及导致现有冲突的升级和延续，其研究结论认为一个分裂的对手联盟比一个团结的对手联盟更加难以应付。① 也有学者对联盟情境下的试探性强制外交进行了研究，这种强制外交指的是强制国利用联盟内困境而采用武力威胁或使用有限武力的方式，试探对象国与其盟国之间承诺的可信度的外交行为。联盟情境下的试探型强制外交行为有三种策略可供选择，它们分别是战争边缘策略、“眼镜蛇”策略和“懦夫游戏”策略。② 试探性强制外交可以用来分化对手联盟，检验敌对联盟的联盟承诺的可靠性。如冷战时期美国分化中苏联盟的主要路径便是“以压促变”，通过不断对中国施加压力，其中不乏强制外交，以此考验中苏联盟的联盟信任。

（五）核武器与联盟管理

核武器与联盟管理也是联盟管理研究的主要关注点之一。核武器对联盟管理具有深刻影响。“核武器的拥有、部署及威慑功能的变动持续塑造联盟成员国对威胁的认知，从而影响联盟成员国的对外政策。”③ 探讨有核联盟的联盟管理需要区分为联盟成员国都拥有核武器和仅有一个或部分联盟成员国拥有核武器的三类情况。相对而言，联盟如果只有一个成员国拥有核武器，联盟管理会相对容易些，联盟延伸威慑是影响联盟管理的主要因素；如果联盟成员国都拥有核武器或多个成员国拥有核武器，联盟成员国的战略自主性都比较高，那么联盟管理会更为困难。

---

① 任娟：《联盟政治影响强制外交的效果——评〈比铁板一块更糟糕：亚洲的联盟政治与强制外交问题〉》，《国际政治科学》2014 年第 2 期。

② 刘兰、蒋昌建：《联盟情境下试探型强制外交行为探析》，《世界经济与政治》2012 年第 6 期。

③ 张景全：《核武器对同盟的影响——以朝核问题与日美同盟的互动为例》，《当代亚太》2009 年第 4 期。

核武器对联盟管理的影响主要体现在两个方面：一是联盟延伸威慑的可信度。在有核联盟当中，拥有核武器的盟国对缺乏核武器的盟国提供核保护（延伸威慑）影响着联盟信任，对联盟管理也构成挑战。一方面，如果不对盟国提供核保护，盟国可能会自行寻求发展独立的核力量，这将会增加联盟约束的困难和联盟分化的可能性；另一方面，如果对盟国提供核保护，又可能使得盟国会采取更加强硬的对外政策，增加“被牵连”的联盟困境。美法关系在戴高乐时期就曾因核生隙。二是成员国新成为有核国家加剧了联盟协调难度。由于联盟合作主要是针对安全威胁，增强安全能力，核武器作为一种特殊武器，一旦拥有，对于一国安全能力将起到倍增效应。对于联盟而言，联盟内部安全能力的差异较大往往有助于联盟管理，成员国新拥有核武器将大幅提升其安全自助能力，使得联盟间的安全依赖性下降，联盟关系更加难于管理。

此外，战略能力、观念、领导人等因素也是联盟管理研究的主要议题。联盟内部战略能力的改变，特别是盟国间战略能力对比的改变会要求联盟作出相应的调整。联盟管理的主要任务是协调盟国就成本与收益分配再次达成较为稳定的共识。观念也是影响联盟管理不可忽视的因素。“一般认为，观念在联盟形成中作用不大，但在联盟管理中却发挥着极为重要的作用。”①领导人的变更对于联盟关系也有重要影响，因为领导人的变更可能引发盟国的对外战略调整，如特朗普上台后以交易主义的方式来开展联盟关系，形成了特朗普冲击，也影响了美国的联盟关系。菲律宾的杜特尔特上台之后，以发展经济为战略重心，不断改善中菲关系，使美菲联盟的矛盾增多，联盟管理也变得更加困难。

四、美国亚太联盟管理及中国的应对

近年来，美国的联盟管理特别是其亚太联盟管理也是联盟管理研究的热点。美国将联盟关系视为其世界领导权的重要基础，因而协调其盟国对其战略进行支持就需要加强联盟管理。在亚太地区，随着中美主导权竞争的加

① 张景全：《观念与同盟关系探析》，《世界经济与政治》2010 年第 9 期。

剧，美国更加倚重联盟和伙伴关系，不断通过制度建设、利益协调等方式加强联盟管理。①

由于冷战后亚太地区经济合作的不断发展，美国亚太联盟与地区合作之间的矛盾日益突显，“军事同盟是东亚区域合作构建迟缓的症结所在。军事同盟的地缘政治逻辑强调以邻为壑，而区域合作的地缘政治逻辑强调以邻为伴”。② 经济利益与安全利益的难以协调也使得美国亚太联盟管理面临挑战。对于美国亚太联盟管理而言，美国一方面需要调动其盟国对其进行战略支持，防止“被抛弃”，另一方面又需要加强对盟国的限制防止“被牵连”。美国亚太联盟管理主要涉及两个方面：一是延伸威慑，二是印象管理。相比于被抛弃，美国也非常注重对盟国的约束，防止被卷入可能的军事冲突当中。如美国“边界控制与战略再保证”实际上谋求对中国与美国盟国进行双重约束，尽可能地削弱联盟承诺难题。③ 由于美国目前并不愿意与中国发生冲突，因而对于介入其盟国与中国的海洋争端还是心存芥蒂。

联盟约束被视为一大难题，在事关双方重大安全利益的事项上，约束一方需要传递两种可信的信息：一是约束一方认同被约束一方的战略目标；二是约束一方反对被约束一方可能采取的策略手段。战略安抚和策略施压是防止盟国采取违反自己重大安全利益行动的两个并行措施，但二者的可信性较易相互削弱，这也正是约束盟国的困境所在。④ 对于美国亚太联盟的约束而言，目前关键点主要是防止日本和菲律宾这两个与中国存在海洋争端的国家与中国擦枪走火的同时又不能削弱联盟。“为了解决这一难题，维护联盟可靠性，美国可以有两种解决方案：一是增强实力，补足国家实力与战略承诺之间的落差，向中国传递清晰的信号；二是控制盟国外交政策的边界，防止被盟国牵连。”⑤ 在亚太联盟管理上，美国为了缓解其联盟约束困境，在联盟内外两个方面都采取措施，尽可能减少美国被牵连风险。保持适度的紧张符合美国的利益。此外，美国亚太联盟管理还面临着地区环境变化的挑战。

---

① Brett Ashley Leeds and Sezi Anac, “Alliance Institutionalization and Alliance Performance,” *International Interactions*, Vol. 31, No. 3, 2005, pp. 183–202.

② 王胜今、张景全：《东亚军事同盟与区域合作之关系——一种机制视角的分析》，《国际安全研究》2013 年第 3 期。

③ 左希迎：《亚太联盟转型与美国的双重再保证战略》，《世界经济与政治》2015 年第 9 期。

④ 节大磊：《约束盟国的逻辑与困境》，《世界经济与政治》2016 年第 3 期。

⑤ 左希迎：《亚太联盟转型与美国的双重再保证战略》，《世界经济与政治》2015 年第 9 期。

联盟是以防御为导向的，它无法解决商业、金融和经济利益问题。如果不能积极参与亚洲事务（特别是在多边政治和经济领域），美国的可信度和影响力就会下降，这将使美国更难为其在亚洲的安全存在进行辩护。① 因而美国亚太联盟管理也面临着联盟内部的排他性与地区安全合作的包容性之间的冲突，这也使得联盟管理面临着如何协调战略分歧与利益分化的问题。

对于美国亚太联盟管理而言，针对不同的盟国、议题，美国采取的手段也有所差异，大体采用权力强制、制度约束、利益协调和权威引导四种方式。目前，美国亚太联盟管理的主要任务可以分为三类。一是如何增强美国亚太联盟的战略协同，也即增加盟国对美国亚太甚至全球战略的支持。对于美国而言，其亚太主导权的重要基础就是联盟关系和伙伴关系。② 为了应对中国崛起和中美亚太主导权竞争，美国也要与盟国和安全伙伴加强合作。③ 美国由于亚太主导权竞争的需要，对盟国的战略协同要求也在提升，并通过强制、交换、权威等多种方式来影响盟国的对外行为，④ 增强盟国对美国的战略支持。例如在美国看来，可以借助盟国的力量减缓中国崛起速度，这也使得美国在其盟国与中国的海洋争端中不时释放联盟信号。⑤ 二是如何约束联盟的危险行为防止美国因“被牵连”卷入并非所愿的军事冲突当中。尽管美国要限制中国实力和影响力增强，但美国近期并不愿意和中国发生军事冲突。为此，美国不仅增加了和中国之间的分歧管控，还要加强对盟国的约束，防止美国亚太盟国与中国因海洋争端擦枪走火，使美国受牵连卷入战争。美国为此一方面要显示对盟国的适当支持以维持联盟信任，加强美国亚太联盟的印象管理；另一方面又不得不约束盟国的过激行为，从而避免使美国卷入一场并非其所愿的战争当中。三是如何协调联盟内部因安全利益和经济利益分化所导致的联盟利益分化加剧。美国亚太联盟内部经济利益与安全

---

① 杨毅：《美国亚太联盟体系的维系与转型》，《当代世界与社会主义》2015 年第 6 期。

② The White House, “National Security Strategy,” February 2015, http://www.whitehouse.gov/sites/default/files/docs/2015_national_se-curity_security_strategy.pdf.; Hillary Clinton, “America's Pacific Century,” *Foreign Policy*, October11, 2011, http://foreignpolicy.com/2011/10/11/americas-pacific-century/.

③ Noboru Yamaguchi, “A Japanese Perspective on U.S Rebalancing toward the Asia-Pacific Region,” *Asia Policy*, Vol. 15, No. 1, 2013, p. 8.

④ 刘若楠：《美国权威如何塑造亚太盟国的对外战略》，《当代亚太》2015 年第 4 期。

⑤ 漆海霞、齐皓：《同盟信号、观众成本与中日、中菲海洋争端》，《世界经济与政治》2017 年第 8 期。

利益的分化也在很大程度上源自中美竞争。对于美国亚太盟国而言，其安全上或多或少都对美国存在依赖,① 而经济上目前中国是美国亚太盟国的重要甚至头号贸易伙伴。美国亚太盟国在经济与安全之间利益难以实现周全，这些影响了美国亚太联盟管理的难度。

就美国亚太联盟管理的主要任务来看，中国是其联盟管理的重要外部影响因素。对于中国崛起而言，美国亚太联盟的存在也成为中国崛起的周边安全压力的主要来源之一。美国亚太联盟管理的重要目标之一便是如何协调盟国来牵制中国，为此美国一方面谋求联盟强化，一则减少联盟内部矛盾，二则加强联盟对外政策协调，另一方面则防止联盟分化或弱化，为此采取楔子战略，阻止美国亚太盟国与中国关系过于紧密。如美国曾在朝鲜半岛谋求双重分化，对中朝、中韩关系同时实施楔子战略。此外，美国还不断在亚太地区渲染“中国威胁”，推动周边国家加强对华防范，以此防止亚太国家与中国结盟。② 在地区经贸合作方面，美国也不断加强联盟管理，阻止其亚太盟国参与亚投行和“一带一路”，此前《跨太平洋战略经济伙伴关系协定》（TPP）的筹划更是突显了中美地区贸易制度竞争，也显示了美国在经贸领域的联盟管理。

对于中国而言，为应对美国亚太联盟对中国的不利影响，其需要寻求影响美国亚太联盟管理。基本思路在于通过调控美国亚太联盟的联盟困境，进而影响美国亚太联盟成员国的成本—收益认知，使得其联盟管理在针对中国方面的战略协同更为困难。具体而言，中国一是可以一如既往地加强与美国亚太盟国的经贸合作，增进中国与美国亚太盟国的利益关系，增加其盟国“被牵连”困境。总体来看，以经贸合作推动中国与美国亚太盟国的共同利益增加，在一定程度上可增加美国亚太盟国对中国的倾向度，使得美国亚太盟国在中美之间进行选择时更加慎重而非一味地基于联盟关系选边站队。中国可以尝试改进经贸关系对于双方关系的影响，使得经济外交的效果更加明显，促进中国的经贸影响力增强并产生外溢效应。二是可以积极推动亚太地区安全合作，增加中国与美国亚太盟国之间的安全合作，减少美国亚太联盟的安全威胁认知特别是对华“安全威胁”认知，进而弱化其联盟“被抛弃”

---

① James Steinberg and Michael E. O'Hanlon, *Strategic Reassurance and Resolve: U. S. -China Relations in the Twenty-First Century* (Princeton, NJ: Princeton University Press, 2014), pp. 19-21.

② 凌胜利:《拒优战略：中美亚太主导权竞争》,《当代亚太》2017 年第 1 期。

困境。一般而言，一旦美国亚太盟国的安全需求下降，其对联盟的需求也会有所下降，其“被抛弃”的联盟困境则会有所下降，这会降低美国亚太盟国的联盟成本意愿，使其对成本—收益的预期增强，也会对其联盟困境的契合度产生影响。总之，通过增加美国亚太联盟的“被牵连”困境和弱化其“被抛弃”困境，美国亚太联盟困境会有所变化，其联盟成员对联盟成本—收益的认知也会发生相应变化，即联盟安全成本意愿下降，联盟经济收益诉求增加。其结果是美国亚太联盟在应对中国时的战略分歧与利益分化会更加明显，其对华战略协同会大为削弱。

结语

随着传统安全威胁的减少，国家间新建联盟的数目也有所减少。既有联盟大多是冷战遗产，面临着战略分歧与利益分化的问题，联盟管理也变得更为重要。本文主要探讨了联盟管理的概念、机制、主要研究议题和美国亚太联盟管理及中国的应对。对于联盟管理而言，由于和平时期联盟困境的弱化，联盟管理变得更为困难。目前联盟管理的研究议题主要集中于联盟内部的经济与安全事务统筹、联盟对外政策的协调等。未来联盟管理研究将注重国家战略偏好调整对联盟管理的影响，加强对联盟在不同议题上的对外政策协调的研究，联盟管理的具体方式及其效果如何也值得进一步研究。美国的联盟关系对中国的影响不容忽视，中国应重视联盟管理的研究，以便应对美国联盟管理对中国可能产生的影响。对于中国的国际影响拓展而言，突破美国亚太联盟体系对中国影响力的制约，需要中国加强对美国亚太联盟管理的影响，弱化美国亚太联盟对中国的对抗性和负面影响。

思考题：

1. 联盟管理的核心机制是什么？
2. 联盟管理的主要手段及其适用条件有哪些？
3. 请比较分析冷战时期美苏的联盟管理。
4. 请论述冷战后美国亚太联盟管理的演变。

联盟转型：指标体系与案例分析

导语：冷战结束后，军事联盟的弊端逐渐显现，联盟无用论、联盟终结论的观点不时出现，可现实情况却是军事联盟并未退出历史舞台，一些联盟甚至出现强化态势。究其原因，联盟转型是联盟延续的重要原因。联盟转型是指联盟核心指标出现变化与调整。通过联盟转型，联盟实现了利益再协调、功能再设置、关系再调整、战略再协商等，进而有可能使得联盟在内外环境变更情况下保持延续。联盟虽然历经千年以上，但并非一成不变。就某一联盟而言，随着国内外环境的变化，其各项联盟指标也会有所调整。冷战后，为维护其世界霸主地位，美国极力推动其在世界各地的联盟进行调整与转型。北约转型、美国亚太联盟调整、志愿者联盟不断兴起是当前世界的联盟大转型的典型代表，也为联盟转型研究提供了丰富案例。联盟转型加剧了中国周边安全的碎片化，中国的战略应对可以在继续坚持"结伴不结盟战略"的同时，适时采取楔子战略分化外部敌对联盟。

随着全球化的不断深入与日益发展，军事联盟的效能有所下降，对其质疑也日益增多。"联盟无用论""联盟终结论"的观点不断出现。① 不过事实上，联盟并未如这些观点所预测的那样退出历史舞台。冷战后，美国的欧洲联盟与亚太联盟都遭遇了松散、漂流或解体等危机。不过令人震惊的是这些联盟都不同程度地克服了危机。缘何会出现如此现象？其原因在于这些联盟进行了不同程度的调整与改革，出现了联盟转型的态势。那么联盟转型如何界定，主要体现在哪些联盟指标上呢？联盟转型的特点和趋势是什么呢？本

① Paul Dibb, "The Future of International Coalitions: How Useful? How Manageable?" *The Washington Quarterly*, Vol. 25, No. 2, 2002, pp. 131-144; Bruno Tertrais, "The Changing Nature of Military Alliances," *The Washington Quarterly*, Vol. 27, No. 2, 2004, pp. 135-150.

文将对这一系列问题进行研究。

古往今来，联盟作为国际安全合作的重要形式一直延续至今，不过其内涵与外延在不断演变。早期的联盟往往是基于战争而形成的安全合作，大多只是临时性的，战争结束即迅速解体。随着战争的旷日持久以及所需资源增多，联盟也开始成为和平时期谋求有利权力格局、储蓄战而胜之能力的一种方式。一旦联盟不再局限于战场之上，联盟的内涵就开始超越狭义的军事安全领域，逐渐拓展到综合安全领域，由军事联盟演变为战略性联盟，由战时联盟转变为平时联盟，由此也推动了联盟转型的出现。作为一项国际安全合作制度，盟国间大多面临着成本与收益的考量。国家为了实现在联盟中的收益与成本收支大体平衡，从而延续联盟，需要因应环境变更而对联盟有所调整，这导致联盟各项指标出现变化，进而推动联盟转型。通过联盟转型，联盟实现了利益再协调、功能再设置、关系再调整、战略再协商等。联盟转型是盟国间因应内外环境变化重塑联盟的产物，有利于维持联盟的延续。本文主要分为四部分：首先，对有关联盟转型的既有研究及不足进行分析；其次，对联盟概念进行分解，界定联盟指标，并确立联盟转型的概念分析框架；再次，结合联盟转型的概念分析框架，对冷战后的联盟转型进行案例分析，加深对联盟转型的理解；最后，分析联盟转型的趋势，并对中国的应对战略提供建议。

一、既有研究及不足

冷战后，联盟转型现象日益增多，但学术界关于联盟转型的研究尚显不足。不过令人欣喜的是，尽管许多研究成果未冠以“联盟转型”之名，但就其内容而言却涉及联盟转型诸多方面。比如现实主义大师汉斯·摩根索在其经典著作《国家间政治——寻求权力与和平的斗争》中对联盟进行了精辟的分析。基于权力的视角，摩根索认为联盟是国家增加权力的一种重要方式，国家出于权力斗争的需要，可以与其他国家进行结盟，进而达到权力均衡的状态。以其权力政治逻辑推之，一旦权力斗争形势发生变更，联盟将出现调整、变革甚至终结的转型态势。其他基于权力视角的联盟研究成果或多或少持此种观点，如奥古斯都、沃尔弗斯等。斯蒂芬·沃尔特认为国家结盟主要出于安全的考虑，威胁认知是国家结盟政策选择的关键因素。随着盟国对外部威胁认知发生变化，其对联盟义务的认知也深受影响，这进而可能引发联盟调整。① 格林·斯奈德提出了“联盟困境”概念，其认为在联盟困境的影响下，联盟会不可避免地根据联盟困境的强弱出现调整与转型。② 近年兴起的认知联盟理论深化了对联盟的认知，同时也为软性因素注入联盟理论提供了可能，③ 比如联盟信任、联盟的社会基础、民主化对联盟的影响等研究开始出现，打破了以往联盟研究的“冷色调、硬基石、强理性”的传统，实现了联盟理论的丰富与解释力提升，也为联盟转型研究提供了开阔的研究视角。

中国学者关于联盟的一些研究也涉及联盟转型。王帆结合美国亚太安全战略与联盟理论，指出未来美国亚太联盟的强化趋势不可避免。此外，他还对联盟管理中的矛盾进行了分析，这对于理解联盟转型的内在动力具有帮助。④ 尹继武从社会心理学的视角对联盟信任进行了全面系统的论述，并总结了联盟信任与联盟转型之间的内在关系。⑤ 此外，汪伟民以美日、美韩联盟为例分析了美国亚太联盟的变迁过程，提出了威权式联盟概念。⑥ 孙德刚对“准联盟”的研究加深了学术界对联盟理论更为全面的认识，认为国家可在结盟与不结盟的灰色地带采取准联盟战略。⑦ 刘丰对联合阵线进行了分析，认为由于其相对联盟更具灵活性，因而冷战后美国在海外军事干涉中大量采用联合阵线的方式。⑧ 事实上联盟与联合阵线虽有差异，但不排除相互转化的可能性。

在联盟转型的现实分析中，冷战后初期，关于北约的功能是否弱化甚至终结曾引起学术界热议。通过北约东扩、国际维和等一系列行动，北约实现了功能调整与再造，成功实现转型，这为学术界研究联盟转型提供了范本。拉简·梅隆（Rajan Menon）探讨了冷战后北约联盟转型，涉及联盟目标、

---

① 斯蒂芬·沃尔特：《联盟的起源》，周丕启译，北京大学出版社，2007，第21—25页。

② Glenn Snyder, *Alliance Politics* (Ithaca: Cornell University Press, 1997).

③ 王帆：《认知联盟理论评析》，《欧洲研究》2003年第1期。

④ 王帆：《美国的亚太联盟》，世界知识出版社，2007。

⑤ 尹继武：《社会认知与联盟信任形成》，上海人民出版社，2009。

⑥ 汪伟民：《联盟理论与美国的联盟战略》，世界知识出版社，2007。

⑦ 孙德刚：《论“准联盟”战略》，《世界经济与政治》2011年第2期；孙德刚：《论新时期中国的准联盟外交》，《世界经济与政治》2012年第3期。

⑧ 刘丰：《国际政治中的联合阵线》，《外交评论》2012年第5期。

区域、功能等方面。① 其他学者对北约在冷战后没有解体的原因，从文化、功能主义、地缘政治、制度经济学、身份认同等多种视角进行了详细分析。② 这些分析都十分有益于联盟转型理论的探讨，不过这些研究忽视了北约转型。北约的延续与其实现联盟转型有很大关系。

对美国亚太联盟的分析也涉及联盟转型，其不仅包括对美国亚太双边联盟转型的研究，还涉及对美国亚太联盟整体的研究。近年来，美国亚太联盟的三边化和多边化趋势明显加强。③ 这引发了对美国亚太联盟是否出现双边向多边转变的重大变化的思考，如“亚洲版北约”能否形成。④ 在对美国单个双边联盟的研究中，迈克尔·格林等对美日联盟的发展历程进行了全面回顾，并着力分析了影响美日联盟调整的制约因素。⑤ 查尔斯·佩里（Charles M. Perry）对美韩联盟面临的诸如朝核问题、韩国民主化等挑战进行了分析，指出美韩联盟应对挑战存在四种方案，其中联盟的功能多样化战略最为适宜，⑥ 也即通过推动联盟转型实现再适应。针对日韩合作的加强以及美日韩三边联盟能否出现，学界也进行了研究。不过由于日韩在历史问题、领土

① Rajan Menon, *The End of Alliances* (Oxford: New York: Oxford University Press, 2007).

② Celeate Wallander and Robert Keohane, “Why Does NATO Persist? An Institutionalist Approach,” Working Paper, Center for International Affairs, Harvard University, pp. 56-61; Charles L.Glaser, “Why NATO is Still Best: Future Security Arrangements for Europe,” *International Security,* Vol. 18, No. 1, pp. 5-10; Andrew Kydd, “Trust Building, Trust Breaking: The Dilemma of NATO Enlargement,” *International Organization*, Vol. 55, No. 4, pp. 801-828；钟振明：《冷战后北约何以继续存在》，《国际政治科学》2005 年第 3 期。

③ 孙茹：《美日韩重整“铁三角”》，《世界知识》2009 年第 15 期；杨文静：《美国亚太盟国三边化趋势》，《国际资料信息》2012 年第 9 期。

④ Victor Cha, “Powerplay: The Origins of the American Alliance System in Asia,” *International Security*, Vol. 34, No. 3, 2010, pp. 158-196; Jae Jeok Park, “The US-led Alliances in the Asia-Pacific: Hedge against Potential Threats or an Undesirable Multilateral Security Order?” *The Pacific Review*, Vol. 24 No. 2, 2011, pp. 137-158; Christopher Hemmer and Peter J. Katzenstein, “Why is there No NATO in Asia? Collective Identity, Regionalism, and the Origins of Multilateralism,” *International Organization,* Vol. 56, No. 3, 2002, pp. 575-607.

⑤ 迈克尔·格林、帕特里克·克罗宁主编《美日联盟：过去、现在与将来》，新华出版社，2000。此外对美日联盟进行分析的研究还有 Harrison M. Holland Boulder, *Japan Challenges America: Managing An Alliance in Crisis* (Boulder: Westview Press, 1992); Mike M. Mochizuki, *Toward A True Alliance: Restructuring U. S. -Japan Security Relations* (Washington, D. C.: Brookings Institution Press, 1997); G. John Ikenberry and Takashi Inoguchi, *Reinventing the Alliance: U. S. -Japan Security Partnership in An Era of Change* (New York: Palgrave Macmillan, 2003)。

⑥ Charles M. Perry, *Alliance Diversification and the Future of the U. S. -Korean Security Relationship* (Herndon, VA: Brassey's, 2004).

问题上的利益分歧、情感纠葛，美国推进日韩安全合作颇为困难，只能尝试渐进地通过三边安全对话推进合作，同时促使日韩更多地以国际视角考虑美日韩安全合作，超越情感困扰。① 尽管如此，日韩两国军事关系由“准联盟”向“联盟”转变并非一个近期可以预见的目标。②

尽管上述研究对联盟转型有所涉猎，其仍然缺乏对联盟转型概念的清晰界定。特别是由于联盟概念的泛化，联盟转型研究存在混乱现象，战略性联盟、经济联盟、军事联盟、安全联盟、综合性联盟等说法不一，这就要求对联盟转型概念进行更为细致的区分，建立起一套较为系统的联盟转型指标体系。

二、联盟转型的定义

关于联盟的定义成百上千，并且中英文并不完全一致。在英语当中，alliance、alignment、coalition、pact、bloc、entente 都表示不同程度的安全合作关系。③ 不过一般联盟比较常用的是 alliance，主要是指军事安全领域的结盟，也即狭义上的联盟。④ 沃尔弗斯认为，联盟是两个或两个以上主权国家为了国家安全而缔结的相互进行军事援助的协定。⑤ 不过随着军事安全的不断弱化与安全化所带来的安全内涵与外延的日益扩大，联盟也由军事安全转变为综合安全，由正式军事条约走向默认的军事行动协作，甚至出现了“联盟化”现象，导致联盟概念界定的困难增加，引发了对联盟转型的关注与思考。冷战后纷繁复杂的联盟调整与变革演绎了联盟转型的态势，但是对于到底何谓“联盟转型”目前学术界并无明确界定，因此从概念上对“联盟转型”进行界定无疑具有重要的学术价值。对联盟转型进行概念界定离不开对

---

① Kongdan Oh, “The United States between Japan and Korea: Keeping Alliances Strong in East Asia,” *The Korean Journal of Defense Analysis*, Vol. 22, No. 2, 2010, pp. 127–140.

② 王传剑：《日韩军事关系：从“准同盟”到“同盟”?》，《日本学刊》2011 年第 5 期。

③ 孙德刚对此做了详细区分，参见孙德刚：《多元平衡与准联盟理论研究》，时事出版社，2007，第 59 页；孙德刚：《国际安全合作中联盟概念的理论辨析》，《国际论坛》2010 年第 5 期。

④ Robert E. Osgood, *Alliance and American Foreign Policy* (Baltimore and London: The Hopkins Press, 1968), p. 17.

⑤ Arnold Wolfers, “Alliance,” in *International Encyclopedia of the Social Science* (New York: Macmillan Company & The Free Press, Vol. 1, 1974), pp. 268–269.

联盟概念的深入分析，只有把握了联盟的各个要素，才能判定联盟是否转型。联盟作为一种重要的国际安全合作形式，涉及性质定位、目标设定、功能设置、对象遴选、结构规划、手段择取与方式采纳等多方面，它们的任一变更都可能引发联盟转型。对联盟转型的判定主要参照以下联盟指标。

（一）联盟性质

联盟性质关乎联盟的定位与战略导向。一般而言，联盟可以区分为战时联盟与平时联盟。前者主要瞄准战争，为战争而做准备；后者主要着眼于安全保护，确保威慑与防御。根据其战略选择可以区分为进攻性联盟与防御性联盟。进攻性联盟在盟国采取主动进攻时也予以支持，而防御性联盟只有在盟国安全受到威胁时才予以援助。进攻性联盟更多追求权力扩大与利益拓展，而防御性联盟更多寻求安全保障。联盟性质一旦发生变化，联盟将随即出现转型。

（二）联盟内容

联盟主要着眼于安全领域，但受盟国之间所面临的安全环境的不同、安全理念的分歧与威胁认知差异的影响，联盟内容也有所不同。有些联盟偏重于狭隘的军事安全领域，一些联盟则将合作领域拓展到经济安全、环境安全等广泛的非传统安全领域。联盟在安全与经济等领域的利益契合度将影响联盟的稳定性。① 联盟内容决定了联盟合作的广度与深度，同时也制约了联盟的功能设置。一旦联盟内容出现显著性变更，联盟就会出现转型态势，如由“单一军事联盟”向“战略性联盟”转变，由“安全性联盟”向“综合性联盟”转型。

（三）联盟职能

联盟职能关乎联盟任务，即联盟的设置需要完成哪些任务。是抵抗共同

① Andrew G. Long and Brett Ashley Leeds, “Trading for Security: Military Alliances and Economic Agreements,” *Journal of Peace Research*, Vol. 43, No. 4, 2006, pp. 433-451.

敌人抑或是维持地区稳定？是谋求军事扩展，还是维持国家安全？联盟职能的设定是契合盟国联盟需求的必然选择，同时也是联盟目标导向使然。盟国承担何种使命由联盟形成时的共同利益所决定，在联盟制度里可能会明确规定，但随着联盟内外环境的变更，盟国间的共同利益可能会出现拓展或萎缩，联盟职能也会因此需要进行不同程度的调整，甚至有可能实现由“内向型”职能向“外向型”职能的逆转，由“专职防卫”转变为“策应地区”甚至“策应全球”。

（四）联盟结构

联盟结构指联盟内部之间的权力分布与功能分配。按照权力分布的不同，联盟一般可以区分为对称性联盟与不对称性联盟。如果盟国之间实力不相上下，联盟结构将表现为对称性，如果盟国之间实力相差悬殊，联盟则为非对称性，联盟形成中存在“自主—安全”交易。根据功能需要联盟结构也呈现为依附型、互助型、支持型。“联盟结构可以是等级制的金字塔形式（Hierarchical），也可以是非等级制的形式（Egalitarian）。”① 联盟结构呈现等级制、威权性、民主化等多种结构形态。结构性变化是根本性变革，因此一旦联盟结构出现变化，联盟无疑将转型。

（五）联盟形式

联盟形式是指国家间以何种形式维持联盟。联盟形式关系到联盟的构成形式与制度化水平，还制约着联盟战略的灵活性与可操作性。联盟形式根据不同区分标准分门别类时有所差异。根据联盟成员的多寡可以分为多边联盟与双边联盟；根据联盟拥核情况可以区分为核联盟与非核联盟；根据联盟持续时间长短可以区分为长久联盟与临时联盟。联盟如果发生以上三种情形的变化，联盟将出现转型。由于安全理念的变革与问题领域的不断拓展，联盟形式也日益丰富。冷战后安全问题泛化，联盟形式需要变革适应。例如，冷战后美国“要维持一个覆盖面广、层次多、关系错综复杂的联盟体系，联盟

① 孙德刚：《多元平衡与“准联盟”理论研究》，时事出版社，2007，第12页。

形式必须由单一转向多元，合理和实用并重”。① 以反恐等任务为契机组建的“志愿者联盟”折射了冷战后联盟形式的不断增加。

（六）联盟目标

联盟目标是增加权力还是制衡威胁抑或是分享利益？联盟是指向战术性的权力扩张与利益增加还是一种战略性的长远规划呢？联盟目标设定在很大程度上决定了联盟的命运。一般而言，单纯的军事安全面临着合作动力枯竭的悖论，即安全合作越成功，解决的问题越多，安全合作的动力就越少。因此作为安全合作的重要形式——联盟在进行目标设定时面临着功能性的挑战，即一旦联盟目标实现，联盟存续的理由就大为削弱。除非实现目标调整与功能调适，否则联盟将难以为继。不过一旦对联盟目标进行大幅度调整，联盟转型也就有可能出现。

（七）联盟规范

联盟规范主要是指联盟中的制度化建设。联盟自人类历史上有权力斗争开始就一直存在，只是不同时期的联盟有所差异，其中一项重要因素是联盟规范。联盟规范涉及联盟的条约文本、制度安排等多个领域，如联盟由“暗示”向“明示”转变，由“口头承诺”转向“书面文本”。联盟制度从无到有、从少到多、由弱到强，这些都有可能引发联盟转型。

（八）联盟手段

联盟手段丰富多样，包括海外驻军、经济援助、军事援助等主要形式，具体还涉及联合演习与作战训练、军备合作、军事交流等多方面。通过海外驻军的形式在盟国驻军是联盟安全的强劲承诺，也是联盟信任的有力表现。海外驻军的持续是联盟持久化的重要显示，是联盟调整变革的重要标志。此外，为了扶植盟国，联盟之间还会以经济援助或军事援助的方式增强盟国的

① 朱成虎、赵子聿等：《当代美国军事》，社会科学文献出版社，2001，第334页。

经济实力与军事实力。联盟手段一般由联盟目标所决定，不过也会表现出一定的灵活性。联盟手段的调整是联盟转型的重要方面，但并非核心变量。

（九）联盟区域

联盟区域一般指联盟活动所涉及的地理区域，一般由联盟性质与联盟目标所决定。在联盟性质与目标变革困难的情况下，联盟区域可以根据情境需要进行战术灵活性调整。联盟区域的范围反映了联盟的能量，其调整反映了联盟转型的可能，但并不意味着联盟的转型。例如，冷战后的美日联盟、北约的联盟区域都有所扩大。

联盟变化不等于联盟转型，以上指标中的任何一个发生变化都可以称为联盟变化，不过能够推动联盟转型的唯有核心变量。在上述 9 个联盟指标当中，联盟性质、联盟内容、联盟职能、联盟结构与联盟形式是核心变量；联盟目标、联盟规范是重要变量；联盟手段与联盟区域是次要变量。只有当核心变量发生变化时联盟转型才会出现，而重要变量只有发生大幅变革才能引发联盟转型，不过重要变量的巨变必然反映在核心变量上。次要变量只是反映联盟的变化而非变革，是战术调整而非战略变革。如上分析，可以认为联盟转型即联盟性质、联盟内容、联盟职能、联盟结构与联盟形式等联盟核心变量发生变更所导致的联盟变化。

表 1-2　联盟转型的指标体系

变量类别	指标	要　素
核心变量	联盟性质	战时联盟/平时联盟；进攻性联盟/防御性联盟；核联盟/非核联盟
	联盟内容	军事安全/综合安全；传统安全/非传统安全
	联盟职能	防御敌人/地区维稳；军事拓展/危机处理；单一军事联盟/战略性联盟；内向型联盟/外向型联盟
	联盟结构	对称性联盟/非对称性联盟；依附型/互助型/支持型；等级制/威权型/民主
	联盟形式	多边联盟/双边联盟；核联盟/非核联盟；长久联盟/临时联盟
重要变量	联盟目标	增加权力/制衡威胁/分享利益；单一目标/综合目标
	联盟规范	明示/暗示；口头承诺/书面文本；制度化水平

续表

变量类别	指标	要　素
次要变量	联盟手段	海外驻军/经济援助/军事援助/军事演习
	联盟区域	地理区域/事态区域

资料来源：作者自制。

三、案例研究：冷战后的联盟转型

冷战突出表现为两大联盟体系的持续对抗，冷战后联盟出现两极分化现象，一些联盟淡化、瓦解，一些联盟则强化、转型。之所以出现迥然不同的结果，与联盟转型密切相关。既有联盟大多是冷战遗留产物，尤以美国联盟居多。美国的诸多联盟之所以得以延续，主要因为这些联盟大多成功地实现了联盟转型。同时，由于军事联盟的转型困难，志愿者联盟等更趋灵活的临时性联盟不断兴起，这在一定程度上弥补了传统联盟的不足。

（一）北约的变革与转型

在欧洲，北约并未随着其“拉美、拒俄、抑德”的使命完成而终结，相反，通过 1991 年、1999 年两份联盟战略新概念的重新定位，北约继续维持并实现了大幅调整。2002 年北约布拉格首脑会议为北约发展制定了新纲领：“承担新使命，建立新能力，接纳新成员，建设新关系。”① 令人震惊的是，北约不但未在冷战后松散与解体，反而通过三轮扩大实现了联盟区域的拓展并呈现出“全球化”趋势，还通过一系列改革推动了制度深化、功能提升。北约正在成功地实现转型。2010 年新出台的北约新战略，进一步明确了北约要“运用新力量，构建新伙伴，应对新威胁”。②

北约的转型是全方位的，包括联盟的性质、目标、成员、战略、结构等多方面。一是在联盟性质上，北约实现了“由对抗苏联与华约的军事政治集

① 邢骅、苏惠民、王毅主编《新世纪北约的走向》，时事出版社，2004，序言，第 3—4 页。

② 张健：《北约新战略概念解析》，《现代国际关系》2010 年第 12 期。

团转变为处理全欧安全事务的泛大陆组织”。① 二是在联盟职能上，由应对传统的军事威胁调整为应对全方位的多重威胁特别是非传统威胁，实现了从以“保障和平”为主发展为以“维护稳定”为主，重心由“集体防务”发展为“危机处理”，② 由应付传统军事威胁转变为担负起反恐、防止大规模杀伤性武器扩散等新使命。这体现了北约的联盟职能深刻变化的同时，其背后的安全理念也实现了前所未有的变革，经历了由“军事安全”向“综合安全”的扩大。三是联盟成员实现了大幅度增加。冷战后，历经三轮东扩，北约的成员国实现了由16国到30国（2022年3月）的激增。成员的变化折射了北约的性质与目标的转型，实现了北约联盟区域的扩大，也带来了北约与中东欧国家以及俄罗斯关系的调整，甚至一度欧洲出现了“老欧洲”与“新欧洲”的分化。四是联盟内容的革新。其显著表现是军事色彩淡化并向“全方位、多功能、灵活反应方向转型”。③ 为此，北约建立了多国快速反应部队以应对各种危机。五是在联盟结构上美欧关系实现了调整，由冷战时期的“依附型”开始向“支持型”变革。没有了“苏联威胁”的安全压力，欧洲国家也不再迫切需要美国的安全保护，相反美国还需要为其全球战略推行寻求欧洲盟国的支持。尽管如此，北约中的欧洲国家防务能力不足导致其在许多行动上仍需仰仗美国的支持。

除此之外，北约还在联盟区域上实现了扩大并呈现出“全球化”趋势，如北约积极参与了伊拉克、阿富汗等地的战斗与维和行动，在欧洲以外的其他地区的安全事务上开始发挥作用。不过对于防区外的军事行动，北约成员国内部存在分歧。④ 在联盟手段、形式上北约也有所调整，这些共同推进了北约在冷战后的变革与转型。

（二）美国亚太联盟的转型

美国的亚太联盟转型态势也十分明显，其中以美日、美韩、美澳联盟最为典型，并且美国亚太联盟整体也出现转型态势。

---

① 邢骅：《北约转型路漫漫》，《国际问题研究》2009年第4期。

② 中国现代国际关系研究院美欧研究中心编《北约的命运》，时事出版社，2004，第83页。

③ 邢骅：《北约转型路漫漫》，《国际问题研究》2009年第4期。

④ 吴宇：《北约成员对美防区外战争的反应》，《国际政治科学》2013年第2期。

与在欧洲被动结盟不同，在亚太地区出于对抗苏联、中国的需要，美国积极主动地构建了其亚太联盟体系。由于苏联解体、中国崛起等多重原因，美国的亚太联盟也必须有所调整，才能契合冷战后亚太地区的国际体系、地区体系以及国家的多重转型。在此过程中，美日联盟的再定义、美韩联盟的变革、美澳联盟的强化等体现了美国亚太联盟的转型趋势。

美日联盟再定义是冷战后美国亚太联盟调整的关键。在美国亚太地区的扇形联盟体系中，美日联盟处于扇骨的核心地位，对维系美国亚太联盟至关重要。受20世纪80年代末、90年代初美日经贸摩擦加剧的影响，美日联盟间隙不断增加，一度成为“危机中的联盟”。① 通过1996年的《美日安全保障联合宣言》、1997年的《美日防卫合作指针》，美日联盟实现了再定义。联盟性质由“专职防卫”的守势转向“策应地区与全球”的攻势；联盟区域由周边的地理界限变成事态的情境发展；联盟功能实现了由“‘单向防卫’转变为‘双向合作’”；② 联盟结构由美主日从调整为更趋平等的安全合作关系。

作为冷战时期的前沿部署，美韩联盟在冷战后也有所变革，并寻求永久化的美韩联盟。受朝核问题冲击、联盟共有利益拓展以及联盟信任下降等多重因素影响，美韩联盟的联盟职能正在由“单一军事联盟”向“战略联盟”变革。联盟区域方面，美韩联盟将由固守朝鲜半岛向策应地区甚至全球发展。冷战后，美国多次极力推动美韩联盟转型，试图拓展美韩联盟的作用区域，由“半岛军”摇身变为“地区军”。李明博上台后，多次宣称要做“美国的全球伙伴”，打造“21世纪的美韩战略联盟”，已经深刻地表明了这一态势。未来美韩联盟将逐渐由单一军事联盟向涉及军事、经济、环境等多领域合作的战略联盟转变。事实上，目前美韩联盟在军事安全以外的领域的合作也显著增多。在联盟结构上，美日韩三边联盟端倪初现，但成型尚早。③

澳大利亚作为美国亚太联盟的“南部之锚”，也在冷战后强化了与美国的联盟关系。1996年7月，美澳签署了《美澳21世纪战略伙伴关系》联合

---

① Harrison M. Holland Boulder, *Japan Challenges America: Managing an Alliance in Crisis* (Westview Press, 1992).

② 金熙德：《日美同盟的“再定义”及其未来趋势》，《世界经济与政治》2000年第7期。

③ Kongdan Oh, "The United States between Japan and Korea: Keeping Alliances Strong in East Asia," *The Korean Journal of Defense Analysis*, Vol. 22, No. 2, 2010, pp. 127-140.

声明，全面提升了美澳联盟关系，联盟区域突破双边、走向地区。① 此后，在美国的全球反恐战争当中，澳大利亚表现得尤为积极，在军事、情报等多领域给予美国大力支持。联盟结构上，冷战时期的美澳新联盟不复存在，冷战后其基本上仅以美澳联盟形式存续，不过近年美新安全合作有所复苏，美澳新联盟有望再现。联盟手段上，永久驻军提升了美澳联盟。2011 年 11 月 16 日，美澳首脑会晤宣布了美国在澳大利亚的永久驻军计划。② 至此，美澳联盟在冷战后已得到多次强化，澳大利亚成为美国在亚太地区甚至全球的盟国。除了不断强化美澳双边联盟外，澳大利亚还积极参与美国亚太联盟的整合计划，成为美澳日三边安全战略对话、美日澳印四国联盟、美日澳三边合作的重要成员，它还积极加强与东南亚国家的防务合作，成为推进美国亚太联盟转型的旗手。③

除此之外，借反恐战争之机，美国还修复了美菲、美泰联盟，联合军演不断增多。美国还积极推进其与菲律宾、泰国的经济贸易合作，试图实现联盟共有利益拓展，进而巩固双边联盟并推动联盟持久化。美国希望继续保持其亚太联盟作为其加强对该地区影响的重要载体。④ 尽管一些联盟的战略意义下降，但其仍希望以军事演习的方式不断突显。⑤ 不过，受地区复杂形势、盟国文化差异等影响，美国亚太双边联盟的转型更加艰难。近年来，美国不仅大力推动双边联盟转型，还以联合军事演习、非传统安全领域合作为契机加强亚太联盟体系内部互动，其亚太联盟中出现了诸如“美日韩军事联盟”、美日印澳“四国联盟”等苗头。美国亚太联盟体系的“小北约”特征不断显现，但真正实现美国亚太联盟体系一体化还十分遥远。

---

① “Australia-United States: A Strategic Partnership for the Twenty-First Century,” Department of Foreign Affairs and Trade, Australia, 1996, http: //www. dfat. gov. au/geo/us/ausmin/sydney_ statement. html.

② “U. S. to Build Up Military in Australia,” *The Wall Street Journal*, November 10th, 2011, http: //online. wsj. com/article/SB10001424052970203537304577028490161890480. html.

③ 凌胜利：《冷战后美国亚太联盟的强化：趋势与问题》，《美国问题研究》2012 年第 2 期。

④ *U. S. Alliances and Emerging Partnerships in Southeast Asian out of the Shadow*, A Report of the CSIS Southeast Asia Institution, July 2009, p. 16.

⑤ CRS Report for Congress, *Thailand: Background and U. S. Relations*, January 13, 2005, p. 16.

（三）“志愿者联盟”的不断兴起

冷战结束后，美国对其联盟进行了整合，构建起了“同心圆联盟”体系。构筑多层次的联盟体系不仅丰富了结盟方式，也折射了新的联盟转型态势。冷战后，美国的全球战略不断拓展，与传统盟国之间的战略分歧和利益分化也日益严重，美国的许多行动难以获取盟国的全力支持。受美国选择性干预战略影响，其盟国也选择性地在不同程度上支持其行动。比如在科索沃战争中，其北约盟国在政治、经济、军事等领域全方位支持美国，而在伊拉克战争上，其北约盟国不仅未能实现全方位支持，实际上还涌出了反对的声音，出现了“老欧洲”与“新欧洲”的分化。为此，美国不得不积极拉拢巴基斯坦、中东以及中亚一些国家加入其临时性反恐联盟，许多国家被美国赋予“非北约重要盟国”的称号。

以任务为导向的“志愿者联盟”突显了联盟方式的多样化与联盟体系的层次化。在当前全球化时代，不确定性与复杂性日益增加，各国面临的挑战也在不断增加与分化。作为唯一的超级大国，美国为了维持其全球霸主地位，携灵活多样化战略之需要，还将不断组建“志愿者联盟”。此外，诸如“民主联盟”、价值观联盟也不断提出，这些将打破以往联盟的定义，增加联盟内容，反映联盟转型的一大趋势。

四、联盟转型的趋势与中国的应对

联盟转型导致联盟性质、联盟内容、联盟职能等多项联盟指标发生变化，也使得联盟与其最初建立时有可能显著不同。考察当今世界比较成功的联盟转型，基本上有如下几大趋势。

一是联盟内容更趋综合化，联盟目标更加多元化。与以往的联盟仅仅定位于军事安全领域不同，联盟转型后，联盟内容超越了狭隘的军事安全领域，拓展到综合安全领域。冷战后，以军事安全为核心的传统安全问题依然重要，但非传统安全问题日益突出，联盟内容仅仅关注军事安全将远远不够，各种非传统安全问题不断出现，突显了军事联盟的僵化。因此，因应国际形势的“安全化”，联盟内容将逐渐拓展，由军事安全领域向综合安全领域拓展。联盟内容渐趋丰富也导致联盟目标更加多元化。以往的联盟目标基本是谋权、逐利、求安，相对比较单一。随着国际形势的变化，联盟目标更加多元化，往往是谋权、逐利和求安多元一体，而且更多时候是谋权与逐利。联盟目标的多元化增加了联盟的共同利益，也使得内部的利益分化增加，联盟的协调更加复杂困难。

二是联盟结构更趋平等，联盟多边化更加明显。受国际格局变动和国内民主化进程影响，联盟结构将更趋平等。国内政治的压力将推动不对称联盟变更以往的主从关系，形成最低程度的形式平等。由于联盟内容的拓展，联盟的多边化将更加明显。由于由双边联盟转变为多边联盟存在利益、认同、外部性等诸多障碍，联盟更有可能会在双边联盟和多边联盟之间游离，多边化趋势更明显。联盟的多边化是一种准多边联盟的灵活形式，既有利于加强双边联盟之间的合作，实现联盟成本降低，也有利于加强联盟之间的协商，增强战略沟通与相互支持。

三是联盟形式多样化，联盟手段多元化。由于传统联盟形式在当前国际形势条件下弊端有所突显，联盟转型将使得联盟形式更加多样化。各种诸如准联盟、联合阵线、志愿者联盟等类联盟形式也日益增多，这有利于联盟延续并在新形势下继续发挥作用。联盟有海外驻军、经济援助、军事援助和军事演习等多种手段，联盟转型使得联盟存在手段更趋多样化。驻军是联盟存在的重要体现，也是联盟信任的重要表征，不过由于驻军对盟国国内政治影响较为深远，也往往成为联盟矛盾的来源之一。相比而言，虽然驻军、经济或军事援助等传统联盟手段依然存在，但是军事演习、指挥协同、战略协商等已成为当前联盟更为重视的手段。

四是联盟区域事态化。相比于以往传统联盟区域相对固定，主要基于静态的地理因素，联盟转型后的联盟区域更趋动态化，主要依据联盟任务导向，如日澳参加美国在中东的反恐战争，北约参加并非传统防区的阿富汗战争。联盟区域的事态化、动态化、情境化使得联盟活动范围变大，联盟行动更加灵活，也导致联盟的外部性增加，联盟与其他国家的相关性增强。这将使得联盟的影响增大，引发的问题增多，因而联盟转型不仅事关联盟内部关系，也会对相关国家的利益产生影响。

尽管中国依然坚持不结盟政策，但联盟转型对中国产生了重要的影响，中国也需要加强对联盟转型的战略应对。联盟转型导致中国周边面临的联盟压力增大。冷战后，美国不断推动其联盟体系调整，亚太联盟的强化、北约增加防区外行动，这些无疑都对中国周边安全产生了重要影响，导致中国周边安全因美国联盟体系的外部性干扰而压力增加。中国的和平发展需要和平稳定的周边环境，美国主导的联盟体系不断多边化、情境化，依然坚持敌我对抗的零和安全思维，导致中国周边安全碎片化。基于此，中国可以采取两种战略予以应对。

一是基于联盟形式的多样化，中国可以采取结伴而不结盟战略。冷战后，联盟转型使得联盟形式更加多样化，更趋灵活化。准联盟、志愿者联盟、议题联盟、联合阵线等各种类联盟层出不穷。相对而言，传统联盟在当前的国际环境中日益僵化，联盟困境的敏感性增强，但脆弱性有所降低。冷战后中国继续坚持不结盟政策，乃是基于世界多极化的发展趋势，相互依赖日益加深的国际现实以及中国获取良好外部环境的国内需要，这促使中国以一种不树敌、不结盟的伙伴关系来推行独立自主的和平外交政策。虽然部分中国伙伴关系中包含了安全合作，但中国的伙伴关系与联盟相比还是相距甚远。① 结伴而非结盟战略，既能部分地解决一些安全合作问题，也能减少树敌的可能性，保持安全领域的灵活性，规避联盟困境，实现安全效益最大化。

二是基于联盟内容的综合化，中国可以采取一定的楔子战略分化对手联盟。中国学者普遍认为，美国亚太联盟对中国和平崛起形成了制约，中国需要采取一些措施来分化美国亚太联盟。② 针对美国亚太联盟的不断强化，中国可以采取楔子战略对其进行分化，这虽不一定能实现瓦解美国亚太联盟的目标，但也未必不能降低其联盟威胁，弱化其联盟能力。为此，一是可以通过加强多边安全合作淡化亚太地区联盟需求。“从削弱敌对联盟或阻止不友好联盟扩大的角度考虑，中国需要尽量减少地区内国家对于区域外强权的战略需求，削弱其共同战略利益基础。因此，需要积极寻求与战略利益不一致

① 凌胜利：《中国为什么不结盟?》，《外交评论》2013 年第 3 期。

② 周方银：《美国的亚太同盟体系与中国的应对》，《世界经济与政治》2013 年第 11 期；周建仁：《联盟形成理论：评估及对中国的政策启示》，《当代亚太》2012 年第 3 期；孙学峰：《美国东亚安全等级体系深化中国崛起困境》，《东方早报》2013 年 4 月 19 日，第 18 版；唐永胜：《美国强化亚太同盟体系对中国安全的影响》，《现代国际关系》2013 年第 4 期；岳西宽：《存在与遏制：解构战后美国主要军事同盟》，《经济研究导刊》2013 年第 6 期。

国家构建消极安全合作机制。”① 通过多边安全合作解决地区安全问题，可以减少地区安全的外部性，降低域外大国介入地区安全事务的可能性。二是中国可以通过经济互利共赢来获得周边国家特别是美国盟国的好感。通过经济合作来分化美国亚太联盟，可在美韩、美泰联盟上进行尝试。三是针对与中国矛盾较大的国家可以采取对抗性楔子战略，逼迫这些国家与美国的联盟关系在巨大利益考验面前分歧加大。日本、菲律宾与中国有一定的利益冲突，一时也难以通过经贸合作来加强双边关系。中国可以采取对抗性楔子战略对这两个国家施加压力，利用美国对冲突转移失控的担心，在美国与其盟国之间打下楔子。

结语

联盟作为国际安全合作的重要形式，历经了数千年的实践，其内涵与外延都在逐渐发生变化。时至今日，联盟不可与数百年甚至数十年前同日而语。当前的联盟更多呈现综合性、战略性联盟态势，长久联盟与临时联盟并存。北约转型、美国亚太联盟调整、志愿者联盟的兴起反映了冷战后世界联盟转型的大趋势，未来的联盟将在形式、内容、目标等多方面发生变化，这将对国际安全与国际体系产生深远影响，因此很有必要加强对联盟转型的研究。本文仅从理论层面对联盟转型进行概念分析，进而试图实现对联盟转型的深入系统分析。联盟为何转型，哪些因素制约着联盟转型的走向，影响联盟转型的机制与动力是什么等一系列问题是未来进一步研究的方向。冷战后军事联盟的效能下降，未来的联盟转型走向何方也值得深入思考，与此相关的现实政策是各国的联盟政策调整。长期以来，中国坚持不结盟政策，主要以非联盟方式谋求国家安全，倡导共同安全、综合安全、合作安全和可持续安全，通过积极构建各种伙伴关系谋求“无敌”的外部环境，通过加强战略协调增强国际影响。虽然部分伙伴关系中包含了一些安全合作，但远远达不到联盟的程度。并且中国一贯认为联盟不合时宜，因而坚持不结盟政策。因此，近期中国转为结盟政策的可能性微乎其微，中国的安全战略仍将是以不

---

① 周建仁：《联盟形成理论：评估及对中国的政策启示》。

结盟的方式实现国家安全，谋求共同安全。对于周边安全中的联盟压力加大，中国也可适度推动地区多边安全合作或采取楔子战略进行分化，塑造有利的外部和平环境。

思考题：

1. 联盟转型的主要影响因素有哪些？
2. 联盟转型的主要逻辑是什么？
3. 如何看待冷战后亚太地区的联盟转型？
4. 分析冷战后国际安全环境的变化对联盟转型的影响。

联盟分化：楔子战略的概念与机制

导语：近年来，有关联盟分化与瓦解的理论研究不断增加。相对于联盟形成、联盟管理的研究而言，联盟分化的研究较晚，但对于联盟分化的研究却发展迅速。采用定性、定量等研究方法对联盟分化进行研究，产生了一系列高质量的研究成果。在联盟分化的研究当中，不得不提楔子战略。楔子战略在古今中外被频繁使用，但对其理论和战略层面的研究尚显不足。楔子战略是联盟、国家行为体或次国家行为体基于阻止潜在的敌对联盟形成或分化、破坏、瓦解已经形成的敌对联盟的目标，综合运用政治、经济、军事等资源，采取对抗或调适等战略手段来实现这些战略目标的艺术与科学。楔子战略具有长期性、间接性、慎武性、预防性、灵活性等特点。楔子战略主要以一种“反联盟战略”的姿态出现，其功能主要通过影响联盟关系特别是其核心机制利益关系而实现，需要考虑战略环境、战略目标、联盟关系三个层次的因素。将反事实推理和过程追踪相结合是目前楔子战略效果检验最为适宜的方法。目前对于楔子战略的研究，主要集中在概念界定、作用机制和效果检验三个部分，其中作用机制和效果检验目前还有待深入研究，并且也存在较大的研究困难。联盟重组、联盟分化、联盟解除和联盟预阻是楔子战略的四大目标。本文的案例研究主要针对基于联盟预阻目标的楔子战略进行分析，以此检验楔子战略的作用。展望未来，权力斗争不会很快从国际关系中消失，“集势以胜众”将成为各国获取竞争优势的重要法宝，楔子战略对于国际影响力、地区领导权、地区一体化等的竞争具有重要借鉴意义。

权力竞争是国际政治的常态，均势被认为是国际关系中亘古不变的铁律。国家为了在权力竞争中获取优势，往往采取两种方式，一种是增强自身的实力，主要通过发展自我或结盟壮大，另一种则是削弱竞争对手。不过以往对此的研究大多只关注前者，较少注意到削弱竞争对手这一方式。国家应对对手或潜在对手的竞争时是否仅能采取增强自我的方式呢？并不尽然。事实上，当面临对手通过变革强大并可能通过结盟方式实现力量增强时，分化敌对联盟或阻止潜在的敌对联盟的形成往往被国家频繁采用，这也被视为是楔子战略的运用。① 楔子战略在中外历史上都经常被使用，但对其的理论研究相对较少。究其原因，一是楔子战略以往大多被视为谋略、诡计，负面色彩浓厚，难登大雅之堂；二是国家采取楔子战略时往往为达目的不择手段，内容错综复杂，资料难以获取，对其展开研究颇为困难。不过既然楔子战略在古今中外都不乏运用，必有其可取之处。本文主要将楔子战略视为一项战略，对其概念、作用机制及其在联盟预阻中的作用等进行研究。

一、既有研究及其不足

楔子战略在中外历史上都被反复使用过，但对其的理论研究相对较少。目前有关楔子战略的研究主要从制衡、历史、战略三种视角进行分析。

（一）制衡视角

权力制衡是国际关系中的一种常见现象，也是学界研究的焦点。汉斯·摩根索认为，均势可以通过两种方式完成，一是消极地减轻天平较重一侧的分量，一是积极增加较轻一侧的分量。② 但在以往有关制衡理论的研究当中，学者们大多关注扩展军备或联盟的积极制衡方式，忽视了“分而治之”这一削弱对手或对手联盟的消极制衡方式（实际上是楔子战略的一种）。从制衡角度研究楔子战略主要有两个方面：一是进攻性楔子战略是制衡失败的理论解释的有力补充；二是楔子战略可以作为一种外部制衡方式存在。

---

① Timothy W. Crawford, “Wedge Strategy, Balancing, and the Deviant Case of Spain, 1940-41,” *Security Studies*, Vol. 17, No. 1, 2008, p. 1.

② 汉斯·摩根索：《国家间政治：权力斗争与和平》（第七版），徐昕译，北京大学出版社，2006，第216页。

一是进攻性楔子战略的运用被认为是制衡失败的重要原因之一。国家通过进攻性楔子战略的运用，可以在一定程度上增加制衡成本，进而有可能降低其他国家的制衡意愿，导致制衡失败。罗伯特·G. 考夫曼（Robert G. Kaufman）的研究表明：国际体系结构因素不足以解释国家的结盟行为，必须考虑制衡的成本问题，时机越早，成本可能就越低。进攻性楔子战略的运用可以在一定程度上减少被制衡的可能性。如面对纳粹德国的威胁，除了制衡之外，国家还有绥靖、观望、推诿、中立等多种选择，其中纳粹德国所采取的分而治之的楔子战略能够对这些国家的战略选择产生很大的影响。① 理查德·罗斯克兰斯（Richard Rosecrance）等的研究则指出，制衡与否和国际体系的极性没有多大关系，威胁源的进攻性楔子战略与制衡意愿紧密相关。制衡并非自动形成，所以威胁源如能采取分化策略，将减少被制衡的可能性。拿破仑、俾斯麦、希特勒都曾使用楔子战略成功地分化了敌人。一般而言，制衡大多发生在威胁源威胁变弱的时候而非最强的时候，因为对于制衡者而言，制衡同样存在成本与风险的变化。② 除了制衡之外，国家还有其他多种战略选择，楔子战略的运用增加了制衡的复杂性，使得制衡战略的选择更为艰难。

楔子战略为何会影响国家的制衡战略选择呢？对此的进一步研究主要从威胁认知和国内一致性角度进行分析。一是楔子战略的运用会影响国家对进攻—防御的威胁认知，也会导致其他国家出现制衡分歧，加剧制衡的集体行动困境。柯庆生（Thomas J. Christensen）和杰克·斯奈德（Jack Snyder）主张对制衡的研究有必要将沃尔兹的国际体系理论与杰维斯的安全困境理论相结合，同时还应考虑到是进攻占优还是防御占优的认知。一般而言，如果国家认为进攻占优，可能更多地会采取制衡策略；如果认为是防御占优，则更多地采取观望、搭便车策略。不过楔子战略的运用会影响国家的进攻和防御认知，进而增加制衡的复杂性。③ 二是楔子战略影响国家的国内一致性，从而影响国家战略选择。通过楔子战略分化潜在对手，影响对手国内政治，增

① Robert G. Kaufman, "To Balance or To Bandwagon? Alignment Decisions in 1930s Europe," *Security Studies*, Vol. 36, No. 3, 1992, pp. 417-447.

② Richard Rosecrance and Chih-ChengLo, "Balancing, Stability, and War: The Mysterious Case of the Napoleonic International System," *International Studies Quarterly*, Vol. 40, No. 4, 1996, pp. 479-500.

③ Thomas J. Christensen and Jack Snyder, "Chain Gangs and Passed Bucks: Predicting Alliance Patterns in Multipolarity," *International Organization*, Vol. 44, No. 2, 1990, pp. 137-168.

加其国内政治的冲突性也是楔子战略的常用方式。施韦勒（Randall L. Schweller）基于新古典现实主义的视角对制衡失败的研究表明，国内因素比体系因素具有更强的解释力，进攻—防御理论具有强烈的主体间性，需要通过国内政治决策才能决定制衡与否。他同时也提到欧洲一些国家受到希特勒的欺压未能形成制衡与其国内分裂有关，而国内分裂与纳粹德国的楔子战略促成则不无关系，① 如德国煽动捷克斯洛伐克的分裂活动，以及促成奥地利合并到德国。关于国内政治与制衡意愿的关系，施韦勒认为国内一致性不强的国家领导人对承担较高的政治和政策风险进行制衡的意愿较低。② 因而通过楔子战略削弱对手国国内一致性，将导致对手国难以作出强有力的制衡选择。

楔子战略的运用也是崛起国家规避体系制衡的重要原因之一。孙学峰认为，崛起国的战略有冲击强度较弱的渐进战略、冲击强度较强的突进战略和冲击强度最强的摧毁战略。③ 合法性策略实际上包含了一定的楔子战略的运用，进而阻止敌对联盟的形成，这在德国统一进程中表现得尤为明显。大国在崛起进程中的战争中要特别注重对国际形势的判断，进而尽可能阻止敌对联盟形成或削弱敌对联盟。大桥武夫认为，日俄战争前夕，通过对当时国际形势特别是主要大国的战略目标进行分析，日本开展了各项工作孤立俄国，加强联盟，使自己处于有利的国际地位，这对取得战争的胜利发挥了巨大的作用。④

二是楔子战略是外部制衡的一种重要方式。汉斯·摩根索认为，分化竞争对手或使之保持分裂从而使之受到削弱的国家，都是在使用“分而治之”的策略。现代史上最突出的例子莫过于法国对德国的政策以及苏联对欧洲其他国家的政策。⑤ 事实上，其所提到的“分而治之”和补偿都能起到楔子战略的作用。通过领土补偿实现权力再平衡，可以在一定程度上起到联盟预阻的作用，如历史上的三次瓜分波兰，俄国不仅土地获益，也规避了一些国家

① Randall L. Schweller, “Missed Opportunities and Unanswered Threats: Domestic Constraints on the Balance of Power,” http://www.yale.edu/irspeakers/SchwellerFall02.pdf.

② Randall L. Schweller, “Unanswered Threats: A Neoclassical Realist Theory of Under balancing,” *International Security*, Vol. 29, No. 2, 2004, p. 161.

③ 孙学峰：《中国崛起困境：理论思考与战略选择》，社会科学文献出版社，2011。

④ 大桥武夫：《战略与谋略》，古月译，军事译文出版社，1985，前言第1页。

⑤ 汉斯·摩根索：《国家间政治：权力斗争与和平》（第七版），第216—217页。

加入敌对联盟。沃尔兹在有关均势手段的分类中提到了楔子战略的运用。"实现均势的手段可分为两大类：一是内部手段（增强经济能力和军事力量，实行明智的战略），二是外部手段（加强或扩大联盟，或是削弱敌对联盟的力量）。"① 外部手段中的削弱敌对联盟的力量使得楔子战略有了用武之地。赫德利·布尔对均势进行分类的研究指出，人为均势意味着至少有一个当事方并不是努力扩大自己的绝对实力，而是极力限制对手的相对实力。极力限制对手的相对实力实际上很有可能运用楔子战略。②

总体而言，从制衡视角来研究楔子战略主要基于两点：一是进攻性楔子战略是制衡失败的重要原因之一；二是楔子战略可以作为一种外部制衡方式发挥作用。但这些研究并未深究楔子战略发挥作用的具体机制，也未对楔子战略的概念作出理论阐述。

（二）战略视角

楔子战略作为战略研究受到关注的时间相对较短，美国学者蒂莫西·克劳福德（Timothy W. Crawford）是较早对其进行理论研究的学者之一。2008年，蒂莫西·克劳福德首次从理论上尝试对楔子战略进行研究。作者将楔子战略界定为寻求分化对手联盟或阻止对手联盟形成的战略。楔子战略的运用主要寻求联盟重组、联盟解除和联盟预阻三种目标。③ 这篇文章对楔子战略的研究可谓揭示了冰山一角，但其基本上属于一种经验性研究，重点在于解释二战期间英国通过经济援助方式在致使西班牙中立所发挥的巨大作用，对楔子战略并未形成系统性的战略研究。

此后，克劳福德对楔子战略进一步深入研究，对楔子战略的概念、目标、策略选择、研究意义等多个方面进行了论述。作者将楔子战略界定为"一个国家以可接受的成本去阻止、破坏或削弱一个敌对性联盟"。楔子战略的目标在于实现联盟重组、联盟解除、联盟预阻和联盟分化。楔子战略的策

① 肯尼思·华尔兹：《国际政治理论》，信强译，苏长和校，上海人民出版社，2008，第125页。

② 赫德利·布尔：《无政府社会：世界政治秩序研究》（第二版），张小明译，世界知识出版社，2003。

③ Timothy W. Crawford, "Wedge Strategy, Balancing, and the Deviant Case of Spain, 1940-41," *Security Studies*, Vol. 17, No. 1, 2008, pp. 1-38.

略选择主要分为两大类，一类是选择性调适策略，一类是对抗性策略。① 不过对于楔子战略的作用机制并未深入研究。戴维·鲍德温（David Baldwin）将楔子战略分为两类：一是鼓励目标国家做它们希望做的事情的强化式的楔子战略（reinforcing wedge strategies）；二是鼓励目标国家做它们可能本不希望做的事情的抵消式的楔子战略（countervailing wedge strategies）。② 相对而言，强化式的楔子战略更易于实施，不过抵消式的楔子战略所引发的权力变更效果更大。

楔子战略与联盟研究密切相关，在联盟研究当中理应获得一席之地。格林·斯奈德在《联盟政治》一书中对“分而治之”策略进行了简要阐述。格林·斯奈德认为，从逻辑上来看，确保本方联盟完整需要削弱或分化敌对联盟。③ 联盟管理当中面临着楔子战略分化的危险。由于联盟始终面临着分崩离析的可能，盟国永远不能消除盟国离经叛道的担忧，④ 联盟的最大安全收益包括减少或阻止盟国与敌对国家结盟的可能性。⑤

中国古代战略研究当中对楔子战略的研究散见于一些兵书。《孙子兵法》的“用间篇”实际上是谋求分化削弱敌人，其核心思想是破坏敌人的团结，削弱敌人的力量。⑥《六韬》中的“文伐”实际上也是楔子战略的运用。文伐是不用军事手段而是综合运用政治的、外交的手段打击对方。通过文伐扩大敌国的内部矛盾，进而分化、瓦解、削弱敌人，为最后的军事行动创造条件。《六韬》中的“三疑”和“少众”也是谋求孤立分化敌人。“三疑”要求谨慎地使用谋略，去离间敌国君臣，使用财物收买敌国臣民。“少众”则要求采取各种外交手段，设法与大国缔结联盟，并得到邻国的援助，从而孤立敌人。⑦ 钮先钟认为孙子所说的伐谋和伐交实际上也可以算是文伐，即使

① Timothy W. Crawford, “Preventing Enemy Coalitions: How Wedge Strategies Shape Power Politics,” *International Security*, Vol. 35, No. 4, 2011, pp. 155-189.

② David Baldwin, “Power Analysis and World Politics: New Trends and Old Tendencies,” *World Politics*, Vol. 32, No. 2, 1979, pp. 162-163.

③ Glenn H. Snyder, *Alliance Politics* (Cornell Universiry Press, 1997), pp. 337-338.

④ 王帆：《联盟管理理论与联盟管理困境》，《欧洲研究》2006年第4期。

⑤ 王帆：《美国的亚太联盟》，世界知识出版社，2007，第160—171页。

⑥ 王建宇、牟虹等译注：《孙子兵法·孙膑兵法》，中华书局，2006，第91页。

⑦ 曹胜高、安娜译注：《六韬·鬼谷子》，中华书局，2007，第60页、第71页、第198页、第199页。

用各种阴谋来削弱敌方的国力，破坏其团结，妨害其政务的正常运作。① 中国古代联盟思想中也存在许多楔子战略的运用。中国古代联盟思想高度重视拆解敌对联盟的外交活动，主张以积极的外交活动分化瓦解敌人的联盟。② 秦国实现大一统的过程中采取的连横策略实际上便是楔子战略的运用。“连横主要是指由强国拉拢一些弱小国家，采取分化瓦解的手段，打击和蚕食另一些弱小国家。”③ 中国古代的许多谋略实际上也是楔子战略的运作，如化敌为友、打楔子术、左右逢源、乘间投隙、婚间、分而治之等。④

近年来，由于中国和平崛起日益受到美国亚太联盟的影响，中国学者也开始介绍楔子战略理论并对此进行一些研究，钟振明、刘丰都有相关论著发表。钟振明主要介绍了楔子战略的基本类型、预期效果、策略方式和理论价值等，对于初步了解楔子战略具有重要帮助。⑤ 刘丰主要分析了楔子战略（分化对手联盟）的分类与机制，其认为该战略可分为合作性战略、对抗性战略和观望三大类，而战略机制在于利用对象国趋利避害的倾向和联盟困境的影响。⑥ 周方银、孙学峰、唐永胜、周建仁等人更是就如何分化美国亚太联盟提出了一些具体对策建议。⑦ 这对于丰富当前的楔子战略研究具有理论和现实意义。

（三）历史视角

楔子战略是一种常见历史现象，对其的历史经验研究也相对较多。中国古代有着楔子战略运用的丰富案例。许田波（Victoria Tinbor Hui）对春秋战国时期的“合纵连横”进行了比较深入的研究，认为其中秦国所采用的连横

① 钮先钟：《战略家》，广西师范大学出版社，2003，第 68 页。

② 李德义、于汝波主编《中国古典联盟战略》，军事科学出版社，2004，第 10 页；张鸿石：《中国古代经典联盟思想论纲》，《国际安全研究》2013 年第 6 期。

③ 李德义、于汝波主编《中国古典联盟战略》，第 5—19 页。

④ 柴宇球主编《谋略库·续编》，广西人民出版社，1992。

⑤ 钟振明：《楔子战略理论及国际政治中的制衡效能》，《国外社会科学》2012 年第 6 期。

⑥ 刘丰：《分化对手联盟：战略、机制与案例》，《世界经济与政治》2014 年第 1 期。

⑦ 周方银：《美国的亚太同盟体系与中国的应对》，《世界经济与政治》2013 年第 11 期；周建仁：《联盟形成理论：评估及对中国的政策启示》，《当代亚太》2012 年第 3 期；孙学峰：《美国东亚安全等级体系深化中国崛起困境》，《东方早报》2013 年 4 月 19 日，第 18 版；唐永胜：《美国强化亚太同盟体系对中国安全的影响》，《现代国际关系》2013 年第 4 期。

策略便是楔子战略的使用。为通过“分而治之”的方式各个击破，特别是阻止强敌之间结成敌对联盟，秦国或贿赂或威逼。① 中国古代的对外战争中，大多采用政治上分化瓦解，军事上各个击破的楔子战略。如张骞出使西域的重要目的便是争取盟国，瓦解敌人。汉武帝对待西域的基本战略是打击顽固势力，争取中间力量，恩威并施、交替使用。② 明代朱元璋睦邻自固的军事方针则着眼于如何安抚周边，树立威信。为了解决分裂割据状况，他在漠北、辽东的战争中运用了招抚和军事打击相结合的方针。③ 中国古代的治边战略中也经常采用楔子战略，即拉打结合，康熙皇帝在平定三藩以及其他叛乱时就采取了楔子战略，比如收买、策反，分化潜在敌对联盟。④ 在中国古代的农民战争中，地主阶级为了分化、瓦解和消灭农民起义队伍，维护封建统治，也经常采用楔子战略，施展软硬兼施的两手，一手是军事征服，另一手是政治诱降。招降纳叛是一种分化瓦解对方从而壮大自己的政策，⑤ 是一种联盟重组的楔子战略的运用，能够产生巨大的权力变更效果。

西方历史中也不乏楔子战略运用的案例。《伯罗奔尼撒战争史》中就清楚地记载了以雅典为首的海上联盟和以斯巴达为首的陆上联盟之间的对抗，其间两大联盟通过威逼利诱的方式争夺盟国，分化或弱化对手联盟的举措俯拾即是。如公元前432年，原本属于雅典领导的提洛联盟的成员波提狄亚退盟并得到了敌对联盟伯罗奔尼撒联盟的帮助。⑥ 亚历山大大帝的战略也注重营造有利的战略态势，涉及如何处理盟国关系。叶卡捷琳娜二世的战略有两个十分突出的特点：一是每战都事先做好充分的外交准备，拼凑军事联盟，以孤立敌人；二是避免两线作战，为此经常分化潜在敌对联盟，全力对付主要强敌。⑦ 拿破仑战争时期，反法联盟之所以屡屡失败，除了反法联盟内部不够团结外，拿破仑所实施的楔子战略也同样起到了很重要的作用。拿破仑

---

① Victoria Tinbor Hui, “Toward a Dynamic Theory of International Politics: Insights from Comparing Ancient China and Early Modern Europe,” *International Organization*, Vol. 58, No. 1, pp. 175-205.

② 张世平：《史鉴大略——当代中国战略的历史思考》，军事科学出版社，2005，第31页、第87页。

③ 张世平：《史鉴大略——当代中国战略的历史思考》，第54—55页。

④ 张世平：《史鉴大略——当代中国战略的历史思考》，第76—78页。

⑤ 阎盛国：《秦汉招降战略战术研究》，人民出版社，2010，第14页。

⑥ 修昔底德：《伯罗奔尼撒战争史》，徐松岩、黄贤全译，广西师范大学出版社，2004，第41—46页。

⑦ 张世平：《史鉴大略——当代中国战略的历史思考》，第206—225页。

大战略的精妙之处在于孤立敌人的同时快速击败，从而在反法联盟未能组织起有效抵抗之前将其破坏，并且通过震慑作用增加了敌对联盟的形成难度、削弱了其合作力度。①

斯泰西·E. 戈达德（Stacie E. Goddard）对普鲁士统一德国期间为何没有遭遇其他大国的制衡进行研究，其认为主要原因在于普鲁士主动出击，对其他大国采取了楔子战略以阻止大国干预，进而规避了普鲁士最为担心的反普联盟的形成。② 俾斯麦大战略的令人惊叹之处在于其通过“辐—辏”结构模式的联盟有效地孤立法国和反德联盟，③ 这种联盟预阻也是楔子战略通常目标之一。希特勒在二战初期的成功也与其有力地阻止英法苏结盟、分化英法合作以及对东欧国家采取积极经济制裁方式有关。④ 珍珠港事件后，罗斯福的重大关切之一便是防止希特勒和斯大林之间的任何新交易，阻止苏德结盟。⑤

冷战期间，美苏在争霸中也经常采用楔子战略分化削弱对手联盟。其中最为典型的是美国分化中苏联盟和苏东关系。中苏联盟是冷战时期美国楔子战略实施的重要对象，对此的研究也相对丰富。⑥ 以往关于中苏联盟破裂原

① 时殷弘编《战略二十讲》，天津人民出版社，2007，第 191—209 页。

② Stacie E. Goddard, “When Right Makes Might: How Prussia Overturned the European Balance of Power,” *International Security*, Vol. 33, No. 3, 2008, pp. 110-142.

③ Randall L. Schweller, “Unanswered Threats: A Neoclassical Realist Theory of Underbalancing,” *International Security*, Vol. 29, No. 2, 2004, p. 160.

④ Randall E. Newnham, “More Flies with Honey: Positive Economic Linkage in German Ostpolitik from Bismarck to Kohl,” *International Studies Quarterly*, Vol. 44, No. 44, 2000, pp. 73-96.

⑤ 约翰·加迪斯：《遏制战略：战后美国国家安全政策评析》，时殷弘、李庆四、樊吉社译，世界知识出版社，2005，第 4 页。

⑥ John Lewis Gaddis, “Dividing Adversaries: The United States and International Communism, 1945-1958,” in *The Long Peace: Inquiries into the History of the Cold War* (Oxford University Press, 1989), pp. 147-194; Gregory Mitrovitch, *Undermining the Kremlin: America's Strategy to Subvert the Soviet Bloc, 1947-1956* (Cornell University Press, 2000); David Mayers, *Cracking the Monolith: U. S. Policy Against the Sino-Soviet Alliance, 1949-1955* (Louisiana State University Press, 1986); Gordon H. Chang, *Friends and Enemies: The United States, China, and the Soviet Union, 1948-1972* (Stanford University Press, 1990); 沈志华：《冷战的起源：战后苏联的对外政策及其转变》，九州出版社，2013；张曙光：《美国遏制战略与冷战起源再探》，上海外语教育出版社，2007；张曙光：《经济制裁研究》，上海人民出版社，2010；张小明：《冷战及其遗产》，上海人民出版社，1997，第 295 页；胡晓丽：《中苏关系中的美国因素（1945—1989）》，博士学位论文，山东师范大学，2008；李莉《1949—1959 年的中苏关系中的美国因素》，硕士学位论文，山西大学，2004 年。Zhang ShuGuang, *Economic Cold War: America's Embargo Against China and the Sino-Soviet Alliance (1949-1963)* (Stanford University Press, 2001).

因的分析主要是从中苏两党两国的关系视角出发,① 较少注意到美国在促成中苏联盟破裂中所发挥的作用。根据目前已经解密的美国方面档案，可以发现美国事实上一直密切地关注中苏联盟的演变，并尝试采用各种手段来阻止中苏结盟、分化中苏联盟等。事实上，冷战时期中美双方也相互实行楔子战略，每一方都谋求使用外交或军事压力，在对方及其盟国之间打进楔子。② 分化苏东关系是冷战期间美国楔子战略运用的另一典型。尽管冷战时期美国对东欧的政策由“解放政策”转变为“和平演变政策”，但始终围绕着分化离间苏东关系展开，为此采用了心理战、经济战等楔子战略手段。此外，美国在拉丁美洲、中东、非洲等第三世界也大量使用楔子战略来限制苏联势力的扩张。如美国对危地马拉、多米尼加、古巴、智利、格林纳达等采取的颠覆或征服行动，就是美国在拉美地区针对苏联势力扩张的楔子战略运用的典型代表。③ 冷战期间不仅美苏大量使用楔子战略来分化对方阵营，其他国家也采用楔子战略。如冷战时期中苏争夺越南也是运用楔子战略争夺盟国的经典案例。④

冷战后，楔子战略在美国单极霸权护持、地区霸权兴起、地区一体化发展等问题上也经常出现。其中，对为何没有形成针对美国单极霸权的制衡展开了大量讨论，学界对其原因从权力差距、威胁认知、善良霸权等视角进行了分析，但却忽视了美国大战略本身对对手国家和对手联盟的预防。⑤ 冷战结束后，针对美国安全面临的新威胁或主要危险，美国大战略的重要目标之

① 沈志华：《中苏同盟破裂的原因与结果》，《中共党史研究》2007 年第 2 期；沈志华、李丹慧：《结构失衡：中苏同盟破裂的深层原因》，《探索与争鸣》2012 年第 10 期；李新艳：《中苏同盟破裂原因近十年研究综述》，《党史文苑》2008 年第 4 期。

② 姜长斌、罗伯特·罗斯主编《1955—1971 年的中美关系——缓和之前：冷战冲突与克制的再探讨》，世界知识出版社，1998，第 9 页。

③ 相关研究成果可参见梁志：《1958—1960 年拉美的反美浪潮与美国对拉美的政策》，《拉丁美洲研究》2010 年第 2 期；王伟：《肯尼迪政府初期的美国对古巴政策探微》，《西南大学学报（社会科学版）》2007 年第 4 期；李秀珍：《冷战时期拉美地区发展与阿拉伯世界关系原因探析》，《拉丁美洲研究》2008 年第 6 期；白交平：《冷战时期美国的拉美政策》，《西安文理学院学报（社会科学版）》2006 年第 3 期；贺喜：《冷战时期美国对智利阿连德政府的政策》，《国际政治研究》2012 年第 2 期；贺喜：《美国干涉智利阿连德政府的原因分析》，《当代世界社会主义问题》2012 年第 2 期。

④ 徐天新、沈志华主编《冷战前期的大国关系：美苏争霸与亚洲大国的外交取向（1945—1972）》，世界知识出版社，2011，第 220—260 页。

⑤ 兹比格纽·布热津斯基：《大棋局：美国的首要地位及其地缘战略》，中国国际问题研究所译，上海人民出版社，2007。

一就是通过接触、联系阻止潜在的敌对联盟形成。①

综上所述，楔子战略是国际关系当中的一种常见现象，但令人遗憾的是学术界对其研究还不够充分。目前对楔子战略理论的初步研究主要是从制衡的视角进行分析，较少将其作为一项战略进行研究。本文主要将楔子战略作为一项战略进行研究，包括楔子战略的概念界定、战略机制，并侧重研究楔子战略在联盟预阻中的作用。既有的研究由于研究视角差异、学科背景不同等难以提供较为充分的解释，因此有待对其进行更为深入系统的理论研究。

一是从制衡角度对楔子战略进行研究，主要是将楔子战略作为一种制衡方式或外部制衡失败的原因，并非基于战略视角对其进行研究。虽然一些研究对拿破仑战争、德国统一战争、希特勒战争和春秋战国时期的秦国“分而治之”的楔子战略进行了一些分析，归纳了一些策略选择的特点，但并未形成系统的楔子战略理论研究。二是有关楔子战略的理论研究相对比较零散，概念界定并不明晰，对于战略机制也缺乏较为系统的分析。三是历史经验研究为楔子战略的研究提供了丰富的素材，但主要是一些历史性描述。楔子战略的运用在古今中外的历史上非常普遍，这也意味着楔子战略能够作为一种战略类型存在。不过楔子战略作为一种战略使用，必然受到战略环境和国家偏好的影响。如能通过一定的案例分析，形成对楔子战略一般性规律的认识，无疑将提升其理论深度。

本文主要将楔子战略作为一项战略进行对待，考察楔子战略的概念、作用机制及其在联盟预阻中的作用。一是尝试对楔子战略的概念进行较为清晰的界定，厘清其战略主体、战略对象、战略目标、战略手段等要素；二是探讨楔子战略的作用机制，寻求规律性共识；三是分析楔子战略的运作过程，通过案例分析楔子战略在联盟预阻中的作用，进而对楔子战略形成较具理论性、系统性的认识。

二、楔子战略的概念界定

“战略”一词最早主要应用于军事领域，后来逐渐拓展到国家安全、国

① 艾什顿·卡特、威廉姆·佩里：《预防性防御：一项美国新安全战略》，胡利平、杨韵琴译，上海人民出版社，2000，第2—20页。

家发展等领域，出现了纵向和横向的双重扩大。关于战略的概念成百上千，但基本认可战略是分配和运用一切力量与资源以实现政策目的的艺术与科学。[①] 战略具有层次性，楔子战略可以被视为一项中层战略。关于楔子战略的概念，蒂莫西·克劳福德最初将其界定为"分化敌对联盟或阻止潜在的敌对联盟（alliance）的形成"。[②] 后来通过进一步研究，其将楔子战略的概念界定为"一个国家以可接受的成本去阻止、破坏或削弱一个敌对性联盟（alliance）"。[③]由此可见，楔子战略的核心在于削弱敌对联盟的力量。不过这一简洁的界定还有许多战略要素问题尚未交代清楚。

一是楔子战略的主体。蒂莫西·克劳福德的界定并未明确楔子战略的主体，其将楔子战略的实施者称作分化者（divider），实际上主要是指国家行为体。也就是说在其研究当中，作为分化者的楔子战略主体主要是国家行为体。其将楔子战略的主体视作单一的国家行为体值得商榷。将国家视为单一行为体意味着国内政治的复杂性可以被忽略，视国内政治具有高度一致性，这也就在某种程度上否认了楔子战略影响敌对联盟的成员国的国内政治的可能性。因此，楔子战略的主体，除了主权国家外，还应考虑一些次国家行为体，比如利益集团、政党甚至是重要的个人。超国家行为体同样也可成为楔子战略的主体，最为典型的则是联盟。从理论上而言，楔子战略的运用更多地符合新古典现实主义，即将国际体系因素与国内政治相结合进行考虑，需要重视国内政治对战略决策的影响。不过在具体研究当中，依据研究对象的国情差异，对分析层次可做具体确定。

二是楔子战略的对象。尽管在概念界定中联盟是指 alliance，但蒂莫西·克劳福德对联盟概念的使用比较宽泛，包括英文中的 alliance、alignment、coalition，这也反映了楔子战略的客体存在差异，不仅包括正式的联盟，也涉及比较松散的联盟甚至一些准联盟、联合阵线。这些形形色色的联盟的紧

① 有关战略概念的综述可参见李少军主编《国际战略学》，中国社会科学出版社，2009，第1页。

② Timothy W. Crawford, "Wedge Strategy, Balancing, and the Deviant Case of Spain, 1940-41," p. 1.

③ Timothy W. Crawford, "Preventing Enemy Coalitions: How Wedge Strategies Shape Power Politics," p. 156.

密程度千差万别，这也折射了联盟概念存在狭义与广义之分。① 针对不同紧密疏松程度的敌对联盟，楔子战略的战略目标设定与策略选择也会有所差异。对楔子战略客体进行更为细致的区分，可以为进一步梳理归纳楔子战略的作用机制提供帮助。

三是楔子战略的战略目标。楔子战略分化、阻止、破坏、弱化敌对联盟涉及不同的楔子战略目标，主要包括联盟重组（realignment）、联盟解除（dealignment）、联盟预阻（prealignment）和联盟分化（disalignment）四种。② 联盟重组是化敌为友，将对象国从敌对联盟中拉拢过来；联盟解除是指通过楔子战略的运用使敌对联盟不复存在；联盟预阻是指使敌对联盟胎死腹中，防患于未然；联盟分化是指通过楔子战略的运用使敌对联盟的威胁下降，联盟内在冲突增多。除联盟分化所涉及的范围相对宽泛外，其他楔子战略目标都比较明确。

四是楔子战略的类型。关于楔子战略的类型，蒂莫西·克劳福德将其主要分为防御性的楔子战略和进攻性的楔子战略两种。防御性楔子战略谋求阻止或分化敌对联盟。通过防御性楔子战略的运用，制衡者能够拆散、破坏潜在的侵略者，弱化或孤立主要威胁。防御性楔子战略对于理解冷战后为何没有针对美国霸权的制衡也有帮助，因为美国通过与世界主要力量包括潜在对手的广泛联系而对敌对性联盟有所预防。进攻性楔子战略是具有进攻意图的国家通过采用楔子战略减少被制衡的可能性，进而造成制衡失败。进攻性楔子战略的运用使得一些国家面对威胁时不会采取制衡行为，而是有可能采取推诿等其他行为。③ 不过以往以“推诿”对制衡失败进行解释时只是注意到了潜在制衡的成本转移竞争，忽视了被制衡对象的楔子战略使用可能导致制衡失败。④ 从战略互动的角度考虑，威胁源国家的战略行为将影响制衡国家的战略选择，进攻性楔子战略的运用是造成制衡国家采取推诿行为

---

① Arnold Wolfers, *Alliance Policy in the Cold War* (Baltimore: The Johns Hopkins Press, 1959), p. 3.

② Timothy W. Crawford, "Preventing Enemy Coalitions: How Wedge Strategies Shape Power Politics," pp. 165-166.

③ Timothy W. Crawford, "Preventing Enemy Coalitions: How Wedge Strategies Shape Power Politics," p. 180.

④ John J. Mearsheimer, *The Tragedy of Great Power Politics* (New York: W. W. Norton, 2001), pp. 305-315. See also Stephen M. Walt, "Alliances, Threats, and U. S. Grand Strategy: A Reply to Kaufman and Labs," *Security Studies*, Vol. 1, No. 3, 1992, p. 458.

的重要原因。[①] 不过学术界关于防御与进攻的区分存在争议,[②] 因而对楔子战略进行防御和进攻的区分只能做一般参考，并非泾渭分明，需要基于具体战略环境、战略行为、战略能力与战略目标进行区分。[③]

五是楔子战略的战略手段。蒂莫西·克劳福德将楔子战略的战略手段分为两大类，一类是选择性调适（selectively accommodate）的楔子战略，一类为对抗式（confrontation）的楔子战略。[④] 鲍德温认为，从权力运作机制来看，权力运用可以通过“影响”与“控制”两种途径实现。一种是“影响”对象国，有助于对象国做他们本希望做的事情；而另一种则是“控制”对象国，敦促对象国做他们本不愿意做的事情。[⑤] 受此启发，一些学者将楔子战略分为鼓励对象国做他们可能早已准备做的事情的强化式的楔子战略（reinforcing wedge strategies）和鼓励对象国做他们可能本来不想做的事情的抵消式的楔子战略（countervailing wedge strategies）。[⑥] 采用强化式还是抵消式的手段会影响战略灵活性、战略误判、成本—收益风险等,[⑦] 对楔子战略的战略互动具有重要影响。楔子战略的手段选择呈现多样性。在不同的联系环境中，各种战略手段的作用条件和效果也不尽相同。[⑧] 事实上，楔子战略的手段选择很可能存在一个战略阶梯,[⑨] 在合作与对抗之间存在多种策略选择。刘丰的研究将拆解对手联盟的战略分为合作性战略、对抗性战略和观望

---

① Timothy W. Crawford, “Preventing Enemy Coalitions: How Wedge Strategies Shape Power Politics,” p. 181.

② Randall L. Schweller, “Missed Opportunities and Unanswered Threats: Domestic Constrains on The Baland of Power,” http://www.yale.edu/irspeakers/SchwellerFall02.pdf.

③ 乔治·H. 奎斯特认为对进攻与防御的区分存在基于能力与意图的两种视角。参见乔治·H. 奎斯特：《国际体系中的进攻与防御》，孙建中译，上海人民出版社，2008，第1页。

④ Timothy W. Crawford, “Preventing Enemy Coalitions: How Wedge Strategies Shape Power Politics,” pp. 160-164.

⑤ David A. Baldwin, “Power Analysis and World Politics: New Trends versus Old Tendencies,” *World Politics*, Vol. 31, No. 2, 1979, pp. 162-163.

⑥ 钟振明：《楔子战略理论及国际政治中的制衡效能》，《国外社会科学》2012年第6期。

⑦ Glenn H. Snyder, *Alliance Politics*, pp. 337-338.

⑧ Timothy W. Crawford, “Preventing Enemy Coalitions: How Wedge Strategies Shape Power Politics,” pp. 167-168.

⑨ 唐世平的研究认为一国对另一国的战略的对抗强度由低到高可以区分出一组战略阶梯：绥靖、不作为、广泛的安全合作、接触、被动遏制、主动遏制以及预防性战争。See Shiping Tang, *A Theory of Security for Our Time: Defensive Realism* (New York: Palgrave Macmillan, 2010), p. 100.

三大类。[①] 其他对楔子战略的策略选择的研究大多用大棒、胡萝卜统称。由于楔子战略是一种注重目的而近乎不择手段的中层战略，因而楔子战略的手段选择多种多样，难以穷尽。一般而言，学术界将对外政策工具分为语言、经济、政治和军事四个层次，楔子战略的策略同样也可以据此进行分类。在语言层次，主要包括宣传战、心理战；经济层次，主要包含经济援助、经济制裁；政治层次包括背书、谈判、颠覆；军事层次则包括军事援助、军事制裁和军事征服。从语言层次到军事层次，大体呈现出强度递增的态势。不过除此之外，一些策略选择也难以归类到四个层次的某一个层次当中，而是呈现跨层次的特点，如绥靖、威慑、威逼等。作为战略手段，其总是在战略环境、战略目标、战略资源、战略阻力等诸多要素中努力寻求最佳平衡的产物，因而相关国家在选择楔子战略手段时会存在一定的共性。

综上所述，楔子战略是联盟（超国家行为体）、国家行为体或次国家行为体基于阻止潜在的敌对联盟形成或分化、破坏、瓦解已经形成的敌对联盟的目标，综合运用政治、经济、军事等资源，采取对抗或调适等战略手段来实现这些战略目标的艺术与科学。楔子战略具有长期性、间接性、慎武性、预防性、灵活性等特点。一是长期性。楔子战略并不追求速战速决速胜，而是主要谋求一种有利的权力格局，为不战而屈人之兵或战而胜之做准备。楔子战略是一项积累战略，注重过程的复杂性、偶然性等因素，因而也为战略周期的长期性做准备。二是间接性。楔子战略大多不能直接实现战略目标，而是为战略目标的实现做准备，通过影响敌对联盟的利益关系而分化削弱对手而非直接战胜对手。三是慎武性。楔子战略一般不会轻易动武，军事征服作为为数不多的战略手段使用也十分少见。楔子战略更多的是伐谋伐交，武力是最后迫不得已而使用的手段。四是预防性。相对而言，防御性的楔子战略的使用更为频繁，其主要谋求联盟预阻的目标，战略预防色彩明显。五是灵活性。楔子战略的目标多元、手段多样，因而战略必须具有较高的灵活性才能实现目标。

---

① 刘丰：《分化对手联盟：战略、机制与案例》。

三、楔子战略的作用机制

无论是阻止潜在的敌对联盟形成还是分化已经形成的敌对联盟，楔子战略都是以一种“反联盟战略”的姿态出现。无论是采取选择性调适策略还是对抗性策略，分化者的目的都是让对象国认识到选择不结盟或者背叛盟国是一种有利可图的合理选择。楔子战略发挥作用的主要机制是影响对象国对联盟利益的认知。联盟经常被认为只是权宜之计，① 也并非铁板一块，利益分歧始终伴随，这就使得分化联盟成为可能。联盟条约也经常未能被严格执行，这也就为盟国推卸联盟义务提供了可能。

对于大多数联盟而言，利益关系是决定结盟与维系联盟的主要因素。根据联盟形成理论，基于权力、威胁、利益是探讨联盟形成的三种路径。② 不过权力的最终归宿往往是利益，国家通过结盟增强权力主要是基于维护或扩大国家利益的考虑，威胁认知往往涉及国家安全利益的考虑。施韦勒认为，国家行为由他们所认知的利益所决定，而非权力或威胁，利益决定了国家选择敌友的行为。③ 以利益视角来分析国家的联盟行为，尽管存在一定的不足，但大体可以提供一条分析国家联盟行为的准则。本文主要从利益角度分析国家的联盟行为，将国家的联盟利益分为三类：安全利益、经济利益、软利益（国家形象、国际影响和国家声誉等）。楔子战略的运用在于影响对象国对联盟行为的利益认知，加剧敌对联盟的利益分歧，从而改变敌对联盟的行为。本研究假设，无论是在特殊战略环境还是一般战略环境中，安全利益总是国家联盟行为的首要考虑。而在一般战略环境中，国家的经济利益大多优先于软利益，不过在发生促成联盟瓦解、联盟重组等楔子战略行为时，软利益的重要性会上升。

安全利益涉及国家安全，由于国际体系依然处于无政府状态，所以大多数国家都需要为自己的安全负责。联盟作为国家在军事安全领域进行国际合

① 汉斯·摩根索：《国家间政治——权力斗争与和平》，第 219 页。

② 汪伟民：《联盟理论与美国的联盟战略——以美日、美韩联盟研究为例》，世界知识出版社，2007，第 46 页。

③ Schweller, *Deadly Imbalances: Tripolarity and Hitler's Strategy of World Conquest* (New York: Columbia University Press, 1998), pp. 201–205.

作的重要形式，其首要利益考虑是安全利益。无论是在特殊战略环境中还是一般战略环境中，安全利益都是国家首要考虑的利益，不过在不同战略环境中，国家对安全利益的关注度存在差异。一般而言，在特殊战略环境中，国家的安全利益面临的风险和不确定性更大，对象国会更在意安全利益的得失。而在一般战略环境中，由于国家安全受到的威胁并不紧迫，对象国对于安全利益虽然也十分关注，但为之改善的战略意愿不如特殊战略环境下敏感和强烈。分化者实施楔子战略改变对象国的安全利益认知，可以采用军事威慑、军事援助、安全保证、观望、军事结盟等战略手段，为对象国提供安全保证、军事援助、军事结盟三个层次的利益。

经济利益涉及国家通过联盟行为所产生的经济方面的利益得失，如经济援助、经济制裁等行为对国家利益的影响。相对而言，经济利益对国家的影响不如安全利益强烈，国家更在意安全利益的得失而非经济利益的得失。①基于利益关系分析国家的联盟行为，楔子战略可以通过改变对象国的经济利益而调解其联盟利益分歧，进而可能促成楔子战略目标实现。楔子战略实施中，改变对象国经济利益的手段包括贸易便利、经济援助、经济制裁等手段。依据经济利益的大小，分化者能够为对象国提供经济利益的楔子战略可以分为终止经济制裁、提供贸易便利、提供经济援助等经济类楔子策略，这三种楔子战略程度逐渐增强。其中终止经济制裁、提供贸易便利属于低度经济利益；提供一般性经济援助属于中度经济利益，基本限于粮食、民用品和一般工业品；战略性经济援助属于高度经济利益，涉及战略性资源，替代性较低，分化者对援助物资具有很大的垄断性。相对而言，战略性经济援助可更为直接和明显地改变对象国的安全、经济等综合利益。

软利益是指与国家安全相关性不大，又不大涉及国家物质利益的无形利益，如国家形象、国际影响、国家声誉等。相对而言，软利益对国家联盟行为的影响比较有限。如有研究发现，“国家声誉对于结盟可靠性来说并不是一个理想的标准”。② 不过在联盟瓦解、联盟重组等难度较大的楔子战略中，国家声誉等软利益的影响会增强。软利益的作用与国家联盟行为的沉没成本有很大的相关性。改变对象国的软利益认知可以采用心理战、宣传战等语言类楔子策略。

---

① Kenneth N. Waltz, *Theory of International Politics* (New York: McGraw-Hill, 1979), p. 105.

② 董柞壮：《联盟类型、机制设置与联盟可靠性》，《当代亚太》2014 年第 1 期。

联盟利益分歧对联盟关系的影响会受到联盟的紧密程度限制，对手联盟紧密程度的判断主要基于对两国盟约、领导人互动频率、交往密度等因素进行的考察。自助能力则是影响盟国应对利益分歧的主要因素。在不同的战略环境下，基于不同的楔子战略目标，国家会采取不同的战略手段来实现楔子战略。基于上述分析，对于楔子战略的作用机制可以从三个层次进行综合分析：第一层次是战略环境；第二层次是战略目标；第三层次是联盟关系，主要指对象国与盟国的利益分歧及其自助能力。

第一层次是战略环境的判定。战略制定与选择往往是基于战略环境和国家偏好的产物，① 因而对战略环境进行分析是战略运筹的首要考虑。楔子战略旨在分化、削弱已经形成的敌对联盟或阻止潜在的敌对联盟的形成，对于战略环境的区分从安全威胁紧急与否可以分为特殊战略环境和一般战略环境。② 在一般战略环境中，限制性因素是微弱和非正式的，对象国的安全利益基本上不会受到太大的威胁；当战争风险比较高或冲突扩散时，对象国的安全利益面临威胁，分化者的紧迫性增强和利诱物品增加，促使战略环境转变为一种特殊战略环境。相对而言，一般战略环境更为普遍，时间相对宽松，无论是分化者还是对象国，能够为楔子战略付出的成本意愿都相对有限，而在特殊战略环境当中，分化者和对象国的成本意愿都会增强，发生权力变更的效果可能更大。在特殊战略环境中，安全利益至关重要，对象国会优先考虑安全利益。在一般战略环境中，安全利益的紧迫性下降，经济利益的重要性就会上升。

第二层次是战略目标的区分。战略是为分配和使用军事工具以达到政策目标的艺术。③ 战略目标是战略必不可少的要素，战略目标的设定决定了战略运筹的方向。在楔子战略中，战略目标非常明确，即分化敌对联盟或阻止潜在的敌对联盟的形成，④ 具体而言则分为联盟预阻、联盟分化、联盟解除

---

① David A. Lake & Robert Powell, *Strategic Choice and International Relations* (Princeton: Princeton University Press, 1999), p. 4.

② 对一般战略环境和特殊战略环境的区分参照了克劳福德的一般联系环境和特殊联系环境。

③ 钮先钟：《西方战略思想史》，广西师范大学出版社，2003，第465页。

④ Timothy W. Crawford, "Wedge Strategy, Balancing, and the Deviant Case of Spain, 1940-41," p. 1.

和联盟重组四种。①

联盟预阻是指通过楔子战略的运用使对象国敌对联盟（但倾向于加入）之前保持中立。在对象国加入敌对联盟之前使其中立比加入之后争取其中立要付出的代价相对低一些。但联盟预阻往往只是第一步，分化者需要为防止对象国加入敌对联盟而追加一些战略投入，特别是在局势变得紧张、宣布效忠的压力增强的情况下。联盟预阻的战略收益意义重大，能够对权力变更产生重要影响。② 基于联盟预阻目标，在特殊战略环境下，对象国首先考虑安全利益，其次是经济利益和软利益。一般战略环境下，对象国的安全担忧并不紧迫，也无背叛联盟之国家声誉顾虑，对象国更在意经济利益，谁提供的经济利益更多，国家更有可能偏向谁的目标。对于联盟预阻而言，影响对象国结盟意愿的手段主要是调节其利益认知，楔子战略的实施在于促使对象国明白，其加入敌对联盟将得不偿失。为此楔子战略分化者一是可以采取缓和态势，减少对象国对其威胁的认知，降低对象国的联盟需求强度，进而也导致其联盟成本意愿下降。二是给予对象国一定的安全保证，防止其在主要对手施压或利诱后加入对手联盟。三是采取一定的经济或军事援助，使对象国的获利超出不结盟的损失，进而不愿结盟。总而言之，楔子战略要在联盟预阻中发挥作用，主要是使对象国认识到结盟无利可图或得不偿失。

针对已经形成的敌对联盟的楔子战略，主要是通过加剧敌对联盟的利益分歧，使对象国与盟国之间在联盟目标、联盟权益、联盟义务等方面发生分歧，进而不履行联盟义务或仅是部分履行。联盟之间的利益并非完全一致，利益分歧的存在是联盟分歧的根源所在，不过受自助能力的影响，利益分歧对联盟关系的影响有所不同。一般来说，如果对象国自助能力较弱，利益分歧更有可能被克制，对联盟关系影响相对有限，反之亦然。利益分歧显著地体现在联盟目标、联盟义务、联盟行动等诸多方面。不过要对象国明显地背叛盟国并非易事，楔子战略的主要目标更多在于联盟分化，联盟瓦解和联盟重组的目标实现需要更为漫长的过程。

联盟分化是指通过楔子战略的使用导致敌对联盟的合作削弱而非化敌为

---

① Timothy W. Crawford, "Preventing Enemy Coalitions: How Wedge Strategies Shape Power Politics," pp. 165-166.

② Timothy W. Crawford, "Preventing Enemy Coalitions: How Wedge Strategies Shape Power Politics," p. 166.

友或解除敌对联盟。联盟分化战略目标相对比较容易实现，分化者可以通过制造矛盾或加剧对手联盟的紧张程度，奖赏对象国在联盟中的不合作行为或合作减少行为实现。在谋求联盟分化的目标当中，分化者需要付出的成本相对较少，只需满足对象国愿意冒与盟国摩擦的风险的需要即可。① 不过相对于其他战略目标而言，联盟分化的战略目标比较宽泛，程度差异较大，因而战略目标的弹性最大。促使敌对联盟分化的主要方式是改变其经济利益认知，而安全利益的改变不宜操之过急，主要通过安全保证展示友好姿态。贸然的军事援助有可能会加剧敌对联盟的利益分歧，甚至引发过激反应。对象国在与盟国利益分歧较小、安全没有遭受迫在眉睫的威胁的情况下，一般不会轻易接受分化者的军事援助。而分化者在不愿直接与对手爆发冲突的情况下，在经济援助与军事援助的使用中，为了追求联盟分化的目标，经济援助的使用更为频繁。因为一是经济援助有利于提升对象国的自助能力，增强其抵抗盟国压力的能力；二是经济援助引发的敏感性较低，不易引发对象国盟国的报复。

联盟解除是相对于联盟重组难度稍低的战略目标，其意指通过楔子战略使对象国保持中立。尽管对象国仍需估计背叛联盟的声誉和成本，但可以通过外交修辞、法律条约解释等方式来推诿联盟义务。如果分化者提供的诱惑超出对象国背叛的损失，联盟解除目标就能够得以实现。联盟解除往往服务于一个预防性目标，即在对象国对盟国的承诺变得强烈之前使之中立，在这种情况下，分化者对对象国付出的成本需要包括基于当前承诺和未来可能获利的机会成本。② 为了促成联盟解除的目标，分化者首先需要满足对象国的安全利益需要，可以通过安全保证和军事援助的方式实现，其次还需给予大量的经济援助以弥补对象国联盟解除的损失。

联盟重组是指将对象国化敌为友，从敌对联盟中分离出来并与之结盟。联盟重组的目标比较艰难，风险和成本都相对较大。受声誉和利益影响，对象国作出背叛行为也非常困难。③ 战略的最高境界并非“不战而屈人之兵”，

---

① Timothy W. Crawford, “Preventing Enemy Coalitions: How Wedge Strategies Shape Power Politics,” p. 166.

② Timothy W. Crawford, “Preventing Enemy Coalitions: How Wedge Strategies Shape Power Politics,”pp. 165–166.

③ Timothy W. Crawford, “Preventing Enemy Coalitions: How Wedge Strategies Shape Power Politics,” p. 165.

而在于“化敌为友”，但实现此目标却十分困难。无论是在特殊战略环境还是一般战略环境中，国家实施楔子战略以联盟重组为战略目标都非常少见。在特殊战略环境中，国家所面临的不确定性较大，采用联盟重组的楔子战略成本较大，并且风险也高。国家必须付出巨大的成本才能使对象国产生背叛行为，并且由于特殊联系环境的动态性，敌我组合甚至瞬息万变，互挖墙脚难保不会被以其人之道还治其人之身。在一般战略环境中，安全威胁的紧迫性不强，国家实施楔子战略的成本意愿也相对较低，因而也比较难以采用联盟重组的楔子战略。

联盟预阻、联盟分化、联盟解除、联盟重组基本上形成了楔子战略目标设定的一个序列，难度依次增加。根据利益的重要性、资源的约束性、阻力的强弱性拟定合理的战略目标对于楔子战略的运筹十分关键。一般而言，随着战略目标的提升，分化者给予对象国的利益也应相应增加，才有可能促进楔子战略目标实现。

第三层次是联盟关系，主要指对象国与盟国的利益分歧及其自助能力。对象国与盟国之间存在利益分歧并不一定导致联盟分化、联盟瓦解等行为发生，对此需要考虑对象国的自助能力和不同战略环境的情境因素。一般而言，联盟利益分歧可以分为四种情况：一是利益分歧大、国家自助能力强，楔子战略的目标更有可能实现，主要可以通过提供经济利益来改变对象国的联盟利益认知。二是利益分歧大、国家自助能力弱，分化者首先需要提供安全利益，其次可以适当提供经济利益。三是利益分歧小，国家自助能力强，主要依靠提供经济利益来实施楔子战略。四是利益分歧小，国家自助能力弱，不仅需要提供安全利益，也要提供巨大的经济利益。

基于上述分析，可以对楔子战略作用机制的一般规律作出如下假设：一是在特殊战略环境中，分化者对对象国的安全利益要提供得更多一些；在一般战略环境中，分化者对对象国的经济利益要提供得更多一些。二是随着战略目标难度的增加，分化者需要提供的安全利益、经济利益也应相应增加。三是如果利益分歧小，则需要提供更多的经济和安全利益。四是如果对象国自助能力弱，则需提供更多的安全利益，如果自助能力强，则需提供更多的经济利益。据此，可将楔子战略的作用机制归纳为表 1-3 和表 1-4。

表 1-3　特殊战略环境下楔子战略机制

联盟关系	战略目标			
利益分歧与自助能力	联盟预阻	联盟分化	联盟解除	联盟重组
利益分歧大、自助能力强	安全保证或军事援助、低中度经济利益	安全保证、低中度经济利益	安全保证或军事援助，中高度经济利益	军事结盟，中高度经济利益
利益分歧大、自助能力弱	军事援助、低中度经济利益	安全保证或军事援助、低中度经济利益	军事援助，中高度经济利益	军事结盟，中高度经济利益
利益分歧小、自助能力强	安全保证或军事援助、中高度经济利益	安全保证、中高度经济利益	安全保证或军事援助，高度经济利益	军事结盟，高度经济利益
利益分歧小、自助能力弱	安全保证或军事援助，中高度经济利益	安全保证或军事援助，中高度经济利益	军事援助，高度经济利益	军事结盟，高度经济利益

资料来源：作者自制。

表 1-4　一般战略环境下的楔子战略机制

联盟关系	战略目标			
利益分歧与自主能力	联盟预阻	联盟分化	联盟解除	联盟重组
利益分歧大、自助能力强	安全保证、中度经济利益	安全保证、中高度经济利益	安全保证或军事援助，中高度经济利益	军事结盟，中高度经济利益
利益分歧大、自助能力弱	安全保证或军事援助、中度经济利益	安全保证、中高度经济利益	安全保证和军事援助，中高度经济利益	军事结盟，中高度经济利益

续表

联盟关系	战略目标			
利益分歧与自主能力	联盟预阻	联盟分化	联盟解除	联盟重组
利益分歧小、自助能力强	安全保证或军事援助、中高度经济利益	安全保证、中高度经济利益	军事援助，高度经济利益	军事结盟，高度经济利益
利益分歧小、自助能力弱	安全保证或军事援助，中高度经济利益	安全保证、中高度经济利益	军事援助，中高度经济利益	军事结盟，高度经济利益

资料来源：作者自制。

上文所说的楔子战略所提供的安全利益和经济利益仅是底线，因而存在一些重合之处。为了促进楔子战略目标出现，必须满足底线条件，提供更多的安全利益或经济利益则更有可能促成楔子战略目标实现。

综上所述，楔子战略的作用机制在于影响对象国的联盟利益认知，进而使其对结盟与否，是否履行联盟义务发生分歧，从而对敌对联盟产生影响，促成楔子战略诸目标的实现。尽管明晰了楔子战略的作用机制，不过对于楔子战略评估而言，其面临的最大问题是难以证明楔子战略是否发挥了作用。之所以会出现这样的困难，一是因为造成结盟失败、联盟分化和瓦解的原因复杂多样，很难对其他原因进行变量控制以说明楔子战略确实发挥了作用。二是楔子战略大多是服务于大战略的间接战略，因而战略周期相对较长，战略手段也比较丰富，战略效果很难在短期内显现，因果关系相对模糊，因而也难以证实。克劳福德认为很难通过证实的方式说明楔子战略发挥了作用，但可以通过证伪的方式予以证明。① 对楔子战略的作用进行评估的主要评估内容是其在影响对象国对联盟的利益认知上的影响。由于楔子战略并非始终在联盟破坏、瓦解中起决定性作用，因而证伪的路径可能是目前对其作用进行评估的最为容易的研究方法。② 对于楔子战略的评估，既需要从证实的角

① Timothy W. Crawford, "Wedge Strategy, Balancing, and the Deviant Case of Spain, 1940-41," pp. 1-38.

② 约翰·加迪斯：《遏制战略：战后美国国家安全政策评析》，第 326 页。

度来说明楔子战略如何发挥了作用，也需要从证伪的角度分析没有楔子战略结果将如何不同。将反事实推理与过程追踪相结合可能是目前最为适宜的验证楔子战略效果的方法。

四、案例研究

楔子战略在古今中外并不少见，本文主要对基于联盟预阻目标的楔子战略进行案例分析，主要选择1939年德国阻止英法苏结盟和1949—1950年美国阻止中苏结盟作为案例，分析楔子战略在联盟预阻中的作用。两者是影响二战和冷战的重大事件，起到了巨大的权力变更效果，对其进行研究可以突显楔子战略的重要性。

（一）德国阻止英法苏结盟（1939年）

1939年，二战全面爆发前夕，英国、法国、德国和苏联作为欧洲四大力量，其力量组合模式决定了此后的欧洲国际关系走向。苏联是当时英法德都想争取的对象。对于英法而言，争取苏联可以从东西两线限制德国，遏制德国的扩张意图；对于德国而言，在英法德矛盾激化的情况下，争取或者中立苏联可以避免两线作战，进一步追逐欧洲霸权；对于苏联而言，其既意识到由于德国的威胁其需要加强与英法的合作，又担心英法的虚伪使其陷入单独对抗德国的局面。无论如何，英法苏均视德国为首要威胁，苏联成为英法德争取的对象。在此情形下，1939年3—9月期间，英法苏三国谈判和苏德谈判几乎同时进行，最终以苏德签订《苏德互不侵犯条约》告终，德国成功地实现了阻止英法苏结盟的目的。在都将德国视为首要威胁的情况下，英法苏结盟为何失败，对此的分析主要有四种观点。

一是“英法责任”说。一种观点认为，英法拒绝与苏联联姻，才促成了苏联与德国和解，并非苏联有意抛弃潜在联盟国，而是英法的一意孤行导致英法苏结盟失败。① 另一种观点则认为，在德国进攻捷克斯洛伐克之后，英

① 赵纯海：《也谈苏德互不侵犯条约的签订——与王斯德同志商榷》，《锦州师范学院学报》1988年第1期。

法继续贯彻绥靖政策，在英法苏三国谈判期间依然谋求对德国绥靖，苏联感到英法两国诚意不够，导致三国之间相互猜忌，从而结盟失败。①

二是“苏联责任”说。苏联责任说主要有两种观点：一是苏联基于民族利己主义，试图在境外构建缓冲地带，这与英法在慕尼黑事件之后不再强制小国接受大国安排的理念相冲突，进而导致结盟失败。② 二是苏联的战略认知失误。苏联错误地认为英法此时依然执行绥靖政策，与苏联结盟的诚意不够，英法德都是帝国主义，英法试图祸水东引，结果导致苏联为求暂时自保而与德国缔约。③

三是“共同责任”说。对于三国谈判的失败和苏德缔约，英法苏都应该承担责任。英法苏结盟失败主要原因有四点：一是英法在慕尼黑会议上对苏联的排斥造成的不信任；二是英法在三国谈判中被苏联认为缺乏诚意；三是德国乘虚而入，对苏联进行了高价拉拢；四是苏联对帝俄时代的东欧统治权的留恋。④

四是“小国责任”说。波兰和罗马尼亚对于苏联为应对德国而进行的有效军事干预所布下的障碍，使得苏联和西欧大国之间产生了怀疑和恶感。苏联认为英国缺乏结盟诚意。这导致苏联不得不考虑另一政策，即在牺牲波兰利益的情况下与德国达成暂时的和解。⑤ 由此可见，波兰和罗马尼亚等小国对苏联的排斥态度成为英法苏结盟的重要障碍。

上述原因分析都具有一定的道理，但细究起来又有许多值得商榷的地方。一是英法责任说将英法苏结盟失败的原因完全归结于英法，与历史事实不符。其一，英法拒绝与苏联结盟的说法缺乏根据。英法对德国的侵略意图并非全然不知，也深知苏联是他们可以联合的重要力量。在德国侵略捷克斯

---

① 王哲：《试论三十年代苏联的“集体安全”政策——兼评〈苏德互不侵犯条约〉的签订》，《史学集刊》1995 年第 2 期；于振起：《第二次世界大战前夕苏联的双重外交政策》，《历史教学》1984 年第 6 期。

② 陈海燕：《从布列斯特到莫斯科——综论战前苏德关系的发展》，《武汉师范学院汉口分院学报》1982 年第 3、4 期。

③ 崔剑：《论卫国战争前夕苏联对欧洲政策的嬗变及影响》，《扬州师范学院学报（社会科学版）》1995 年第 2 期。

④ 万柏连：《欧战爆发前后苏联欧洲政策的变化》，《中山大学学报（社会科学版）》1998 年第 5 期；侯成德：《1939—1941 年的苏德关系》，《世界史研究动态》1983 年第 7 期；梁军：《试论 1939 年的英法苏莫斯科谈判》，《华中师范大学学报（人文社会科学版）》2000 年第 3 期。

⑤ 阿诺德·托因比主编《第二次世界大战史大全——大战前夕　1939 年》，劳景素等译，上海译文出版社，1995，第 20 页。

洛伐克之后，英法的政策更加倾向于与苏联结盟来共同制约德国。因此英法拒绝与苏联结盟在情理和客观事实上都有失偏颇。其二，英法推行绥靖政策导致结盟失败一说，忽视了 1939 年英法政策的调整。尽管英法对德国长期实行绥靖政策，但在 1939 年 3 月德国入侵捷克斯洛伐克之后，英法基本上坚定了限制德国的政策，给予欧洲诸多小国安全保证，这表明他们不再推行绥靖政策，此时与德国周旋更多的是因为它们想稳住德国。苏联责任说认为英法苏结盟失败是因为苏联“民族利己主义”导致的战略认知错误。但是苏联的战略认知失误也并非全是苏联的过错，苏联之所以对英法的意图不太确定，除了因为英法的行动比较迟缓外，德国的宣传战和心理战也不容忽视，德国的极力拉拢也使得苏联的战略判断出现了问题。共同责任说注意到了英法苏互动的过程性，指出多种因素共同导致结盟失败，其中德国极力拉拢苏联也是重要原因之一，不过对于德国具体如何阻止英法苏结盟并未进行深入分析。小国责任说认为波兰和罗马尼亚执意拒绝苏联入境是导致英法苏谈判破裂的主要原因，该因素固然是英法苏谈判中的重要障碍，也是欧洲地缘环境使然，不过小国的拒绝也与英法苏结盟意愿不足够强烈有关。基于上述分析，可以发现以上四种观点都不够全面，实际上德国实施的楔子战略在阻止英法苏结盟中发挥了一定的作用。

1939 年 3 月，希特勒出兵入侵捷克斯洛伐克，英德之间的利益冲突也更加激烈。“英法迫于国内外压力，不得不在外交上对德表示强硬态度，同时也不得不重新考虑与苏联结盟的问题。”① 对于苏联而言，苏联意识到了德国的威胁，其政策立场一是争取与英法联合共同遏制德国；二是规避战争，保持中立或孤立；三是与德国保持友好关系，尽可能地避免与德国单独对抗。“从苏联自身的利益考虑，德国既有可能成为苏联遏制的对象，也有可能成为苏联的潜在合作对象。”② 相对而言，苏联在英法苏谈判中处于有利地位，英法对波兰、罗马尼亚的保证已成为既定事实，多少缓和了苏联对于它部分西线的担忧。英法已被逼上采取与德国进行对抗政策的道路，而苏联自认为还有重新回到孤立的政策选项。这也使得苏联在谈判中不断对英法提

① 梁军：《试论 1939 年的英法苏莫斯科谈判》。

② Омеждународном положнии и внешней политике СССР// Правда. 1939. 1 июня. 转引自陈余：《苏德战争苏联政治宣传中的“德国形象”——以《真理报》为主要考察对象》，《俄罗斯研究》2014 年第 1 期。

条件，英法不得不改进他们的建议以满足苏联的要求。① 三国谈判面临的主要障碍之一是苏军对波兰和罗马尼亚的战时越境问题。因为波兰与罗马尼亚拒绝参加任何有苏联参加的国际机构，也不愿意接受苏联有权派遣军队进入他们领土的任何安排。英法不得不与波兰和罗马尼亚进行谈判以解决这一障碍因素，事实上后来三方通过签订英法苏军事联盟以及对波兰、罗马尼亚提供单方面承诺，也基本解决了这一障碍，② 这也意味着小国因素并不能成为英法苏三国缔约失败的决定性因素。

从 1939 年 3 月起，英法苏之间就三国军事联盟缔约持续进行谈判。对此，德国十分担忧，希特勒竭尽全力要阻止英法苏结盟。对于英国而言，捷克斯洛伐克事件激发了英德矛盾，英德和解的可能性不大，而苏联的实用主义态度使得希特勒认为存在拉拢的可能。希特勒认为苏联与英法的结盟必然困难重重，英法苏之间存在矛盾可以利用。③ 德国希望采取楔子战略阻止英法苏结盟，主要以争取苏联为目标，为此采用了多种战略手段。

一是以经济手段促使苏德关系改善。1939 年 5 月起，苏德之间加紧了贸易谈判，德国收回了此前拖延与苏联贸易谈判的种种异议，并以贷款年息5%的优惠条件吸引斯大林，此外还承诺给苏联提供先进工业设备和大额贷款。德国加强与苏联的经贸关系不仅是要从苏联获取战略物资，而且还试图通过改善同苏德关系，破坏苏联同英法的关系，避免两线作战。④

二是以英德谈判迷惑苏联，降低苏联对英法的信任。二战前夕，英国国内在对外政策上存在分歧，存在和平主义和集体安全两派。⑤ 张伯伦内阁在 1939 年 3 月后依然采取大棒和胡萝卜相结合的双重政策。⑥ 英国国内虽然表面上体现为一致要求抵抗德国，但依然对与德国和解怀有希望。英国多次尝试与德国谈判，其目的主要有两点，一是希望德国能够停止扩张；二是能够拖延德国。这种心态也导致张伯伦在英法苏谈判中并不尽力积极争取苏联，

① *Documents on British Foreign Policy (1919-1939)*, The Third Series, Vol. 6, pp. 422-423.

② 阿诺德·托因比主编《第二次世界大战史大全——大战前夕　1939 年》，郑玉质、关仪译，上海译文出版社，1995，第 748—776 页。

③ 阿诺德·托因比主编《第二次世界大战史大全——1939 年 3 月的世界》，上海译文出版社，1995，第 101—102 页。

④ 姜桂石：《1939—1941 年苏德经贸外交及后果》，《世界历史》2002 年第 2 期。

⑤ 阿诺德·托因比主编《第二次世界大战史大全——大战前夕　1939 年》，第 81—82 页。

⑥ 阿诺德·托因比主编《第二次世界大战史大全——1939 年 3 月的世界》，第 67 页。

而是经常拖延观望，并暗中和德国进行接触与谈判。① 而德国虽然意识到英德矛盾难以化解，但为避免两线作战，戈林也多次通过中间人表达与英国和解的意愿。② 这也使得英法苏三国谈判期间，英德谈判仍在进行，也为德国提供了分化英法结盟的良机。德国用英德谈判迷惑英法苏，导致英国在与苏联谈判上并不全力以赴，而苏联则认为英国诚意不够，甚至可能继续将祸水东引，从而也影响了苏联对英法的信任，导致斯大林逐渐失去耐心，认为孤立和完全中立要比与西方国家联合更为可取。③

三是威慑小国，增加英法苏结盟难度。在德国入侵捷克斯洛伐克之后，英法加紧联合欧洲中小国家，试图组成一个包围德国的和平战线。德国对此采取了反制措施，在东南欧、西班牙、北欧采取反包围措施，与一些周边国家订立了一系列互不侵犯条约，威慑他们不要参加对德国的包围政策，这与苏联谋求在周边构建缓冲地带形成了冲突，在一定程度上孤立了苏联，也增加英法苏结盟的难度，加剧了他们的利益分歧。

四是极力贿赂苏联。德国不仅采取经济手段促进苏德关系改善，还为了与苏联谈判成功而几乎有求必应。1939 年 5 月 26 日，德国政府告知苏联政府，“在德国和苏联之间并不存在任何对外政策上的实际利害冲突”。不过苏联此时更注重英法苏谈判，对此没有积极响应。7 月份，德国唯恐英法苏签订军事协定，加快了和苏联修好的步伐，力争使英法苏军事谈判不欢而散。8 月 2 日，里宾特洛甫会见苏联驻德使馆临时代办，表示苏德之间“在黑海到波罗的海的整个地区”没有不可解决的问题。④为了与苏联达成协议，德国人显然是准备在苏联人的每一个要求上作出让步。⑤ 通过给予苏联大量好处，德国成功地争取到了苏联的中立。

德国采取了上述措施来阻止英法苏结盟，结果暂时取得了成功，产生了巨大的权力变更效果，避免了二战初期的两线作战。德国的楔子战略之所以成功，一是因为当时处于特殊战略环境，德国实施楔子战略的成本意愿较

---

① *Documents on British Foreign Policy (1919–1939)*, The Third Series, Vol. 5, p. 640.

② *Documents on British Foreign Policy (1919–1939)*, The Third Series, Vol. 6, pp. 738–739.

③ *Documents on British Foreign Policy (1919–1939)*, The Third Series, Vol. 5, p. 359.

④ Louis Fischer, *Russia's Road from Peace to War, Soviet Foreign Relations, 1919–1941* (New York: Harper & Row, 1969), pp. 337–340. 转引自王哲：《试论三十年代苏联的“集体安全”政策——兼评〈苏德互不侵犯条约〉的签订》，《史学集刊》1995 年第 2 期。

⑤ 阿诺德·托因比主编《第二次世界大战史大全——1939 年 3 月的世界》，第 684—686 页。

高，愿意投入大量的资源去争取苏联，而苏联在当时的战略环境下接受德国贿赂的软利益受损较小。二是因为无论是英法苏各国内部还是英法苏之间都存在分歧，这种不一致性为德国实施楔子战略提供了良机。德国为了阻止英法苏结盟，同时与英苏进行谈判，加剧了英苏之间的互相猜忌。就战略目标而言，德国主要谋求联盟预阻目标，而苏联的战略选择之一便是中立，两者之间存在一定的契合度，战略目标难度不算太大；战略资源上，相对于英法而言，德国占据地缘、经贸等优势，并且愿意投入大量资源争取苏联；战略手段上，德国积极采取了一系列措施争取苏联，既对苏联进行奖赏与贿赂，也对英法和欧洲中小国家威逼利诱以增加英法苏结盟难度。基于战略评估视角，德国阻止英法苏结盟的楔子战略是在特殊战略环境下，基于联盟预阻的战略目标，苏联的自助能力较强，德国为苏联提供了安全保证和中高度经济利益，使楔子战略最终能够成功。

（二）美国阻止中苏结盟（1949—1950年）

新中国成立前夕，冷战正在欧洲逐步形成，中国也成为美苏极力争取的对象。中国当时面临着三种政策选择：一是与苏联结盟；二是在美苏竞争中保持中立；三是与美国保持良好关系。对于苏联而言，争取中国可以壮大社会主义阵营的力量，但与中国结盟也意味着其需要给予中国大量援助。对于美国而言，美国的首要目标是将中国纳入美国势力范围。因此，随着国民党在国内战争中逐渐失势，美国也开始渐渐抛弃国民党。对于即将成立的新中国，美国的基本诉求有两点：一是争取与新中国保持良好关系，二是确保新中国中立。

中苏结盟的过程非常曲折，这与双方在历史问题、现实利益方面存在分歧不无关系。中苏联盟的形成甚至被视为一种“无奈的选择”。① 随着美苏对抗的开启和中国内战的形势渐趋明朗，斯大林也开始意识到中国共产党的重要性。“为了加强与美国对抗的实力，斯大林需要新中国加盟社会主

---

① 沈志华：《无奈的选择：中苏同盟建立的曲折历程（1944—1950）》，《近代史研究》2010年第6期。

义阵营。"① 而中共在解放战争中与美国逐渐处于间接对立状态，加之新中国成立后必然需要大量的援助，因而其也希望逐渐改善和加强与苏联的关系。这也就意味着中苏联盟并非具有必然性，而是国际格局变迁逐步促成的。对于美国而言，随着国民党在竞争中逐渐落败，如何确保中国不倒向苏联成为美国对华甚至是远东战略的重要目标。② 阻止中苏结盟成为这一时期美国对华政策的核心内容。③

在新中国成立前夕，美国政府内部评估认为，新中国并不一定倒向苏联，其理由在于："（1）苏联并不认为中国是自己可靠的盟国；（2）毛泽东领导的中共与斯大林领导的苏共存在矛盾；（3）中共对美国并非没有好感；（4）苏南冲突事件使得美国认为中共在获取政权之后也会与苏联分裂。"④ 张曙光认为，"美国政府自信能够阻止中国倒向苏联，其原因之一是认为中国领导人强烈的民族主义情绪会阻碍中国与苏联建立紧密关系；二是美国政府更相信由于历史上中美之间存在着密切的经济联系，而中国在经济上依附于美国，中共会由于巨大的国内经济压力而屈服于美国"。⑤ 正是基于这种侥幸心理，此时的美国采取了一种虽非完全观望，但力度有限的对华政策，但在具体政策制定中，美国也做了多种预案。

由于美国政府内外都对中苏结盟的可能性及其影响存在看法分歧，这也导致美国国内对华政策出现分歧。"美国军方和国会中的部分人士等从遏制苏联共产主义的立场出发，对中共政权持敌视态度，坚持将新中国视作苏联一样予以遏制。不过以艾奇逊为代表的国务院，更多地从国家利益进行考虑，主张对华采取缓和、观望政策。国务院的意见一度占据上风。"⑥ 受国务院意见影响制定的 NSC34/2 文件（1949 年 3 月制定）提出，在避免干涉中国的同时，可以采取政治、经济手段利用中苏两党两国之间的矛盾，⑦ 这

① 沈志华、谢·冈察洛夫：《〈中苏友好同盟互助条约〉的签订：愿望和结果》，《中共党史研究》1998 年第 2 期。

② 时殷弘：《敌对与冲突的由来——美国对新中国的政策与中美关系（1945—1950）》，南京大学出版社，1995，第 9—10 页。

③ 沈志华：《冷战的起源：战后苏联的对外政策及其转变》，第 183 页。

④ *FRUS*, 1949, Vol. 8, Washington D. C. : GPO, 1973, pp. 146-155. 转引自沈志华：《冷战的起源：战后苏联的对外政策及其转变》，第 184 页。

⑤ 张曙光：《美国遏制战略与冷战起源再探》，上海外语教育出版社，2007，第 79—80 页。

⑥ *FRUS*, 1949, Vol. 7, pp. 1138-1141.

⑦ *FRUS*, 1949, Vol. 9, pp. 494-495.

实际上就是采用楔子战略离间中苏关系，阻止中苏结盟。美国政府为此采取了一系列行动。

一是增加与中国共产党的接触。1949 年 1 月 31 日解放军进入北平和 3 月 25 日中共中央迁入北平后，美国原驻北平领事馆和上海领事馆的主要作用成为向美国国内传递中共中央的政策和中国态势的情报。① 美国希望更多地了解中共可能的政策走向，司徒雷登与中共方面的接触也是美国尝试与中共加强接触的重要证明。美国希望更多地了解中共的战略意图，进而采取适宜的措施拉拢中国。

二是向中国共产党释放善意，对新中国采取观望态度，尽可能地避免处在新中国的对立面。随着新中国的成立，在对华承认问题上，美国持观望态度，以免把中国进一步推向莫斯科的怀抱。②

三是在经济贸易上继续与中国保持联系。当时出台的《美国对华贸易政策》NSC41 号文件详细阐述了美国应当如何利用各种贸易手段防止苏联控制中国，基本上持一种相对柔和的对华贸易政策。美国认为其当时能够影响中共的手段有限，经济领域是其为数不多能够发挥影响的领域。美国此时并未对中共采取全面经济制裁方式，而是继续与中国保持经济联系，试图通过让中国在经济上继续需要美国而维持与中国的较好关系。

四是对中苏联盟缔约谈判施加影响。“在中苏谈判期间，美国不断公开抨击苏联对华政策的帝国主义企图，涉及领土问题与在华特权。同时也寻求通过宣传战来实现目的，国务院通过各种渠道散布了苏联企图贿赂毛泽东的谣言。”③ 毫无疑问，美国的上述举措起到了作用。毛泽东意识到了美国这位敌人的动作并加以利用，苏联也对美国分化中苏联盟的楔子战略有所警惕并在中苏谈判中更加妥协。④ 不过美国也是软硬兼施，不愿一味对华释放善意，如 NSC34/2 号文件建议，如果中共采取的政策损害美国的战略利益，美

---

① 叶江、李少丹：《试论中苏同盟建立前后美国对华政策的演变（1949—1950 年）》，《上海师范大学学报（哲学社会科学版）》2006 年第 5 期。

② 资中筠：《追根溯源——战后美国对华政策的缘起与发展（1945—1950）》，中国社会科学出版社，2007，第 238 页。

③ Marvin L. Kalb, *Dragon in the Kremlin: A Report on the Russian-Chinese Alliance* (New York: E. P. Dutton & Co, 1961), p. 70. 关于美国对新中国实施的企图分化中苏关系的宣传政策可参见 *FRUS*, 1950, Vol. 6, pp. 294-296, pp. 308-309。转引自资中筠：《追根溯源——战后美国对华政策的缘起与发展（1945—1950）》，第 249 页。

④ 转引自沈志华：《冷战的起源：战后苏联的对外政策及其转变》，第 252 页。

国将使用其强大的实力教训中国。①

不过美国阻止中苏结盟的楔子战略以失败告终。关于失败的原因，在中美两国存在两种观点。一种观点认为，美国错失机会，未能把握好阻止中苏结盟的机会。② 另一种观点则认为，美国事实上就从未有过阻止中苏结盟的机会，中国已经决定倒向苏联，因而美国实际上无能为力。③ 无独有偶，在美国国内，也存在美国在中国到底是失去机会还是没有机会的争论。④ 不过整体看来，美国实际上并非没有阻止中苏结盟的机会。一是中苏之间存在利益分歧、历史问题和交往过节，这是美国可以利用的；二是无论中国与美国还是苏联结盟，都需要对方提供大量的援助，美国存在提供中国援助的能力，但由于意识形态和国内政治限制，难以对中国采取大量援助的方式。因此，基于战略评估角度，美国分化中苏联盟的楔子战略之所以失败，主要原因是战略失衡。战略环境上，当时美苏加紧冷战，中国还在内战当中，处于特殊战略环境。战略目标上，美国战略目标的底线是阻止中国倒向苏联，即便无法争取中国倒向美国，也要力求中国在美苏之间中立。战略资源上，“美国当时的实力不足以在欧亚两端同时采取大规模的援助行动以遏制苏联和共产主义的扩张”。⑤ 与欧洲相比，东亚当时并非美国的战略重心，美国不愿中国成为苏联的盟国，但并未做好阻止中苏结盟的持久准备，因而不太愿意提供中国大量援助以阻止中苏结盟趋势。不过对于中国而言，无论与美苏任何一方结盟，都需要获取大量的援助来实现国家建设。战略手段上，美国尽管在政治、经济、外交上采取了一系列举措试图阻止中苏结盟，但力度大多有限，战略手段也明显不足。由此可见，由于美国阻止中苏结盟的楔子战略在目标、资源、手段等战略要素上失衡，其失败难免。处于特殊战略环境，基于联盟预阻目标，在中苏分歧较小，中国自助能力较弱的情况下，美国既没有明确给中国提供安全保证，也没有给中国提供较多的经济利益，因

① *FRUS*, 1949, Vol. 9, pp. 826-834.

② 沈志华：《冷战的起源：战后苏联的对外政策及其转变》，第 207 页。

③ 牛军：《论中苏同盟的起源》，《中国社会科学》1996 年第 2 期。

④ Robert Ross and Jiang Chang Bin, *Re-examining Cold War—U. S-China Diplomacy: 1954-1973* (Cambridge: Harvard University Press, 2001), p. 32. 斯蒂芬·戈德斯坦：《失去机会，还是根本没有机会》，载袁明、哈里·哈丁主编《中美关系史上沉重的一页》，北京大学出版社，1989；约瑟夫·W. 埃谢里克：《在中国失掉的机会》，罗清等译，国际文化出版公司，1989。

⑤ 金海：《战后初期美国保守主义权势集团对杜鲁门政府外交政策的影响》，中国社会科学出版社，2011，第 152 页。

而难以实现楔子战略目标。

上述两个案例研究都是分析特殊战略环境下基于联盟预阻的战略目标的楔子战略运用，并且基本是利益分歧小，自助能力强弱稍微有别的情况。在这种情况下，分化者既需要给对象国提供安全保证或军事援助，还需提供中高度的经济利益。显然，德国在阻止英法苏结盟时做到了这两点，而美国阻止中苏结盟时则未能做到，这也导致两者结果截然不同。

结语

楔子战略在古今中外经常被使用，但对其的理论研究相对较少。事实上，楔子战略与联盟战略相对立，主要围绕联盟与反联盟展开，与制衡、“分而治之”等关系密切。对于楔子战略的研究需要将其视为一项独立的中层战略进行研究，从而对其战略环境、战略资源、战略手段、战略目标等战略要素形成比较全面系统的了解。本文主要尝试对楔子战略进行概念界定，厘清其战略主体、战略对象、战略手段等要素，并基于利益关系对楔子战略的作用机制进行了探讨。对于不同战略环境下基于不同战略目标的楔子战略，本文分析了其需要满足的联盟利益和可能采用的战略手段。本文的案例研究主要针对联盟预阻展开，案例研究基本支持了本文的理论假设。不足之处在于，一是仅仅针对联盟预阻进行案例研究，二是对楔子战略的作用效果论证有待加强，这也是未来进一步研究的重点。

尽管当前有关联盟的探讨呈现出联盟终结论、联盟无用论、联盟化等观点，但只要联盟未能退出国际关系的历史舞台，楔子战略在国际关系当中就存在用武之地，对其的研究也就很有必要。事实上，楔子战略对于理解冷战后为何没有针对美国的霸权制衡、地区一体化及其分歧具有重要的启示意义。展望未来，权力斗争不会很快从国际关系中消失，大国战争的可能性又相对较低，因而围绕着权力竞争的分化组合依然频繁，“集势以胜众”将成为各国获取竞争优势的重要法宝。楔子战略的研究对于国际影响力、地区领导权、地区一体化等的竞争具有借鉴意义。

思考题：

1. 如何区分联盟分化与联盟瓦解？
2. 如何证明楔子战略产生了作用？
3. 冷战期间美国如何分化苏联与东欧国家的关系？
4. 面对霸权国家的联盟体系，崛起国家应如何进行分化？

第二篇

美国亚太联盟体系

美国亚太联盟是其亚太战略的重要支柱。冷战后，通过巩固东北亚、强化东南亚、激活南亚太，美国亚太联盟实现了联盟区域扩大、联盟内容拓展、联盟结构调整、联盟规范明晰、联盟互动增强、联盟手段多样化等调整与转型。

特朗普政府对外战略的调整对亚太联盟产生重大影响，使之呈现安全强化和经济弱化的双重趋势。受此影响，亚太联盟将产生安全聚合作用更加突出但持续性存疑、联盟经济利益分化明显且短期难以改变、盟国“选边站队”困境加剧等多重趋势。对于中国而言，要逐渐增加中国与美国亚太盟国之间的双多边合作，促进一些“中美邻”合作机制，拓展中国周边外交的战略空间，实现周边外交和对美外交的有机协调。

中美关系是推动美国亚太联盟转型的主要动力，具体而言其受中美关系中的权力差距与信任水平影响。美国对华战略在遏制与接触中呈现不同态势，美国亚太联盟的强弱因此出现变化。未来美国亚太联盟将可能呈现“北约化”、“岛链化”、雁阵化、赫尔辛基化四大趋势，这将对中美关系、亚太地区安全产生重要影响。

除了中美关系外，经贸因素对于美国亚太联盟也有着重要影响。在美国亚太联盟中，盟国间经济实力的变迁、经贸关系的拓展、对外援助的变化以及贸易摩擦的增多都有力地推动了联盟转型。随着美国亚太盟国所面临的安全威胁的缓解，经贸因素对于联盟关系的影响增强。因此，美国在亚太地区的双边自由贸易协定(FTA)、区域贸易政策具有深远的安全、战略效应，对其复杂影响需要综合评判。

冷战后美国亚太联盟的强化：趋势与问题

导语：美国亚太联盟是其亚太战略的重要支柱，推动联盟调整与强化是美国亚太战略实施的重要途径。冷战后，通过巩固东北亚、强化东南亚、激活南亚太，美国亚太联盟实现了联盟区域扩大、联盟内容拓展、联盟结构调整、联盟规范明晰、联盟互动增强、联盟手段多样化等强化调整。美国亚太联盟已呈现整体强化趋势，并且局部多边合作明显增加。美国不仅加强了与条约联盟的关系，还强化了其与安全伙伴、准联盟的关系，共同推进其亚太安全强化。未来美国亚太联盟将呈现出所谓民主联盟、议题联盟、海洋联盟、多边协作联盟等多种态势，但美国亚太联盟强化也并非线性发展，其面临着战略契合、经贸摩擦、“民主”波动、民意薄弱、风险加剧五大难题，这将对中美关系、亚太安全产生重要影响。

近年来，美国亚太安全合作不断增强，美澳双方共同宣布了美国在澳大利亚的驻军计划，美日印三边安全对话也一度活跃，美日澳印在“印太战略”框架下不断加强安全合作。美国亚太联盟在强化中蕴含变革，这与美国亚太战略的强化密不可分。无论是奥巴马宣布“重返东南亚”还是希拉里宣布美国的“太平洋世纪”，都表明美国对亚太地区的战略关注度上升。美国亚太联盟是其亚太战略的重要支柱之一，是美国加强亚太影响最为倚重的利器。在《美国的太平洋世纪》一文中，希拉里国务卿认为，“加强双边安全联盟是构建美国太平洋世纪的六个关键行动之首，美国与日本、韩国、澳大利亚、菲律宾、泰国的条约联盟是我们转向亚太战略的支点”。① 通过整合、加强亚太联盟盟国关系，推动前沿部署外交，美国可以加强其在亚太地区的

① Hillary Clinton, “America’s Pacific Century,” *Foreign Policy*, November 2011, http://www.foreignpolicy.com/articles/2011/10/11/americas_pacific_century.

主导地位。① 因此，美国亚太联盟的调整、强化将是美国亚太战略实施的关键，对亚太地区安全形势也将产生重要影响。

一、冷战后美国亚太联盟的总体强化

美国亚太联盟自北向南包括美韩、美日、美泰、美菲、美澳五组条约联盟，分属东北亚、东南亚与大洋洲，是美国在亚太地区的重要战略资源。冷战后，虽然“苏联威胁”不复存在，但美国的亚太联盟并未松散、解体。尽管冷战初期其因美国战略迷失与盟国国内政治变动一度弱化，但总体而言却是逐渐调整并实现强化。不仅美国的正式条约联盟日益强化，而且一些准联盟与安全伙伴关系也逐渐充实提升。

（一）巩固东北亚

东北亚在美国亚太战略中地位突出，该地区大国林立，传统安全与非传统安全问题相互交织。冷战后美日联盟通过再定义、反恐整合与危机刺激完成了三次强化；美韩联盟也通过驻韩美军基地调整与联盟再定位实现了两次加强；并且借助朝核问题与地区危机事件，美日、美韩联盟的互动加强，美日韩三边联盟初见端倪。

1. 美日联盟的三次强化

冷战后，美日联盟通过再定义、反恐整合与危机刺激实现了三次强化。为了拯救因贸易摩擦而间隙扩大的“危机中的联盟”,② 1996 年，美日联盟实现了再定义。联盟性质由“专职防卫”的守势转向“策应地区与全球”的攻势；联盟区域由周边的地理界限变成事态的情境发展；联盟功能实现了由“单向防卫”转变为“双向合作”,③ 联盟结构由美主日从调整为更趋平

---

① Hillary Clinton, *Americas Pacific Century*, U. S Department of States, November 10, 2011.

② Harrison M. Holland, *Japan Challenges America: Managing an Alliance in Crisis* (Boulder: Westview Press, 1992).

③ 金熙德:《日美同盟的“再定义”及其未来趋势》,《世界经济与政治》2000 年第 7 期。

等。“9·11”事件后，为了表达对美国反恐的支持，日本频频借船出海，使联盟区域实现事实性扩大，并使日本成为全球超级警察的“大副手”。[①] 2004年起的基地调整后，美国将日本作为美国太平洋防区的陆、海、空军的指挥中心，[②] 日本在美国亚太联盟中的中心地位进一步提升。美日联盟还积极介入钓鱼岛争端与台湾问题，地区指涉愈加明显。2010年，东北亚危机事件频发，美日联盟借机强化，美日韩安全合作也有所推进。菅直人内阁上台后积极修复日美关系，加强日美军事合作，拉拢美国介入钓鱼岛、北方四岛领土争端。[③] 在涉及日本岛屿争端上，美国更是明确表态支持，美日联盟再度实现强化。2015年4月最新修订的《日美防卫合作指针》使美日联盟的合作机制更为明晰，合作空间再次拓展，合作内容更为广泛，美日联盟再次实现强化。经过此次修订，美日联盟得到进一步巩固和强化，由传统安全合作联盟变为全方位安全合作联盟，由区域性联盟变为全球性联盟，由从属型联盟变为更加平等互助的联盟，由防御性联盟变为更具进攻性的联盟。[④]

2. 美韩联盟的两次调整

美韩联盟在冷战后经历了两次调整，一次是2003年的驻韩美军基地调整，另一次则是李明博上台后的美韩联盟再定位。

“9·11”事件使美国意识到威胁的多元化，美国遂制定了化整为零、灵活机动的前沿部署战略。美国极力推动美韩联盟调整，推进整合与后撤，以策应地区事务，驻韩美军逐渐转变为“地区军”。[⑤] 驻韩美军基地整合实现数目减少、位置后撤、人员精减，体现了驻韩美军由“绊网”作用转向“后期支持”，应对“朝鲜威胁”的功能逐渐转移到韩国身上，美国由前沿退居后台，美韩联盟也由“美主韩从”转向“相互支持”。

---

① 王晓波、陈斌：《冷战后美日韩联盟体系与中国》，《延边大学学报（社会科学版）》2011年第4期。

② Security Consultative Committee Document, *U. S. -Japan Alliance: Transformation and Realignment for the Future*, October 19, 2005.

③ 林晓光、周彦：《2010：日本民主党政府的对外政策和日美关系、中日关系》，《和平与发展》2011年第1期。

④ 黄大慧、赵罗希：《日美强化同盟关系对中国周边安全的影响》，《现代国际关系》2015年第6期。

⑤ Charles M. Perry and Jacquelyn K. Davis et al., *Alliance Diversification and the Future of the U. S. -Korean Security Relationship*, Herndon, Brassey's, 2004, p. 54.

由于美韩联盟局限于朝鲜半岛，对美国支持有限，美国希望美韩联盟实现地区化甚至全球化。卢武铉时期，韩国对于推动联盟地区化十分谨慎，其进展缓慢。李明博上台后，积极推动美韩联盟强化。2009年6月，美韩首脑峰会签署《美韩联盟共同展望声明》，双方决定在朝鲜半岛、亚太地区和全球三个层面构筑"全方位战略联盟",① 表明美韩联盟战略新定位。未来美韩联盟将由单一军事联盟向涉及军事、经济等多领域的战略联盟转变。2010年，以"天安舰事件"为契机，美韩联盟不断强化，日韩军事合作也不断增多，美日韩联盟一体化或日韩军事联盟构建备受关注。

3. 美日、美韩联盟相互配合加强

冷战时期，美韩联盟处在冷战前沿，较为活跃，美日联盟受限制颇多，相对平静，美日、美韩联盟相互制约是美国东北亚安全的双保险。冷战后，美日联盟率先实现再定义，联盟关系有所加强，美韩联盟则由于朝核问题、战略分歧，一度弱化。不过美国一直希望这两大联盟能够相互配合、相互支持，从而更好地发挥其联盟战略在东北亚的聚合作用。冷战时期，美国深陷越战泥潭之际，曾撮合日韩加强安全合作，推动日本加大对韩援助，以实现与美国的防务分担，形成了一种"联盟但对抗"的关系。② 冷战后，美日韩三国针对朝核问题存在防止核扩散的共同利益，加之日韩两国同为保守政府，三国在对待朝鲜的强硬举措上加强了协调，尤以2010年"天安舰事件"以来为著。③

2010年东北亚地区危机事件频发，美国借机造势整合东北亚联盟。一是在"天安舰事件"上美日韩共同表示强硬立场。二是在联合军演中日韩接触、互动增加。④ "通过联合军演构建三边军事联盟，强化在东北亚的安全主导权，一直是美国的战略考虑。"⑤ 三是日韩之间谋求签署军事后勤领域

---

① The White House, *Joint Vision for The Alliance of The United States of America and The Republic of Korea*, June16, 2009.

② Victor D. Cha, *Alignment Despite Antagonism: The United States-Korea-Japan Security Triangle* (Stanford University Press, 1999).

③ 有学者认为美日韩军事同盟框架内的对朝政策协调机制已经成型。参见朱锋：《后天安舰时代半岛无核化进程评析》，《现代国际关系》2011年第10期。

④ 庾龙源：《日将派海上自卫队军官观摩韩美军演》，《朝鲜日报》2010年7月24日。

⑤ 《美韩美日同日开练考验东北亚局势》，《人民日报》2011年2月28日。

的安全合作协议，实现安全层面的低层次合作。四是在应对朝核问题等地区合作事务上加强了对话与合作。① 不过日韩安全关系由“准联盟”转向“正式联盟”仍然路途遥远,② 美日韩联盟近期很难实现。每次朝核危机发酵，日韩安全合作都有所增加，可以说，应对朝核威胁是日韩安全合作的重要动力。不过日韩两国之间的历史问题、岛屿争端则影响了双方的战略互信，限制了两国的安全合作。

（二）强化东南亚

在东南亚地区不仅存在美国的条约联盟美菲、美泰联盟，还有新加坡等安全伙伴，并且越南等合作伙伴也有可能被美国拉入其亚太战略轨道。1973年，美军逐渐撤出越南，美国在东南亚的军事存在逐渐弱化。冷战结束初期美国更是被迫放弃在菲律宾的两大军事基地，其在东南亚的军事存在几乎消失殆尽。不过随着美济礁事件的出现，特别是“9·11”事件以来美国的全球反恐战争的进行，奥巴马政府高调宣布重返东南亚，美国加强了与东南亚国家的安全关系。

尽管冷战结束初期美国一度忽视东南亚地区，但随着其对该地区价值的重视，美国与东南亚安全关系得到了三次加强。一是亚洲金融危机之后美国以援助为诱饵加大军事渗透，与菲律宾、泰国、新加坡加强了军事后勤、情报合作，并获得了一些军事基地使用权。二是“9·11”事件后，美国借反恐战争名义加强了与东南亚盟国、安全伙伴之间的关系。三是奥巴马政府高调重返东南亚，积极渲染“中国威胁”，强化前沿军事存在。南海问题为美国加强与东南亚国家安全关系提供了重要机会。

美国也希望继续保持其东南亚联盟作为其加强对该地区影响的重要载体。③ 尽管一些联盟的战略意义下降，但美国仍希望以军事演习的方式不断突显之。④ 美国还积极培植与新加坡、印度尼西亚等国的安全合作，从而加深对东南亚地区的军事渗透。此外，美国还着力加强与地缘政治盟国的合

① 《美韩日外长声明：应对共同安全威胁》，《新华每日电讯》2010年12月8日。

② 王传剑：《日韩军事关系：从“准同盟”到“同盟”?》，《日本学刊》2011年第5期。

③ *U. S. Alliances and Emerging Partnerships in Southeast Asian out of the Shadow*, A Report of the CSIS Southeast Asia Institution, July 2009, p. 16.

④ CRS Report for Congress, *Thailand: Background and U. S. Relations*, January 13, 2005, p. 16.

作。利用南海问题，美国加强了与越南的安全合作，并通过所谓民主输出加深对缅甸的渗透，进而实现其对中南半岛的战略影响加强。

（三）激活南亚太

澳大利亚是唯一一个自一战起就追随美国参加历次战争的亚太盟国，[①] 加强与澳大利亚的联盟关系，对美国维持在亚太地区的影响不可或缺。此外，美国还积极修复与新西兰的安全关系并加强对南太平洋岛国的战略关注。

1. 美澳关系的不断强化

冷战后，美澳联盟多次加强，澳大利亚成为美国在亚太地区最可靠的盟国。1996 年 7 月，美澳两国发表《澳美 21 世纪战略伙伴关系》联合声明，全面提升了美澳联盟关系，联盟区域突破双边、走向地区。[②] 此后，澳大利亚加入了美国的地区导弹防御系统。在阿富汗战争与伊拉克战争中，澳大利亚对美鼎力支持，不仅外交上积极配合美国，还派军参加实质性战斗。美国也积极肯定澳大利亚的行为，赞誉其为“太平洋上的英国”。[③] 2010 年 11 月，美澳“2+2”会议同意大幅提升美澳军事联盟，具体包括澳大利亚将邀请更多的美国军舰、军机和部队访问，同意美国定期在澳领土上举行军演，并将进一步向美国开放其军事基地，允许美军使用其军事设施。[④] 2011 年 11 月 16 日，美澳首脑会晤宣布了美国在澳大利亚的永久驻军计划，此举被认为是重申美国在亚太地区利益的举措。[⑤] 至此，美澳联盟在冷战后多次强化，澳大利亚成为美国在亚太地区甚至全球的盟国。

---

① Dan Blumenthal with Randall Schriver, Mark Stokes, L. C. Russell Hsiao and Michael Mazza, *Asian Alliance in the 21st Century*, Project of 2049 Institute.

② “*Australia-United States: A Strategic Partnership for the Twenty-First Century*,” Department of Foreign Affairs and Trade, Australia, 1996, http://www.dfat.gov.au/geo/us/ausmin/sydney_statement.html.

③ Paul Dibb, “*Australia's Alliance with America*,” Melbourne Asia Policy Papers, No. 1, March 2003, p. 6.

④ 梁静：《美澳声明强化同盟并非针对中国》，《国防时报》2010 年 11 月 12 日。

⑤ “U. S. to Build up Military in Australia,” *The Wall Street Journal*, Novermber 10th, 2011, http://online.wsj.com/article/SB10001424052970203537304577028490161890480.html.

除了不断强化美澳双边联盟外，澳大利亚还积极参与美国亚太联盟的整合计划，成为美澳日三边安全战略对话、美日澳印“四国联盟”、美日澳三边合作的重要成员，积极加强与东南亚国家的防务合作，成为推进美国亚太联盟转型的旗手。

2. 美新关系的修复和加强对太平洋岛国的战略关注

1985 年，由于核问题引发争议，美新两国联盟关系破裂。但近年来，美新军事关系得到修复。2005 年 8 月，美国允许新西兰参加在新加坡举行的“防扩散安全倡议”多边军事演习，尽管拒绝表示这是否是美新打破军事合作僵局的信号,① 但两国关系转圜趋势明显。2009 年 8 月，新西兰与美国全面恢复情报合作，两国安全关系部分加强。② 2010 年，新西兰国防白皮书认为，新西兰支持美国扩大在该地区的影响符合自身利益。2010 年，美、新两国军方高层加强沟通与交流，重新实施军事演习并就两国共同关心的国际安全形势进行磋商，讨论建立符合两国利益的军事合作关系。③ 通过联合军演、军方高层互访、安全对话等形式，美国与新西兰的安全关系得到明显改善，并且在情报合作领域取得实质性进展。

除了修复与新西兰的安全关系，美国也加强对南太平洋岛国的关注。2011 年 3 月 2 日，在美国参议院听证会上，希拉里指出美国在太平洋岛国面临“中国竞争”，并呼吁扩大对这一地区的援助，称太平洋岛国是美国的坚定盟国。④ 2011 年 6 月，美国助理国务卿坎贝尔与太平洋舰队司令沃尔什率领美国高级官员代表团，对 8 个太平洋岛国展开为期一周的访问，进一步加强与这些岛国的关系。⑤ 2011 年 9 月 9 日，美国派出了有史以来“最大规

---

① US Lets New Zealand Join Military Exercise, *The Dominion Post*, Wednesday Aug 17, 2005, http://www.nzherald.co.nz/nuclear-ships-ban/news/article.cfm?c_id=1500959&objectid=10341207.

② 赵青海：《浅析新美“新型伙伴战略伙伴关系”》，《国际问题研究》2011 年第 4 期。

③ 《美国强化亚太地区军事力量对中俄构成直接威胁》，东方网，2010 年 4 月 30 日，http://www.cnr.cn/allnews/201004/t20100430_506361263.html；《双方部长会晤：新西兰和美国发展更为紧密的军事合作关系》，天维网，2010 年 11 月 29 日，http://politics.skykiwi.com/ssxw/2010-11-29/112686.shtml.

④ Hillary Clinton Says the United States in the Pacific Island Countries Facing Chinese Competition, http://silentets.over-blog.com/article-hillary-clinton-says-the-united-states-in-the-pacific-island-countries-facing-chinese-competition-68634479.

⑤ Frank Gaglioti, “US Delegation tours Pacific Island States,” July 18, 2011, http://www.wsws.org/articles/2011/jul2011/paci-j18.shtml.

模、最高级别”的代表团出席大洋洲的区域合作组织“太平洋岛国论坛”，表明美国对该地区的重视加强。① 近年来，在“印太战略”框架下，美国不断加强对太平洋岛国的援助，以此来增强美国在该地区的影响。

二、美国亚太联盟的演变态势

通过巩固东北亚、强化东南亚、激活南亚太，美国调整了亚太联盟，推动了联盟内的互动与合作，促进亚太联盟由“辐辏结构”向“网络结构”的转型。② 美国还积极开展与新加坡、马来西亚、越南、印度等非盟国的合作，形成内外联动的态势。美国亚太联盟强化过程呈现出四大特点。一是整体布局、逐渐整合。分阶段、抓重点、重整体，着眼灵活机动化，推进地区一体化。二是调整手段多样化。通过联合军演、非传统安全合作、基地整合和情报共享等实现军事渗透强化。三是渲染危机、借机介入。到处煽风点火，以实现“离岸平衡”目的。四是亚太合围、指涉中国。整合亚太盟国，加强“岛链封锁”，采取“空海一体化”战略，试图实现“以海制陆”战略目标。

总而言之，美国亚太联盟演变呈现出联盟区域扩大、联盟内容拓展、联盟结构调整、联盟规范明晰、联盟手段多样化、联盟互动增强等特点并呈现所谓民主联盟、议题联盟、海洋联盟、多边协作联盟等态势，这些都预示着美国亚太联盟演变不可逆转。

（一）所谓民主联盟

美国不断推动其亚太联盟强化的一个重要目标便是打造所谓民主联盟。《普林斯顿报告》为美国未来国家安全战略构建提供的蓝图，便是打造所谓

---

① Patrick O'Connor, *Washington Intervenes in Pacific Islands Forum*, September 9 2011, http://www.wsws.org/articles/2011/sep2011/paci-s09.shtml.

② 点点结构主要是指美国亚太相邻盟国之间加强合作，如日韩、日澳之间近年来安全合作的加强。通过变革各自为战的联盟为守望相助，美国可以提升亚太联盟的“岛链封锁”作用。参见 Dan Blumenthal with Randall Schriver, Mark Stokes, L. C. Russell Hsiao and Michael Mazza, *Asian Alliance in the 21st Century*, Project of 2049 Institute。

民主国家联合的新世界秩序以“保护美国人民及其生活方式”。① 尽管这一战略构想在奥巴马任期并未大力实施，但美国的“绝对安全”追求要求意识形态相共识、价值观念相共享、政治制度相一致，这意味着美国将致力于促进其他国家实行所谓自由民主制度以增进符合美国利益的国际秩序构建。至少推进其既有联盟走向所谓民主联盟符合美国的战略目标。

美国的亚太盟国均为所谓民主国家，这也是美国亚太联盟在冷战后存续与强化的重要原因。长期以来，所谓民主输出一直是美国外交的重要目标。尽管所谓民主化可能会给联盟关系带来一定冲击，但美国仍相信与所谓民主国家的联盟关系是牢固可靠的。美国积极推进与亚太盟国的所谓民主关联也引起了部分盟国的共鸣，比如日本倡导“价值观外交”并呼吁建立所谓价值观联盟。除了加强既有联盟的所谓民主联盟强度外，美国还积极发展与其他所谓民主国家的准联盟、安全伙伴关系。近年来美国积极发展与印度的安全关系，试图建立所谓民主联盟。2009 年 11 月，奥巴马表示，在安全问题上，美印两国是“天然盟国”，并向印度提供了价值 180 亿美元的军售合同。美印两国海军每年举行联合演习已成惯例，两国还就核问题积极加强沟通与合作，美日澳、美日印等三边安全合作也渐趋活跃。建立美国、日本、韩国、澳大利亚、印度等国组成的所谓民主联盟是美国亚太联盟强化的一种构想，也是“防范中国”的一种态势。

（二）议题联盟

以反恐战争为契机，美国积极组建、运用这种任务导向型的议题联盟。其不仅运用正式联盟力量直接行动，还积极拉拢其他力量助威造势。冷战后，由于盟国间战略分歧，盟国对美国军事行动的支持程度并不一致。例如在科索沃问题上北约盟国鼎力支持美国，而在伊拉克问题上美国却面临着“新老欧洲”的分化。在共同威胁缓解的情况下，联盟困境也大为下降。采用议题联盟方式不仅可以缓解联盟困境，而且还符合战略灵活性要求。同时考虑到美国实力的相对下降与战略目标居高不下的特点，采用议题联盟也是

① G. John Ikenberry and Anne-Marie Slaughter, *Forging a World of Liberty Under Law: US National Strategy in the 21st Century*, September 27, 2006, p. 6, http://www.princeton.edu/ppns/ report/Final Report pdf.

美国战略限制的无奈之举。在亚太地区，由于共有威胁聚集并不明显，美国亚太联盟并未高度一体化。美国在局部地区采用正式联盟、准联盟与安全伙伴相互交织的议题联盟组合更为容易，行动更加自由。可以预计，未来美国会根据形势需要更加灵活多样地采取议题联盟方式。

（三）海洋联盟

美国在亚太联盟问题上，还不断加强海洋安全合作，打造海洋联盟。美国认为，只有不断加强海洋安全领域合作，美国亚太联盟才能突破区域限制，走向整体协作。美国的亚太盟国几乎全是海洋国家，无论是海洋安全还是海洋经济，对这些国家而言都利益攸关。海权国家相对于陆权国家的结盟限制要少一些，因此更倾向于结盟。美国东亚安全战略的一个底线便是控制海域，① 为此美国甚至实施“以海制陆”战略。美国的亚太盟国也积极推动联盟海洋合作。韩国认为只有加强美韩联盟在海洋安全领域的合作，才能实现联盟的真正转型。② 日本也极力通过海洋安全合作突破自卫队的国内法限制，策略性借船出海，并且日本还希望通过海权联盟构建有利于日本的海洋秩序。③ 澳大利亚的北进战略需要其在太平洋与印度洋加强与其他国家的海洋合作。④ 美国不断在中国周边进行海上军事演习，加强海洋“安全合作”，实际上是其“以海制陆”战略的实施，美试图以此针对中国。为此，美国在新加坡部署濒海战斗舰，加强了前沿部署，提出“空海一体战”。美国对其盟国的支持也较以往增强。

（四）多边协作联盟

美日韩、美日澳印、美日印、美日澳等多边联动频繁，美国亚太盟国间

---

① 罗伯特·S. 罗斯：《中国崛起、地区权力转移与东亚安全：从 1949 年到 21 世纪》，《世界经济与政治》2009 年第 11 期。

② Terence Roehrig, “ROK-U. S. Maritime Cooperation: A Growing Dimension of the Alliance,” *International Journal of Korean Studies*, Vol. 14, No. 1, 2010, pp. 92-98.

③ H. E. Mr. Shinzo Abe, *Confluence of the Two Seas*, August 22, 2007, Ministry of Foreign Affairs of Japan, http://www.mofa.go.jp/region/asia-paci/pmv0708/speech-2.html.

④ Michael Evans, Towards an Australian National Security Strategy: A Conceptual Analysis, *Security Challenges*, Vol. 3 No. 4, 2007, p. 113.

合作加强，整体性得到局部提升。冷战时期形成的美国亚太联盟主要是一个辐辏结构，联盟各自为战而不能相互支持。这种局限性在冷战后日益突显，由于威胁的多元化以及美国军事力量的相对减少，发挥美国亚太前沿军事存在，需要加强美国亚太联盟之间的相互协作。① 尽管美国亚太盟国扼守“第一岛链”，但近年来美国对中国突破“第一岛链”的担忧日益增加，并不断炒作中国“海军威胁”。加强“岛链”需要美国加强相邻盟国间的军事合作。② 目前由于亚太盟国缺乏一个高度聚集的共同威胁，因而在短期内很难形成多边化程度较高的“亚太版北约”，不过加强美国亚太盟国间局部合作却极有可能。美日韩联盟加强了对朝核政策协调，日澳之间也签署了军事合作协议。澳大利亚多次极力推进亚太“三边联盟”或“四国联盟”，并且得到的回应也日益积极。③ 2011 年 12 月 19 日，美日印三国在华盛顿就“有共同利益的地区与全球性问题”举行对话。通过多边联动的灵活方式，美国亚太联盟的局部合作加强。通过多边军事演习与低级别军事合作，美国亚太联盟将逐渐加强多边合作，不过由于对集体安全的历史记忆以及多边武器协同的困难，美国亚太联盟转型为多边联盟则依然遥远。④ 特朗普政府执政以来，开始推行“印太战略”，谋求加强美日澳印四国之间的合作，使得曾经尝试失败的“四国联盟”再度活跃起来。不过美日澳印四国的利益诉求存在差异，四国在安全战略方面不乏分歧，因而“印太战略”能否成为“四国联盟”的助推力还有待历史的检验。

三、美国亚太联盟强化中的主要问题

尽管冷战后美国亚太联盟不断强化并部分实现转型，未来的美国亚太联

① Dan Blumenthal with Randall Schriver, Mark Stokes, L. C. Russell Hsiao and Michael Mazza, *Asian Alliance in the 21st Century*, p. 7, Project of 2049 Institute.

② Dan Blumenthal with Randall Schriver, Mark Stokes, L. C. Russell Hsiao and Michael Mazza, *Asian Alliance in the 21st Century*, p. 7, Project of 2049 Institute.

③ Dan Blumenthal with Randall Schriver, Mark Stokes, L. C. Russell Hsiao and Michael Mazza, *Asian Alliance in the 21st Century*, p. 7, Project of 2049 Institute.

④ Dan Blumenthal with Randall Schriver, Mark Stokes, L. C. Russell Hsiao and Michael Mazza, *Asian Alliance in the 21st Century*, p. 7, Project of 2049 Institute.

盟也可能以所谓民主联盟、议题联盟、海洋联盟、多边协作联盟的形式出现，不过美国亚太联盟转型也面临着诸如战略契合、贸易摩擦、所谓民主波动等问题。

（一）战略契合困难

美国亚太联盟强化需要契合盟国间的战略目标。到底是形成“亚太版北约”还是赫尔辛基化，[①] 美国亚太盟国间的战略契合度至关重要。毫无疑问，美国推动亚太联盟强化的目的是服务于其亚太战略与全球战略调整。通过加强亚太联盟，美国可以增强防范欧亚大陆出现挑战性大国的能力。但美国盟国的联盟战略目标大多在地区或双边层面，战略层次的差异可能引发美国亚太联盟内部矛盾。尽管日本、澳大利亚、韩国都宣称要做美国的全球盟国，但它们对于联盟的具体合作区域的认知并不一致，并且这种战略契合容易受国内政治变化的影响。[②] 比如，如何协调美国的全球战略目标和韩国的地区安全目标就是美韩联盟转型的障碍之一。[③] 此外，联盟合作内容是集中于军事安全还是综合安全，联盟的防御或进攻定位，等等，都将影响美国亚太联盟的整体强化。美国亚太联盟属于不对称联盟，不对称关系的存在是引发战略分歧的重要原因，因为不对称性决定了盟国间的战略视野差异。[④] 并且随着联盟间不对称性缩小，以及联盟困境的弱化，联盟间战略分歧将更加难以调和。

---

① 关于赫尔辛基化的特点可参见朱立群、林民旺：《赫尔辛基进程 30 年：塑造共同安全》，《世界经济与政治》2005 年第 12 期。该文认为赫尔辛基进程推动欧洲地区的综合安全、共同安全、合作安全等观念传播和区域安全共同体建设。联盟的赫尔辛基化主要表现在由“制衡威胁”转向地区安全秩序建设，主张建设包容性较强的共同安全、合作安全与综合安全，淡化联盟军事对抗色彩，增强共同安全关切。

② 比如日本在鸠山由纪夫与菅直人时期对美日联盟的不同态度；韩国在卢武铉时期与李明博时期对美韩联盟地区化的态度。

③ Scott Snyder, *Pursuing a Comprehensive Vision for the US-South Korea Alliance*, CSIS, Washington, DC, April 2009.

④ 沃马克认为双边不对称关系不是一组关系，而是两组相对关系，因此存在目标、认知等差异。参见 Brantly Womack, *China and Vietnam: The Politics of Asymmetry* (Cambridge University Press, 2006)。

（二）贸易摩擦冲击

尽管联盟主要聚焦于安全领域的合作，但贸易问题在联盟当中也发挥着重要作用。在美国亚太联盟当中，贸易与安全的议题联系是当前联盟强化最难以平衡的问题。① 几乎每一个美国亚太盟国都与美国存在贸易摩擦，这给美国的联盟关系增添了许多负面影响。冷战末期的美日贸易摩擦将美日联盟挤到“漂流”边缘；美韩自由贸易区建设反反复复，美国国会批准缓慢；澳大利亚对于美国的农产品补贴也抱怨颇多；美泰、美菲间贸易争端也时有发生。美国整合亚太区域贸易的《跨太平洋战略经济伙伴关系协定》计划更是一波三折。在安全威胁缓解的情况下，贸易摩擦对联盟形成了负面冲击。整合贸易问题是关系美国亚太联盟转型持久稳定的重要问题。奥巴马政府期间，美国在亚太地区大力宣传推进《跨太平洋战略经济伙伴关系协定》计划，但是美国的亚太盟国菲律宾、泰国并不热心，甚至日本、韩国起初也不甚积极。② 这表明在经济贸易合作方面，美国亚太盟国并非铁板一块。更令美国盟国失望的是，原本好不容易即将成型的《跨太平洋战略经济伙伴关系协定》，由于特朗普政府的退出而影响力大为削弱。特朗普政府以“美国优先”为内外政策导向，特别注重贸易逆差的问题。即便是对美国的盟国，特朗普也是采用“交易主义”的态度来应对，要求盟国为缩小美国的贸易逆差而付出代价，并且不惜诉诸贸易摩擦或与安全问题进行议题联系而施加压力。未来美国亚太联盟要从军事联盟转向战略联盟，实现从“军事独行”向“多元并进”转变，那么贸易摩擦对联盟关系的影响便不容忽视。

（三）所谓民主波动震荡

所谓民主化将导致联盟政治结构的变化，进而引发联盟认知的改变。美国亚太联盟对盟国的主权损害，特别是驻军犯罪、骚扰问题，使得民怨极

---

① 关于联盟中的安全与经济关系参见杨毅：《安全联盟与经济合作研究——基于四种联盟类型的分析》，《世界经济与政治》2011 年第 10 期。

② 2010 年，参与美国《跨太平洋战略经济伙伴关系协定》的国家并不包括菲律宾、泰国、韩国、日本这四个亚太盟国，并且日本仅仅表示愿意考虑加入，这足以说明美国与亚太盟国的经贸关系并非铁板一块。

大。这在所谓民主化国家中往往成为威胁联盟稳定的重要因素。军事基地的存在是美国亚太联盟信任的重要保证，但其也是联盟容易被国内政治冲击的软肋所在。美国的亚太联盟经常因为盟国国内的政治变化而遭受冲击，这在韩国的卢武铉政府时期、日本的鸠山由纪夫政府时期、菲律宾的拉莫斯政府时期、杜特尔特政府时期都有所体现。而美国的国会与政府的政策分歧同样也会影响联盟关系，导致联盟在贸易、防务分担上龃龉不断。美国想打造其所谓亚太民主联盟，但其亚太盟国所谓民主化水平参差不齐，盟国内部的社会民意与选举政治都有可能冲击联盟关系。由于所谓民主化的发展，日益多元化的利益团体诉求将促进政治决策多方考量。这对于联盟关系的冲击主要体现在三个方面：一是联盟关系在政治决策议程中的地位波动；二是联盟关系容易成为利益团体的诉诸对象；三是社会民意通过所谓民主渠道表达更有可能影响联盟关系。

（四）社会基础薄弱

与所谓民主化问题相应的是如何拓展联盟的社会基础，这是当前美国亚太联盟不得不面临的问题。美国亚太联盟强化的趋势必将是拓展联盟内容、扩大联盟区域，盟国需要为新型联盟赢取公众支持。2008 年韩国“牛肉风波”事件，以及美国国会阻碍美韩自贸区的做法，都表明两国在构造新型联盟关系方面尚需要得到公众的支持。① 韩国的反美主义与美国的怨韩情绪对美韩联盟的社会基础冲击巨大。菲律宾国内针对美菲联盟加强也出现过民众游行示威。更为直接的是，一些危机、突发事件对联盟的冲击瞬间加强，其主要以基地美军犯罪为甚。不过一些危机事件也可以成为联盟调整的重要机会。社会基础的不稳定对联盟转型所产生的不确定性是联盟强化的挑战，社会支持的强度将影响美国亚太联盟的演变进程。在加强与东南亚的安全关系上，美国面临的社会基础更为复杂多变，这也最有可能成为美国亚太联盟强化的软肋。

① Scott Snyder, *Pursuing a Comprehensive Vision for the US-South Korea Alliance*, CSIS, Washington, DC, April 2009.

（五）海洋风险加剧

加强美国亚太联盟的海洋安全合作是实现联盟共有利益拓展的重要途径。这不仅可以保护盟国国际贸易运输安全，还可以实现联盟力量灵活性调动。美国的亚太盟国大多是海洋国家，加强海洋安全合作有利于组建美国亚太海洋联盟，构建对其有利的海洋秩序。日本积极推动美日海权联盟，构建符合日本利益的海洋安全秩序。① 韩国也希望加强美韩联盟间海洋合作，从而推动美韩联盟共有利益拓展以促进联盟转型。② 对于美国而言，近年来美国海军转型的目标便是打造海上打击、海上盾牌与海上基地三大支柱，这要求美国加强与盟国之间的合作以增强前沿存在的灵活机动打击能力。美国强化了与亚太盟国的海洋安全合作，不断实施联合军事演习与近距离情报侦察。美国亚太联盟加强海洋合作增加了亚太海军军备竞赛的可能性，增加了海上冲突的风险，也增大了美国约束盟国的风险。如果缺乏有效的海洋危机处理机制，亚太地区的海洋安全形势将日益复杂。

结语

冷战后，美国亚太联盟经过多次调整逐渐实现了强化，成为美国亚太战略实施的重要支柱。纵观冷战后美国亚太联盟调整的历程，其增强联盟内部互动和拓展联盟外部合作的现象十分明显，联盟整合功能显著提升，并且在所谓民主价值、突发危机、多边军演等的推动下，联盟多边协作程度有所加强。不过美国亚太联盟转型也并非一蹴而就，其中存在许多问题和不确定性因素，特别是要协调联盟国间的战略分歧、利益分化、功能分配等。未来美国亚太联盟的转型趋势将主要受中美关系与联盟困境的共同影响。为了维持亚太主导地位，巩固甚至加强其在中美竞争中的优势，美国将极力推动其亚

---

① *An Alliance of Maritime Nations: The United States and Japan*, Shotaro Yachi Address at the 3rd Japan-US Sea Power Dialogue, April 16 – 17th, 2009, http://www.spfusa.org/program/avs/2009/4-17-09yachi.pdf.

② Terence Roehrig, "ROK-U.S. Maritime Cooperation: A Growing Dimension of the Alliance," *International Journal of Korean Studies*, Vol. 14, No. 1, 2010, p. 92.

太联盟调整强化，这将对中美关系、亚太安全产生重要影响。中国无法回避冷战后美国亚太联盟调整的现实，更无法消除美国亚太联盟调整的辐射影响，针对美国亚太联盟强化、演变，中国需要认识其冷战遗产的历史惯性，也需要有所作为，弱化甚至化解其负面影响，比如通过促进地区多边安全合作以降低联盟需求强度，通过推动地区经济合作以淡化安全威胁，弱化美国亚太联盟军事色彩。

思考题：

1. 简述冷战后美日亚太联盟演变的大体历程。
2. 美国亚太联盟调整存在的主要问题有哪些？
3. 亚太地区环境变化对于美国亚太联盟转型有何影响？

双重趋势：特朗普执政以来亚太联盟新调整

导语：特朗普政府对外战略的调整对亚太联盟产生重大影响，使之呈现安全强化和经济弱化的双重趋势。在政治方面，美国与盟国之间仍保持较为频繁的沟通，但亲疏有别；在安全方面，美国与盟国合作整体加强，但联盟防务分担分歧增加；在经济方面，美国迫使盟国不断让步，加剧了联盟经贸摩擦。此轮亚太联盟调整呈现出联盟责任不断向盟国倾斜、多边安全合作更加明显、联盟内部的安全与经济利益分化加剧等鲜明特点。受此影响，亚太联盟将产生安全聚合作用更加突出但持续性存疑、联盟经济利益分化明显且短期难以改变、盟国“选边站队”困境加剧等多重趋势。对于中国而言，要逐渐增加中国与美国亚太盟国之间的双多边合作，促进一些“中美邻”合作机制，拓展中国周边外交的战略空间，实现周边外交和对美外交的有机协调。

亚太联盟是美国亚太战略的重要支柱，特朗普执政以来，在对外战略领域实施了一系列调整。2017 年年底，特朗普政府发布《国家安全战略报告》，开始推出“印太战略”，强调盟国在回应共同威胁和拓展共同利益方面的重要意义。[①] 2019 年 6 月，美国出台《印太战略报告》，标志着美国新版亚太战略基本成型，报告指出美国在战略应对方面将加强与日本、韩国、澳大利亚、菲律宾和泰国的联盟关系，称其对该地区的和平与安全不可或缺。[②]可见，美国的亚太盟国在其新版亚太战略中扮演着至关重要的角色。为此有必要探究特朗普执政以来亚太联盟的调整，深入分析其调整动向与主

---

① The White House, *National Security Strategy of the United States*, December, 2017, p. 46, https://www.whitehouse.gov/wp-content/uploads/2017/12/NSS-Final-12-18-2017-0905.pdf.

② The Department of Defense, “Indo-Pacific Strategy Report: Preparedness, Partnerships, and Promoting a Networked Region,” June 1, 2019, pp. 28–29, https://media.defense.gov/2019/Jul/01/2002152311/-1/-1/1/DEPARTMENT-OF-DEFENSE-INDO-PACIFIC-STRATEGY-REPORT-2019.PD.

要特点，把握其主要发展趋势，这有助于研判亚太安全的未来态势。

一、亚太联盟新调整

特朗普执政以来，基于“美国优先”的政策导向，对其联盟政策进行了大幅调整，使得美国与亚太盟国的关系出现显著变化。在政治方面，美国与盟国之间依然保持着较为频繁的沟通，但更为注重日韩澳核心盟国；在安全方面，美国不断加强与盟国之间的双多边合作，通过向盟国卸责以调整联盟内部关系；在经济方面，美国优先关注自身利益，导致联盟经贸摩擦加剧。

（一）政治互动相对频繁

美国与盟国之间的政治交往频率一般被视为联盟关系强弱的晴雨表，除了比较显眼的首脑会晤外，部长级或其他职能部门之间的合作也是政治互动的重要组成部分。特朗普执政以来，美国与亚太盟国的政治互动相对频繁，其中与日韩之间的互动频率尤其突出，与澳大利亚、菲律宾、泰国的互动则相对低调。

自特朗普执政以来，美日双方领导人通过双边多边会晤、通话、书信等方式进行了频繁交流，涉及美日贸易、日本安保、联盟关系、朝核等诸多议题。①自特朗普执政以来，美日首脑进行10多次会晤，特朗普更是成为日本“令和时代”的首位国宾。2017年2月，特朗普上任不久，安倍首相就急切访美，成为特朗普上任后首次会晤的亚洲领导人，以此巩固美日联盟关系。2017年11月，特朗普访问日本，盛赞美日联盟在过去60年来对两国主权、安全与繁荣的重要贡献，并强调两国推进“印太地区”秩序建设的共识。②美韩首脑在特朗普执政以来会晤同样频繁，进行了10余次正式双边会晤，

① The White House, “Remarks by President Trump and Prime Minister Abe of Japan before Bilateral Meeting,” November 30, 2018, https://www.whitehouse.gov/briefings-statements/remarks-president-trump-prime-minister-abe-japan-bilateral-meeting-4/.

② The White House, “President Donald J. Trump's Visit to Japan Strengthens the United States-Japan Alliance and Economic Partnership,” November 6, 2017, https://www.whitehouse.gov/briefings-statements/president-donald-j-trumps-visit-japan-strengthens-united-states-japan-alliance-economic-partnership/.

其中特朗普两次访韩，双方首脑会晤商讨了有关安全合作、经贸关系、朝核等问题。① 2017 年 11 月，特朗普总统首次访问韩国，成为近 25 年来首位对韩国进行国事访问的美国总统。特朗普在肯定美韩联盟的同时，也不忘指出两国之间的经贸问题需要尽快解决，双方对朝核问题、全球伙伴关系建设也进行了协商。② 2019 年 6 月，特朗普总统再度访韩，双方元首在肯定美韩联盟的同时，对朝核问题、"印太地区"秩序构建等议题进行了商讨。③

相比于日韩而言，澳大利亚与美国的双边首脑会晤较少，但双方联盟关系仍有所提升。特朗普执政之初，美澳领导人之间出现了"电话风波"，随后双方关系逐渐修复。2018 年 2 月，澳总理特恩布尔访问美国，双方发表了关于进一步加强联盟关系与经贸合作的联合声明，以此深化了两国的联盟关系。④ 2019 年 9 月，澳总理莫里森访问美国，双方强调了美澳联盟的悠久历史、共同价值和广泛利益。⑤ 此外，美澳两国领导人也充分利用 G20 峰会等多边会议场合不断交流意见。

2017 年发布的《美国国家安全战略报告》明确指出，菲律宾和泰国是重要盟国和市场，美国将重振与菲律宾和泰国的联盟关系。⑥ 2017 年 4—5 月，特朗普总统在与泰国总理巴育、菲律宾总统杜特尔特的通话中对他们发出了访美邀请，展现出对两国重视的姿态。2017 年 10 月，泰国总理巴育访

① 韩国外交部：《第二次韩美首脑会议》，2018 年 12 月 3 日，http://www.mofa.go.kr/www/brd/m_20053/view.do?seq=367983&srchFr=&srchTo=&srchWord=%EB%AF%B8&srchTp=0&multi_itm_seq=0&itm_seq_1=0&itm_seq_2=0&company_cd=&company_nm=&page=1。

② The White House, "Joint Press Release by the United States of America and the Republic of Korea," November 8, 2017, https://www.whitehouse.gov/briefings-statements/joint-press-release-united-states-america-republic-korea/.

③ The White House, "President Donald J. Trump is Strengthening Our Historic Alliance with the Republic Of Korea," June 28, 2019, https://www.whitehouse.gov/briefings-statements/president-donald-j-trump-strengthening-historic-alliance-republic-korea/.

④ The White House, "Joint Statement by United States President Donald J. Trump and Australian Prime Minister Malcolm Turnbull," February 23, 2018, https://www.whitehouse.gov/briefings-statements/joint-statement-united-states-president-donald-j-trump-australian-prime-minister-malcolm-turnbull/.

⑤ The White House, "President Donald J. Trump is Celebrating Our Long and Steadfast Friendship with Australia," https://www.whitehouse.gov/briefings-statements/president-donald-j-trump-celebrating-long-steadfast-friendship-australia/.

⑥ The White House, *National Security Strategy of the United States of America*, December 2017, p. 47.

问美国，以此修复美泰联盟关系。① 不过菲律宾总统杜特尔特以“分身乏术”为由（菲律宾是当年的东盟轮值主席国）谢绝了特朗普的访美邀请，并且其后多次拒绝访美。2017 年 8 月，美国时任国务卿蒂勒森首访东南亚，显示了对该地区的重视。2017 年 11 月，特朗普总统访问东南亚，出席了 2017 年的 APEC 峰会、东盟峰会（提前离开）、东盟 50 周年纪念活动。在东盟峰会期间，特朗普与菲律宾总统杜特尔特举行了会晤，试图改善联盟关系。2018 年 6 月、2019 年 8 月，美国国务卿还多次访问东南亚试图强化美国在东南亚地区的存在，为其“印太战略”造势。不过多个东南亚国家包括美国的盟国菲律宾、泰国在内，对“印太战略”保持距离，强调要构建一个对话与合作而不是竞争的“印太”区域，要加强和优化东盟主导的机制。②

（二）安全合作整体加强

特朗普执政以来，美国亚太联盟的安全合作呈现整体性加强势头。强化联盟的安全合作是美亚太联盟战略调整的核心任务，其主要体现在双边和多边两个维度。2017 年年初，美国时任国防部部长詹姆斯·马蒂斯首次出访就选择了韩国和日本，并借此重申美国加强与这两个盟国安全关系的意图。③ 2017 年 12 月发布的《美国国家安全战略报告》指出，美国需要其盟国作出相同的努力——实现现代化、获得必要的能力、提高战备状态、扩大军队规模以及具有明确赢得胜利的政治意愿。④从政策实施来看，特朗普政府对与亚太盟国的安全合作持比较积极的立场。

亚太联盟双边合作继续深化与拓展。安全关系是美日联盟的基石，近年来，双方围绕着联盟权责分担、海外军事行动、钓鱼岛协防等问题不断协商。美国希望日本承担更多的联盟责任，支持日本军事能力提升。2017 年，

---

① Matthew Pennington, “Trump Hosts Thailand's Junta Leader at White House,” *The Washington Times*, October 2, 2017, https://www.washingtontimes.com/news/2017/oct/2/donald-trump-hosts-prayuth-chan-ocha-thailands-jun/.

② Association of Southeast Asian Nation, “ASEAN Outlook on the Indo-Pacific,” June, 2019, pp. 2–3, https://asean.org/storage/2019/06/ASEAN-Outlook-on-the-Indo-Pacific_FINAL_22062019.pdf.

③ Justin McCurry, “US Defence Chief Heads to Japan and South Korea to Strengthen Ties,” January 26, 2017, https://www.theguardian.com/us-news/2017/jan/26/james-mattis-us-defence-chief-japan-south-korea-strengthen-military-ties.

④ The White House, *National Security Strategy of the United States of America*, p. 46.

特朗普在访日期间就要求日本大量进口美国的反导系统和先进的 F-35A 隐形战机。2018 年 11 月彭斯副总统访日时强调，希望日本能够对两国共同安全领域有更大的投资，美国将放松对日本防卫技术的管控。① 此外，美日双方在网络、太空等领域的安全合作进一步加强。美韩安全合作因解决朝核问题的需要依然非常密切。美韩双方不时通过军事演习显示联盟威慑，在驻韩美军防务费用方面签署了新协议，围绕韩国战时指挥权回收签署了相关协议。② 不过双方在对朝安全政策、防务分担等方面不乏分歧。安全合作一直是美澳联盟最重要的合作内容。特朗普执政以来，美澳年度“2+2”（外长+防长）部长级对话已举行多次，双方探讨了美澳关系和地区局势等多个议题，包括携手打击恐怖主义、解决朝核问题等。③ 美澳联盟安全合作的持续发展主要体现为美国在澳大利亚的驻军不断机制化、情报合作持续深化、军事演习稳定发展和注重南太平洋地区的安全合作等方面。④

特朗普执政以来，美国与泰国、菲律宾两个盟国的安全合作有所恢复，年度联合军演规格有所提升，安全合作更加频繁。美一改 2014 年泰国军事政变后故意降格军演的做法，派时任太平洋司令部司令哈里斯出席了 2017 年美泰联合军演的开幕式和 2018 年的闭幕式。美泰在军事演习、军火贸易方面的合作也有所恢复。美菲之间的军事联系在特朗普政府时期逐渐恢复，摆脱了奥巴马政府后期几乎中断的局面，其主要体现于军事演习数量增加、反恐合作更加密切等方面。⑤ 2019 年 3 月，美国国务卿蓬佩奥重申了《美菲

---

① The White House, “Remarks by Vice President Pence and Prime Minister Abe of Japan in Joint Press Statements,” November 13, 2018, https://www.whitehouse.gov/briefings-statements/remarks-vice-president-pence-prime-minister-abe-japan-joint-press-statements/.

② “Joint Communiqué of the 50th U.S.-ROK Security Consultative Meeting,” October 31, 2018, https://kr.usembassy.gov/wp-content/uploads/sites/75/50TH-SCM-JOINT-COMMUNIQUE.pdf.

③ Department of Foreign Affairs and Trade, “AUSMIN-Australia-United States Ministerial Consultation,” https://dfat.gov.au/geo/united-states-of-america/ausmin/Pages/ausmin-australia-united-states-ministerial-consultations.aspx.

④ U.S. Department of State, “Agreement Between the Government of the United States of America and the Government of Australia for Space Vehicle Tracking and Communication Facilities,” October 17, 2017, https://www.state.gov/wp-content/uploads/2019/02/18-221-Australia-Tracking-and-Comm-Facilities.pdf.

⑤ 任远喆：《杜特尔特时期美菲防务合作的调整及其局限》，《国际问题研究》2020 年第 1 期。

共同防御条约》，强调美国对于菲律宾的安全支持态度。①除此之外，美国还于2020年和东南亚国家举行了每年一次的“金色眼镜蛇”和两年一次的“环太平洋”军演。“金色眼镜蛇”演习在泰国举行，菲律宾参加了“环太平洋”军演。

值得注意的是，美国亚太联盟双边合作不断增强的同时，多边安全合作也逐渐发展，这主要表现为美日澳三边安全合作和美日澳印四国合作。特朗普执政以来，美日澳已举行多轮三边战略对话部长级会议，在南海、朝核、区域导弹防御等问题上加强沟通。② 2017年11月，美日澳印时隔十年重启“四边安全对话”，四国合作也进入了新的发展阶段。此后美日澳印又举行了多次“四边安全对话”，安全对话的内容包括维持和加强开放、透明、包容和以规则为基础的“印太地区”秩序，促进“印太地区”的和平繁荣。③ 从特朗普执政以来美国亚太联盟在双边、多边维度的合作进展来看，美国与盟国的安全合作整体加强，但由于特朗普政府的“美国优先”政策导向，在联盟责任方面，美国要求盟国承担更大的责任，也使得联盟安全合作不乏分歧。

（三）经贸关系摩擦不断

特朗普政府对于美国的经济利益格外关注，强调所谓的公平贸易，对贸易逆差容忍度极低，这也使得其对于盟国之间的经贸问题非常重视，甚至为了美国的经济利益不惜损害与盟国的安全合作。在亚太联盟当中，特朗普政府率先退出《跨太平洋战略经济伙伴关系协定》让盟国感到失望，而其不断要求盟国在经贸问题上让步更是加剧了美与盟国之间的利益分歧与贸易摩擦。

在经贸问题上，美日双方分歧明显。美日之间贸易逆差巨大，特朗普在

---

① The Department of Defense, “Indo-Pacific Strategy Report: Preparedness, Partnerships, and Promoting a Networked Region,” June 1, 2019, pp. 28 – 29, https://media.defense.gov/2019/May/31/2002139210/-1/-1/1/DOD_INDO_PACIFIC_STRATEGY_REPORT_JUNE_2019.PDF.

② U.S. Department of Defense, “2019 Missile Defense Review,” January 17, 2019, https://media.defense.gov/2019/Jan/17/2002080666/-1/-1/1/2019-MISSILE-DEFENSE-REVIEW.PDF.

③ U.S. Embassy & Consulates in Australia, “U.S.-Australia-India-Japan Consultations,” November 15, 2018, https://au.usembassy.gov/u-s-australia-india-japan-consultations/.

访日期间对美日贸易问题进行了猛烈抨击，表示美日双方必须解决存在多年的贸易逆差问题。① 2018 年 3 月，特朗普政府宣布对出口美国的钢铁和铝产品加征关税，而日本作为美国的盟国并未获得豁免。此后美国还不断敦促日本在贸易问题上作出让步。2018 年 9 月，特朗普与安倍晋三达成了开展双边贸易协定协商的意见，②随后双方不断进行谈判。2019 年 9 月，美日两国首脑在联合国大会期间签署初步贸易协议，取消或降低部分农产品和工业产品的关税，但美日贸易谈判的焦点——汽车关税并未被包括在内。

在“美国优先”的影响下，特朗普政府对韩经贸政策的调整呈现出明显的保护主义色彩。2017 年 6 月，特朗普公开表示要对美韩贸易协定重新进行谈判。自 2017 年 10 月起，美韩双方多次就自由贸易协定的修订进行谈判，并于2018 年3 月 28 日就美韩自由贸易协定一般性条款修订原则达成了共识；2018 年 9 月 24 日，特朗普和文在寅签署了修正案文件。根据新的美韩自由贸易协定，韩国将在两国的汽车贸易中给予美国更多的优惠，在钢铁、铝的进出口与关税政策上也将受到进一步限制。

美澳联盟受贸易摩擦影响相对较小。2017 年 4 月，美国副总统彭斯在出访澳大利亚期间，强调美国会致力于发展美澳经济关系，并将采取举措削减双边经贸关系中的障碍。③ 2017 年 12 月，美澳签署的促进双边经济和科技发展的协议正式生效，这为两国经济合作提供了新的动能。此外，美澳贸易摩擦也得到了有效控制。澳大利亚由于获得了豁免而导致其对美国钢铝出口激增。④针对这一现象，特朗普政府曾考虑取消对澳大利亚的豁免，但在美国军方和国务院的激烈反对下作罢。⑤ 此外，美澳之间的经贸问题虽不严重，

① The White House, “Remarks by President Trump and Prime Minister Abe of Japan in Joint Press Conference,” November 6, 2017, https://www.whitehouse.gov/briefings-statements/remarks-president-trump-prime-minister-abe-japan-joint-press-conference-tokyo-japan/.

② The White House, “Remarks by Vice President Pence and Prime Minister Abe of Japan in Joint Press Statements,” November 13, 2018.

③ The White House, “Remarks by the Vice President to the US-Australian Business Community,” April 22, 2017, https://www.whitehouse.gov/briefings-statements/remarks-vice-president-us-australian-business-community/.

④ The White House, “Presidential Proclamation Adjusting Imports of Aluminum into the United States,” April 30, 2018, https://www.whitehouse.gov/presidential-actions/presidential-proclamation-adjusting-imports-aluminum-united-states-3/.

⑤ “Trump Administration Considered Tariffs on Australia,” *The New York Times*, June 2, 2019, https://www.nytimes.com/2019/06/02/business/trump-australia-tariffs.html.

但澳大利亚也比较担心中美贸易竞争等可能带来的冲击，对美国退出《跨太平洋战略经济伙伴关系协定》也并不认同。

特朗普执政以来，美国与泰国、菲律宾的经贸合作相对较少，这已逐渐成为联盟关系发展的障碍。美国退出《跨太平洋战略经济伙伴关系协定》加深了东南亚国家对美国在经济方面的不信任，[①] 而双边贸易合作不利则直接冲击联盟关系。2017 年 3 月，美国宣布的首批被调查的 16 个国家中就包括泰国。美泰经贸关系因美国加征关税遭受冲击，泰国多种产品出口美国受到影响。[②] 2018 年 11 月，美国与菲律宾首次就双边自由贸易协定进行谈判，但长期未果。杜特尔特对于美国未能给菲律宾带来经济福利已经多次抱怨。

二、亚太联盟调整的特点

虽然冷战后美国的亚太联盟不断调整，但特朗普执政以来的联盟调整还是有着鲜明的特点，其在一定程度上反映了“特朗普冲击”：一是联盟责任不断向盟国倾斜，二是多边安全合作更加明显，三是联盟内部的安全与经济利益分化加剧。

（一）联盟责任不断向盟国倾斜

联盟责任关系到联盟内部的负担分担。从以往美国联盟的负担分担来看，其基本规律是国际秩序面临大国威胁时，美国联盟负担增加，反之则减轻。美国进行战略扩张时，美国联盟负担增加，反之则减轻。[③] 特朗普执政以来，美国的外交政策变得更为“实用主义”。在战略收缩过程中，美国在联盟管理方面面临的主要问题不是“被牵连”和“被抛弃”的风险，而是

① Lynn Kuok, “ ‘America First’ Cannot Mean ‘ America Alone’: Engaging Southeast Asia, Brookings, ” December 15, 2016, https: //www. brookings. edu/opinions/america-first-cannot-mean-america-alone-engaging-southeast-asia/.

② 王勤：《中美贸易战对亚细安经济影响》，联合早报中文网，2019 年 7 月 18 日，http: //www.uzbcn. com/mon/keji/20190718/59831. html。

③ 孙茹：《美国同盟与国际秩序变革——以分担负担为例》，《国际政治科学》2018 年第 2 期。

成本与风险之间的权衡。① 特朗普政府尽管依然需要亚太盟国的战略支持，但是却呈现出不断向盟国转嫁联盟责任的特点。

相对于奥巴马政府而言，特朗普政府要求盟国承担更多的联盟职能、付出更高的联盟成本，使得盟国在联盟关系中承担的责任有所增加。一方面，美国希望盟国增强防务能力，增加国防投入，能够在更大范围内为美国的全球或地区战略提供支持。② 美国对日本增强自主防务能力不断开绿灯，认为日本防务能力的增强能够为美国提供更大的战略支持。③ 对于韩国，美国则认为其不能在安全上过度依赖美国，需要增强自主防务能力，从而降低美国的联盟成本。④ 另一方面，在双边联盟关系内部，美国要求盟国分担更多的防务费用。特朗普政府基于"交易主义"的态度来处理联盟关系，将美国提供的"安全承诺"视为商品，要求日韩增加对美国驻军费用的支出等，迫使盟国承担更多的联盟责任。2019 年 11 月，特朗普总统向日本首相安倍晋三要求日本将驻日美军费用提高至当时费用的四倍，无论是日本政府还是民间都认为自身承担的驻日美军费用比例已经很高，面对特朗普政府的施压并不轻易屈服。⑤ 美韩双方自 2019 年下半年开始就防务费分担问题再次进行了艰难的谈判，至今双方仍未达成一致。美国要求韩国至少承担 40 亿美元的驻韩美军费用，相当于当时韩国承担费用的 4 倍之多，韩国则认为上调幅度不能超过 10%，双方分歧巨大。⑥

相对而言，澳大利亚为了扩大地区影响，在承担联盟责任方面，相对于日韩而言要积极一些。澳大利亚把美澳联盟看作其走向"印太"的核心，认

---

① 周方银：《有限战略收缩下的同盟关系管理：奥巴马政府与特朗普政府的政策选择》，《国际政治科学》2019 年第 2 期。

② The Department of Defense, "Indo-Pacific Strategy Report: Preparedness, Partnerships, and Promoting a Networked Region," June 1, 2019, pp. 28–29, https://media.defense.gov/2019/Jul/01/2002152311/-1/-1/1/DEPARTMENT-OF-DEFENSE-INDO-PACIFIC-STRATEGY-REPORT-2019.PD.

③ The White House, "Remarks by President Trump and Prime Minister Abe of Japan in Joint Press Conference," November 6, 2017, https://www.whitehouse.gov/briefings-statements/remarks-president-trump-prime-minister-abe-japan-joint-press-conference-tokyo-japan/.

④ Stephanie Condon, "Donald Trump: Japan, South Korea Might Need Nuclear Weapons," March 29, 2016, https://www.cbsnews.com/news/donald-trump-japan-south-korea-might-need-nuclear-weapons/.

⑤ "Trump Demands Tokyo Quadruple Payments for U.S. Military," *Foreign Policy*, November 15, 2019, https://foreignpolicy.com/2019/11/15/trump-asks-tokyo-quadruple-payments-us-troops-japan/.

⑥ 青瓦台：《韩美防卫费协定谈判仍在进行》，韩联社，2020 年 4 月 1 日，https://cn.yna.co.kr/view/ACK20200401005800881?section=politics/index。

为如果没有美国强有力的政治、经济和安全参与，该地区的权力转移可能会更快，澳大利亚将更难实现自己所寻求的地区秩序。① 当然，美国也希望泰国和菲律宾承担更多的联盟责任，不过这两个盟国由于能力受限，能够承担的联盟责任相对有限。

总之，尽管美亚太联盟整体安全合作加强，但联盟责任分担的矛盾也逐渐显现。目前看来，美国亚太盟国在承担更多联盟责任方面并不情愿，这也导致美国与日韩等盟国在防务费用分担方面的谈判异常艰难。但鉴于各自对于美国依然存在不同程度的需求，盟国大多会选择适当让步以迎合美国的卸责。在美国实力相对下降和战略收缩的情况下，特朗普政府试图通过联盟卸责的方式实现美国在亚太地区主导权的低成本维持，这使美国在战略资源方面更加倚重盟国。美国在向盟国不断卸责的同时，也推动联盟关系由单向“依赖型”向双向“互助型”方向进一步发展，这使美国亚太盟国的自主性有所提升，也将使联盟内部的相互需求有所变化，使联盟管理面临更大的挑战。

（二）多边安全合作更加明显

特朗普执政以来，亚太联盟安全合作的调整相比以往而言，显著变化之一是多边安全合作更加明显。特朗普政府将中国视为“战略竞争者”和“修正主义国家”，并指责中国正在利用军事现代化、经济等手段重新塑造地区秩序。②试图通过不断塑造和利用“中国威胁论”加强亚太联盟的多边合作，增加对中国的制衡。

一是美日澳三边安全合作不断拓展和深化。2017 年和 2018 年美日澳三边部长级战略对话，表达了对朝核问题、南海问题、东海问题的关注，加强了各方对于地区安全问题的沟通与协调。③ 2019 年 8 月，美日澳三国发布了第九届三边战略对话联合声明，三国部长强调对朝核问题、南海问题、反恐

---

① 2017 Foreign Policy White Paper, Australia Government, 2017, p. 4.

② U. S. Department of Defense, “Indo-Pacific Strategy Report,” June 1, 2019, https://media.defense.gov/2019/May/31/2002139210/-1/-1/1/DOD_INDO_PACIFIC_STRATEGY_REPORT_JUNE_2019.PDF.

③ 仇朝兵：《特朗普政府的“印太战略”及其对中国地区安全环境的影响》，《美国研究》2015 年第 5 期。

问题的关注，并重申致力于“维护‘印太地区’的安全”。① 二是美日澳印四国安全合作增强。“印太战略”可以视为此前美日澳印四国合作的升级版，其将有利于拓展与强化美亚太联盟的聚合作用。虽然印度并非美国的正式盟国，但美国近年来一直极力拉拢印度，希望印度能够与美国一道共同制衡中国，因此印度逐渐有成为美国“准盟国”的趋势。② 2017 年 11 月，在东盟地区论坛会议期间，美日澳印四国举行了安全对话会议，探讨了基于规则的秩序、“航行与飞越自由”、海洋安全、朝核问题和恐怖主义等问题。③ 此后美日澳印四国的安全互动和合作不断增强。值得注意的是，2019 年 11 月的四国对话已经由先前的司局级上升为部长级，体现了四国对于“印太”合作更加重视的态度。此外，美日韩澳的安全合作苗头也值得关注，2019 年 5 月，美国、日本、韩国和澳大利亚举行了代号为“太平洋先锋”的海上联合军事演习，这是四国首次在西太平洋举行联合军演。不过日韩之间因历史问题而引发的矛盾在一定程度上制约了美日韩澳之间的多边安全合作。

（三）安全与经济利益更加分化

特朗普执政以来，将“交易主义”的思维方式带入联盟管理当中，导致亚太联盟的调整在安全与经济领域出现了明显的利益分化，且不同领域之间的利益统筹大为减少。奥巴马政府则与其不同，其更加注意美国与盟国之间的安全利益和经济利益的统筹，谋求通过《跨太平洋战略经济伙伴关系协定》的实施来加强亚太联盟之间的经济利益，进而促使联盟利益得到更多拓展并更加契合。特朗普政府的联盟政策则“美国优先”“经济优先”导向明显，格外关注美国自身的利益，特别是经济利益，导致此轮联盟调整的安全与经济利益缺少统筹，利益分化明显。

在安全领域，美国不断向盟国卸责导致利益分化增加，不过这些利益分化对联盟的影响有限，这也是美国能够在军事交流、军工合作、战略协调等

---

① Ministry of Foreign Affairs of Japan, *Trilateral Strategic Dialogue Joint Ministerial Statement*, August 1, 2019, https://www.mofa.go.jp/files/000503888.pdf.

② 杨端、王世达：《印度与“印太战略构想”：定位、介入及局限》，《现代国际关系》2018 年第 1 期。

③ 章节根、李红梅：《澳大利亚对“印太”战略的认知、原因及应对》，《印度洋经济体研究》2018 年第 3 期。

方面继续加强联盟合作的重要原因。尽管美国与盟国在联盟责任分担上不乏分歧，但无论是在双边安全还是多边安全合作上，美国与亚太盟国的安全合作都呈现总体强化态势。反观经济领域，美国与盟国的利益分化、经济弱化趋势则非常明显。一是在多边经济领域，美国与盟国对于地区多边经贸制度的分歧突显。美国不仅不顾日澳等盟国的挽留率先退出《跨太平洋战略经济伙伴关系协定》，对亚太经合组织（APEC）等地区经济合作机制也态度冷淡，这与盟国对于地区多边经济制度的积极态度截然不同。盟国不仅继续推动《跨太平洋战略经济伙伴关系协定》发展为《全面与进步跨太平洋伙伴关系协定》（CPTPP）并生效，在《区域全面经济伙伴关系协定》（RCEP）的推进方面也持肯定态度。二是在双边经济领域，美国不断逼迫日韩等盟国修改贸易协议，甚至不惜采取贸易制裁方式，导致美国与盟国出现贸易摩擦。尽管盟国基于对美国的安全和战略需求，不得不让步以满足美国的要求，但实际上这也突显了美国与盟国之间的利益分化，这从贸易谈判的艰难历程中可见一斑。如韩国政府虽公开表态称贸易协议修改有助于美韩经济合作的发展，①但韩国商界和公共舆论较官方观点则更为保守，认为美韩自由贸易协定修正案对于汽车进口和钢铁出口限额的调整将严重影响韩国经济的发展。② 受此影响，亚太联盟的安全强化和经济弱化的双重趋势不断呈现，联盟在不同领域的利益分化更加明显。

如何协调这些利益分化，直接考验着美国亚太联盟管理能力。相对而言，在安全领域，美国更有能力来协调利益分歧。由于安全领域呈现较强的“零和博弈”特点，且美国的盟国在安全上对其有着更高程度的依赖，这也使得美国更有能力来管控安全利益分化。但在经济领域却有所不同。经济利益涉及非政府主体，且更为多元化，国内相关利益关系更加错综复杂，美国管控联盟中的经济利益分化面临着更为困难的局面。比如此前美国难以劝阻其盟国加入亚投行和参与共建“一带一路”。如今亚太盟国参与 RCEP 和继续推动《全面与进步跨太平洋伙伴关系协定》也都在一定程度上反映了联盟的经济利益分化。在双边贸易方面，美国的盟国也基于自身利益与美国展开

---

① 青瓦台：《韩美自由贸易签字仪式》，2018 年 9 月 24 日，https://www1.president.go.kr/articles/4366。

② 李厚民、成道贤、李亨镇：《美韩自贸协定谈判》，首尔新闻，2018 年 3 月 27 日，http://news1.kr/articles/?3272380。

博弈。美日、美韩的新贸易协议的艰难谈判都体现了盟国对于美国的要求并非全盘接受和迅速妥协。

三、亚太联盟调整的前景

特朗普执政以来，亚太联盟的调整态势明显，其主要趋势体现为联盟安全聚合作用更加突出但持续性存疑、联盟经济利益分化明显且短期难以改变、美国亚太盟国的“选边站队”困境加剧等三个方面。这些不仅会影响亚太联盟的发展前景，也会对亚太地区合作和地区秩序重塑产生影响。

（一）联盟安全聚合作用更加突出但持续性存疑

通过加强亚太联盟的安全聚合作用，推动亚太联盟向网络化转型，一方面有助于缓解美国实力相对下降的不足，另一方面也有助于强化美国在亚太地区的安全影响。特朗普政府执政以来，亚太联盟聚合作用更加突出，并孕育着未来亚太联盟调整的趋势。通过“印太战略”的实施，亚太联盟的整体协作水平会得到一定提高。

目前，美日澳三边合作已经形成了包括三边战略对话在内的机制化发展，且合作领域广泛，其成为多边联盟的潜力很大。在美日澳三边合作的基础上，特朗普政府大力倡导“印太战略”，实际上也是对亚太联盟体系进行革新。美日澳印之间安全合作的加强拓展了美国在亚太地区的战略资源。不过美日澳印之间也不乏分歧，如印度希望保持战略自主性，不愿过度追随美国。① 美日澳印四国安全合作的加强能否使其发展成多边联盟，对此也是见仁见智，多数人认为既要注意到美日澳印安全合作加强的趋势，也要关注四国彼此之间的分歧与张力。其发展成“印太版北约”的

① Minister of External Affairs, Government of India, “India-Australia-Japan-U. S. Consultations on Indo-Pacific,” November 12, 2017, https://mea. gov. in/press-releases. htm? dtl/29110/IndiaAustralia JapanUS_ Consultations_ on_ IndoPacific_ November_ 12_ 2017.

难度极大。[①] 与美日澳印等多边安全合作增强相比，美日韩之间的多边安全合作却有所回落。由于日韩之间的历史问题等矛盾激化和朝鲜半岛局势趋向缓和，日韩之间相互借重的需求下降，两国之间的安全合作进展也比较缓慢。2019 年下半年日韩更是因贸易摩擦安全合作受损，这影响了美日韩三边安全合作的推进。[②]

对于地区安全合作而言，美国强化联盟安全合作有助于继续维持其在亚太地区的安全主导地位。与此同时，随着非传统安全问题的日益增加，构建更为包容的地区安全合作机制也更有必要。亚太联盟安全聚合作用虽有所增强，但其包容性相对缺乏，导致亚太地区多边安全合作的碎片化现象难以改观。由于美各盟国的战略目标分歧、活动区域差异且国家利益分化，这些盟国对于亚太联盟强化的支持态度迥异。这些盟国一方面将加强与美国的联盟关系作为安全基础，依然信赖美国对其的安全作用；另一方面也将拓展地区多边安全合作作为辅助，为美国在亚太地区的战略收缩而未雨绸缪。如日本明确提出三点防务基本方针：自我强大、加强日美同盟和积极推进安全保障合作。日本要在美日联盟之外拓展与澳大利亚、印度等国的合作。[③] 澳大利亚也主张构建与邻国、地区伙伴的战略关系网，希望构建相对包容的地区安全秩序，重视类似东亚峰会这样包容性较好的地区合作机制。[④]

目前看来，“印太战略”的实施虽然在一定程度上促进了美亚太联盟的安全聚合作用，不过由于美国及其盟国对于“中国威胁”认知的差异，特朗普政府试图以“中国威胁”来加强联盟的安全聚合也遇到不少困难。韩国、澳大利亚、泰国等对中国的“威胁”认知与美国并不相同，因而其也难以完

① 贺凯：《美国印太战略实质与中国的制度制衡——一种基于国际关系理论的政策分析》，《现代国际关系》2019 年第 1 期；宋伟：《从印太地区到印太体系：演进中的战略格局》，《太平洋学报》2018 年第 11 期；叶海林：《中国应对美国再版“印太”概念的策略性思考》，《印度洋经济体研究》2019 年第 5 期；林民旺：《“印太”的建构与亚洲地缘政治的张力》，《外交评论》2018 年第 1 期；凌胜利、王彦飞：《木桶效应：“印太”视域下的印澳合作》，《南亚研究》2019 年第 3 期。

② 李婷婷：《贸易摩擦与日韩关系新变局》，《现代国际关系》2019 年第 8 期。

③ 日本防卫省：《2017 年防卫白皮书（摘要）》，第 11 页，https://www.mod.go.jp/e/publ/w_paper/pdf/2017/DOJ2017_Digest_CH.pdf。

④ 宋伟：《试论澳大利亚的印太体系概念与战略路径选择》，《上海交通大学学报（哲学社会科学版）》2016 年第 2 期。

全追随美国在安全上制衡中国。① 当然，中国对于亚太联盟的整体协作加强及其“外溢”也应予以重视，亚太联盟的网络化转型会加强其战略协调，有可能对中国造成更大的压力。对此中国应该在管控地区安全分歧的基础上，推进亚太地区的包容性安全合作，削弱亚太联盟的对华针对性。

（二）联盟经济利益分化明显且短期难以改变

由于特朗普政府强烈的“美国优先”“经济优先”政策导向，美国与盟国的经济利益分化将更加明显。联盟之间的经贸关系深刻地影响到各自的国内政治，这也使得美国与盟国之间的经贸摩擦处理起来比较困难。

总体来看，美国与盟国的贸易摩擦虽然当前不会对联盟关系构成重创，但解决起来也不容易。在双边经贸问题上，美国为了迫使盟国让步，不断施加压力，不惜采取贸易制裁方式，这也使得美国与日韩等盟国基本达成了新的贸易协议，但与菲律宾、泰国仍未达成新的贸易协议。一方面，在多边经贸方面，特朗普政府对多边贸易制度的冷淡态度与盟国对多边经贸合作的积极态度形成了鲜明的对比，进一步突显了美国与盟国之间的利益分歧。这也促使亚太盟国在经济上与美国保持距离。虽然在“印太战略”的推动下，美日澳印四国多次协商，承诺推动广泛的经济发展，充分发挥本区域的潜力，促进基于透明度、真正需求、债务可持续等符合国际标准的基础设施发展,② 不过目前其实际进展还比较有限。另一方面，亚太盟国也逐渐修复和增加与中国的经济合作。如中日两国就第三方市场合作达成共识，首届中日第三方市场合作论坛期间，两国地方政府、企业、金融机构之间签署了 50 余项合作协议，涉及基础设施、物流、金融等多个领域，协议金额超过 180 亿美元。③ 中日韩经济合作有所复苏，2019 年的第八次中日韩领导人会议通过了《中日韩合作未来十年展望》，三国将在 RCEP 谈判成果的基础上，加

---

① “Australians Would Reject Siding with Japan over China in East China Sea Dispute, Survey Finds,” *ABC News*, January 6, 2015, https://www.abc.net.au/news/2015-01-06/australians-reject-siding-with-japan-over-china-survey/6002712.

② U. S. Embassy & Consulates in Australia, “U. S. -Australia-India-Japan Consultations,” November 15, 2018, https://au.usembassy.gov/u-s-australia-india-japan-consultations/.

③ 钱铮：《中日第三方市场合作前景广阔》，新华网，2018 年 10 月 29 日，http://www.xinhuanet.com/mrdx/2018-10/29/c_137565619.htm。

快中日韩自贸协定谈判，力争达成全面、高质量、互惠且具有自身价值的自贸协定。① 中澳贸易更加便利，零关税商品增加，极大地推动了两国贸易额增加。据澳大利亚统计局统计，2019 年中澳双边贸易额为 1589.7 亿美元，增长 10.9%。中国依然是澳大利亚第一大出口市场，占澳大利亚出口总额的 38.2%。② 中菲经济合作快速发展，2017 年以来，中菲两国贸易额逐年增加，中国在菲律宾的投资也不断增加。③ 中国是美国亚太盟国数一数二的贸易伙伴，对这些国家的经济发展极为重要。

亚太地区是当前全球经济最具活力的地区之一，亚太国家普遍将亚太经济合作视为发展机遇。随着安全威胁的总体下降，美国亚太盟国对经济利益也更为关注，更加注重与中国的经济合作。美国亚太联盟经济利益的分化在一定程度上是排他性的联盟与开放性的地区经济合作冲突的产物，这一局面在短时期内将难以改变。对于中美之间的贸易摩擦，美国的亚太盟国不乏担忧。如泰国、澳大利亚都曾表示担忧中美贸易摩擦对其的冲击。澳大利亚投资与贸易部部长史蒂文·乔博在接受《南华早报》采访时更是直言不讳，“中美‘贸易战’将威胁全球经济。事态这么逆转将使澳大利亚经济‘报废’”。④

（三）美国盟国“选边站队”困境加剧

随着中美战略竞争加剧，亚太地区其他国家包括美国的盟国不得不审慎应对。美亚太盟国为了实现安全利益和经济利益的统筹，它们还是希望在强化与美国联盟关系的同时，与中国也能保持良好的关系，避免全面陷入“选边站队”困境。特朗普执政以来，美亚太联盟战略调整导致盟国之间利益分

① 《中日韩合作未来十年展望》，外交部网站，2019 年 12 月 24 日，https://www.fmprc.gov.cn/web/gjhdq_676201/gjhdqzz_681964/zrhhz_682590/zywj_682602/t1727417.shtml。

② Australian Bureau of Statistics, “International Trade in Goods and Services, Australia,” Feb 2020, https://www.abs.gov.au/AUSSTATS/abs@.nsf/Lookup/5368.0Main+Features1Feb%202020?OpenDocument.

③ 魏晞：《中菲经贸合作进入“最好时期”》，中新社北京 2019 年 8 月 28 日电，http://www.chinanews.com/gj/2019/08-28/8940569.shtml。

④ Olivier Languepin, “How China-U.S. Trade Spat May Impact Thailand,” Thailand Business News, May 16, 2018, https://www.thailand-business-news.com/trade/69134-china-u-s-trade-spat-and-thailand.html；屈彩云：《美国挑起贸易战，澳大利亚担心经济“报废”》，海外网，2018 年 8 月 14 日，https://baijiahao.baidu.com/s?id=1608730458290633115&wfr=spider&for=pc。

化加剧。特朗普政府对外政策的大幅调整使得美国盟国对其信任度降低，对于美国国际领导能力的信心下降。① 这也使得其盟国或被迫选择“自力更生”的内向型策略，或选择“对冲风险”的外向型策略来应对特朗普政策所造成的不确定性。② 而在中美之间，美国的亚太盟国更有可能寻求在中美之间相对有利的位置，采取动态平衡战略，以缓解“选边站队”困境。

尽管中日之间存在领土争端、历史问题等矛盾，但是日本深知维持相对良好的中日关系对日本寻求更大的战略自主的重要性。鉴于特朗普政府对于美日联盟强烈的利己主义态度，日本也不断改善与中国的关系，在安全上尽量不激化矛盾，在经济上与中国在第三方市场化竞争为合作。2019 年 6 月，习近平与安倍晋三在大阪会晤，安倍晋三表示，日方希望扩大两国在经贸、投资、金融、创新等领域合作，愿为双方企业相互提供公平、开放、透明、非歧视的市场环境。日方愿同中方一道，妥善处理有关敏感问题，有效管控东海等问题的矛盾分歧。③ 韩国基于中韩关系改善的需要，在安全上谋求减少与中国的冲突，对“萨德”部署作出“三不”承诺，在经济上则继续加强与中国的合作。2017 年 11 月，韩国总统文在寅表示，“韩方支持并愿积极参与‘一带一路’建设。韩方重视中方在‘萨德’问题上关切，无意损害中国的战略安全利益”。④ 澳大利亚也希望能尽量避免在中美之间“选边站队”，澳总理莫里森在接受采访时声称，澳大利亚不必在自己的“客户”中国和自己的朋友美国之间选边站，澳大利亚会用一种务实的方式处理两国的关系。⑤ 至于泰国，则基本谋求在中美之间“两面讨好”，泰国总理巴育一方面表态支持“一带一路”建设，⑥ 另一方面也通过访美等方式不断修复美泰关系。菲律宾自杜特尔特政府执政以来，基于经济发展的优先需要，不断

---

① 根据洛伊研究所 2019 年的民意调查显示，澳大利亚只有 25% 的受访者对特朗普领导美国国际事务的能力有信心，46% 的受访者表示“毫无信心”。参见 Lowy Institute: “Lowy Institute Poll 2019,” June 26, 2019, https://www.lowyinstitute.org/publications/lowy-institute-poll-2019.

② 田旭：《特朗普执政以来美国联盟政策的调整》，《国际经济评论》2019 年第 6 期。

③ 陈赞、李建敏、蒋国鹏：《习近平会见日本首相安倍晋三》，新华社大阪 2019 年 6 月 27 日电，http://www.xinhuanet.com/world/2019-06/27/c_1124681266.htm。

④ 骆珺、陈赞：《习近平会见韩国总统文在寅》，新华社越南岘港 2017 年 11 月 11 日电，http://www.xinhuanet.com/world/2017-11/11/c_1121941083.htm。

⑤ SBS News, “China ‘Customers’, US ‘Friends’: Morrison,” May 13, 2019, https://www.sbs.com.au/news/china-customers-us-friends-morrison.

⑥ “Prime Minister Prayut Chan-o-cha of Thailand Meets with Wang Yi,” August 1, 2019, http://www.china-embassy.org/eng/zgyw/t1686158.htm.

修复与中国的关系，缓和与中国的海洋争端，大力发展两国经济合作，对美国则不时抱怨，这使得菲律宾在中美之间的“选边站队”困境有一定的缓解。①

显然，特朗普政府的对华强硬态度导致中美战略竞争加剧，美国盟国在中美之间的战略选择空间缩小，“选边站队”困境有所增强。出于对自身安全利益和经济利益统筹的考虑，美国的亚太盟国不得不谋求改善同中国的关系，以缓解“选边站队”的困境。这在一定程度上也突显了美国与盟国的战略分歧，使其联盟管理更加困难。

结语

特朗普执政以来，亚太联盟调整大体呈现出安全强化与经济弱化的双重趋势。这不仅会影响亚太联盟的合作，也会对亚太地区合作与秩序重塑产生多重影响。亚太联盟的调整也存在一些问题，一是亚太联盟强化的动力面临不确定性。特朗普政府虽不断推动亚太联盟战略调整，但由于安全与经济的分化不利于联盟的长远发展，虽然亚太联盟会延续，但联盟内部的张力也会增加，亚太盟国难以在所有领域全面追随美国。美亚太盟国在安全和经济领域将对美实行一定的对冲，以争取本国的战略自主性提升和利益最大化。二是美国对盟国的不断卸责会削弱盟国对其信任程度，盟国对于其战略支持也会更加精于算计，美国在亚太地区的国际动员能力将受到冲击。三是中国因素对于美国亚太联盟的调整存在巨大影响。美塑造“中国威胁论”以加强亚太联盟安全聚合作用的做法将难以持续，美与其盟国的对华“威胁”认知存在差异，在一定程度上削弱了其推动联盟多边安全合作的动力。对于中国而言，要逐渐加强对美外交和周边外交的统筹，处理好与美国亚太盟国的关系是其中关键之一。美亚太联盟并非铁板一块，其中不乏战略分歧与利益分化，中国应该因势利导，增加中国与美国亚太盟国之间的双多边合作，促进一些“中美邻”合作机制，拓展中国周边外交的战略空间，实现周边外交和对美外交的有机协调。

---

① 席桂桂、凌胜利：《安全感知、发展诉求与菲律宾对华政策转变》，《东南亚研究》2019年第5期。

思考题：

1. 特朗普政府如何通过联盟动员的方式开展大国竞争？
2. 特朗普冲击对于美国亚太联盟产生了哪些影响？

美国亚太联盟转型的动力
——在中美权力与信任之间

导语：亚太联盟是美国亚太战略的重要支柱，推动其联盟调整与转型是美国亚太战略实施的重要途径。近年来，美国亚太联盟转型明显，不仅联盟区域扩大、联盟利益拓展，还出现了联盟结构调整与联盟互动增强等转型趋势。有人认为，联盟的内在变革、亚太地区安全环境变化、中国崛起的地区效应是影响美国亚太联盟转型的重要动力，但其内在机制并不明晰。相对而言，中美关系是推动美国亚太联盟转型的主要动力更具说服力，具体而言其受中美关系中的权力差距与信任水平影响。美国对华战略在遏制与接触中呈现不同态势，美国亚太联盟因此或强或弱。对华战略是美国亚太战略的核心所在，为了管控中国崛起，美国并不想单枪匹马，而是欲借助其亚太盟国共同施压。不过冷战遗留的各自为战的双边联盟很难适应当前美国亚太战略、对华战略的需要，为此美国需要推动其亚太联盟转型。受美国对华战略的遏制与接触强弱程度变化影响，未来美国亚太联盟将可能呈现“北约化”、“岛链化”、雁阵化、赫尔辛基化四大趋势，这将对中美关系、亚太地区安全产生重要影响。

引言

近年来，美国加强了对亚太地区的战略关注，宣称建设美国的“太平洋世纪”。鉴于美国战略实力与战略目标之间的差距，美国将更加需要其亚太盟国的支持来实现其战略构想。在希拉里的《美国的太平洋世纪》署名文章中，她认为“加强双边安全联盟是构建美国太平洋世纪的六个关键行动之首，美国与日本、韩国、澳大利亚、菲律宾、泰国的条约联盟是我们转向亚太战略的支点”。[1] 换言之，依托盟国关系是美国亚太战略实施的关键所在。“通过整合、加强亚太盟国关系，推动前沿部署外交，美国可以加强其在亚太地区的领导地位。”[2] 与此同时，冷战结束以来，美国亚太联盟几经调整，通过利益的再协调、功能的再设置、关系的再调整、战略的再协商等，实现了联盟结构更趋平等化、联盟区域扩大化、联盟职能多元化等方面转型，[3] 在未来较长时段内，美国亚太联盟仍将继续整合并呈现多种转型趋势。但推动美国亚太联盟转型的主要动力何在，则是一个值得研究的问题。本文主要从中美关系互动的视角分析美国亚太联盟转型动力，主要通过中美权力差距与信任水平两个变量推断美国对华战略走势，将亚太联盟转型置于美国对华战略之下考虑。文章第一部分主要分析关于美国亚太联盟转型动力的既有解释与不足，并尝试提出本文的观点。第二部分主要总结当前对中美关系的三种认知并分析其内在核心要素：权力差距与信任水平。第三部分主要探讨受核心要素影响的美国对华战略四种可能趋势，即强遏制、弱遏制、强接触、弱接触，并据此分析由此引发的联盟转型。第四部分则详细分析未来美国亚太联盟转型的“北约化”、雁阵化、“岛链化”与赫尔辛基化的四大可能趋势。本文不仅论述了各种可能趋势的形成条件、原因和现状，还对其未来联盟的各种指标做了简要说明。

一、既有研究及不足

目前国内外关于美国亚太联盟转型的动力分析主要存在三种观点，分别从联盟内在变革、亚太地区安全环境变化与中国崛起的地区效应分析美国亚太联盟缘何变革转型，认为其既是外力使然，也有内在驱动。

一是认为美国亚太联盟的内在变革要求联盟转型，涉及盟国间权力变

---

① Hillary Clinton, America's Pacific Century, *The Atlantic*, http://www.foreignpolicy.com/articles/2011/10/11/americas_pacific_century.

② Hillary Clinton, America's Pacific Century, U. S Department of States, November 10, 2011.

③ 联盟转型主要是指联盟在联盟性质、联盟内容、联盟职能、联盟结构与联盟形式等联盟核心变量方面发生变化。

迁、战略分歧、利益分化等原因。① 由于美国亚太联盟均属于双边不对称联盟，盟国对美国的安全依赖由来已久，在很长时段内也保持了“安全—自主”的交易性平衡。不过由于美国亚太盟国实力的增强、安全威胁的缓解、国内社会变迁以及美国联盟成本意愿的下降等因素影响，美国亚太联盟原有的联盟结构、区域、角色等都难以为继，需要进行一定调整才能在冷战后延续发展。具体而言，一是实力变迁推动联盟角色演变、结构调整。美国盟国经济实力的增强使其能够承担不断增加的联盟防务负担，其安全自主程度提升，不愿再对美国一味地卑躬屈膝，言听计从，而是更多地希望争取对美相对平等的地位，美国与盟国间的不平等关系也逐渐调整，这就引发了联盟结构、功能的变化。二是战略分歧亟须联盟目标重新定位。冷战终结导致联盟战车“捆绑效应”下降，美国与盟国间的战略分歧加大，美国从全球战略出发要求盟国鼎力支持，而盟国着眼于地区与自身利益有所保留，联盟在目标上需要重新定位才能弥合战略分歧的现实。三是利益分化腐蚀联盟社会基础。对经济、安全等利益的不同取舍导致美国与亚太盟国间利益认知间隙加大，安全威胁的缓解与社会变迁导致盟国对联盟的需求下降，联盟社会基础弱化。这种观点从内在的联盟困境、联盟管理角度分析了美国亚太联盟转型的动因，但其解释力仅限于美国亚太地区单个联盟转型，比如美日、美韩联盟转型，其无法解释美国亚太联盟的总体强化，特别是联盟间联动的增多以及联盟整体结构的调整。

二是认为亚太地区安全环境的变化推动联盟转型，促使美国亚太联盟由“制衡威胁”转向“地区秩序建设”，依托联盟是美国对可能失衡的亚太安

---

① Charles M. Perry, *Alliance Diversification and the Future of the U. S. -Korean Security Relationship* (Perry, VA: Brassey's, 2004); G. John Ikenberry and Takashi Inoguchi, *Reinventing the Alliance: U. S. -Japan Security Partnership in an Era of Change* (New York: Palgrave Macmillan, 2003); Harrison M. Holland, *Japan Challenges America: Managing an Alliance in Crisis* (Boulder: Westview Press, 1992); Michael J. Green and Patrick M. Cronin, *The U. S. -Japan Alliance: Past, Present, and Future* (New York: Council on Foreign Relations Press, 1999); Mike M. Mochizuki, *Toward a True Alliance: Restructuring U. S. -Japan Security Relations* (Washington, D. C.: Brookings Institution Press, 1997).

全秩序进行再平衡的重要平台。① 冷战时期阵营分明，美国的亚太联盟主要是制衡威胁，鲜明的排他性对地区安全的负面影响被冷战环境所抑制。冷战后安全威胁不再泾渭分明，美国亚太联盟无法为地区安全合作提供必要的公共产品，甚至成为地区安全合作的障碍所在，同时美国实力的相对下降也导致其难以单凭一己之力主导地区秩序。为此美国需要变革其亚太联盟以符合地区安全需要，同时也需要联合盟国力量以实施其亚太安全战略。该观点认识到亚太地区安全环境变化对美国亚太联盟转型的影响。作为地区秩序的稳定器，美国亚太联盟需要调整联盟结构，加强内部的多边协作，优化前沿部署，并适时地推动亚太多边安全建设，如此才能确保其延续的价值与合法性。尽管该观点认为亚太地区安全环境变化是美国亚太联盟转型的动因，但这一原因比较泛化。关于亚太地区安全环境变化的原因，该观点比较全面地考虑到了冷战终结、盟国国内政治变革、实力变迁以及中国崛起等许多重要因素，但比较遗憾的是其无法明晰到底是哪种原因构成美国联盟转型的主要动力。

三是认为中国崛起对地区秩序的“冲击”和对美国地区主导权的“挑战”推动美国亚太联盟转型。该观点认为中国的崛起可能导致亚太地区权力格局变动，中国在亚太地区的崛起必然“冲击”美国的领导地位，为此美国需要推动其亚太联盟调整来“管控”中国崛起。② 美国亚太战略的重要目标

① The White House, *Sustaining U. S. Global Leadership: Priorities for 21st Century Defense*, January 2012; William T. Tow and Amitav Acharya, “Obstinate or Obsolete? The US Alliance Structure in the Asia-Pacific” ; Jae Jeok Park, “The US-led Alliances in the Asia-Pacific: Hedge Against Potential Threats or an Undesirable Multilateral Security Order?” *The Pacific Review*, Vol. 24 No. 2, 2011, pp. 137-158; Ralph A. Cossa, “The Bush Administration’s ‘Alliance-Based’ East Asia Policy, ” *Asia-Pacific Review*, Vol. 8, No. 2, 2001; Changhee Nam, Seiichiro Takagi, “Rising China and Shifting Alliances in Northeast Asia: Opportunities and Challenges Facing America and its Allies, ” *Korean Journal of Defense Analysis*, Vol. 16, No. 2, 2004.

② Aileen San Pablo-Baviera, “The China Factor in US Alliances in East Asia and the Asia Pacific, ” *Australian Journal of International Affairs*, Vol. 57, No. 2, 2003, pp. 339-352; William Breer, “U. S. Alliances in East Asia: Internal Challenges and External Threats, ” Brookings Northeast Asia Commentary, No. 39, http://www.brookings.edu/opinions/2010/05_east_asia_breer.aspx; Dan Blumenthal with Randall Schriver, Mark Stokes, L. C. Russell Hsiao and Michael Mazza, *Asian Alliance in the 21st Century*, Project of 2049 Institute; Balaji Chandramohan, “U. S. Strengthening Old Alliances in Asia Pacific to Contain the Influence of China, ” Diplomatic Courier, November 30, 2010, http://oilprice.com/Geo-Politics/International/U. S. -Strengthening-Old-Alliances-in-Asia-Pacific-to-Contain-the-influence-of-China.html.

是维持对该地区的主导权，美国认为中国的崛起正在弱化美国对该地区的主导权，同时中国崛起“充满不确定性”甚至“令人担忧”。因此美国必须防范中国崛起对其带来的“不利影响”。但同时美国也意识到其无法单枪匹马地遏制中国，而是需要盟国、安全伙伴等亚太地区国家的帮助。不过由于“辐—辏”结构导致美国亚太联盟聚合效应较弱，因而其必须对亚太联盟整体结构有所调整，加强盟国间的协作尤为必要。这种观点主要强调了中国崛起对美国亚太联盟转型的推动作用。由于中国崛起，美国亚太战略与对华战略也相应调整，其亚太联盟也因此调整或转型，中美关系的走向影响美国亚太联盟转型的进程。该观点虽然认识到中国崛起对美国亚太联盟转型的影响，但其不足之处在于没有重视中美战略互动的复杂性，无法说明中美关系究竟如何影响美国亚太联盟转型，决定中美关系走向的核心要素到底有哪些。

总而言之，上述三种观点均有一定的合理之处，但纵观冷战后美国亚太联盟的调整转型特别是近几年的强化调整，中国因素的作用显著增强。中国崛起导致中美两国形成了战略困境，① 导致美国的“霸权焦虑”加深，调整了其对华战略态势，希望通过强化亚太联盟来管控中国崛起，进而维持其在亚太地区的主导地位。对美国而言，其在亚太地区的最大战略利益是防止该地区出现挑战性大国，进而削弱美国对亚太地区的主导权，甚至将美国在亚太地区边缘化或挤出亚太地区。② 当前，由于中国的不断崛起，亚太地区格局变革加速，美国认为这对其在该地区的主导地位构成了一定的“挑战与冲击”，促使美国加强了对该地区的战略关注。③ 为了继续维持、巩固其在亚太地区的主导地位，美国不愿中国与周边国家（特别是其盟国）关系发展过快。如东亚地区合作超出其控制能力，其会充分利用各种机会对东亚合作施加影响。与此同时，中国崛起也使亚太地区一些国家希望发展与美国的安全关系，④ 借助美国力量对中国进行一定的限制。因而在安全领域，防范、施压中国也成为美国及其盟国和其他一些亚太国家的共同目标。这种共同意愿

① 仇华飞：《美国学者研究视角下的中美战略困境》，《当代亚太》2012 年第 1 期。

② Evan A. Feigenbaum, “Why America No Longer Gets Asia,” *The Washington Quarterly*, pp. 25-43.

③ Nick Bisley, “China's Rise and the Making of East Asia's Security Architecture,” *Journal of Contemporary China*, Vol. 21, No. 73, 2012, pp. 19-34.

④ Aileen San Pablo-Baviera, “The China Factor in US Alliances in East Asia and the Asia Pacific,” Vol. 57, No. 2, 2003, p. 343.

强化了美国与盟国、亚太国家相互借重的需要，促使他们相互联合共同施压中国，管控中国崛起。除此之外，由于亚太盟国对华战略在很大程度上唯美国马首是瞻，并且美国也有能力介入、影响盟国对华政策，美国在安全战略上更是可以施加影响以服务于其战略主导。事实上美国也是如此运筹的。为了强化其对华战略，在自身实力相对下降的情况下，美国更多倚重其亚太盟国，通过前沿部署加强其在亚太地区的领导地位。在小布什任期，其东亚政策被认为以联盟为基础。① 奥巴马政府延续了这一政策基调，在亚太战略中重视与利用盟国。“奥巴马政府重返亚洲战略，突显美国的军事力量优势和军事联盟的首要地位，使地区安全环境中的对抗性因素抬升。”② 通过介入危机、离间东亚、渲染“威胁”、塑造安全，美国更为牢固地控制了其亚太联盟。显然，美国希望通过强化联盟关系对中国形成战略性限制。③ 但是美国认为仅有冷战遗留联盟是不够的，具有排他性的美国亚太联盟并非亚太安全秩序的合适提供者，其面临着中国崛起所带来的东亚安全格局变革冲击，④ 需要由“制衡威胁”转向“秩序建构”。无论是建构地区秩序还是限制中国，美国都需要变革其亚太联盟。毕竟亚太安全秩序的构建离不开中美两国，中国的崛起也是亚太安全秩序变革的重要变量，美国亚太联盟的适时调整、转型必须考虑中美关系的现状与趋势。在双边联盟与多边安全之间，中美关系尤为重要。因此如何认识中美关系以及把握影响中美关系的核心要素对于理解美国亚太联盟转型就显得尤为关键。

综上分析，从中美关系角度来考虑美国亚太联盟转型更具说服力。该角度一是考虑了中国崛起对亚太地区安全秩序的影响和对美国主导权“冲击”的既定现实；二是基于中美战略互动而非美国战略调整单向考虑美国亚太联盟战略调整；三是兼顾了亚太盟国对华安全战略受美国显著影响的情形；四是将美国亚太联盟转型置于其对华战略的变化调整之下。本文试图在对中美关系进行梳理的基础上，提炼出影响中美关系的核心要素，并据此分析未来美国对华战略走向及其对美国亚太联盟转型的影响。

---

① Ralph A. Cossa, “The Bush Administration's ‘Alliance-Based’ East Asia Policy,” *Asia-Pacific Review*, Vol. 8, No. 2, 2001, p. 61.

② 凌岳：《“亚太秩序与中美关系”研讨会综述》，《国际政治研究》2011 年第 1 期。

③ Ashley Tellis, “A Grand Chessboard,” *Foreign Policy*, January/ February 2005, p. 54.

④ William T. Tow and Amitav Acharya, “Obstinate or Obsolete? The US Alliance Structure in the Asia-Pacific,” p. 44.

二、中美关系及其核心要素

中美关系是当今世界最富活力和最具潜力的双边关系之一。① 中美关系的走向将引领世界发展趋势，因为两国关系的国际化程度已超越双边关系层面。② 目前中美学界对两国关系的看法基本呈现出三种观点：冲突论、和平论与复杂论。

（一）冲突论

中美关系冲突论主要基于权力转移和结构性矛盾，并且这种结构性矛盾并不局限于崛起国与挑战国的矛盾，还扩展到意识形态、政治制度等其他领域。阎学通教授认为："中国崛起与美国单极霸权之间的结构性矛盾决定了在赶超美国的过程中，中美之间的战略竞争是难以避免的，两国很难建立起真正的战略友好关系。中美缺乏足够的共同战略利益。"③ 美国学者则认为中美之间的权力转移必然引发冲突，并且这种冲突最早会源自亚太地区的主导权之争。④ 这种观点认为，崛起的中国在国际体系中会要求更多的话语权，中国的经济实力必然转化为军事实力，让中国寻求地区霸权。⑤ 中国的国家利益拓展被美国视为"威胁"，对台湾地区、南海等国家利益的维护被美国视为"修正主义"行为。实际上，有关中美两国是否会陷入"修昔底德陷阱"的讨论也和两国之间的权力转移有很大的关系。该观点认为，两国之间权力转移过程中的分歧能否得到有效的管控将成为决定两国是否发生战争的关键原因。

---

① 《习近平访美前夕接受美国〈华盛顿邮报〉书面采访》，新华社，2012 年 2 月 13 日，http://www.gov.cn/ldhd/2012-02/13/content_2065584.htm。

② 吴心伯：《中美关系的重新国际化》，《世界经济与政治》2009 年第 8 期。

③ 阎学通：《对中美关系不稳定性的分析》，《世界经济与政治》2010 年第 12 期。

④ Aaron L. Friedberg, *A Contest for Superemacy: China, America, and the Struggle for Mastery in Asian* (W. W. Norton & Company, 2011).

⑤ 约翰·米尔斯海默：《大国政治的悲剧》，王义桅、唐小松译，上海人民出版社，2003，第 543 页。

中美之间的冲突爆发并非仅仅源自体系性结构矛盾，双方在其他领域也存在许多结构性矛盾。其具体表现在意识形态和社会制度分歧、文明冲突、地缘政治摩擦、崛起大国与既有霸权国之天然对立以及在台湾问题上难以轻易化解的利害纠纷等五大方面。① 结构性矛盾的存在导致中美之间的信任不足，中美关系的发展有其限度。② 特别是中美两国在政治制度、意识形态上的差异将制约中美战略互信的深度发展，也因此可能引发中美冲突。③ 例如，阿伦·弗里德伯格认为中美之间必然爆发冲突的最为重要的原因是中美之间的政治与意识形态差异。④ 也有学者担忧中国"过度自信"的对外行为导致中美之间上演现实主义的悲剧性对抗循环。⑤ 尽管坚定声称中美冲突论的人尚居少数，但其影响却不容低估，特别是在美国国内大选、中美关系不顺的情况下其更是声势浩大。

（二）和平论

中美和平论主要基于新自由制度主义理论，也有学者从权力与文化角度进行审视得出同样的结论。中美相互依存的加深为促进两国和平提供了重要保证。两国经贸关系的不断发展被乐观地认为能够成为中美关系的黏合剂与压舱石。⑥ 中美的经济共生关系为两国注入了战略互需的新内容，强化了彼此相互借重的迫切感，经济相互依赖使和平成为实现中美各自战略目标的必然选择。⑦ 不过由于特朗普政府上台以来，致力于解决贸易逆差问题，中美经贸问题反而成为两国关系的摩擦与矛盾根源之一。除了经贸相互依存外，

---

① 袁鹏：《论中美关系未来发展的空间》，《现代国际关系》2005年第4期。

② 参见傅梦孜：《中美关系发展的逻辑思考》，《美国研究》2011年第3期；袁鹏：《论中美关系未来发展的空间》，《现代国际关系》2005年第4期；唐永胜、卢刚：《中美关系的结构性矛盾及其化解》，《现代国际关系》2007年第6期。

③ 塞缪尔·亨廷顿：《文明的冲突与世界秩序的重建》，周琪等译，新华出版社，2002，第254—259页。Michael Fullilove, "China and the United Nations: The Stakeholder Spectrum," *The Washington Quarterly*, 2011, pp. 63-85，美国学者持这一立场的人更多。

④ Aaron L. Friedberg, *A Contest for Superemacy: China, America, and the Struggle for Mastery in Asian* (W. W. Norton & Company, 2011).

⑤ David Shambaugh, "Coping with a Conflicted China," *The Washington Quarterly*, Winter, 2011 pp. 7-27.

⑥ 郎平：《贸易何以促成和平：以中美关系为例》，《世界经济与政治》2006年第11期。

⑦ 唐小松：《中美经济共生关系下的战略互需及选择》，《现代国际关系》2007年第2期。

中美之间还存在广泛的共同利益，这为两国和平提供了有利条件。即使存在一些矛盾、分歧，但深厚的利益基础、广阔的合作空间和复合的对话机制使得中美间的矛盾和问题相对可控。① 中美两国在相互依赖加深的背景下还通过国际制度对彼此实现制度制衡，形成了中美制度均势。② 这有利于促进两国的和平共处。

除了地区层面的机制建设外，双边机制建设同样有助于中美和平。近年来，中美之间高层互访频繁并形成了诸如"中美战略与经济对话"等高层次沟通机制，这给两国加深了解与信任，促进合作与融合注入了很大动力。制度合作是促进中美和平的制度保障，有学者认为中美之间的相互依存加深促成的洛克文化，③ 则从观念上提供了限制两国冲突的藩篱。也有学者认为，"中国在双边关系中可定义为稳定因素，中国力量的增长在逻辑上有利于两国整体关系的稳定"。④ 中美权力差距的缩小增强了彼此战略限制的能力，进而限制了两国关系的极端化。从战略互动视角来看，中国的对外战略一向是谨慎克制的，⑤ 而美国对华战略往往具有多向性并以"两面下注"为主导，因而中美之间的大冲突很难形成，和平共处将是中美关系的常态，其关键在于两国在互动中如何明智地把握彼此的战略底线。⑥

（三）复杂论

中美关系复杂论目前已成为两国的主流共识，无论是官方还是学界都认

① 佐利克：《从上海公报到全球利益攸关者——在上海市美国学会、美中关系全国委员会主办的"鲍大可—奥克森伯格中国关系讲座"上的演讲》，《中国图书评论》2007 第 7 期；金灿荣、刘世强：《奥巴马执政以来的中美关系》，《美国研究》2009 年第 4 期。

② 祁怀高：《冷战后中美在东亚的制度均势及其对中国的启示》，《世界经济与政治》2011 年第 7 期。

③ 何英：《试论中美关系是洛克文化的建构》，《南京师大学报（社会科学版）》2005 年第 5 期。

④ 金灿荣、刘世强：《奥巴马执政以来的中美关系》，《美国研究》2009 年第 4 期。刘丰的研究认为中美分别提供经济收益、安全预期，共同促成了冷战后的东亚和平。参见刘丰：《安全预期、经济收益与东亚安全秩序》，《当代亚太》2011 年第 3 期。

⑤ 罗伯特·萨特：《中国崛起的挑战及其对中美关系的含义》，《世界经济与政治》2009 年第 11 期。

⑥ 罗伯特·罗斯：《美中和睦：大国政治、影响范围与东亚和平》，《世界经济研究》2004 年第 3 期；王帆：《美国对华战略的底线与中美冲突的限度》，《外交评论》2011 年第 6 期。

为两国关系十分复杂，很难简单地用一种“朋友”或“敌人”的身份加以区分。当然，日趋复杂的中美关系也给发展稳定合作的中美关系带来了挑战。① 中美关系的“复杂性”主要体现在相互认知、利益互动、机制化管理三个层面并不断演化，② 双方形成了一种非对称性的相互依存，双边关系呈现出敏感性、脆弱性与韧性并存的两重性等特点。③ 不过中美关系复杂性的现实也为两国的议题联系提供了可能，特别是在不对称相互依存中居于有利地位的美国，其会在中美权力差距缩小的情况下更多借重“多边施压”方式，④ 合作中的警惕与遏制一面也会加强，从而更多地实施“合作型施压”。由于中美关系的复杂性，两国关系不会出现大的冲突，而是会在相互竞争中保持张力，从而出现诸如“再合作、再平衡、再保证与再冲突”的路径，⑤ 两国关系的发展基本规律可能是在波浪中向前推进，螺旋式地向上发展。⑥ 中美关系复杂论并不看重中美关系冲突或和平的结果，而是注重中美关系过程的管理，认为过程决定结果，但对中美未来是“冲突”还是“和平”持不确定性立场。

无论是冲突论、和平论还是复杂论，对中美关系的认知都绕不开权力差距与信任水平两个核心要素。冲突论看到了中美权力差距缩小所引发的权力转移困境，也意识到中美之间在政治、文化等方面的差异性导致中美互信的限度；和平论认识到中美经济相互依存所产生的积极意义，并认为通过制度建设可以提升两国战略互信，尊重势力范围和权力差距缩小对两国战略相互限制的增强也是促成中美和平共处的重要原因；复杂论认为中美权力差距缩小会推动美国增加对华防范力度，并借助盟国力量进行多边施压，但中美关系也并非如同权力政治那般简单，而是在不断互动中学习、预防与化解危机、增进互信，从而形成中美竞争与合作并存的局面。对中美权力差距与信

---

① “How to Develop a Stable and Cooperative U. S. -China Relationship,” *American Foreign Policy Interests*, Vol. 33, No. 4, 2011, pp. 185-189.

② 陈东晓：《“复杂性”与中美关系结构的新变化》，《美国研究》2006 年第 2 期。

③ 夏立平：《21 世纪初的中美关系——非对称性相互依存》，《当代亚太》2005 年第 12 期。

④ 刘建华、于水欢：《“多边施压”：美国对华外交策略新动向》，《现代国际关系》2010 年第 10 期。

⑤ 庞中英：《美国对华政策的合作与冲突策略：另一种“相互确保摧毁”成立之后》，《国际观察》2010 年第 4 期。

⑥ 曲星：《中美关系在斗争与合作中“波浪型”前进》，中国新闻网，2011 年 9 月 23 日，http://www.chinanews.com/tw/2011/09-23/3350202.shtml。

任水平的认知决定了对两国关系的定位，影响两国战略制定及其互动。美国如何看待中美权力差距与信任水平也成为其对华战略制定的关键所在。关于中美之间的权力差距可谓众说纷纭，基于不同的数据可以得出截然相反的结论。实力与影响力的差异，数额与比例的不同等都会影响对中美权力差距的认知。近年来关于加强中美战略互信的呼声不绝于耳，其承认“信任赤字”是双边关系中的重要问题。这些都表明信任问题在中美关系当中十分重要。关于中美之间的信任水平的看法基本上由低到高可以分为利益交汇型信任、制度构建型信任、认同共识型信任。

中美之间的权力差距对于两国战略互动而言十分重要。权力转移理论认为，当挑战国的权力达到霸权国的80%时，两者最有可能爆发冲突。① 对于权力的衡量主要是基于国内生产总值。秦亚青教授对美国在冷战时期的武装冲突支持行为的分析认为霸权护持是根本原因，② 而霸权护持的主要途径是维持霸权国与挑战国的权力差距。当前，美国是世界首屈一指的超级大国，而中国则被认为是美国霸权的挑战者之一，因此美国对中美之间的权力差距十分敏感。特别是在中国经济快速发展，美国经济略显低迷的情况下其更容易被放大，以致出现了“权力转移”一说。对美国衰落与中国崛起的认知为两国战略互动增添了对抗成分。但两国的权力差距并非左右两国战略互动的唯一变量，而是与两国信任水平共同作用于两国战略互动。③

三、权力—信任视角下的美国对华战略

由于美国对华战略主要受两国权力差距与信任水平共同作用，因而其对华战略总是体现出“两面下注”的特点，既接触又遏制，既合作又演化，只是在不同时期的强弱不同。无论采取何种对华战略，本质区别都在于接触与遏制的程度差异，具体而言，根据权力差距的大小与信任水平的差异，美国对华战略可能呈现如下态势：

---

① Ronald L. Tammen, Jacek Kugler, Douglas Lemke, Carole Alsharabati, Brian Efird, A. F. K. Organski, *Power Transitions: Strategies For the 21st Century* (Seven Bridges Press, 2000).

② 秦亚青：《霸权体系与国际冲突》，上海人民出版社，2008。

③ 此处参考了巴里·布赞所提出的极与极性，参见巴里·布赞：《美国与诸大国：21世纪的世界政治》，刘永涛译，上海人民出版社，2007。

（1）中美权力差距大，信任水平低，美国对华战略呈现弱遏制。

（2）中美权力差距大，信任水平高，美国对华战略呈现强接触。

（3）中美权力差距小，信任水平低，美国对华战略呈现强遏制。

（4）中美权力差距小，信任水平高，美国对华战略呈现弱接触。

关于中美权力差距的讨论说法不一。有人认为中国正日益崛起，美国却日渐衰弱，中美权力差距正在缩小；① 也有学者认为美国在高科技方面依旧领先中国，在全球产业链中拥有对中国的主导优势，中美权力差距依然巨大；② 还有学者认为美国虽然处于衰落之中，但相较于硬权力的相对衰弱，美国在软权力方面优势却无与伦比。③ 基于对权力界定的认知分歧，对中美权力差距的认识也是莫衷一是。鉴于这种混乱状况，本文所采用的权力衡量标准主要以中美两国的 GDP 数据为准。采用 GDP 数据来衡量中美两国权力差距可以避免对权力的认知分歧所带来的意见不一，同时也可以避免单一的军事力量、科技力量比较所带来的片面陷阱。GDP 数据也是国内民众最能直观感受得到的，由此可能对政策影响较大。当然，采用 GDP 数据比较中美两国权力也会或多或少存在一些问题，但它却是目前较好的衡量标准。正如米尔斯海默所认为的那样，权力存在多种定义方式，到底是哪个定义准确取决于其对国际政治的解释力。④ 近年来，中美 GDP 差距不断缩小，中国 GDP 相对于美国 GDP 的比例已由 2001 年的 12%上升到 2010 年的 40%。⑤ 目前，中国相对于美国 GDP 的比例超过了 60%。不过对未来中美 GDP 的预测却颇为困难，因为需要考虑到两国 GDP 增长速度的变化、人民币对美元的汇率、两国国内通货膨胀等因素。正如约瑟夫·奈所言："以线性预测方式来推测

① 布兰德利·沃马克：《中国崛起与美国：权力持平与文明磨合》，《外交评论》2007 年第 6 期；也有学者从权力流散角度分析了世界格局的嬗变，参见陈玉刚：《金融危机、美国衰落与国际关系格局扁平化》，《世界经济与政治》2009 年第 5 期。

② 这种观点得到了中国官方的认可，也比较受中国精英界认可。参见《王岐山称中美实力差距大，全球经济复苏看中国》，中国金融网，2011 年 5 月 11 日，http://www.zgjrw.com/News/2011511/home/368570666310.shtml。

③ 达巍：《从权力的"三张面孔"看美国的地位走势》，《现代国际关系》2010 年第 2 期。约瑟夫·奈认为中国的软权力落后于美国很多，参见 Joseph S. Nye, "American and Chinese Power after the Financial Crisis," *The Washington Quarterly*, October, 2010, pp. 146-153。

④ John J. Mearsheimer, *The Tragedy of Great Power Politics* (New York: Norton, 2003), p. 422.

⑤ 根据 IMF《世界经济展望》2010 年 10 月版数据库和 WTO 数据库计算，转引自竺彩华：《东亚经济合作何去何从？——从中美日经济实力消长谈起》，《外交评论》2012 年第 1 期。

经济发展趋势可以是具误导性的。”① 如英国《经济学人》曾预计中国 GDP 将于 2018 年超越美国，而美国高盛公司则预测中国 GDP 将于 2027 年超越美国，但这些预测都包含着很大的不确定性。受新冠肺炎疫情影响，中美 GDP 统计会出现重要变化。未来中美 GDP 差距会进一步缩小，但由于 GDP 的质量差距存在，权力差距对两国关系的影响并非立竿见影，而是存在一定的时滞，并且即使出现中国 GDP 超越美国的情况，美国的国际影响力在一段时间②仍将强于中国，其依然可以继续对中国施压。③ 相对而言，GDP 只能作为衡量中美两国权力的重要参考，其并非决定性的。但是有一点可以明确的是：随着中美权力差距的缩小，美国加大对华防范的可能性就会上升，施压中国的力度就会加强。

中美之间的信任关系从低到高基本上存在三种可能类型，即利益交汇型信任、制度构建型信任、认同共识型信任。④ 利益交汇型信任是主要基于两国的共同利益而建立起的一种基于理性的工具性信任。彼此的互惠互利推动了两国相互依存度的提升，但利益交汇型信任关系并不稳定，很容易受贸易摩擦、危机事件、国内政治等因素干扰。制度构建型信任主要通过制度建设、高层沟通实现，旨在增加信息共享，减少彼此误会，预防与化解冲突，提升战略互信。这也符合自由制度主义的观点——制度是国家间合作的桥梁，可以培育信任，降低交易成本，减少冲突。⑤ 目前中美之间不断加强高层互访，设立副总理级、部长级对话无疑是从制度建设层面谋求两国战略互信提升的一种方式。认同共识型信任则基于文化价值观念上的共享、共识。建构主义认为，具有共同命运和利益相关的国家之间，如果彼此分享共同的政治文化，遵守和尊重相同的规范，就会有效地培育彼此之间的信任。⑥ 回

---

① 约瑟夫·奈：《中国正超越美国吗?》，《联合早报》，2012 年 4 月 9 日，http://www.zaobao.com/special/forum/pages8/forum_zp110409.shtml。

② 美国的国际影响力不只靠经济总量维持，还靠其软实力以及盟国力量的支持。

③ 美国在 20 世纪初经济总量就首屈一指，但直到二战后才取得与其经济力量相当的国际影响力，因此中国的经济实力转化为相应的国际影响力也需要时间。

④ 关于国家间信任的分类问题可参见刘庆：《“战略互信”概念辨析》，《国际论坛》2008 年第 1 期。文中作者依据信任强度将信任分为低度信任（达成和平稳定共识）、中度信任（大体对外战略一致）与高度信任（高度身份认同）。

⑤ 朱立群：《信任与国家间的合作问题：兼论当前的中美关系》，《世界经济与政治》2003 年第 1 期。该文梳理了现实主义、新自由制度主义与建构主义三大主流理论的信任问题，对本文关于中美信任的分析很有启迪。

⑥ 朱立群：《信任与国家间的合作问题：兼论当前的中美关系》。

顾中美建交40多年来的历程，中美信任从利益交汇型提升到了制度构建型，但从未达到认同共识型，中美之间建立成熟稳定的战略互信依旧路途遥远。① 对于美国而言，能够与之实现认同共识型信任的国家必定是政治制度相同、价值观念共享的国家，而中国显然不是这样的国家。这也是中美两国许多学者所认为的两国关系发展的症结所在。但是即使中美之间信任水平较高，如果两国权力差距较小，美国对华战略中的防范依旧存在。因而相对于信任水平而言，美国对华战略的基调更多地受权力差距影响。

信任水平的高低主要由中美之间信任构成类型决定。一般认为，以利益交汇型信任为主导的信任是较低水平信任。即使双方具备了一些制度构建型信任，但不足以预防和处理两国危机与突发事件，可以认为两国信任水平依然较低。只有当能够对两国间的危机冲突进行有效的化解并对利益分歧进行制度化管理时，两国才具备稳定的制度构建型信任，才可被认为实现了较高的信任水平。对强、弱遏制或强、弱接触的区分并不意味着美国对华战略只有遏制或接触的一面，只是两者相比较某一方面更多一些而已，比如弱遏制战略中遏制性一面较接触性更显著。在具体手段、力量运用方面，不同战略也会有所差异，如遏制方面更多是通过军事施压和制度约束，增强中美关系中的对抗成分，调动亚太国家对华制衡意愿，限制中国的国际影响，而接触方面则是加强双边合作和制度包容，淡化安全威胁，管控危机冲突，强调合作价值，肯定中国的正面国际影响并推动其发扬光大。

在中美权力差距较大之时，中国不足以对美国构成威胁，美国的战略重心则是应对其所认定的最大安全威胁。因而无论两国信任水平如何，美国对华战略中的遏制一面都少于接触的一面。并且美国外交中的价值观外交倾向将促使美国塑造中国向其所希望的方向发展，因而其会不断尝试通过接触来改变中国。不过随着中美权力差距的缩小，美国对华战略遏制性的一面会得到强化。特别是当两国权力差距小，信任水平低时，美国会加强对华遏制战略。即使中美信任水平较高，出于防范的考虑，美国也会对中国保持警惕，防止中国取代其霸权地位。鉴于美国对华战略的基调变更，其会对在亚太地区最为倚重的联盟进行相应调整。

---

① 袁鹏：《战略互信与战略稳定——当前中美关系面临的主要任务》，《现代国际关系》2008年第1期。

四、美国亚太联盟转型的四大可能趋势

受中美间权力差距与信任水平影响，在美国对华战略的引导下，未来美国亚太联盟将呈现多种可能趋势。不同的发展趋势对中美关系与地区合作都将产生重要影响。在合作与对抗之间，美国亚太联盟将可能出现“北约化”、“岛链化”、雁阵化、赫尔辛基化四种趋势。

表 2-1　美国对华战略与美国亚太联盟转型

美国对华战略态势	美国亚太联盟转型趋势
强遏制	“北约化”
弱遏制	“岛链化”
弱接触	雁阵化
强接触	赫尔辛基化

资料来源：作者自制。

（一）“北约化”

美国对华的强遏制战略会推动亚太联盟“北约化”的形成。一旦美国确定中国对其霸权形成巨大挑战，美国将加大对中国的遏制力度。① 在强遏制战略中，美国对华战略目的在于防止中国挑战其霸权地位，主要采用军事施压和制度约束的方式迫使中国谨慎行事。受此影响，美国的亚太联盟调整可能出现三种情况：一是推动联盟多边化，加强联盟间武器协同与指挥协调；二是加大与准联盟、安全伙伴的军事合作强度，对华形成多层战略围堵；三是对华战略对抗性加强，军事化程度提升。总之，美国亚太盟国之间的协调会增加，更有可能形成多边联盟。

近年来，由于美日韩、美日澳、美日澳印等多边安全合作的增加，加之

① Balaji Chandramohan, “U. S. Strengthening Old Alliances in Asia Pacific to Contain the Influence of China, Diplomatic Courier,” November 30, 2010, http://oilprice.com/Geo-Politics/International/U.S.-Strengthening-Old-Alliances-in-Asia-Pacific-to-Contain-the-influence-of-China.html.

中国崛起，关于“亚太版北约”的说法不时出现。其实，关于为何没有“亚太版北约”的探讨在学术界已有多种说法，① 这些研究对于理解未来美国亚太联盟是否会“北约化”依然具有参考价值。如果中国经济继续保持高速增长，美国经济萎靡不振，中美权力差距便会缩小，美国的“霸权焦虑”便会增强。而与此同时中美信任水平（依然停留在利益交汇型信任和较低的制度构建型信任水平）并未有很大改进，那么中国权力增强的投射将被美国视为“修正主义”，美国必定联合其亚太盟国共同向中国施压，美国对华战略的遏制性一面会被高度强化。与此同时，中国发展也会引发美国亚太盟国更大的担忧，这将促使他们强化与美国的联盟关系。② 在美国对华强遏制战略的主导下，美国亚太联盟的“北约化”将极有可能。在此需要明晰的是“北约化”指冷战时期以军事安全为主的制度化程度较高的北约多边联盟，而并非冷战后历经调整转型的北约。

要实现美国亚太联盟的“北约化”，美国须在武器协同、指挥协调等方面有所加强，同时也要增强联盟制度建设。具体而言，美国亚太联盟“北约化”表现在联盟性质上将是攻防兼备，依据中美两国互动态势择机进退；联盟内容将表现出强烈的军事安全色彩；联盟职能将主要是防御“威胁”，③ 在制衡“中国威胁”的同时对中国周边友好国家加强施压与渗透，通过楔子战略分化中国的国际力量；在联盟结构上美国及其盟国会相互支持，呈现网络化合作；联盟形式将高度多边化，通过联盟制度聚合盟国预期，减少集体行动成本，与此同时也会与非盟国开展非正式的多边协作；联盟目标将比较单一，主要是制衡中国、朝鲜等“威胁”；联盟规范会较强，制度化水平会比较高；联盟手段将包括海外驻军、军事援助、武器转让等多种方式；至于联盟区域，“北约化”的亚太联盟极有可能超出亚太区域而辐射全球，比如

① 参见相关论文 Christopher Hemmer and Peter J. Kztzenstein, “Why Is There No NATO in Asia: Collective, Identity, Regionalism, and the Origins of Multilateralism,” *International Organization*, Vol. 56, No. 3, 2002, pp. 575 - 607; Victor. Cha, “Power Play: Origins of the U. S. Alliance System in Asia,” *International Security*, Vol. 34, No. 3, 2009/10, pp. 158-196。

② 近年美国与其亚太盟国关系几乎是全面强化，比如美韩联盟重新定位，美国重新在菲律宾驻军，美国开始在澳大利亚部署军队并且美国与新西兰联盟关系转圜，此外美国还加强了与新加坡、越南的安全合作。

③ 中国在南海问题、东亚问题上的表现被美国盟国认为是一种“威胁”。William Breer, “U. S. Alliances in East Asia: Internal Challenges and External Threats,” Brookings Northeast Asia Commentary, No. 39, http: //www. brookings. edu/opinions/2010/05_ east_ asia_ breer. aspx。

策应中东、中亚。

目前，美国亚太联盟“北约化”显现了一些苗头，主要表现在美日韩、美日澳印、美日澳等多边联动频繁，美国亚太盟国间多边合作加强，整体性得到局部提升。美国还不遗余力地打造其在亚太地区的所谓民主联盟，希望加强美日韩澳甚至印度等所谓民主国家的价值共识，以此推进他们之间的安全合作。在东北亚地区，受地区危机突发事件频繁影响，美日韩联盟加强了对朝核政策协调，签署了一些低级安全合作协议，2012 年 6 月，美日韩还首次举行了联合军演。2007 年，日澳签署了军事合作协议，加强了联合军演，美日澳安全合作有所加强。2011 年 12 月 19 日，美日印三国在华盛顿就“有共同利益的地区与全球性问题”举行对话，战略协调加强。随着美国推出“印太战略”，美日澳印四国安全合作也更加明显。总之，通过多边军事演习与军事合作，美国亚太联盟将逐渐加强多边合作，不过由于对集体安全的历史记忆以及多边指挥协调的困难，美国亚太联盟转型为多边联盟依然路途遥远。①

（二）“岛链化”

美国对华的弱遏制战略在联盟调整中主要体现为“岛链”封锁作用加强。② 除美国核心盟国外，其他亚太国家对华制衡意愿不强，美国更多的是通过加强核心联盟间合作来制衡中国，具体而言主要表现在四个方面：一是局部地区联盟一体化加强，部分盟国之间的协作增强，比如美日韩三边联盟，美日澳安全合作等；二是三边化、四边化正式或非正式协作会分议题、分区域地更多出现；三是通过联合军演与非传统安全领域合作，美国会加强与盟国、准盟国、安全伙伴之间的协作，实现“以练代战”的目的；四是巩固强化海洋联盟，谋求“以海制陆”。

冷战期间由美国积极主动构建起来的亚太联盟实际上是各自为战，彼此并不呼应，这势必要求美国投入大量的前沿部署甚至是重复部署以实现前沿

① Dan Blumenthal with Randall Schriver, Mark Stokes, L. C. Russell Hsiao and Michael Mazza, *Asian Alliance in the 21st Century*, p. 9, Project of 2049 Institute.

② Dan Blumenthal with Randall Schriver, Mark Stokes, L. C. Russell Hsiao and Michael Mazza, *Asian Alliance in the 21st Century*, p. 9, Project of 2049 Institute.

存在效果。冷战后，美国多次对其亚太前沿部署进行调整，实现了功能整合、机动性增强与效率提升。

冷战时期，美国对东亚地区的最初战略构想是“环形防线”战略，① 主要基于“第一岛链”展开，控制海域也是美国东亚安全战略的一个重要底线。② 不过随着中国海军的不断发展，美国曾经依靠的“第一岛链”天然封锁作用已大为减弱。中国蓝水海军的发展引起了美国的担忧，并且美国根据自身历史经验和一战前德国的发展路径，论断这是中国挑战美国霸权的开始。③ 因此加强美国亚太联盟间邻里协作，提升“岛链”封锁、监测作用，阻遏或滞缓中国海军发展进程，限制中国海外军事影响是美国亚太联盟调整的主要目标。

美国对中国海军的发展格外关注，试图通过整合亚太前沿部署，实现“岛链监控”，加强争议海域施压。④ 为了推动联盟“岛链化”功能提升，美国对盟国的空海军备转让将渐趋松懈，并将注重预警系统建设，增强指挥信息沟通，加强亚太地区空海部署，侧重濒海战斗舰等近水海军部署，对中国海军实施“绊网战略”，从而实现美国在东亚地区“以海制陆”的褐水战略。总而言之，亚太联盟“岛链化”将加强美日韩澳海洋联盟建设，增强“岛链监控”功能。联盟“岛链化”在联盟性质上表现为外向防御性；联盟内容以军事安全为主，但也会在一些非传统安全领域展开合作；联盟职能是制衡威胁的同时加强地区安全秩序建设；联盟形式体现为多边协作，即介于双边化和多边化之间；⑤ 联盟规范程度相对于“北约化”而言较弱，但在重要的双边联盟中规范程度较高；联盟手段体现为驻军、联合军演、武器转让等；联盟区域以亚太地区为主。

---

① 约翰·刘易斯·加迪斯：《长和平——冷战史考察》，潘亚玲译，上海人民出版社，2011，第93—101页。

② 罗伯特·罗斯：《中国崛起、地区权力转移与东亚安全：从1949年到21世纪》，《世界经济与政治》2009年第11期。

③ 《中国海军成长为全球性力量不在话下》，《参考消息》，2011年11月24日。

④ 关于美国在亚太地区的“岛链战略”参见理查德·哈罗兰：《美军组建太平洋新防线——岛链战略升级版》，《国际展望》2007年第24期。中国发展海军被认为是进攻性现实主义的表现，Kazuhiko Noguchi, Bringing Realism Back In: Explaining China's Strategic Behavior in the Asia-Pacific, *Asia-Pacific Review*, Vol. 18, No. 2, 2011, p. 60。

⑤ Jae Jeok Park, "The US-led Alliances in the Asia-Pacific: Hedge Against Potential Threats or an Undesirable Multilateral Security Order?" *The Pacific Review*, Vol. 24 No. 2, 2011, p. 154.

在推动亚太联盟“岛链化”方面，美国的战略重点是促进相邻盟国之间的合作，如日韩、日澳、澳印之间的安全合作。这一点目前已得到一定的体现，日韩、日澳之间近年都签署了一些安全合作协议，澳印也在国防合作上有所表现，2007 年两国签署了情报共享安排协议，2011 年 12 月，两国决定举行正式的双边海上演习。① 目前，美国盟国在情报、后勤等领域的合作有所增加。并且美国的亚太盟国都希望加强与美国的海洋安全合作以拓展联盟利益，促进联盟转型。美国亚太盟国扼守海洋，对中国海军发展都有所担忧。加强盟国间在海洋安全领域的合作，可以促进美国“以海制陆”战略的实施，与此同时也能提升盟国间的多边合作制度化水平。通过撮合盟国之间加强安全合作，美国不仅可以提升亚太联盟的聚合作用，还能减少自身战略投入，这符合目前美国所实施的加强伙伴能力建设战略。

（三）雁阵化

如果中美权力差距依然小，信任水平较高（具有较多的制度构建型信任，建立了一系列危机管理和冲突预防机制），美国对华战略将呈现弱接触态势。在这种情况下，美国亚太联盟将呈现层次化，形似雁型模式，体现为美日、美韩、美澳联盟——美国的东南亚联盟——安全伙伴与准联盟的三级模式。② 当中美权力差距小时，即使两国信任水平较高，美国也不会放弃对中国的防范。美国可以允许中国在东南亚地区的大陆地带存在一定的影响，但绝不能容忍其铁杆盟国日、韩、澳倒向中国。因此，美国一会牢牢巩固美日、美韩、美澳联盟，通过联盟利益拓展、联盟内外调整来巩固强化联盟；二会重点加强与其他亚太盟国和安全伙伴的经济、安全合作，以此巩固提升双边关系；三会推进中美军事合作以降低两国发生冲突的风险；四是有限度地推动美国可控的亚太多边安全合作以满足地区力量变革的需要。③

美国推动其亚太联盟雁阵化是在战略资源受限以及“威胁”并未完全突

① 赵青海：《澳印关系：尚未成熟的战略伙伴》，《国际问题研究》2012 年第 3 期。

② 钟飞腾、张洁认为奥巴马的雁型安全模式分为四级，其目标主要在于制衡中国，但也适应地区内多种安全需求。参见钟飞腾、张洁：《雁型安全模式与中国周边外交战略的选择》，《世界经济与政治》2011 年第 8 期。

③ Jae Jeok Park, “The US-led Alliances in the Asia-Pacific: Hedge Against Potential Threats or an Undesirable Multilateral Security Order?” *The Pacific Review*, Vol. 24, No. 2, 2011, pp. 137–158.

显的情况下所作出的战略序列优化。在雁阵化模式中，美日、美韩、美澳联盟是构筑美国亚太联盟坚实骨架的“三驾马车”，处于核心联盟地位，美菲、美泰等联盟以及美新等准联盟或安全伙伴处于外围。

在雁阵化联盟中，联盟性质以防范为主，美国主要是担心自身丧失在亚太地区合作的主导权或被挤出东亚合作进程。① 联盟内容呈现出传统军事安全与非传统安全并存的局面。具体而言，在核心联盟中，武器协同与指挥沟通程度会大幅度提升。通过美国的居中协调，美日韩、美日澳三边协作联盟会有效提升美国亚太联盟的多边化水平。例如，2010 年东北亚发生一系列危机突发事件后，日韩安全合作加强，不仅签署了《军事情报保护协定》和《军需相互支援协定》，而且还首次举行美日韩联合军演，以此推动核心联盟强化。在外围联盟和安全伙伴中，美国会通过军事演习、非传统安全合作来深化安全关系，同时美国还将通过军备转让、军事训练等方式加强在这些国家及其周边的军事影响。② 雁阵化联盟的主要职能是对潜在威胁保持压力的同时确保地区稳定，为此美国需要与盟国之间加强合作，但“轴—辐”式的联盟结构改观不大，美国仍处于主导地位。③ 核心盟国与美国相互支持，边缘盟国与安全伙伴则更多的是依附于美国。就联盟形式而言，雁阵化联盟兼具双边联盟与多边协作联盟的特点，任务导向型联盟也会经常出现。该联盟联盟规范程度相对较弱，除了核心联盟的制度化程度较高外，其他盟国的联盟规范大多刚性不足，强制性条款较少。联盟区域也呈现分化状态，核心联盟可以在全球范围内活动，而边缘联盟一般在本国周边地区或次区域活动。

---

① “美国的担心是亚洲的合作进程存在巨大的不确定性，美国丧失主导地位，从左右逢源到左右为难”，引自王帆：《奥巴马政府的东亚安全政策考量》，《外交评论》2009 年第 1 期。

② 最近的美国亚太驻军调整，坚守“第一岛链”的同时也加强了“第二岛链”的防范，向菲律宾、新加坡转让了一些军事设备以加强这些国家的防卫力量，并且在这些国家周边不断举行军事演习以突显军事存在。

③ Jae Jeok Park, “The US-led Alliances in the Asia-Pacific: Hedge Against Potential Threats or an Undesirable Multilateral Security Order?” *The Pacific Review*, Vol. 24 No. 2, 2011, p. 137.

(四) 赫尔辛基化[①]

对华的强接触战略会使美国不遗余力地尝试将中国纳入其安全体系，因而会淡化其军事联盟的对抗色彩，借重联盟作用的同时推进地区多边安全合作机制建设，增强安全合作的包容性，将中国纳入美国主导的地区安全合作机制之中，实现对华“制度制衡”。[②] 美国可能采取的策略有三点：一是将现有东亚合作机制扩充到安全领域；二是创建新的地区安全合作机制；三是利用安全机制改革以融合中国等国的参与，实现双边主导向多边化过渡。

如果中美权力差距较大，中国并不能在中短期内对美国构成威胁，并且中美两国通过经济合作，制度沟通实现了较稳定的信任水平，那么美国便有可能推动其亚太联盟赫尔辛基化，倡导共同安全，通过接触战略将中国逐步纳入美国的亚太安全秩序之中。[③] 目前，亚太地区还缺乏一个由亚洲国家主导的有效的安全合作机制，亚太地区的安全秩序构建中短期内也无法祛除美国影响。因此，亚太安全构建的关键问题便是美国亚太联盟与未来的亚太安全机制的关系问题。无论是并轨、嵌套还是替换，美国亚太联盟的影响都无法回避，而共同安全、合作安全则最有可能成为发展的主导方向。如此，亚太联盟的赫尔辛基化则成为各国利益兼顾的最佳选择。如果实现亚太联盟的赫尔辛基化，其目前的双边联盟的军事色彩与对抗成分都会有所减弱，美国对亚太地区的多边安全合作的参与会更趋积极。[④] 赫尔辛基化后的联盟性质基本上是内向防御性，联盟内容涉及军事、公共卫生、环保等综合安全各方面；联盟职能将由制衡威胁转向地区秩序建设，以维护地区稳定为主，重在防范地区动荡与进行危机处理；联盟结构主要是互助型，美国主导色彩削弱，多边化程度得到极大提升；联盟规范程度较强，对各安全成员的自律性

---

① 关于赫尔辛基化的特点可参见朱立群、林民旺：《赫尔辛基进程 30 年：塑造共同安全》，《世界经济与政治》2005 年第 12 期。该文认为赫尔辛基进程推动了欧洲地区的综合安全、共同安全、合作安全等观念传播和区域安全共同体建设。

② 关于制度制衡的研究可参见：Kai He, *Institutional Balancing in the Asia Pacific: Economic Interdependence and China's Rise* (Routledge, 2009)。

③ Roger Cliff, Phillip Saunders, "US Policy Options Toward an Emerging China," *The Pacific Review*, Vol. 12 No. 3, 1999, pp. 421-451.

④ William T. Tow and Amitav Acharya, "Obstinate or Obsolete? The US Alliance Structure in the Asia-Pacific," p. 44.

要求很高；联盟主要关注本地区安全事务，促进本地区的和平建设，但也有可能在联合国授权下参与其他地区危机应对与和平建设等工作。当然亚太地区的多边安全建设任重道远，其稳定性也受质疑，① 但其较之于“新冷战”的前景无疑更好。

表 2-2　美国亚太联盟转型的四种可能趋势

可能趋势	联盟性质	联盟内容	联盟职能	联盟结构	联盟形式
“北约化”	防御/进攻性	强军事安全	防御敌人	支持型；网状	多边化
“岛链化”	外向防御性	军事安全为主	防御敌人为主	支持型；点—点状	多边协作
雁阵化	防御性	综合安全	防御敌人，地区维稳	依附型/支持型；轴—辐状	双边—多边协作
赫尔辛基化	内向防御性	综合安全	地区维稳	互助型；扁平状	多边化
可能趋势	联盟目标	联盟规范	联盟手段	联盟区域	—
“北约化”	制衡威胁，较为单一	强	海外驻军，军事援助，武器转让等	全球与地区	—
“岛链化”	制衡威胁为主	弱	军事演习，军事援助，武器转让等	地区	—
雁阵化	制衡威胁，构建地区安全秩序	较弱	军事演习	地区、双边	—
赫尔辛基化	共同安全，合作安全	较强	危机处理，军事演习	地区	—

资料来源：作者自制。

① Nick Bisley, “China’s Rise and the Making of East Asia’s Security Architecture,” *Journal of Contemporary China*, Vol. 21, No. 73, 2012, p. 19.

结语

通过对中美权力差距与信任水平的分析，可以得出美国对华战略强遏制、弱遏制、弱接触、强接触四种可能态势，在此引导下，美国的亚太联盟将呈现“北约化”“岛链化”、雁阵化与赫尔辛基化四种可能趋势。当然，本研究只考虑中美关系互动下的美国对华战略态势，并未分析中国与美国盟国，美国与其盟国之间的关系，但这并不意味着这两组关系对于美国亚太联盟转型毫无影响。只是相对于美国对华战略而言，这两组关系对美国亚太联盟的影响要弱一些，并且受中美关系影响明显。权力差距主要基于两国 GDP 数据进行比较，不过对未来经济的预测也颇为困难，因而中美两国权力差距的估量也包含着不确定性因素，并且经济实力转化为国际影响力存在时滞，但这并不影响 GDP 作为观察两国权力差距的重要指标的可行性。中美两国信任水平有望由利益交汇型向制度构建型转变，但并不稳定，且很难实现认同共识型信任。不过即使中美信任水平提升，影响美国对华战略的主要变量还是权力差距，但唯一的权力差距并不能决定美国对华战略态势。本研究提出的美国亚太联盟转型四种可能趋势只是四种理想模式，特别是联盟的“岛链化”与雁阵化之间的界限并不大，并且当前美国的亚太联盟也最有可能向这两种模式转型，其原因如下：一是中美权力差距缩小的趋势以及信任水平的限度；二是美国力量相对下降情况下对盟国、安全伙伴的力量借助与责任分担需要。对于中国而言，除了接受美国亚太联盟存在的事实，还需要采取积极措施化解美国联盟压力。一是在与美国和平共处的基础上，促进中美军事交流、推进两国制度构建型的战略互信建设，在两国关系的发展中学会共处之道，维护地区和平与稳定、促进地区发展与繁荣；二是淡化美国亚太联盟的军事色彩，以经济合作的互利共赢淡化安全威胁的相互担忧，推动美国亚太联盟对共同安全、合作安全的关切，推动美国亚太联盟的“赫尔辛基化”；三是加强亚太地区多边安全合作，减弱各国安全担忧，降低亚太地区联盟需求度，以包容性更强的安全复合体“覆盖”美国亚太联盟；① 四是在

① 王帆：《东亚安全模式：共存、并行还是置换?》，《世界经济与政治》2005 年第 11 期。

涉及国家领土、主权等核心利益问题上表现出一定的刚性，不惧怕低烈度的冲突，从而促使美国学会对华妥协，以及必要的对其他大国的尊重。

思考题：

1. 中美关系如何影响美国亚太联盟?

2. 面对美国依靠亚太联盟对中国进行限制，中国可以采取哪些方式应对?

二元格局下的抉择：经贸关系调整与美国亚太联盟转型

导语：联盟并非仅局限在安全领域，经贸因素对联盟的影响也十分显著。在联盟管理当中，联盟的防务分担、公共产品供给、盟国间援助以及贸易摩擦等经贸因素都具有重要影响。在美国亚太联盟中，盟国间经济实力的变迁，经贸关系的拓展，对外援助的变化以及贸易摩擦的增加都影响了联盟转型，是美国亚太联盟转型的重要因素。通过对经贸关系的整合，美日联盟已成功实现转型，美韩联盟“壮心”也正在进行，美菲、美泰之间的自由贸易协定签署也将推动其联盟调整与变革。因此，美国在亚太地区的双边自由贸易协定战略具有深远的安全、战略效应，对此中国应有所准备。

一、问题的提出

冷战结束后，美国的亚太战略几经调整，这不可避免地对其亚太联盟造成影响。形成于冷战正酣时期，由美国主动构建的亚太双边联盟①在冷战结束后面临调整与转型。然而不容忽视的是，除受安全因素影响外，经贸因素对美国亚太联盟的影响亦不可低估，特别是在联盟转型之中，经贸关系的整合是一个重要环节，其关系到联盟转型的多个方面，在联盟转型中占据重要地位。在安全威胁减少或缓解的情况下，联盟的调整与转型实际上实现了联盟利益的再协调、联盟关系的再定位与联盟功能的再分配。一般认为，联盟

---

① 国内外学界关于联盟的定义很多，比较有影响的有 Robert E. Osgood、Arnold Wolfers、Douglas M. Gibler、T. N. Dupuy 的界定，本文所采用的联盟综合他们的联盟定义，即指在两个或两个以上国家通过明示（军事协定、互助条约等）的方式在安全领域建立起的合作关系。本文所指的美国亚太联盟主要指美日、美韩、美泰、美菲联盟，不包括美澳联盟。

作为“两个或两个以上主权国家为了国家安全而缔结的相互进行军事援助的协定”,① 主要指向安全威胁，在安全威胁消失或减弱的情况下，联盟将走向解体或者松散化。不过令人惊讶的是美国的亚太联盟并未随着苏联解体而导致的最大安全威胁的消失而解体，反而不断进行调整甚至强化,② 其中可能有对中国的防范考虑，但联盟内部关系的变化也是重要原因之一。

冷战结束后，美日联盟通过1996年两国首脑签署《美日安全保障联合宣言》进行再定义，1997年发表的新版《美日防卫合作指针》实现了冷战后从“漂流”到“强化”的成功转型，促进了联盟关系的平等化、联盟战略的攻防转换、联盟区域的扩大。美日联盟从20世纪80年代起一直处于危机当中，为何至20世纪90年代中期能够实现转型呢？其中有美日两国战略调整与中国因素的影响，不容忽视的是美日贸易摩擦的缓和以及两国经济实力变迁的影响。美韩联盟在冷战后因为朝核问题而地位突显，但联盟转型却异常艰难。美韩双方在联盟职能、联盟战略与联盟区域上分歧巨大，不过自从2007年美韩之间签署双边自由贸易协定后，美韩联盟转型却加速推进，韩国提出要做美国的全球伙伴，并希望将美韩联盟打造成“面向21世纪的战略联盟”，这与美国一直希望的联盟多样化、综合性联盟越来越近。③ 其中固然有韩国政府更替所导致的政策变更效应，而双边自由贸易协定的签署发挥多大作用也值得深究。

反观美菲、美泰联盟，其在冷战结束后更加松散，尽管“9·11”事件后因为反恐需要，联盟关系有所回暖，但总体上相对冷战时期的紧密关系而言，还是有所疏远。其中的原因除了美国的亚太战略偏重于东北亚外，美菲、美泰之间的经贸关系的影响也不容低估。联盟作为一种安全合作形式，面临着联盟困境的影响，而联盟困境实际上是联盟相互依赖关系的体现。这种相互依赖关系的维系除了受共同安全威胁的影响外，经贸关系也发挥着一定的影响，其也是联盟结构性权力的重要一环。④ 这是否折射出经贸关系在

---

① Arnold Wolfers, “Alliance,” *International Encyclopedia of the Social Science* (New York: Macmillan Company & The Free Press, 1974), pp. 268-269.

② 关于美国亚太联盟的调整与强化，国内主要聚焦于美日、美韩联盟，并且形成了大量论述，实际上，美泰、美菲联盟较之于冷战时期也有所调整，这些共同促进了美国亚太联盟的转型。

③ 对于美韩联盟的调整，美国学界有 Charles M. Perry: *Alliance Diversification and the Future of the U. S.-Korean Security Relationship* (M. Herndon, VA: Brassey's, 2004)。

④ 郭锐、凌胜利：《结构性权力视角下的美韩同盟变迁》，《社会主义研究》2010年第1期。

联盟转型当中发挥着重要作用呢？对于美国的亚太联盟而言，由于美国亚太盟国与中国密切的经贸关系，这使得它们在经济伙伴与安全伙伴之间形成了选择困境，这也被视为联盟新困境。相对于美日、美韩联盟之间的经贸关系而言，美菲、美泰之间经贸相互依赖的不对称性程度难以推动其联盟调整，而双边经贸关系无法像美日、美韩联盟那样实现调整是否意味着其联盟转型受阻呢？这就有必要探讨经贸因素在联盟当中特别是在联盟转型当中发挥何种作用。其是否是美国亚太联盟转型的关键因素呢？如果经贸整合成为美国亚太联盟转型的重要利器，当前美国在东亚乃至亚太地区不断推行双边自由贸易协定战略，是否包含着深刻的政治、安全战略含义？对此中国又应该如何应对呢？

二、既有研究及不足

尽管对于联盟的研究主要聚焦于安全领域，但关于经贸因素与联盟之间关系的研究也产生了一些研究成果，其主要集中在联盟间的防务分担、联盟公共产品的供给、联盟间的对外援助以及联盟间的贸易关系。

（一）防务分担与联盟的经济学分析

联盟的经济学分析最早主要关注联盟间的防务分担，比如奥尔森（Olson）和泽克豪泽（Zeckhauser）提出了将联盟的“威慑”作为纯公共产品的经济学理论。[①] 他们将联盟中的威慑作为纯公共产品进行分析，据此理解联盟中的大、小国对联盟防务分担的意愿与策略。但是他们这一观点遭到托德·桑德勒（Todd Sandler）等的质疑，其认为联盟中的威慑不应被理解为纯公共产品。“威慑成为纯公共产品必须满足两个条件：即联盟中的利益具备非排他性与非竞争性。”[②] 对于联盟所提供的威慑，托德·桑德勒认为

① M. Olson and R. Zeckhauser., “An Economic Theory of Alliances,” *Review of Economics and Statistics*, Vol. 48, No. 3, 1966, pp. 266-279.

② Todd Sandler, “The Economic Theory of Alliances: A Survey,” *The Journal of Conflict Resolution*, Vol. 37, No. 3, 1993, p. 446.

其并非纯公共产品，对此其采用反事实推理判定。其认为如果威慑可以作为联盟的纯公共产品的话，这将意味着联盟之间的防务分担将不会平衡，大国、富国将承担起小国、穷国的防务费用；二是国防开支将在低效、次优的情况下达到帕累托最优；三是没有必要限制联盟的规模，因为联盟的纯边际效应作为成本被许多盟国分担，其现有的盟国也不会减少收益；四是一个盟国的国防需求取决于相对价格，即其盟国的收入、国防开支水平以及其所意识到的威胁。① 其中第三点对联盟威慑的纯公共产品属性的观点提出了致命性挑战。

在证实联盟威慑并非纯公共产品的基础上，托德·桑德勒实际上为其联盟防务分担理论提供了理论依据，并且通过对北约等联盟的防务分担进行实证分析得到验证。当然其也意识到“盟国间的不对称性对防务分担的影响”。② 也有学者从比较政治的视角对联盟间的防务开支进行实证分析。其设计的理论模型是通过检验西欧联盟的议会制度如何影响国防开支规模，探讨联盟内部政治变化如何影响国家对联盟贡献的大小，以及哪些政治过程将涉及联盟防务分担。该研究认为，联盟内部政治变化对防务分担的影响对小国作用明显，而对大国而言则作用微弱。③ 这实际反映出，冷战时期北约所提供的威慑尽管并非完全属于公共产品，但实际上也部分兼有公共产品的属性，因此大小国家的防务分担不均可以存在。但合理的联盟防务分担标准在学界也引起了广泛的讨论，比较有代表性方法的是采用国民生产总值（GNP）的方式来确定盟国间的防务分担。不过冷战时期的联盟都体现了两点，“一是不均衡的防务分担，二是次优的总防务开支”。④

除了对盟国间的防务分担进行分析外，一国内部的许多因素也制约着防务费用的确定。国家开支大多面临着大炮与黄油的抉择。与此同时，联盟的防务分担也是联盟责任承担的意愿体现与联盟信任建立与延续的重要途径。

---

① Todd Sandler, “The Economic Theory of Alliances: A Survey,” *The Journal of Conflict Resolution*, Vol. 37, No. 3, 1993, p. 446.

② Todd Sandler, “The Economic Theory of Alliances: A Survey,” *The Journal of Conflict Resolution*, Vol. 37, No. 3, 1993, pp. 446-480.

③ Glenn Palme, “Alliance Politics and Issue Areas: Determinants of Defense Spending,” *American Journal of Political Science*, Vol. 34, No. 1, 1990, p. 190.

④ Wallace J. Thies, “Alliances and Collective Goods: A Reappraisal,” *The Journal of Conflict Resolution*, Vol. 31, No. 2, 1987, p. 298.

联盟防务分担的变化往往折射出联盟内部关系的变化与外部威胁的变迁。不过以防务为切入点对联盟进行经济学分析却是一大突破，打破了联盟仅是安全事务的传统认知。

（二）联盟的公共产品供给

联盟作为一种典型的国际安全合作形式，其不可避免地在盟国间形成了不同种类、不同程度的公共产品。对于公共产品的分析，最早源自公共经济学或政府经济学，① 之后又不断推广到对区域乃至全球性公共产品的分析。公共产品的供给数量与质量制约着国际合作的发展。而在安全合作领域，不同的安全合作形式也产生了一定程度的公共产品供给，并且还或多或少地产生了外溢，附带地形成了其他公共产品。美国在冷战期间建立起的联盟体系被认为是一种国际公共产品的供给。在联盟当中，联盟的战略指向、参与数量、条约规范等因素会影响联盟公共产品的供给。

关于联盟的公共产品供给，学界的探讨主要集中在防务费用分担上，其目的是寻求合理的防务分担，不过联盟确实在提供公共产品，这是不争的事实，只不过这种公共产品的受益者主要限制在联盟内部，是一种局部或区域性公共产品。首先，联盟所提供的安全收益应该被视为一种公共产品，这在不对称性联盟中非常明显，尽管弱小国家未能付出其应付的防务开支，但其安全却得到了保证，因此在联盟当中其“搭便车”策略能够奏效。不过“搭便车”策略何时成功是有条件的。其次，对于防御性联盟而言，安全获取是主要的公共产品，不过随着联盟的持续，其会在其他领域也形成公共产品，由此也形成了联盟由安全领域向其他领域的外溢。

联盟在提供安全保障之余，往往会对盟国的经济发展起到一定的促进作用，盟国间对彼此外贸的保护也可以被视作一种公共产品。与联盟相比，贸易更是国际关系的常态，因此联盟的长期维系将不可避免地与贸易相伴。通过在经贸领域提供公共产品，联盟的共有利益将实现拓展并且能够在安全威胁变化时维系联盟并推动其转型。

---

① Paul A. Samuelson, “The Pure Theory of Public Expenditure,” *The Review of Economics and Statistics*, Vol. 36, No. 4, 1954, pp. 387-389; Paul A. Samuelson, “Diagrammatic Exposition of a Theory of Public Expenditure,” *The Review of Economics and Statistics*, Vol. 37, No. 4, 1955, pp. 350-356.

（三）联盟与对外援助

“对外援助的初衷并不是表现某种人道主义关怀的美好愿望，它时常被用作国家安全政策的一项基本策略。”① 除了一般性的人道主义援助外，国家的对外援助往往包含着强烈的战略或安全诉求。② 关于对外援助，汉斯·摩根索指出：“对外援助政策与外交政策、军事政策和宣传政策没有任何区别，它们都是国家政治的有力工具。”③ 可见对外援助并非单纯的人道主义彰显，一国的对外援助是多种因素使然，其中战略与安全指向不容忽视。正是基于此种考虑，国家的对外援助往往流向与其关系良好的国家与地区，而非真正需要救援的国家，因此盟国间的援助在对外援助中往往占据主导地位。

关于联盟与对外援助的关系，斯蒂芬·沃尔特认为，对外援助与联盟的形成主要受“垄断重要资源的供应、不对称的依赖、动因的不对称性以及决策的自主性这一系列因素影响”。④ 沃尔特考察的主要是对外援助与联盟形成之间的相关性，实际上，联盟形成之后的对外援助十分明显，这是因为对盟国的援助不仅满足了援助国的战略与安全诉求，同时也可以加强对受援盟国的控制。正如罗伯特·吉尔平所言，援助国可以通过对外援助建立势力范围，确保军事安全并且获取经济利益。⑤

联盟间的对外援助有着浓厚的扶植与交易色彩。尽管联盟中的强者往往希望获取非对称性优势，但其也不愿意盟国太过于孱弱进而无法为其提供有效支持。因此在联盟当中，强国对弱国的军事援助或经济援助非常普遍。比如冷战期间美国就在欧洲大力推行“马歇尔计划”，随后又将其扩张到全球，

① Hans Morgenthau, “A Political Theory of Foreign Aid,” *American Political Science Review*, Vol. 56, No. 2, pp. 301–309; Earl Conteh-Morgan, *American Foreign Aid and Global Power Projection* (UK: Dartmouth, 1990).

② Janes R. Schelsinger, *The Political Economy of National Security* (Green Wood Publishing Group, Inc., CT, USA, 1960), p. 228.

③ Hans Morgenthau, “A Political Theory of Foreign Aid,” *The American Political Science Review*, Vol. 56, No. 2, 1962, p. 309.

④ 斯蒂芬·沃尔特：《联盟的起源》，周丕启译，北京大学出版社，2007，第40—43页。

⑤ Robert Gilpin, *The Political Economy of International Relations* (Princeton: Princeton University Press, 1987), pp. 311–312.

推行“第四点计划”，不过其援助的重心依然是其盟国。通过对外援助的方式扶植盟国是美国在冷战期间的惯用手法，这为盟国提供了国家与政权的双重安全，同时也为盟国的经济恢复与发展提供了有力帮助。在“安全—自主交易型”联盟当中，对外援助往往作为一种调控手段出现。对外援助的增减成为国家间关系变化的“强有力的政治象征与信号”。① 盟国的对外援助除了战略与安全考虑外，也会受盟国间经济实力变迁、联盟关系变化的影响，因而对外援助是联盟关系的高度敏感显示器。

（四）贸易与联盟管理

关于贸易与联盟之间的关系，学界进行了大量的研究。比如冷战时期美国就将贸易作为联盟的一项战略武器，通过巴黎统筹委员会对东西方贸易进行管制。联盟间的贸易管制影响盟国间的利益与负担，进而也影响着联盟困境。具体而言，联盟对外贸易管制越多，盟国的负担就越重，联盟的“被牵连”困境也会增加。② 也有学者对军事联盟与非军事联盟间的贸易关系进行比较，并指出军事联盟的盟国间更倾向于内部贸易，而且往往希望在签订军事联盟条约的同时也达成经济协定，进而在盟国间可以推行联系战略。③ 对于联盟与贸易之间的关系，联盟以及贸易安排与双边贸易流动性之间关系，艾德华德·曼斯菲尔德与瑞切尔·布朗森认为联盟间的优惠贸易安排将推动贸易发展。④

在联盟管理阶段，贸易是联盟关系的一个核心变量，在安全威胁缓解的情况下，贸易作为利益交换的重要形式在联盟当中发挥着重要作用。盟国之间往往倾向于内部贸易，以减少贸易的外部性，这也就增加了彼此贸易摩擦

① Carol Lancaster, *Foreign Aid: Diplomacy, Development, Domestic Politics* (Chicago: University of Chicago Press, 2007), p. 11.

② Michael Mastanduno, “Trade as a Strategic Weapon: American and Alliance Export Control Policy in the Early Postwar Period,” *International Organization*, Vol. 42, No. 1, 1988; G. John Ikenberry et al., eds., *The State and American Foreign Economic Policy* (Ithaca: Cornell University Press, 1988), pp. 121–150.

③ Andrew G. Long and Brett Ashley Leeds, “Trading for Security: Military Alliances and Economic Agreements,” *Journal of Peace Research*, Vol. 43, No. 4, 2006, p. 433.

④ Edward D. Mansfield and Rachel Bronson, “Alliances, Preferential Trading Arrangements, and International Trade,” *The American Political Science Review*, Vol. 91, No. 1, 1997, p. 94.

的可能性。无论是美国的西欧联盟还是亚太联盟，贸易摩擦都是其联盟管理无法回避的事实。比如20世纪80年代至90年代初期美日之间的贸易摩擦极大地削弱了美日联盟。而且贸易摩擦所引发的经济民族主义对联盟的社会基础也构成了巨大的冲击。对此美日双方都予以高度重视与警惕，官方、学界更是纷纷献计献策。但是并非所有的贸易摩擦都能对联盟关系形成巨大影响，其还与联盟间贸易摩擦所涉及的产业领域、双边贸易总额在彼此贸易总额中的份额以及贸易摩擦次数的多寡有关。

联盟形成之后，维系联盟的主要是共同的安全威胁认知，不过在安全威胁缓解的情况下，贸易关系便成为重要的联盟利益交换形式，贸易领域相对利益的区分更为明显，因而更能触动彼此的利益关切。联盟间的贸易摩擦具有复杂的系统效应，会对联盟的政治、安全关系产生深远影响，成为联盟日常管理中的重要课题。

三、经贸因素与美国亚太联盟转型

冷战结束后，美国的亚太联盟虽未呈现出像北约那样明显的转型态势，但其调整、变革的转型趋势也日益呈现。美日联盟的再定义、美韩联盟的转型是美国亚太联盟转型的重要表现。实际上，美国亚太联盟转型并非一蹴而就，它自建立以来就孕育着变革的种子。与欧洲的多边联盟不同，美国的亚太联盟是其主动建立起来的双边不对称联盟。这种“不对称性”的变化成为推动美国亚太联盟转型的重要动力，而推动不对称性变化的因素首推经贸因素。经济实力的变迁推动了联盟防务再分配，经贸关系的拓展促进联盟公共产品更新，对外援助变化彰显联盟关系调整，贸易摩擦增多加速联盟转型。

（一）经济实力变迁推动联盟防务再分配

经济实力是承担联盟防务的主要基础，联盟当中合理的防务分担应与其经济实力相适应。在亚太联盟形成初期，美国几乎承担了绝大部分防务费用，这主要与其亚太盟国的经济虚弱相关，同时也受美国的战略需要和承担防务费用意愿的影响。

20世纪六七十年代以后，美国亚太盟国的经济都取得了长足的发展，其中日本创造了贸易国崛起的神话，韩国也缔造了“汉江奇迹”，成为世界上重要的经济体。泰国与菲律宾相对于联盟形成初期，经济实力也大为增长。与此同时，美国的经济却经历了曲折的变化历程，与联盟形成初期相比，经济实力相对衰弱。经济实力的变化不可避免地会对联盟关系造成影响。经济实力之所以能对联盟防务再分配造成影响，在很大程度上是联盟困境的作用。经济实力是联盟防务开支的基础，盟国的防务分担可视作其对联盟的投入，同时也是其在联盟困境的“被抛弃”与“被牵连”的连续体中所占据的位置所致。小国在联盟中的较为强烈的“被抛弃”心理，会降低其搭便车策略选择的可能性，但对于大国由于战略需要并增加小国“被牵连”担忧的防务要求，小国的意愿并不强烈。随着联盟的延续，大国对于超额承担防务费用会愈加不满，一是其国防开支过高会导致财力枯竭而力不从心，二是盟国的经济实力增长使其承担更多的防务费用成为可能。

美国亚太联盟中的防务费用分担不仅受美国全球战略调整影响，而且也受盟国间经济实力变迁影响。在联盟形成期，美国的亚太盟国经济实力十分弱小，防务费用主要由美国一力承担，而其盟国大多以劳务或是货物输出的方式承担防务责任，对此美国还以大量的援助作为回报。① 但越南战争后，美国对高额防务费用的承担意愿开始下降，如果说这只是因为受美国全球收缩战略影响所致，那么在20世纪80年代里根执政期间，美国要求盟国增加防务承担力度明显加强便难以解释。究其原因，盟国的经济实力增强也是一个重要原因。例如，美国极力要求日本增加防卫负担，甚至不惜让日本承担起部分对外援助任务。1977年日本的国防开支为16906亿日元，约占其国民生产总值的0.88%，之后日本的国防开支不断增加，在国民生产总值中所占的比例在1977—1988年不断攀升，且绝对数值一直处于上升态势。② 在驻日美军费用承担上，在美国的反复要求下，日本承担的比例也不断增加。在美韩联盟上，美国不仅要求韩国加大防务开支，而且要求韩国负担起驻韩美军的部分开支，导致韩国分担的防务费用呈现直线上升，由1989年的4500万

① 在朝鲜战争、越南战争期间，美国的亚太盟国除日本外大多派战斗部队奔赴前线，以示对其盟国美国的坚定支持，对此美国常常以大量军事援助或经济援助作为回馈。

② 数据转引自迈克尔·格林、帕特里克·克罗宁主编《美日联盟：过去、现在与将来》，华宏勋等译，新华出版社，2000，第401—402页。

美元增加到1998年的3.39亿美元。① 与之形成鲜明对比，美国在菲律宾、泰国的防务开支相对较少，这主要是由于基地迁出所致，同时泰国、菲律宾并不富裕的经济也使得美国要求他们承担过高的防务费用成为奢望。尽管美国的全球战略调整造成了其与亚太盟国防务费用的再调整，但这并非全部原因，盟国经济实力变迁也是需要予以考虑的因素。

（二）经贸关系拓展促进联盟公共产品更新

联盟除了提供安全公共产品外，也有助于盟国间的经贸关系发展。在美国的亚太联盟中，联盟不仅为盟国提供了安全保障，而且还成为稳定经济信心的来源与对外贸易的护航者。② 美国的亚太盟国在美国的扶植下经济快速发展，而且大多实行外向型的“出口导向发展”模式，对外贸易的规模、空间、种类都实现了前所未有的提升。

表2-3　二战后美国亚太盟国对外贸易总额数据统计（单位：亿美元）

国家	1967年	1985年	1994年	2008年	2018年	2019年
日本	251.7	2920	7790	15345	49720	50900
韩国	6.39	564.57	1983.61	8587.7	11400.6	10455.8
泰国	17.45	4581亿铢	24355亿铢	3584.3	5008.9	4853.2
菲律宾	19.92	97.41	344.65	1056.6	1764.16	1768.8

资料来源：根据泰国的《泰国银行月报》、菲律宾的《商业日报》、韩国贸易协会的《贸易统计》、日本大藏省的《日本外国贸易统计》的历年数据整理。

从表2-3中可以看出，美国盟国的对外贸易高速增长，其中日本、③ 韩国尤为明显，其对外贸易都长期保持高增长速度。除了对外贸易总额增长迅猛外，美国亚太盟国的对外贸易收支状况、结构与对象也发生显著变化。其

① 数据来源：韩国国防部，1996—1997年的韩国国防白皮书。

② Charles M. Perry and Jacquelyn K. Davis et al., *Alliance Diversification and the Future of the U. S.-Korean Security Relationship* (Herndon, VA: Brassey's, 2004), p. 8.

③ 在美国的扶植下，以朝鲜战争为契机，日本大力加强了与东南亚国家的经贸联系，实现了经济发展。参见 Akira Iriye, "The Pacific Alliance: United States Foreign Economic Policy and Japanese Trade Recovery, 1947 - 1955," *The American Historical Review*, Vol. 90, No. 2, 1985, pp. 515 - 516。

对外贸易收支状况不断趋于好转；对外贸易结构日趋优化，科技含量高的高附加值产品比例不断增多；对外贸易对象的范围日益由美国、西欧扩展到亚洲、拉丁美洲等世界其他地区。

美国亚太盟国联盟经贸关系的不断拓展对联盟的影响主要体现为两点：一是联盟区域的扩大，二是联盟内容的丰富。由于经贸关系所带来的国家利益拓展，联盟需要为其提供相应的安全保护。冷战初期其最先设定的联盟区域过于狭小，无法对盟国的经贸利益给予充分照顾，为此，实现联盟区域的扩大势在必行。美日联盟的区域不断扩大，远东地区的概念不断扩大并趋向灵活，出现了由“1000 海里”向“周边有事”方向的发展，目前实现了全球范围内的合作。美韩联盟同样由盯住“朝鲜半岛”向“区域”乃至“全球”范围扩展。泰国、菲律宾的经贸关系发展使其同样希望获取美国盟国提供的便利。联盟区域扩大带来了联盟公共产品供给的更新，其由维护“国家安全”向保障“国家利益”转变。公共产品不仅辐射范围扩大，供给内容也发生了微妙变化，由传统的偏向军事安全转向兼顾经济安全等其他非传统安全问题。这与 20 世纪 80 年代以来安全概念内涵的不断丰富是一致的，同时也体现了联盟公共产品供给的更新与扩大，这为美国亚太联盟由单一军事性联盟向综合性联盟转变提供了强劲动力。

（三）对外援助彰显联盟关系变化

对盟国的大力扶植是美国亚太联盟初期的主要特色之一。美国对亚太盟国的援助主要分为军事援助与经济援助两种。战略形势以及联盟关系变化需要会反映在其对外援助上。美国对盟国的援助包含着强烈的战略倾向，对外援助作为一种奖罚工具被不断使用。1951 年美国《共同安全法》实施以来，其对外援助重心由恢复经济转向遏制，由欧洲转向亚洲。

朝鲜战争与越南战争的爆发使得东亚成为冷战最活跃的前沿战场，日本、韩国、泰国、菲律宾等盟国采取各种行动坚定支持美国。其中韩国在越战期间先后派遣了大量军队赴越作战，最多时达 5 万人，是提供人员最多的美国盟国。① 对此美国也投桃报李，给予韩国高达 15 亿美元的援助。② 越战

① 王帆：《美国的亚太联盟》，世界知识出版社，2007，第 27 页。

② 任晓：《韩国经济发展的政治分析》，上海人民出版社，1995，第 24 页。

期间，泰国为美国提供了大量军事基地并派遣军队作战，在美国的对越作战中处于重要的战略地位，对此，美国也是心领神会，1967—1971 年给予泰国的援助高达 41.559 亿美元。①

以战争为契机进行利益交换，对外援助彰显了美国与其亚太盟国的密切关系，但随着战略调整的需要，美国的对外援助也随之出现变化并增加了诸多附加条件。1971 年，美国国会开始对由于越战而出现的大量军事援助感到不满。② 之后，民主、人权等因素不断加入美国对其盟国援助的考虑之中，如对韩国朴正熙政权与菲律宾马科斯政权的独裁作风不满，导致美国减少了对这两个国家的援助，联盟关系也曾一度趋向松散。对外援助的变化不仅反映了美国全球战略的调整，同时也折射出其盟国的经济实力、军事实力的变化。日本、韩国的不断发展，不仅使得美国对其援助成为不必要，而且其还开始承担起部分美国的对外援助任务。这实际反映了美国的亚太联盟已经开始从“依赖型”向“支持型”转化，联盟关系正在发生变化，这些变化将推动联盟结构由“不平等”走向“平等”，由“单向依赖”转变为“双向互助”。

（四）贸易摩擦增多推动联盟转型

随着美国亚太盟国经济的不断发展，其出口市场对美国依赖显著增加，而且其在对美贸易当中逐渐取得贸易顺差地位且数额不断增加，引发了其与美国之间的贸易摩擦，成为联盟关系中不和谐的音符。其中，美日贸易摩擦最为显著，影响也十分巨大。

自 1965 年日本对美贸易从贸易逆差变为贸易顺差开始，日本对美贸易顺差数字不断增大，1983 年达到 195.83 亿美元，1986 年更是突破 500 亿美元达到 552.92 亿美元，之后美日之间虽不断协商，且美国态度日趋强硬，由开放市场转向强制数值指标，但始终未能扭转甚至是缩小其逆差地位。1995 年日本对美顺差达 655.69 亿美元，2000 年达到 813.22 亿美元。③ 贸易

① 转引自中国社科院世界经济与政治研究所编《世界经济年鉴：1981》，中国社会科学出版社，1982，第 235 页。

② Eugene R. Wittkope, Charles W. Kegley, Jr. and James M. Scott, *American Foreign Policy, Pattern and Process*, Six Edition (Belmont, CA: Wadsworth, 2003), p. 168.

③ 数据来源于 U. S. Census Bureau, Foreign Trade Division, Data Dissemination Branch, Washington, D. C。

摩擦引发强烈的经济民族主义，严重地危害了美日联盟，特别是在冷战结束初期，由于战略迷失，贸易摩擦将美日联盟推到危机边缘。① 不过这也加速推动了此后的美日联盟的再定义。美韩之间的贸易摩擦同样引人注目，②"牛肉风波"曾经对美韩联盟的社会根基影响巨大，成为韩国反美主义的重要来源，同时韩国也遭到了美国怨韩情绪的报复。由贸易摩擦引发的韩国反美主义成为美韩联盟的重要挑战。③ 反美主义对驻韩美军与美韩联盟造成了政策协调与草根基础丧失的双重困境，如果听任其发展，"将极有可能影响美韩安全联盟的未来地位"。④ 如何处理美韩之间的贸易摩擦问题也成为美韩联盟转型的重要课题。2007 年美韩之间自由贸易协定的签署对联盟而言具有重要的外交与安全价值，⑤ 其实际上为美韩联盟从单一军事联盟向战略联盟、综合联盟转型提供了铺垫。

贸易摩擦的增加推动了美国亚太联盟的转型，不过其在多大程度上推动美亚太联盟转型取决于贸易摩擦对彼此敏感性与脆弱性的影响。美国与其亚太盟国敏感性与脆弱性的影响取决于贸易摩擦所涉及的金额数目、交易商品种类以及贸易总额。这也就解释了美日、美韩之间的贸易摩擦为什么较之于美泰、美菲之间的贸易摩擦影响更大，而且对联盟的触动也很大，成为影响联盟转型的重要动力。

四、美国亚太联盟转型中的经贸整合

为了实现联盟转型，美国整合了与其亚太盟国的经贸关系。通过经贸关系的整合减少了引发联盟社会根基弱化的重要来源，强化并拓展了联盟的共有利益，进而为推动联盟转型提供了强劲动力。

---

① Harrison M. Holland, *Japan Challenges America: Managing an Alliance in Crisis*, p. 8.

② 韩国 1982—1990 年对美贸易顺差不断扩大，1982 年为 2. 87 亿美元，1987 年达到 95. 53 亿美元，这一时期也是美韩贸易摩擦频繁期。数据根据韩国贸易协会历年《贸易统计》整理。

③ Seung-Hwan Kim, "Anti-Americanism in Korea," *The Washington Quarterly*, Vol. 26, No. 1, 2002, p. 114.

④ Gi-Wook Shin, "South Korean Anti-Americanism: A Comparative Perspective," *Asian Survey*, Vol. 36, No. 8, 1996, p. 787.

⑤ The Proposed U. S. -South Korea Free Trade Agreement: Provisions and Implications, CRS Report For Congress, Juanary 22, 2008, p. 5.

（一）经贸协商与美日联盟再定义

冷战结束初期，由于美国陷入战略迷失期，贸易摩擦成为美日联盟的焦点，双方安全关系极大地恶化，美日联盟一度处于风雨飘摇之中。对于美日联盟将走向何方，两国高层都心怀忧虑。

“美日之间的贸易不平衡以及随之而来的冲突是由于两国之间的贸易种类不同所致。”① 尽管只是贸易交往所致，但贸易摩擦却极大地损害了两国安全关系。在克林顿总统首任执政期间，美国的施政重心是经济发展，其对日本施加了极为强大的贸易压力，提出了“数值指标”而非先前的只是开放市场的要求。针对贸易问题的协商使得双方展开了拉锯战，这些分歧急需修补。美国前国务卿克里斯托弗当时就对其日本同仁提出：“我们不能允许当前的形势继续下去，这将最终损害支撑我们总体关系的公众与政治力量。”② 言外之意在警示日本，如果贸易摩擦长此以往，美日联盟将不可避免地受到冲击。实际上，美日贸易摩擦从来就不仅是纯粹的经济问题，还包含着战略成分。日本的经济发展离不开美国的扶植，从最早的战争订购、开发东南亚市场到后来的技术转让等，日本在经济上大为获益，而美国则因为战略需要对经贸上的利益损失有所包容。直至20世纪80年代起，日本在经济增长的刺激下，大国追求欲望膨胀，美国开始感觉到了来自日本的威胁，加之其对日本的战略需求下降，贸易摩擦便成为美日联盟的头等难题。

苏联的解体导致美国的敌人暂时消失，美日联盟的安全战略意义下降，美日联盟需要调整以适应变化局势，但贸易问题的纠缠不清影响着美日联盟的未来。“日本和美国之间的双边和地区贸易不平衡对美国国内支持双边安全关系具有腐蚀作用。而美国对日本采取进攻性贸易政策，会不可避免地使其与日本的政治关系变得紧张。”③ 因此，美日两国开始着手处理贸易问题，

---

① Harrison M. Holland *Japan Challenges America: Managing an Alliance in Crisis*, p. 40.

② Warren Christopher, *In the Stream of History: Shaping Foreign Policy for a New Era* (Stanford University Press, 1998), p. 258.

③ 迈克尔·格林、帕特里克·克罗宁主编《美日联盟：过去、现在与将来》，新华出版社，2000，第264页。

将经济利益与安全利益结合起来考虑。① 1993 年，克林顿总统上台后开始对日本展开强劲的经济攻势，要求日本进一步开放市场，进行一揽子经济协商框架谈判，采用数值指标，尽管日本对此非常不满，但还是在抗争的同时进行有条件的让步。最后双方都认识到经贸问题的复杂性与严重性，最终在 1995 年 1 月两国发表《全球合作议程》，标志着一揽子经济协商的合作谈判完成。同年 8 月 23 日，美日正式签署汽车贸易协定，解决了两国贸易中的最大难题。经贸协商的妥善解决为随后两国联盟再定义减少了阻力，进而使得美日联盟的战略调整、区域扩大等联盟转型顺利实现。随后在 1996—1997 年，美日联盟通过《美日安全保障联合宣言》和新版《美日防卫合作指针》，实现了联盟的转型。近年来，尽管美日之间依然存在一些贸易摩擦，但基本没有危及美日联盟的基础，双方对贸易摩擦的管理总体相对成功。

（二）双边自由贸易协定与美韩联盟转型

美韩贸易摩擦虽然不如美日贸易摩擦抢眼，但对联盟关系同样影响巨大。较之于美日联盟因为冷战结束而产生的战略目标消失，冷战结束对美韩联盟的影响并没有那么巨大。朝鲜半岛的分裂局势依旧，使得美韩联盟依然有防范朝鲜的必要，美国大肆渲染朝核危机使得美韩联盟认为“安全威胁”仍旧存在。不过在对待朝鲜与朝核问题上，美韩之间存在战略分歧与利益分化现象，② 这使得美韩联盟内部对此的协调必不可少。

美韩双方互为重要的贸易伙伴，但在开放商品与服务市场、汽车、钢铁、知识产权、农产品等领域的贸易摩擦恶化了联盟信任。金大中、卢武铉两任总统期间，美韩在对朝政策上出现分歧，对于美国提出的整合美韩联盟，使驻韩美军成为地区军，使美韩联盟成为地区乃至全球性联盟等要求，韩国方面一直予以拒绝。这也使得美国方面意识到美韩联盟的战略基石正在削弱，必须实现战略利益的拓展，这样才能巩固甚至强化美韩联盟，为此，美韩联盟的多样化势在必行。

---

① 参见 1993 年美国国防部部长威廉·佩里与约瑟夫·奈领导的阿斯彭战略小组发表的《遏制正在升起的太阳：美国对付日本作为全球大国崛起的战略》。

② Charles M. Perry and Jacquelyn K. Davis et al, *Alliance Diversification and the Future of the U. S. -Korean Security Relationship* (Herndon, VA: Brasseyps, 2004), p. 8.

联盟多样化战略的重要一环就是整合双方经贸关系。如果双方经贸问题能够得到很好解决，这既能减少韩国由于经贸因素引发的反美主义，又能拓展联盟利益，进而使得联盟的多样化成为可能。因此，美韩之间加快了双边自由贸易协定谈判，在诸如农产品、汽车、知识产权等一些关键问题得到解决后，美韩两国终于在 2007 年 4 月签署了双边自由贸易协定。美韩联盟如局限于朝鲜半岛，只会增加联盟摩擦，而经贸因素将在未来长期主导美韩联盟，因此美韩自由贸易协定的签署与生效对联盟转型的意义不言而喻。① 总之，美韩自由贸易协定从倡议、签署到正式实施几经周折，中韩自由贸易协定在美韩自由贸易协定正式实施后也加速发展。这一系列行为表明美韩自由贸易协定的签署与运行是中美韩三国关系平衡的产物，也是美韩联盟解决联盟困境的需要。

简而言之，美韩自由贸易协定的签署推进了美韩联盟转型。2009 年 6 月李明博访美，美韩双方签署了《美韩联盟未来展望》，决定在朝鲜半岛、亚太地区与全球三个层面构筑“全面战略联盟”，韩国成为美国的全球战略伙伴。这实际突破了之前韩国政府所坚持的美韩联盟的防区界定，并且《美韩联盟未来展望》所涉及的联盟职能领域也实现扩大，美韩联盟转型迈出重要一步。

（三）美菲、美泰联盟酝酿变革的重重迷雾

美菲、美泰联盟走向何方？尽管在阿富汗、伊拉克战争中菲律宾、泰国都站在了盟国的一方，双双被美国称之为“非北约的重要盟国”。但实际上相比于冷战时期，美菲、美泰联盟的关系弱化很多，如果不是联盟条约继续有效，美国与这两国几乎只是一种普通的安全伙伴关系。不过双方都酝酿变革联盟，其中进行经贸关系整合尤为必要。

菲律宾曾长期是美国的殖民地，二战后获得独立。但其在安全、经济等多方面依赖美国，双方建立起了不对称的联盟关系。1946 年美国通过《自由贸易协议》深度影响菲律宾市场，之后美国也长期占据菲律宾头号贸易伙伴交椅。不过这种自由贸易协议对菲律宾而言并不公平，对其利益构成巨大

---

① Kurt M. Campbell, Victor D. Cha, Lindsey Ford, Kazuyo Kato, Nirav Patel, Randy Schriver, and Vikram J. Singh, *Going Global: The Future of the U. S. -South Korea Alliance*, February 2009, pp. 5-7.

损害。1974 年，双方取消优惠关税制度，美国可逐年提高对菲产品征税。这对于严重依赖美国市场的菲律宾农产品而言是巨大打击。贸易纠纷也影响到了联盟关系，大量失业工人与农民开始抗议美国。冷战结束后，菲律宾终止延长租借美军基地，美军被迫从菲律宾撤离。联盟关系一度名存实亡，只是后来菲律宾因自感国防实力有限不断向美国示意修复联盟关系，联盟关系才有所改善。反恐战争给美菲联盟带来了契机，由于反恐需要，美国在安全上加强了与菲律宾的合作，并共同打击菲律宾国内恐怖势力，甚至美国已经固定在菲律宾境内驻扎一支小规模军队。随着南海争端的激化，菲律宾希望得到美国更多的支持，而美国也想利用南海争端牵制中国。美菲双方的相互需求有所增加，这也促使美菲联盟出现强化。不过随着杜特尔特上台后对经济发展的重视，美菲联盟关系又有所冷淡。总之，美菲联盟作为美国在东南亚地区最为复杂的双边关系之一，涉及历史、文化与地理等因素，还要克服殖民主义的影响，① 美菲联盟的调整之路可谓任重道远。在共有安全威胁减少的情况下，美菲联盟的合作基础缩小，反恐只不过是一次临时型的调整机会。双方经贸关系妥善解决才能从根本上解决美菲联盟转型问题。当前，尽管菲律宾因为南海争端增强了与美国的联盟关系，但对抗中国所遭受的经济损失也使得菲律宾感到困扰。在中美之间如何选择，菲律宾的战略偏好和利益抉择有着至关重要的影响。

泰国在越南战争期间作为盟国为美国提供了巨大的帮助，但此后跟美菲联盟一样，美泰联盟也变得消沉。同样因为反恐战争的需要，美国在 21 世纪初期一度加强了美泰联盟关系。尽管美国认为“泰国是其一个长期盟国并在伊拉克战争期间提供后期军事支援，是打击恐怖主义的重要东南亚国家，是重要的经济与贸易伙伴”，② 但双边自由贸易协定历经多轮谈判未果。“泰美双方都希望扩大贸易的领域，包括工业产品、农产品、纺织和服装，并就有关的产地规则、贸易赔偿、例行关税和卫生标准进行磋商。”③ 但是由于分歧过大，双方始终未能谈判成功，会谈也引起了泰国民众的高度关注并且泰国时有游行发生。特朗普执政以来，美国宣扬寻求所谓的“公平贸易”，

---

① U. S. Alliances and Emerging Partnerships in Southeast Asian out of the Shadow, A Report of the CSIS Southeast Asia Institution, July 2009, p. 16.

② Thailand: Background and U. S. Relations, CRS Report for Congress, January 13, 2005, p. 1.

③ 刘歌：《泰美自贸区难排众议又“卡壳”》，《人民日报》2006 年 1 月 17 日，第 7 版。

挥动贸易制裁大棒逼迫其他国家作出让步，作为美国的盟国，泰国也未能幸免。尽管美泰双边自由贸易协定未能如愿签署，泰国国内政治动荡也影响了美泰关系的发展，但美国政府还是希望加强美泰双方在防务领域的战略对话，利用泰国在东盟的显赫地位加强其东南亚政策效能。① 至于美泰联盟，尽管战略意义下降，但美国并不希望其解体，所以以军事演习的方式不断突显之。②

结语

联盟虽然主要是在安全领域进行合作，不过随着联盟的延续，联盟的利益会实现拓展，联盟的公共产品会实现更新，由此推动联盟实现转型。美国的亚太联盟是冷战时期为遏制以苏联为首的社会主义阵营而建立起来的，但联盟成立伊始就有着紧密的经贸联系，经贸因素的变化成为缩小美国亚太联盟“不对称性”的重要动力，也成为推动美国亚太联盟转型的强劲动力。

冷战结束后，美国亚太联盟有所转型，其中以美日联盟再定义最为明显，美韩联盟的调整也在深化，这两大联盟之所以能够实现转型，与其在经贸领域实现整合不无关系。经贸因素是美国亚太联盟转型的重要因素。冷战时期美国在亚太采取双边联盟方式，冷战后在亚太地区采用双边自由贸易协定战略或推行《跨太平洋战略经济伙伴关系协定》战略并伺机实现联盟转型。美国的亚太战略不无针对中国的一面，美国之所以要推动联盟内部的经济和与安全整合，中国因素是重要的考量。由于中国目前是美国亚太盟国数一数二的贸易伙伴，加之和平时期安全威胁的下降，美国亚太盟国面临着联盟困境和联盟新困境的双重考验。

思考题：

1. 美国亚太联盟内部的经济与安全利益的分化会对联盟关系产生何种影响？

2. 亚太地区经济合作会对美国亚太联盟产生哪些影响？

---

① U.S. Alliances and Emerging Partnerships in Southeast Asian out of the Shadow, A Report of the CSIS Southeast Asia Institution, July 2009, p. 4.

② Thailand: Background and U.S. Relations, CRS Report for Congress, January 13, 2005, p. 16.

第三篇

双边联盟

美国亚太联盟主要由美日联盟、美韩联盟、美澳联盟、美泰联盟和美菲联盟组成。其中美日联盟在其中发挥着重要作用，双方在地区和全球范围内都有着广泛合作。美韩联盟目前主要局限于朝鲜半岛。美澳联盟有着高度的联盟信任。美泰、美菲联盟主要局限在东南亚地区，对美国的战略支持有限。

冷战后，美日联盟虽摩擦不断，但总体却是不断强化，呈现联盟空间拓展、联盟功能丰富、联盟制度完善、联盟结构调整等特点。美日联盟之所以在冷战后得以维系和强化，虽然不乏各种内外原因，但归根结底还是联盟管理的相对成功。

美韩联盟在冷战后面临着极为复杂的内外环境。在中美之间，韩国面临着联盟新困境。应对朝鲜安全威胁，韩国需要美国的安全支撑；发展经济，韩国需要中国的经贸合作。这在目前成为韩国外交的困惑，也考验着美韩联盟的走向。

澳大利亚是美国最铁杆的盟国之一，自一战起，几乎在美国的每次战争中都与其并肩作战。冷战后，澳大利亚频频充当美国亚太联盟强化的先锋。这实际上反映了澳大利亚在安全上对美国的信赖，同时这也是澳大利亚维护自身利益，特别是海上航道安全、提升国际地位的重要手段。

冷战后美日联盟为何不断强化？
——基于联盟管理的视角

导语：冷战后，美日联盟虽摩擦不断，但总体却在不断强化，呈现联盟空间拓展、联盟功能丰富、联盟制度完善、联盟结构调整等特点。目前学术界更多关注的是美日联盟的强化及其影响，对其现象描述较多，而对原因分析较少。既有的原因分析主要有共同利益说、美国主导说、“中国威胁说”、综合动因说四种观点，本文则主要从联盟管理的视角分析美日联盟强化的原因。美日联盟之所以在冷战后得以维系和强化，虽然不乏各种内外原因，但归根结底还是因为联盟管理相对成功。联盟管理是联盟成员国为了以合乎自身利益的方式维持联盟关系，对联盟内部的成本与收益进行协调，从而实现联盟收支与权责相契合，进而缓解联盟困境的行为。对于美日联盟而言，联盟困境一直存在且时有变化，因而联盟管理很有必要。美日联盟管理的议题十分广泛，大体可以分为联盟内部议题与外部议题两大类，涉及安全、外交、政治、经贸等诸多方面。在美日联盟内部，美国的联盟管理主要通过制度约束、利益交换、权力强制和权威引导四种方式实现。美日双方在钓鱼岛问题、普天间基地问题上的博弈是美日联盟管理的典型案例。目前看来，美日之间已经形成了相对完善的联盟管理机制，美日联盟也基本会延续，其对地区和全球的影响已常态化。对于中国的政策启示在于，尽管美日联盟内部存在分歧，但短时期内美日联盟的瓦解不大可能，中国应该对美日联盟的长期存在和持续强化有所应对。

回顾美日联盟60多年历程，其间虽然摩擦不断，但联盟并未因此分化或弱化，反而实现了联盟合作领域的不断拓展、联盟制度的不断完善、联盟关系的不断加强。究其原因，目前多数学者认为是美日之间共同利益较多，美国对日本的主导优势或应对中国的“共同威胁”。这些研究更多是外部原因分析，较少触及内部的联盟管理。本文主要尝试基于联盟管理的视角分析冷战后美日联盟强化的原因，并对其主要方式和影响因素进行分析。

一、引言

冷战后特别是1995年之后，美日联盟不断强化，大体经历了三次调整。克林顿政府期间，美日双方通过《美日安全保障联合宣言》和新版《美日防卫合作指针》，实现了联盟再定义，其显著体现是由“专守防卫”转变为“应对周边事态”。小布什政府时期，由于美国全球反恐战争的需要和日本“国家正常化”的追求，美日联盟的活动范围开始由亚太地区向“印太地区”拓展，日本增强了对美国的全球战略的支持。2015年新版《美日防卫合作指针》的出台标志着美日联盟实现了第三次强化，美日联盟的合作领域与空间再次实现扩大，双方谋求全天候无缝对接。① 日本在美国全球战略中的地位上升，对后者全球行动的支持增强，美日联盟因此成为全球性联盟，不过由于日本海外军事行动的相关法律和制度障碍仍未清除，其全球性活动仍呈现“一事一议”态势。总体来看，美日联盟在冷战后的不断强化突出体现在以下几个方面：一是地理空间范围的拓展，由“日本有事”到“周边有事”进而拓展到“全球对接”。美日联盟的活动范围已从日本周边地区向全球拓展。二是由“战时”应对转向“平时”塑造。美日联盟不再只具有被动应急性，而是更多具有主动塑造性，覆盖“灰色事态”。打造“无缝的”美日联盟，需要两国实现全天候的密切合作。② 联盟有从“被动防御”转向“积极塑造”的趋势。三是合作领域的拓展。美日联盟不再局限于在传统安全领域的合作，在非传统安全领域甚至是在一些非安全领域双方也不断加强合作。③ 2015年新版《美日防卫合作指针》对太空、网络等新领域的合作尤为关注，美日联盟的合作领域已经从陆海空域延伸到了太空，双方的海

---

① 陶文钊：《冷战后美日同盟的三次调整》，《美国研究》2015年第4期。

② 樊小菊：《〈日美防卫合作指针〉修订中期报告解析》，《国际研究参考》2015年第4期。

③ Hanscom Smith, “Toward a Universal Japan: Taking a Harder Look at Japanese Soft Power,” *Asia Policy*, Vol. 15, No. 1, 2013, pp. 115–126.

洋战略与太空战略实现对接，① 合作领域由传统安全合作变为全方位安全合作。四是联盟结构的调整。在联盟中，美日关系更趋平等，日本在联盟中发挥更为重要的作用，联盟由从属型联盟变为更加平等互助的联盟。② 五是联盟制度建设加强。1995 年以后，美日联盟的制度建设不断加强，目前已经建立了从国家领导人到具体军种之间的多级协调机制，有效地促进了美日联盟之间的合作，增强了联盟管理的制度支持。

美日联盟的不断强化，不仅对美日双边关系有着深刻影响，也对亚太地区甚至全球产生了重要影响。③ 一是对于美日联盟而言，联盟的不断强化拓展了利益基础，优化了联盟结构，丰富了联盟功能，使得联盟关系更加牢靠。二是对亚太地区安全而言，美日联盟强化使得地区安全局势更加复杂。美日共同推进亚太甚至"印太"安全合作网络，使得美日联盟的地区作用增强。日本作为美国最重要的亚太地区盟国和亚太战略的重要支撑，在一定程度上发挥了"引领"作用。在美日两国加强安全合作的同时，日本与澳大利亚、越南、菲律宾、印度等国也加强了安全关系。④ 三是加剧了中国周边安全的紧张形势。

总之，冷战后美日联盟实现了全方位强化，对地区和全球的影响也显著增强。⑤ 在美日联盟内部存在矛盾和外部威胁减弱的情况之下，美日联盟却能够实现强化，这使得探讨美日联盟强化的原因很有必要。以往有关美日联盟的研究更多关注美日联盟强化及其影响，对美日联盟强化的原因分析不多。本文将主要探讨美日联盟强化的原因，并从联盟管理的视角进行深入分析。以下主要分为四个部分探讨美日联盟强化的原因：第一部分是对美日联盟强化原因既有研究的分析；第二部分是基于联盟管理视角对美日联盟的分析；第三部分是对美日联盟管理的机制与特点的分析；第四部分是案例分析，检验联盟管理对美日联盟强化的作用。

---

① 李秀石：《论日本太空战略与日美拓展"同盟对接"》，《日本学刊》2016 年第 5 期。

② 黄大慧、赵罗希：《日美强化同盟关系对中国周边安全的影响》，《现代国际关系》2015 年第 6 期。

③ Nick Bisley, "Securing the 'Anchor of Regional Stability'? The Transformation of the US-Japan Alliance and East Asian Security," *Contemporary Southeast Asia*, Vol. 30, No. 1, 2008, pp. 73-98.

④ 黄大慧、赵罗希：《日美强化同盟关系对中国周边安全的影响》。

⑤ Hyun Wook Kim, "Substantiating the Cohesion of the Post-Cold War US-Japan Alliance," *Australian Journal of International Affairs*, Vol. 65, No. 3, 2011, pp. 340-359.

二、既有研究及不足

有关美日联盟强化的研究很多，但其主要关注美日联盟的强化现象及其影响。对美日联盟强化的现象描述较多，而原因分析较少。目前有关美日联盟强化的原因分析，大体可以归纳为四种观点。

（一）共同利益说

共同利益说认为美日联盟的强化是双方共同利益契合的结果。对于美日双方而言，联盟强化符合彼此的利益，显著体现为美日战略目标和政策方针的高度契合。[①]“联盟的调整既表现了美国共和、民主两党政策的高度一致性，也显示了美日两国利益的高度契合。”[②]在美国看来，美日联盟的利益主要体现在美日联盟可以为美国提供地区和全球性战略支持，通过在日本的驻军，美国可以较低成本地维持在亚太地区的军事存在。[③]无论是作为美国的全球伙伴还是在亚太地区与中国展开主导权竞争的伙伴，日本都极为重要。[④]在全球层面，日本可以成为美国全球军事行动的有力助手；在地区层面，日本是美国亚太战略的重要战略支点，可以推动美国亚太联盟的网络化。与此同时，美日联盟的强化也有助于坚定美国亚太盟国的信心，维持联盟的向心力。对于日本而言，受到战后秩序约束的日本，依赖美国提供的安全保护，而且继续追随美国并强化与美国的联盟关系可以提升日本的国际地位，也能够使日本在地区和全球事务中获得更多利益。强化美日联盟也是日本“国家正常化”的必要条件，只有日本继续维持甚至增强对美国的战略支持，美国才会支持日本的“国家正常化”。美国的安全保护也可以使得日本长期将军费开支控制在 GDP 占比 1%以下，同时获得美国的巨大市场，使得

① 张薇薇：《美日同盟的新一轮强化：内容、动因及前景》，《美国研究》2015 年第 4 期。

② 陶文钊：《冷战后美日同盟的三次调整》。

③ George R. Packard, "The United States-Japan Security Treaty at 50: Still a Grand Bargain?" *Foreign Affairs*, Vol. 89, No. 2, 2010, p. 96.

④ 黄凤志、郭玉强：《升级与扩展：日美同盟与日本介入南海问题的战略透视》，《东北亚论坛》2016 年第 3 期。

日本的“吉田茂主义”得以成功。① 不过也有学者指出，尽管美日联盟存在诸多共同利益，但也有不少利益分歧。“美日两国的国家利益存在差异性，这对美国将日本纳入其霸权战略轨道形成较大的制约。两国在主要战略威胁认知上存在分歧。即便在存有共同利益的领域，如朝鲜核问题、应对中国崛起、网络安全、太空安全等，美日两国的关切程度也并不相同。”② 显然，基于共同利益来解释美日联盟强化，需要注意到共同利益的大小以及共同利益与利益分歧的相互影响。

（二）美国主导说

美国主导说主要认为美国作为美日联盟中强大的一方，可以主导美日联盟的走向，美日联盟的强化主要是基于美国的战略需要和利益考量。对于美国亚太联盟而言，不对称联盟的特点与联盟困境会影响联盟各方的对外政策选择。③ 在不对称联盟中，由于实力差距和需求差异，实力强大的盟国拥有强大的支配权，实力弱小的盟国基本上没有选择。④ 美国作为联盟中的主导者，拥有更强的谈判能力等各种能力，对盟国对外战略的影响不容忽视。⑤ 对于美日联盟而言，双边不对称性的特点依然存在，联盟中存在“自主—安全”交易的特点，⑥ 美国对于联盟的影响更为强大。

纵观冷战后美日联盟的多次强化，美国都发挥着主导性作用。三份《阿米蒂奇·奈报告》都对美日联盟存在的问题和作用进行了分析，也推动美国

---

① George R. Packard, “The United States-Japan Security Treaty at 50: Still a Grand Bargain?” *Foreign Affairs*, Vol. 89, No. 2, 2010, pp. 92-103.

② 焦世新：《美日同盟的不稳定性及美国的应对》，《当代世界与社会主义》2016年第5期。

③ 漆海霞、齐皓：《同盟信号、观众成本与中日、中菲海洋争端》，《世界经济与政治》2017年第8期。

④ Kenneth. N. Waltz, “The Origins of War in Neorealist Theory,” in *The Origins and Prevention of Major Wars*, eds. Robert I. Rotberg and Theodore K. Rabb (Cambridge: Cambridge University Press, 1989), p. 45.

⑤ Victor D. Cha, “Powerplay: Origins of the U.S. Alliance System in Asia,” *International Security*, Vol. 34, No. 3, 2009/2010, pp. 158-196；黄宇兴：《谈判能力与联盟转型》，《世界经济与政治》2017年第6期。

⑥ 有关不对称联盟的安全与自主关系的探讨可参见 Morrow, “Alliances and Asymmetry: An Alternative to the Capability Aggregation Model of Alliances,” *American Journal of Political Science*, Vol. 35, No. 4, 1991, pp. 904-933。

调整美日联盟，其涉及提升日本的联盟地位、解禁日本自卫权以便更好地支持美国的全球战略。① 美国对于美日联盟的发展态势具有掌控力。从美日彼此的战略来看，美日联盟也主要是配合美国的全球战略。在小布什政府期间，美国在阿富汗战争和伊拉克战争时都积极推动日本发挥更多的作用，希望日本成为亚洲的“英国”。② 在奥巴马政府期间，美日联盟的调整与美国的重返亚洲战略密切相关。“美日同盟在美国重返亚洲战略中将继续发挥基石功能、中介功能、平衡功能和辐射功能，美日同盟凭借其经济、军事合力成为美国平衡亚太新兴国家力量的最重要的同盟。”③

不过事实上如何判定联盟中的主导者也不乏争议，美国的实力占优并不意味着其可以一直充当联盟中的主导者。有学者提出判断主导者的三个标准：(1) 冷战后美日联盟调整的创议者是哪一方？(2) 调整中更多地体现了谁的利益？(3) 调整后的具体落实情况如何？通过对冷战后美日联盟五次调整进行分析，结果发现美国并非完全主导联盟，日本偶尔也扮演主导者角色，但总体而言，美国的主导性更强。④ 近年来，美国基于亚太主导权竞争的需要，对盟国的战略协同要求也在提升。美国可以通过强制、交换、权威等多种方式来影响盟国的对外行为。⑤ 这也反映了主导国建构联盟体系旨在维持其主导地位的情况。当主导国处在实力对比不利的情况时，主导国对盟国的战略依赖加强，战略协同需求提升，更可能提升盟国地位、强化联盟承诺、扩大联盟职能，冷战后美日联盟转型显著地体现了这一趋势。⑥ 基于美国主导来分析美日联盟强化的原因，主要是从联盟政治的视角进行分析，认为双边不对称性联盟中的强者对联盟走势拥有更大的主导权。不过随着美日联盟的不对称性逐渐缩小，美国的主导性也有所下降，美国主导的观点对于联盟强化的解释力也略显不足。尤其是随着中国和亚洲势不可遏的双重崛起，美国对亚太事务介入的实力与意愿相对下降，需要更为倚重日本的多重

① 樊小菊：《〈日美防卫合作指针〉修订中期报告解析》，《国际研究参考》2015 年第 4 期。

② John H. Miller, “The Glacier Moves: Japan’s Response to U. S. Security Policies,” *Asian Affairs*, Vol. 30, No. 2, 2003, pp. 132–141.

③ 李晓娴：《美日同盟的强化与困境——以“联盟维系”为视角》，《山东行政学院学报》2012 年第 1 期。

④ 张景全：《日美同盟与美国重返亚洲战略》，《国际问题研究》2012 年第 5 期。

⑤ 刘若楠：《美国权威如何塑造亚太盟国的对外战略》，《当代亚太》2015 年第 4 期。

⑥ 袁伟华、田光强：《权力转移、战略依赖与联盟转型——以冷战后美日联盟转型为例》，《当代亚太》2017 年第 3 期。

角色，这意味着美国对日本将更多地授权和日本独立性的显著增强。① 此外，由于联盟议题变得更加广泛，美国对于美日联盟的主导也会更加困难。

（三）“中国威胁说”

“中国威胁说”将“中国威胁”视为美日联盟强化的主要原因，认为实力不断增强的中国成为美日联盟的“共同威胁”，因而联盟不断强化。② 冷战后，日本的安全诉求主要强调周边安全的维护与国际环境的改善，中国被视为重要影响因素。而美国则谋求继续维持其全球霸权地位，防止其他国家的挑战，因而美日联盟的强化体现了两国共同应对中国崛起的战略意图。③ 中国崛起使得亚太地区的全球战略地位提升，也成为美日联盟尤为关切的“西部因素”。④ 就冷战后美日联盟的三次强化来看，中国因素是联盟调整的一个重要考量，美日在制衡中国上有共同需求。⑤ 在美国看来，防止欧亚大陆出现挑战性国家或敌对联盟是其霸权战略的重要目标，联盟体系是美国的重要战略资源。随着中、美、日力量的此消彼长，美日联盟由对中日的双重遏制向单一遏制中国转化。⑥ 在美国将中国视为潜在“挑战对手”的战略认知下，美国为了应对“中国威胁”不得不更加依赖盟国，这也成为美国强化美日联盟的重要原因。对于日本而言，鉴于中日两国存在领土与资源争端、历史问题、台湾问题等诸多冲突，⑦ 日本视中国为重要“威胁”。在实际行动方面，日本不仅强化与美国的联盟关系，还不断拓展与亚太地区其他国家

---

① 苗吉：《美国最倚重盟友换人：日本取代英国》，凤凰大参考，2017 年 11 月 4 日，http://news.ifeng.com/dacankao/Trumpfangri/1.shtml。

② Christopher B. Johnstone, “Japan's China Policy: Implications for U.S.-Japan Relations,” *Asian Survey*, Vol. 38, No. 11, 1998, pp. 1067-1085.

③ 黄大慧、赵罗希：《日美强化同盟关系对中国周边安全的影响》。

④ Christian Wirth, “Securing Japan in the ‘West’: The US-Japan Alliance and Identity Politics in the Asian Century,” *Geopolitics*, Vol. 20, No. 2, 2015, pp. 287-307.

⑤ 陶文钊：《冷战后美日同盟的三次调整》。

⑥ 张景全：《日美同盟与美国重返亚洲战略》；Christopher B. Johnstone, “Japan's China Policy: Implications for U.S.-Japan Relations,” *Asian Survey*, Vol. 38, No. 11, 1998, pp. 1067-1085。

⑦ Paul J. Smith, “China-Japan Relations and the Future Geopolitics of East Asia,” *Asian Affairs*, Vol. 35, No. 4, 2009, pp. 230-256.

如澳大利亚的安全合作。①

也有学者认为，即便是在制衡“中国威胁”方面存在共同利益，美日在对华战略方面还是存在利益与目标分歧，两国都是基于各自战略诉求来构建与中国的关系。② 如美国借助日本制衡中国的战略图谋与日本力争成为“正常国家”的战略目标在一定程度上相悖。③ 基于“中国威胁”来分析美日联盟的强化，虽然看到了美日两国的共同威胁认知的一面，但也应注意到两国对华战略和政策之间的分歧与差异。可以认为，美日是从不同层面上看待其对华关系的。对美国而言，中国是其全球霸权的潜在“挑战”和全球问题中的可能合作伙伴；而对日本而言，其则需权衡同中国密切的经济合作与地区主导权竞争。尤其重要的是，虽然日本仰仗美国约束中国，但日本战略界却始终存在对中美接近从而“出卖”日本利益的担忧。这使得美日在对华问题上始终存在“温差”。

（四）综合动因说

“综合动因说”主要认为美日联盟强化的原因具有多元性，既有国际环境的变化，包括国际体系、外部威胁等因素，④ 也有美日联盟内部关系的变化，涉及彼此战略需求、联盟权责平衡等。国际环境的不确定性和国内政治因素是影响日本安全政策的重要原因，也促使日本在冷战后愿意强化与美国的联盟关系。⑤ 朝核问题、中国崛起等因素使得东亚环境发生改变，美日联盟需要作出调整。⑥ 特别是由于朝鲜的核导“威胁”，日本在加入美国主导的导弹防御系统方面更加积极。⑦ 受国际环境变化影响，日本不仅加强与美

---

① Yoichiro Sato, “Japan-Australia Security Cooperation: Jointly Cultivating the Trust of the Community,” *Asian Affairs*, Vol. 35, No. 3, 2008, pp. 152–172.

② 高兰：《冷战后美日同盟的强化与中美日关系的互动发展——从战略思想与国家利益的角度出发》，《上海大学学报（社会科学版）》2007 年第 3 期。

③ 郭锐：《美日同盟强化的战略指向及地缘影响》，《东北亚学刊》2015 年第 4 期。

④ Seizaburo Sato, “The U. S. -Japan Alliance under Changing International Relations,” *Washington Quarterly*, Vol. 13, No. 3, 2010, pp. 69–83.

⑤ Yasuhiro Izumikawa, “Explaining Japanese Antimilitarism: Normative and Realist Constraints on Japan’s Security Policy,” *International Security*, Vol. 35, No. 2, 2010, pp. 125.

⑥ Evans J. R. Revere, “The United States and Japan in East Asia: Challenges and Prospects for the Alliance,” *American Foreign Policy Interests*, Vol. 35, No. 4, 2013, pp. 188–197.

⑦ David Leheny, *Consequences of Counterterrorism*, Russell Sage Foundation, 2010, pp. 367–397.

国的联盟关系，还增加了与澳大利亚、菲律宾等美国盟国之间的安全合作。① 有学者指出，“美日联盟强化存在诸多的内外动因，即国际战略环境的不断变化、美日同盟职能的不断演进、可靠性需求在不断增加与同盟机制建设不断完善”。② 李家成则认为美日联盟的强化存在三方面原因，分别是：美国基于同盟内外状况深思熟虑、运筹帷幄；控制日本“异动”的战略需要，其孕育了美日同盟日益巩固的内部动力；遏制朝鲜“威胁”和制衡中国崛起的战略诉求，其构成了美日同盟不断强化的外部推力。③ 郭锐则将美日联盟强化的原因归结为三个方面，一是成为策应美国“重返亚太”的重要环节；二是成为美国重组地区力量并形成东亚同盟体系的关键性步骤；三是遏制域内大国崛起的长远考虑，主要是制衡中俄。④ 相对而言，“综合动因说”较为全面地考虑到了美日联盟强化的内外原因，不足之处在于对各种因素之间的强弱差异或主次关系的认识并不清晰，对各因素之间的相互影响也研究不足。

除了上述原因分析外，还有一些研究从价值观、认同等因素探讨了美日联盟强化的原因，这些分析对于理解美日联盟强化的原因具有一定的帮助。“共同利益说”表明美日联盟强化是两国共同利益的需要，不过美日两国既存在共同利益，也不乏利益分歧，即便是共同利益，在具体细节上也不乏差异。因而“共同利益说”对于美日联盟强化虽具有一定的解释力，但却难以说明到底是哪些共同利益在促进联盟强化，哪些利益分歧又会弱化联盟。美日双方对于彼此间的共同与差异利益的分歧进行协调，从而实现联盟的强化需要双方通过联盟管理来实现。“美国主导说”主要把握了美日联盟作为双边不对称联盟的属性，认为美国作为联盟的主导者，基于本国的战略和利益需要，不断推动联盟强化。不过事实上美国很难一直充当主导者，日本也并非一味地服从，美日联盟管理实际上是双向管理而非单向管理，日本也不时在某些议题上发挥主导者作用，因而美国主导说并不充分。此外，“美国主导说”更多是看到美国在联盟中的实力优势，对于美国的实力优势如何转化为联盟中的影响缺少分析，进而也难以理解美国实力优势对于美日联盟强化

---

① David Walton, “Re-thinking the Australia-Japan Security Relationship: Towards a New Framework?” *Australian Quarterly*, Vol. 76, No. 4, 2004, pp. 14-40.

② 杨扬：《美日同盟持续性发展的动因》，《世界经济与政治》2016 年第 4 期。

③ 李家成：《冷战后美国强化美日同盟的动因解析》，《世界经济与政治论坛》2013 年第 2 期。

④ 郭锐：《美日同盟强化的战略指向及地缘影响》。

的具体路径，显然这是疏于对联盟管理过程分析所致。“中国威胁说”将“中国威胁”作为美日联盟的“共同威胁”，也视其为美日联盟不断强化的动力所在。中国实力的增强虽然是美日联盟强化的原因之一，但是美日双方对于“中国威胁”的认知也存在差异。化解差异、促成联盟强化显然需要联盟内部的协调，即联盟管理。“综合动因说”认为美日联盟强化的原因内外兼有，不过各种原因之间实际上存在相互影响，影响的强弱也有所不同，美日双方对于不同因素的关切程度也不尽相同，两国协调彼此的分歧需要联盟管理。

总体而言，美日联盟强化的既有原因分析更多是从外部因素进行分析或者从联盟成员国内部变化着手，忽视美日联盟管理相对成功的作用。无论是利益关系的协调、联盟结构的调整、还是关于外部威胁的共识或内外因素的综合考虑，都离不开联盟管理的作用。本文并非要完全否认上述因素对于美日联盟强化的作用，只是希望从双方内部互动的过程性视角来探讨美日联盟如何实现强化。联盟管理是联盟内部基于联盟困境的管理，在各自成本—收益协调的基础上，实现了联盟的延续。美日联盟的强化是近年来联盟管理相对成功的产物，实现了美日联盟的战略协调、利益协调和政策协调。与此形成鲜明对比的是，在1995年之前，美日联盟曾历经一段“漂流期”，这与美日双方当时对联盟的成本—收益认知难以契合、对经贸摩擦未能妥善解决，以及联盟协调制度不够有效等因素有关，① 也即联盟管理不够有效。因此，从联盟管理视角分析美日联盟的维系和强化非常重要。联盟管理视角主要关注美日联盟内部关系的协调对于联盟强化的作用。

三、美日联盟管理的主要议题

美日联盟之所以在冷战后得以维系和强化，虽然不乏各种内外原因，但归根结底其根源还是联盟管理的相对成功。联盟困境的存在使得联盟管理很

① David Arase, “Japan, the Active State? Security Policy after 9/11,” *Asian Survey*, Vol. 47, No. 4, 2007, pp. 560-583.

有必要。任何联盟都存在联盟困境，即“被抛弃”和“被牵连”的困境。① 联盟管理的主要任务是协调盟国之间对联盟成本与收益的权衡。“从狭义上看，联盟管理是指联盟内部成员国之间对各自承担义务、应对威胁等的分配，主要依据所签署联盟条约的具体条款和规定；而在广义上，联盟管理包括联盟成员为协调各自行为而作出的正式或非正式安排。”② 联盟管理涉及联盟的方方面面，“只有理解了联盟管理，才能理解联盟政治的全过程”。③ 由此可见，相对于联盟形成与联盟瓦解而言，联盟管理是一个研究范围更为广泛的问题，不仅涉及联盟内部的权责分担，还关系到联盟行为的协调。联盟管理的概念可以界定为：联盟成员国为了以合乎自身利益的方式维持联盟关系，对联盟内部的成本与收益进行协调，从而实现联盟收支、权责相契合，进而缓解联盟困境。

美日联盟虽然总体良好，但在冷战后其也认为越来越有加强联盟管理的必要。④ 对于美日联盟而言，联盟困境一直存在且时有变化，因而联盟管理也很有必要。联盟困境的强弱影响着联盟关系的紧密程度。冷战结束初期，美日联盟由于暂时失去了共同的军事对手以及在其他领域出现分歧而经历了一段“漂流期”，这实际上就是双方联盟困境加剧的时期。不过此后美国重新确立其全球战略，对美日联盟的价值进行肯定，与此同时日本对中国的“威胁”认知有所增强，加之美日两国经贸矛盾得到妥善解决，美日联盟在1995年基本结束“漂流期”。在1996年《美日安全保障共同宣言》发表后，美日联盟进行了一系列调整，在缓解两国矛盾的同时，加深和拓展了该联盟的深度与广度，⑤ 这也是对联盟困境的调适与缓解。

在美日联盟内部，双方都存在联盟困境。美国的联盟困境在“被牵连”方面主要是害怕卷入地区冲突当中，“被抛弃”困境主要是担忧因日本对美国的战略需求变弱，因此对美国的战略支持降低。日本的联盟困境在“被牵

① Glenn H. Snyder, “The Security Dilemma in Alliance Politics,” *World Politics*, Vol. 36, No. 4, 1984, pp. 461–495.

② 刘丰：《美国的联盟管理及其对中国的影响》，《外交评论》2014年第6期。

③ 苏若林、唐世平：《相互制约：联盟管理的核心机制》，《当代亚太》2012年第3期。

④ Nick Bisley, “Securing the ‘Anchor of Regional Stability’? The Transformation of the US-Japan Alliance and East Asian Security,” *Contemporary Southeast Asia*, Vol. 30, No. 1, 2008, pp. 73–98.

⑤ 孙逊、韩略：《冷战后日美同盟调整过程中的主导者——基于多重案例的研究》，《南京政治学院学报》2016年第6期。

连”方面主要是担忧卷入与自身利益相关性不大的军事行动当中，“被抛弃”困境主要是害怕“越顶外交”再现，日本国家利益被忽视。与此同时，中美亚太主导权竞争加剧也增加了日本兼顾经济利益与安全利益的难度，使其面临着一定的联盟选边困境。①

不过美日双方对于联盟困境的管理也并非毫无依据，而是大致基于各自成本—收益的权衡。美国的成本主要包括驻日美军的人员与军事装备费用、卷入地区冲突的潜在风险、容忍日本的贸易逆差等，收益则主要是日本对美国地区与全球战略的支持、日本提供的军事基地及相关费用。日本的成本主要包括牺牲部分国家主权、承担驻日美军相关费用、支持美国地区和全球战略的负担，收益则是与中国竞争的实力增强、安全保障、国际地位的提升等。美日两国都是想尽可能地谋求较好的成本—收益效果，缓解其面临的联盟困境，为此它们采用一系列手段。

美国调适成本—收益的方式主要包括：一是拓展联盟合作领域实现联盟利益基础拓展，减少日本对成本—收益失衡的顾虑；二是推动日本以“再军事化”为核心的所谓“国家正常化”，让日本分担更多的联盟责任；② 三是赋予日本在联盟中更高的地位，从而使其愿意付出更多的成本，减少日本的离心倾向；③ 四是减少卷入中日潜在的军事冲突的可能性，避免中美直接军事对抗；五是推动美日联盟向地区、全球联盟转型，增强其对美国的全球战略支持作用。

日本同样是在增加收益的同时谋求减少成本：一是寻求合作领域拓展以增加联盟收益，使得美日联盟的利益基础更加广泛；二是谋求美国在日本对华竞争战略上的支持，在与中国的海洋争端等议题上获得盟国支持；三是借助美日联盟不断增强日本国际影响，提升其国际地位，促进日本大国地位的实现，使得日本的“国家正常化”和安理会“争常”获得美国的支持。

美日联盟管理实际上是双向管理，并非美国对日本的单向管理。随着内外环境的变化和彼此战略需求的改变，美国对日本的联盟已由“控制”或“压住”日本为主转变为“拴住”日本，在促使日本发挥更大作用的同时也

---

① 凌胜利：《双重困境与动态平衡——中美亚太主导权竞争与美国亚太盟国的战略选择》，《世界经济与政治》2018 年第 3 期。

② 焦世新：《美日同盟的不稳定性及美国的应对》。

③ Thomas Wilkins, “After a Decade of Strategic Partnership: Japan and Australia ‘Decentering’ from the US Alliance?” *Pacific Review*, Vol. 76, No. 3, 2017, pp. 1–17.

要约束日本。① 与此同时，日本对美日联盟管理的能力也在不断增强。毕竟目前美国对日本的需求不断增加，日本在联盟中的地位也相对提升，从而更有能力和权力来参与联盟管理。日本对美日联盟管理能力增强的显著体现是日本国内政治对于美日联盟的影响有所增强，美日联盟管理面临着更为复杂的国内政治因素影响。② 总而言之，冷战后美日联盟面临着更加复杂的内外环境、日益增多的联盟议题、不断增加的行为主体，这就使得加强联盟管理很有必要。

美日联盟管理的议题十分广泛，大体可以分为联盟内部议题与外部议题两大类。联盟内部议题主要涉及联盟内部双方关系、利益、权责等的调整。

目前美日联盟管理的内部议题大体可以分为安全议题、政治议题和经贸议题三大类。

安全议题是美日联盟管理的核心，主要涉及军事基地、防务分担、权责分担、核问题、议题拓展等方面问题。其中军事基地问题主要指美国在日本的军事基地所引发的一系列问题，包括驻日美军犯罪、军事基地搬迁、军事基地扰民等问题，③ 驻日美军的数量和去留也曾是日本国内讨论的焦点。④ 防务分担主要是指美日联盟就驻日美军的防务费用的分担、美日联盟军事活动的费用分担等问题；权责分担是指美日双方在联盟框架下进行安全合作所涉及的权利与责任的协调问题，如美日联盟安保条约是否适用于钓鱼岛、美日在联盟框架中的地位等。另外日本武装力量发展受到法律、规范等的限制，⑤ 这与美国对一支能够在海外军事行动中对美国提供更强大支持的日本军事力量的需求存在差距。随着美国对日本的战略支持需求的增加，美日联盟也需要就权责分担不断进行协调。在核问题上，日本持双重态度，一方面其作为唯一的核武器受害者倡导全球无核化，另一方面其积极寻求美国的核保护，参与导弹防御系统建设，甚至有可能在美国核保护不可信的情况下寻

① 焦世新：《美日同盟的不稳定性及美国的应对》。

② Prashanth Parameswaran, "The Future of the U. S. -Japan Alliance," *World Politics Review*, Vol. 37, No. 1, 2010, pp. 91-116.

③ Greg Chaffin, "Okinawa and the Changing U. S. -Japan Alliance," *Foreign Policy in Focus*, October 5, 2010, https://fpif.org/okinawa_and_the_changing_us-japan_alliance/.

④ Morihiro Hosokawa, "Are U. S. Troops in Japan Needed? Reforming the Alliance," *Foreign Affairs*, Vol. 77, No. 4, 1998, pp. 2-5.

⑤ Richard J. Samuels, "New Fighting Power! Japan's Growing Maritime Capabilities and East Asian Security," *International Security*, Vol. 32, No. 3, 2007/2008, pp. 84-112.

求拥核。① 而美国对日本拥核持反对态度，对日本的核能利用实施监管。议题拓展主要是指为了适应国内外环境变化，美日联盟已经由传统军事安全领域的合作向更为广阔的传统安全、非传统安全领域甚至是非安全领域拓展，这有利于拓展联盟共同利益的基础，但也带来了新的问题需要协调。

政治议题主要涉及主权限制、历史和解等问题。美日联盟在形成初期是典型的双边不对称联盟，也被认为具有强烈的“安全—自主”交易色彩，这也意味着日本在联盟关系中要让渡部分主权。随着日本实力的不断增强，美日联盟关系也逐渐发生变化，日本要寻求更多的自主性，这推动了联盟关系的调整。② 美国为了获取日本的战略支持也愿意日本拥有更大的自主性，不过前提条件是在美国的主导下，日本不能偏离美国的战略轨道。因而围绕着联盟关系中的主权限制，美日之间不断协商已成为联盟关系的常态，这也推动美日联盟更趋平等。历史和解是美日联盟政治议题中的重要议题。尽管与日本和其他东亚国家，特别是日本与中韩之间的历史问题相比，美日之间的历史问题并不那么显著，但美日之间的历史问题也不可忽视，因为它不仅关系到美日联盟的形成、演变，也关系到当前美日联盟的诸多问题，比如日本对战后体制的突破。③

经贸议题不时成为美日联盟内部协调的焦点。虽然联盟主要定位于安全领域的合作，但是联盟内部的经贸关系也时常影响着联盟关系。有学者对军事联盟与非联盟间的贸易关系进行比较，指出军事联盟的盟国间更倾向于内部贸易，而且往往希望在签订军事联盟条约的同时也达成经济协定，进而在盟国间可以推行议题联系战略。④ 关于联盟与贸易之间的关系，联盟可以在一定程度上减少贸易的外部性，联盟间的优惠贸易安排将推动贸易发展。⑤ 不过联盟间的经贸关系对于联盟关系而言并非一直都是积极因素。在联盟管理中，经贸关系是联盟关系的一个核心变量，在安全威胁缓解的情况下，贸

---

① Yurikase, “Japan's Nonnuclear Weapons Policy in the Changing Security Environment: Issues, Challenges, and Strategies,” *World Affairs*, Vol. 165, No. 3, 2003, pp. 123-131.

② 杨鲁慧、牛建：《美日同盟中的自主—安全交易研究》，《国际观察》2017 年第 2 期。

③ 刘卫东：《美国对美日之间历史认识问题的应对》，《当代亚太》2014 年第 5 期；汪舒明、王盈：《美日“历史和解”的突破性进展及其影响》，《现代国际关系》2017 年第 5 期。

④ Andrew G. Long and Brett Ashley Leeds, “Trading for Security: Military Alliances and Economic Agreements,” *Journal of Peace Research*, Vol. 43, No. 4, 2006, p. 433.

⑤ Edward D. Mansfield and Rachel Bronson, “Alliances, Preferential Trading Arrangements, and International Trade,” *The American Political Science Review*, Vol. 91, No. 1, 1997, p. 94.

易作为利益交换的重要形式在联盟当中发挥着重要作用。① 通过安全与经济的联系，美日联盟间实现了利益协调，日本为驻日美军承担大量费用并支持美国大量军事行动，但同时也从美日贸易中获得了大量的贸易顺差，实现了联盟间的利益平衡。不过联盟在经贸方面的矛盾也会成为盟国之间龃龉不断的根源，特别是当美日双方在安全领域的共同利益难以弥补两国在经贸领域的冲突利益时。美日联盟在 20 世纪 80—90 年代出现过一波经贸摩擦高潮，其原因表面上与日本自美国所获得大量贸易顺差不无关系，② 根本原因则是日本工业实力和科技的发展，客观上使其成为美国的强劲对手。如今两国在经贸领域依然存在不少摩擦，特朗普的“美国优先”政策导向无疑给美日联盟的经贸关系带来了一定的挑战。

在外部议题中，美日联盟也面临着一系列问题需要协调。美日联盟外部议题主要包括外交议题、安全议题和经贸议题。

外交议题主要包括相互战略支持、对外政策协调等。对于美日联盟而言，双方互有战略支持需求，美国的全球和亚太战略都需要日本的大力支持；③ 日本提升国际地位，包括安理会入常等离不开美国的支持；④ 在涉及彼此的重要议题上，美日双方都需要相互背书。日本的大国诉求需要美国的认可与支持，这也被认为是日本愿意继续追随美国、推动联盟强化的重要原因。除了相互战略支持外，在对外政策方面的协调也是美日联盟外交议题的重中之重。其中，对外政策协调方面的首要挑战是对华政策的协调，包括对华政策的整体态度、台湾问题、南海问题和钓鱼岛问题等方面的协调。⑤ 能否协调好对华政策对于美日联盟关系具有重要影响。“美国认为中国过于强势的政策会加剧亚太地区的竞争态势，使得美国的亚太盟国有可能面临中国

① 杨毅：《安全联盟与经济合作研究——基于四种联盟类型的分析》，《世界经济与政治》2011 年第 10 期。

② Yoshi Tsurumi, “The U. S. Trade Deficit with Japan,” *World Policy*, Vol. 4, No. 2, 1987, pp. 207-230.

③ Brendan Taylor, “Asia's Century and the Problem of Japan's Centrality,” *International Affairs*, Vol. 87, No. 4, 2011, pp. 871-885.

④ Eric Heginbotham, Ely Ratner and Richard J. Samuels, “Tokyo's Transformation: How Japan is Changing—and What It Means for the United States,” *Foreign Affairs*, Vol. 90, No. 5, 2011, pp. 138-148.

⑤ Lyle J. Goldstein, *How to Defuse the Emerging US-China Rivalry* (Washington: Georgetown University Press, 2015), pp. 220-260.

的报复，在中美之间的选择困境加剧。”① 在对华政策上，日本存在维持美国的优势地位、规制中国和发展地区主义等多种选择，可以选择紧随美国而限制中国或者在中美竞争中发挥协调者的作用。② 这种政策与手段的多向性也使得日本并不会完全紧随美国的对华政策。除了对华政策外，美日联盟在其他问题上也需要加强政策协调，如在对朝问题上，美日之间的协调也比较频繁。美国将解决朝核问题视为维护其国际领导地位的重要任务，而日本则更多关注人质问题和朝鲜的核导威胁等与日本自身利益相关的涉朝问题的解决。此外，在地区合作制度设计方面，美日联盟也需要加强协调。例如，对于亚太地区的合作制度是“10+3”模式还是“10+6”模式，美日联盟实际上对此也不乏协商。

安全议题方面主要包括美日联盟军事活动的协调和两国安全战略的协调。日本安全合作在冷战后呈现双边主义与多边主义并行的态势，不过多边主义是作为双边主义的补充而非替代。③ 一方面，随着美日联盟向地区、全球范围的拓展，美日联盟在军事活动方面需要协调的事务增多。另一方面，美日联盟与其他国家之间的安全合作，如美日韩三边合作、美日澳印“四边机制”等多边安全合作，也需要美日两国加强合作。相对而言，美日韩三边合作发展缓慢，短板在于日韩安全合作进展有限。④ 在“印太战略”构建方面，日本则显得比美国还要积极。长期以来，日本的安全战略受和平主义、规范主义、重商主义和民族主义等多种因素影响。⑤ 对于亚太地区的多边安全合作，考虑到美国实力衰落，日本未雨绸缪，增加了与亚太地区其他国家

---

① Thomas J. Christensen, “Fostering Stability or Creating a Monster? The Rise of China and U. S. Policy toward East Asia,” *International Security*, Vol. 31, No. 1, 2006, pp. 81–126.

② Evelyn Goh, “How Japan Matters in the Evolving East Asian Security Order,” *International Affairs*, Vol. 87, No. 4, 2011, pp. 887–902.

③ Peter J. Katzenstein and Nobuo Okawara, “Japan, Asian-Pacific Security, and the Case for Analytical Eclecticism,” *International Security*, Vol. 26, No. 3, 2001/2002, pp. 153–185.

④ 于迎丽：《美日韩三边合作的动力与阻碍：以美国同盟体系网络化和“亚太再平衡”为战略背景》，《战略决策研究》2015 年第 4 期；Ryo Hinata-Yamaguchi, “Completing the US-Japan-Korea Alliance Triangle: Prospects and Issues in Japan-Korea Security Cooperation,” *Korean Journal of Defense Analysis*, Vol. 28, No. 3, 2016, pp. 383–402。

⑤ Keiko Hirata, “Who Shapes the National Security Debate? Divergent Interpretations of Japan's Security Role,” *Asian Affairs: An American Review*, Vol. 35, No. 3, 2008, pp. 123–151.

之间的安全合作。① 鸠山由纪夫时期，民主党政府之所以选择疏远美国，便与其对地区多极化的判断有关。② 美国则谋求借重亚太多边安全合作以支持其地区主导权诉求，美日在此的分歧也是联盟协调的主要议题。此外，在日本发展核武器这一问题上，美国始终采取管控态度，强调核延伸威慑的有效性，③ 对日本的核能利用进行监管。

经贸议题方面不仅存在美日联盟内部经贸关系的协调，美日在区域经济制度方面也需要协调。如在《跨太平洋战略经济伙伴关系协定》、亚投行、“一带一路”等议题上，美日之间不乏分歧。《跨太平洋战略经济伙伴关系协定》原本是奥巴马政府在经贸领域与中国进行竞争的重要多边规则创设，特朗普政府对此并不认可。美日两国在《跨太平洋战略经济伙伴关系协定》上存在温差，原本不如美国积极的日本后来扛起了《跨太平洋战略经济伙伴关系协定》的大旗，但两国之间的分歧也显而易见。在亚投行问题上，美国曾劝阻其盟国参与，不过其欧洲盟国英德等、亚太盟国韩澳都参与其中。日本可以说是为数不多没有参与亚投行的盟国，主要原因并非美国约束日本的成功，而是美日在此的利益契合度较高。不过在应对“一带一路”倡议的问题上，美日之间的分歧正在显现。日本对“一带一路”倡议的态度有所转变，转向相对积极，美日联盟在此问题上的协调恐不可避免。

综上所述，美日联盟合作领域的不断拓展使得联盟议题逐渐增多，联盟管理也变得日益重要。通过联盟管理实现联盟利益的平衡、联盟职能的适当和联盟关系的稳定需要针对各种议题都采用较为适宜的方式。

---

① Chris Hughes, “Japan’s Emerging Arms Transfer Strategy: Diversifying to Re-Centre on the US-Japan Alliance,” *Pacific Review*, Vol. 76, No. 3, 2017, pp. 1–17.

② Christopher W. Hughes, “The Democratic Party of Japan’s New (but Failing) Grand Security Strategy: From ‘Reluctant Realism’ to ‘Resentful Realism’?” *The Journal of Japanese Studies*, Vol. 38, No. 1, 2012, pp. 109–140.

③ Matthew Fuhrmann and Todd S. Sechser, “Signaling Alliance Commitments: Hand-Tying and Sunk Costs in Extended Nuclear Deterrence,” *American Journal of Political Science*, Vol. 58, No. 4, 2014, pp. 919–935.

表 3-1　美日联盟管理的主要议题

—	安全议题	政治/外交议题	经贸议题
内部议题	军事基地 防务分担 权责分担 核问题 议题拓展	主权限制 历史和解	经贸摩擦 经贸协议
外部议题	军事活动协调 安全战略协调	战略支持 外交政策协调	区域经贸制度

资料来源：作者自制。

四、美日联盟管理的主要方式

不同联盟之间，联盟管理的议题有所不同，联盟管理的方式也存在差异。刘丰认为，“根据联盟成员间协调方式的差异，联盟管理在理论上可以分为三种模式，分别是利益协调式管理、制度规则式管理和霸权主导式管理。在处理与盟国关系的实践中，美国通常会使用说服、诱导和强迫这三类手段，以弥合和协调与盟国之间的政策分歧，让盟国采取一致行动”。① 在管理亚太联盟上，美国大体采用了强制、利益交换和权威三种方式。②

在美日联盟内部，美国的联盟管理大体通过四种方式实现：一是通过联盟机制建设，加强对彼此的约束，降低联盟困境的风险与影响；二是通过利益交换与利益拓展，实现联盟内部的利益协调与平衡；三是通过权力强制方式，逼迫对方作出让步；四是利用美国的权威，引导日本追随美国。简而言之，大体可以分为制度规制、利益协调、权力强制和权威引导（包括价值观认同）四种方式。

一是加强联盟管理机制建设以实现制度约束。自美日联盟形成以来，美

① 刘丰：《美国的联盟管理及其对中国的影响》。
② 刘若楠：《美国权威如何塑造亚太盟国的对外战略》。

国对日本就采取制度控制、规范约束。① 联盟机制建设和联盟条约是制度约束的重要手段，且其有利于协调和管控联盟内部分歧，虽然对于联盟中的机制建设对联盟可靠性的影响存在着不同看法。② 联盟的机制建设未必推动联盟信任的相应增强，但联盟机制建设有助于缓解联盟困境对联盟关系造成较为剧烈的影响。美日联盟是美国双边联盟中机制化程度最高的联盟之一，目前已经形成了多层次的联盟机制。2015 年新版《美日防卫合作指针》签订后，美日又签署了《同盟协调机制》和《制定共同计划机制》。目前，美日联盟包括了高层和事务层等多项机制，形成了多层次性联盟机制体系。其中比较重要的联盟机制有两个，一是同盟协调机制（ACM），包括三个级别的机制，一级机制是同盟协调小组（ACG），二级机制是共同运用协调所（BOCC），三级机制是自卫队与美军的各部队之间的协调所（CCCs）。二是制定共同计划机制（BPM）。BPM 是以日本首相与美国总统为最高负责人的制定两军共同实施计划的机制，由三级机制和一个与二级机制并立的省厅协调论坛（IACF）组成。BPM 的一级机制是日美防长和外长组成的日美安保委员会（即美日外长与防长共同磋商的“2+2”机制）；二级机制是防务合作小委员会（SDC），基本是外交、国防局级官员之间的协调。此外，与 SDC 并立的组织是省厅协调论坛；BPM 的三级机制是制定共同计划委员会（BPC），成员为日本自卫队、美军太平洋司令部所属军队及驻日美军的代表，负责制定共同计划。这一系列机制建设推动了美日联盟从“低制度化”向“高制度化”转变，这有利于加强美日之间的信息沟通，促进联盟之间的无缝连接。③ 除了在安全、外交领域的机制建设外，美日联盟为了解决彼此间的经贸摩擦等问题也构建了一系列机制。紧密的机制联系有助于美日联盟管理，使得联盟关系更加稳固。

二是通过利益协调方式调和利益分歧。利益协调包括利益交换和利益拓展两种方式。利益交换是指美日之间通过议题联系、利益补偿等方式实现利益的再平衡。美日联盟是典型的“安全—自主”交易型联盟，同时也是双边不对称联盟。长期以来，美国给日本提供安全保护，日本牺牲了一些国家主

① Peter J. Katzenstein and Nobuo Okawara, “Japan’s National Security: Structures, Norms, and Policies,” *International Security*, Vol. 17, No. 4, 1993, pp. 84-118.

② 董柞壮：《联盟类型、机制设置与联盟可靠性》，《当代亚太》2014 年第 1 期。

③ 李秀石：《论日本太空战略与日美拓展“同盟对接”》，《日本学刊》2016 年第 5 期。

权并承担了大量的驻日美军费用。此外，对于美国的国际军事行动，日本也要或多或少予以支持。作为回报，美国为日本提供了非常开放的市场，使得多年来日本在美国获取了大量的贸易顺差，实现了联盟内部在安全—经济方面的利益交换的联盟补偿机制。利益交换还体现在美国为换取日本的支持而提升日本的联盟地位和国际地位上。冷战后，日本一直致力于提升自身国际地位，美国通过不断减少对日本的限制来提升其战略自主性，同时也赋予日本更为重要的国际角色，使得日本成为美国全球战略的“小伙伴”、亚太地区的“副警长”，从而换取日本对美国地区和全球战略的支持。

利益拓展是指美日联盟通过不断拓展合作领域来实现联盟共同利益的扩大。联盟的利益拓展主要包括增加联盟合作领域、拓展合作空间两条路径。从联盟合作领域来看，冷战后美日联盟逐渐从军事联盟向综合性联盟转变，实现了联盟合作领域的扩大。近年来美日在海洋、网络、太空领域加强合作，实际上也是联盟利益的拓展。① 从联盟合作范围来看，美日联盟的合作空间不断扩大，实现了由双边联盟向地区联盟和全球联盟的转变。通过联盟合作空间的扩大，美日联盟的利益范围更加广泛，有效地促进了联盟利益基础的拓展。

三是通过权力强制方式，迫使日本屈服于美国的意志。权力强制是指以实力为后盾，采取包括使用武力或威胁行使武力等手段，胁迫对方作出让步，进而服从自己的意志。② 随着美日联盟实力差距的缩小，联盟结构更趋平等，美国对日本通过权力强制方式进行的联盟管理也越来越少。不过美国并未完全放弃对日本的强制，其中最为明显的体现就是驻日美军的部署，这实际上是美国对日本通过权力强制方式实施联盟管理的显著体现。除此之外，在驻日美军基地、美日经贸摩擦等议题上，美国也不时对日本采取强制手段。不过尤须注意的是，即便美国对日本采取强制，也会比较照顾日本的“面子”。一般而言，在日本违背美国意志尚未造成重大影响时，美国一般采取劝说方式，要求日本采取行为支持和配合美国。劝说是美国管理联盟的常

---

① Go Ito, “Maritime Security and the U. S. -Japan Partnership,” *Journal of Contemporary China Studies*, Vol. 3, No. 2, 2014, pp. 93-109.

② 关于权力强制的概念可参考强制或强制外交。参见钱春泰：《论冷战后美国的强制外交》，《国际观察》2007 年第 3 期；胡欣：《国际政治中的强制：定义、分类及分析模式》，《国际政治研究》2008 年第 2 期。

用手段，① 如奥巴马政府期间美国劝说日本参与《跨太平洋战略经济伙伴关系协定》。不过一旦劝说方式无效，美国有可能采取权力强制方式。如在20世纪80年代末到90年代初的美日经贸摩擦处理中，由于该问题涉及领域和范围过大，日本作出的让步有限，无法满足美国的战略需求，最后美国不得不通过权力强制的方式迫使日本让步。在军事基地问题上也不乏权力强制方式，在普天间基地问题上，美国的强势做法也导致鸠山由纪夫下台，但此后美国也采取谈判方式进行协调。② 特朗普上台以来，美国基于“美国优先”的政策导向，在经贸问题上与盟国的矛盾更加突显，美日联盟也不例外。美日汽车进口不公、日本汇率操控等问题成为焦点，③ 日本由于国内利益卷入太深，让步空间有限，美国或许不得不再次动用权力强制迫使日本让步。

四是通过权威的使用，加强美日联盟的协调。权威是一方服从另一方意志的关系，是以合法性为基础的政治建构。④ 与权力强制有所不同，权威是基于对象国的同意，具有合法性，而权力强制则并非基于对象国的同意，而是胁迫对象国服从，并未取得对象国的认可。美日联盟作为不对称联盟，美国可以利用主导国优势，通过权威的使用来塑造日本的政策选择。在多数情况下，主导国会积极主动地利用权威关系塑造从属国的行为。通过劝说或象征性惩罚等具体措施，美国有可能将盟国的对外政策约束在其设定的行为边界之中。如1997年亚洲金融危机期间日本要创建“亚洲货币基金”（AMF），美国认为将其排除在外有损美国霸权，于是美国副财长约见日本官员劝说两个小时，日本随后进行利益权衡后决定放弃此战略设想。这被认为是美国通过“权威”使用来管理美日联盟的成功案例。⑤ 权威的作用发挥离不开跟从国对主导国的价值认同。比如麻生首相的“自由与繁荣弧”就是与美国的不稳定弧相契合，安倍的价值观外交，也是与美国倡导的“自由国际秩序”相呼应。也有学者研究霸权信号，认为美国可以通过信号传递的方式来加强与

---

① 刘丰：《美国的联盟管理及其对中国的影响》。

② H. D. P. Envall, “Underplaying the ‘Okinawa Card’: How Japan Negotiates its Alliance with the United States,” *Australian Journal of International Affairs*, Vol. 67, No. 4, 2013, pp. 383-402.

③ 唐奇芳：《特朗普政权下的美日博弈刚刚开始?》，《世界知识》2017年第5期。

④ 高婉妮：《战后美国在亚太地区的权威研究》，社会科学文献出版社，2018，第34页。

⑤ 刘若楠：《美国权威如何塑造亚太盟国的对外战略》；Phillip Y. Lipscy, “Japan's Asian Monetary Fund Proposal,” *Stanford Journal of East Asian Affairs*, Vol. 3, No. 1, 2003, pp. 93-104。

盟国的战略协同。① 信号传递实际上也是美国权威的一种使用，不过信号的效果如何也取决于对象国的观众成本，如日本在钓鱼岛争端中的政策就受到国内观众成本的影响。② “权威关系的形成和维持建立于对利益收益的期待。但跟从国的关键利益与主导国的命令不符或相抵触时，跟从国极有可能违背主导国命令，冒着被规训的风险，追求自身的国家利益。”③ 相对而言，权威的使用受到议题领域、利益差异和战略分歧等因素的影响，效果参差不齐。

总体而言，美国主要通过机制建设、利益协调、权力强制、权威使用等方式来对美日联盟进行管理，其基本逻辑在于通过联盟管理，缓解其所面临的联盟困境，从而实现联盟强化。其中权力强制的强度最强，而权威使用的强度最弱。日本在联盟管理中采取的主要方式是制度约束和利益协调，通过这两种方式来调适其所面临的联盟困境。美日联盟管理方式的选择主要受到三方面因素的影响。一是美日实力对比的演变。随着美日实力对比的缩小，美国对日本采取权力强制方式的能力下降，④ 也不得不更加依赖机制建设、利益协调等其他方式，更加注重联盟管理的规范性和互惠性。二是受美日各自国内政治的影响。美国战略调整会影响其对日本的战略定位与利益需求，进而影响其对日本的联盟管理。日本国内政治、战略调整等因素同样也会影响美日联盟管理，⑤ 这在普天间基地搬迁问题上体现得尤为明显。民主党政府对美日联盟一度造成较大的冲击，其疏美近中的政策甚至让一些日本民众始料未及，不曾想到政权变更会导致日本政策偏离传统。⑥ 随着国内政治对美日联盟的影响增强，联盟管理也变得更加复杂与困难。三是美日联盟管理还受到议题差异的影响。不同议题的利益分歧、观众成本和制度建设等都有所不同，其联盟管理的方式也会有所不同。一般而言，利益分歧越大，联盟

---

① 蒲晓宇：《霸权的印象管理——地位信号、地位困境与美国亚太再平衡战略》，《世界经济与政治》2014 年第 9 期。

② 漆海霞、齐皓：《同盟信号、观众成本与中日、中菲海洋争端》。

③ 高婉妮：《战后美国在亚太地区的权威研究》，第 218 页。

④ 焦世新：《美日同盟的不稳定性及美国的应对》。

⑤ 焦世新：《美日同盟的不稳定性及美国的应对》；William Lyman Brooks, “Stress Test for the U. S. -Japan Alliance under the Democratic Party of Japan,” *SAIS Review of International Affairs*, Vol. 32, No. 2, 2012, pp. 121-135。

⑥ Michael J. Green, “The Democratic Party of Japan and the Future of the U. S. -Japan Alliance,” *The Journal of Japanese Studies*, Vol. 37, No. 1, 2011, pp. 91-116.

管理就越困难，联盟管理更须注重利益交换和利益拓展，必要时也不得不采取高强度的联盟管理方式。议题所涉及的国内观众成本越高，通过利益协调或制度建设的方式进行联盟管理就越困难，美国也更有可能采取权力强制方式，这在经贸争端、基地搬迁等问题上体现得较为明显。就制度建设情况而言，如果联盟管理议题所对应的领域制度建设较好，通过制度约束实现联盟管理会更为容易，否则联盟管理会更多依赖于利益协调等方式。总体来看，随着美日联盟的不断调整，联盟所涉及的议题和主体也日益增多，联盟管理将面临更为复杂的挑战。

五、案例研究

联盟管理是美日联盟延续与强化的重要原因，这在钓鱼岛问题和普天间基地问题上体现得尤为明显。在钓鱼岛问题上，美日两国的国内政治对该议题的影响不大，美国主要通过利益协调的方式进行联盟管理。而在鸠山由纪夫政府期间的普天间基地搬迁问题上，美国更多是通过权力强制的方式实施联盟管理，因为该问题受日本国内政治影响较多，日本政府面临着较强的国内观众成本，让步空间有限，导致美国政府只能采取权力强制的方式。

（一）钓鱼岛问题

钓鱼岛问题是否列入美日联盟的安保范围是美日联盟管理的重要议题之一，也是美日联盟对华战略协调的主要难题。美国对钓鱼岛问题是否涉及美日联盟安保义务的态度，经历了从“不支持”“模糊支持”到“明确支持”的转变。① 以往在钓鱼岛问题上，美国非常谨慎，认为美国对钓鱼岛问题不应持立场，因而美国并不公开承诺对钓鱼岛明确承担协防义务。不过随后这一态度逐渐发生改变。2004 年 12 月，美国副国务卿阿米蒂奇表示，由于美

① 对日美领导人称钓鱼岛适用《美日安保条约》的说法，中国外交部历来持坚决反对态度。在 2020 年 11 月 12 日中国外交部的例行记者会上，发言人汪文斌说：“钓鱼岛及其附属岛屿是中国固有领土。《美日安保条约》是冷战产物，不应损及第三方利益，更不应危害地区和平稳定。”本书介绍美日做法仅出于研究目的，作者和出版社并不认同美日立场。

日安全条约有规定，所以当日本施政下的地域一旦受到攻击，美国将视为对其自身的攻击。这一说法改变了以往美国在钓鱼岛问题上不承担美日安全条约规定的防卫义务的情况。2009 年 2 月，美国国务院官员表示，钓鱼岛适用于《美日安保条约》。2010 年 9 月 23 日，美国白宫国家安全委员会亚洲事务高级主任杰弗里·贝德（Jeffrey Bader）表述了美国在钓鱼岛问题中的立场，“自 1972 年，美国将冲绳归还给日本后，钓鱼岛一直处于日本管辖下，所以《美日安保条约》适用于钓鱼岛”。① 2010 年 9 月中日撞船事件后，两国围绕着钓鱼岛的矛盾激化，也使得美国对钓鱼岛是否列入美日联盟安保范围态度更加明确。“日本不断敦促美国就《美日安保条约》第五条适用于钓鱼岛进行表态，美国更高级别的官员开始就此进行表态。2010 年 10 月，美国国务卿希拉里公开表态，称《美日安保条约》适用于钓鱼岛。2014 年 4 月奥巴马访日时，承诺《美日安保条约》第五条适用于钓鱼岛，这是美国总统首次作出表态，其背后与日本的反复要求有很大的关系。”②

钓鱼岛问题对美日联盟困境有着重要影响，因而也成为美日联盟管理的重要议题。对于日本而言，钓鱼岛是中日竞争的“晴雨表”。如果没有美国的支持，日本在钓鱼岛问题中独自面对实力不断增强的中国会比较吃力，因而日本三番五次要求美国公开承诺钓鱼岛属于美日联盟安保范畴，否则日本“被抛弃”的联盟困境会加剧，进而影响美日联盟关系。美国也面临着是否公开、明确地在钓鱼岛问题中支持日本的联盟困境。一方面，如果增强对日本在钓鱼岛问题中的支持，美国会增加“被牵连”的联盟困境。美国并不愿卷入与中国的军事对抗，但一旦承诺《美日安保条约》适用于钓鱼岛，美国就有义务支持日本，也有可能卷入冲突。并且美国对日本的支持态度可能纵容日本，使得钓鱼岛问题激化，面临“被牵连”风险增加的局面。另一方面，如果美国不增加对日本在钓鱼岛问题中的支持，则会导致日本对美国信任下降、离心倾向增强，美国面临着“被抛弃”困境加剧的情况。由于美国实力的相对下降，其在全球和地区战略中对日本的需求增强，因而美国不在一定程度上满足日本的战略需求，会影响日本对美国的战略支持力度。与此

---

① The White House, “Press Briefing by Press Secretary Robert Gibbs, Special Assistant to the President and Senior Director for Asian Affairs Jeff Bader, and Deputy National Security Adviser for Strategic Communications Ben Rhodes,” New York, September 23, 2010, https://obamawhitehouse.archives.gov/the-press-office/2010/09/23/press-briefing-press-secretary-robert-gibbs-special-assistant-president-.

② 樊小菊：《〈日美防卫合作指针〉修订中期报告解析》，第 24—25 页。

同时，美日联盟内部不团结，将会导致联盟内部凝聚力下降，增加地区冲突发生的可能性并导致现有冲突的升级和延续。①

围绕着钓鱼岛问题，美日之间存在着利益分歧。由于钓鱼岛在美日两国当中的利益层次的差异和对华政策的分歧，美日双方围绕着钓鱼岛问题存在非常明显的利益分歧。日本在尽可能地争取美国对钓鱼岛协防的承诺。如2014年4月奥巴马访日时之所以承诺《美日安保条约》第五条适用于钓鱼岛，与日本的反复要求密不可分，日本希望通过美国总统的表态来确认美国政府的态度。② 就美日对于钓鱼岛问题的利益协调来看，仅就钓鱼岛争端本身而言，美日之间的利益分化和战略分歧显而易见，这也折射了美日两国对华战略的差异。这也成为美日联盟困境的影响因素。对于美国而言，在缓解“被牵连”困境的同时还要防止日本对美国的联盟信任下降，进而影响美国的联盟声誉和在亚太地区的权威，这使得美国的“被抛弃”困境也会有所增加。基于对“被牵连”与“被抛弃”权衡，美国需要对日本在钓鱼岛问题中的诉求采取既支持又限制的态度，这样做可以缓解美国在美日联盟中的联盟困境。与此同时，美国也谋求调和中日关系，减少双边关系的冲突的可能性，主要通过要求中国不打经济牌、要求日本在历史问题上深刻反省，以及开展中美日三边谈话。③ 对于日本而言，中日两国之间的钓鱼岛问题短时期内难以解决。钓鱼岛问题突显了其“被抛弃”困境。如果美国不能较为坚定地支持日本，那么日本会认为美国对日本的重视程度有限。对此日本大体有两种选择路径，一种是日本因此对美国的信任程度有所下降，日本的离心倾向加剧，并且更加追求发展美日联盟之外的安全合作，如推动“美日+N”的小多边主义联合，以区域网络拉住美国和同盟，④ 打造“印太战略”，等等。不过这些也有可能遭到美国的猜忌甚至打压。另一种是日本为了换取美国的支持愿意付出更多的联盟成本，肩负更多的联盟责任，也即对美国的全球和地区战略支持力度更大，从而换取美国对其在钓鱼岛问题上的有限支持。目前美日双方在钓鱼岛问题上的利益协调无疑体现了后一种路径，即日本通过

---

① Thomas J. Christensen, *Worse Than a Monolith: Alliance Politics and Problems of Coercive Diplomacy in Asia* (Princeton University Press, 2011).

② 樊小菊：《〈日美防卫合作指针〉修订中期报告解析》，第24—25页。

③ Lyle J. Goldstein, *How to Defuse the Emerging US-China Rivalry* (Washington: Georgetown University Press, 2015), p. 253.

④ 吴怀中：《“特朗普冲击”下的日本战略因应与中日关系》，《日本学刊》2017年第2期。

对美国的地区、全球战略的支持来换取美国对日本在钓鱼岛问题中的支持。

总之，从钓鱼岛问题上美日之间的协调来看，两者都面临着联盟困境加剧的情况。通过利益协调，在不同议题上实现利益交换，美日的联盟困境有所缓和，联盟关系进而也能够延续。

（二）普天间基地问题

对军事基地的协调历来都是美日联盟管理的重要议题。由于军事基地对日本国内政治、社会影响较大，因此反美军基地的社会运动在日本时有发生。① 在驻日美军基地中，普天间基地搬迁问题是近年来美日联盟中的重要议题，也成为美日联盟管理的重要挑战。针对鸠山由纪夫的民主党政府推翻此前美日就普天间基地搬迁达成的共识，美国政府采取极为强硬的施压态度，这可以视为美国通过权力强制的方式进行联盟管理的重要体现。

普天间基地位于日本冲绳县宜野湾市，驻有美海军陆战队，与嘉手纳空军基地同为驻冲绳美军的两大最重要基地。不过由于该军事基地位于市中心地区，对当地社会造成了噪声污染、违法犯罪等一系列问题，② 加之冷战后美国亚太军事部署不断调整，因此该基地搬迁在冷战后逐渐成为美日联盟的重要议题。

1996 年美日安全保障委员会会议上，美日就普天间基地搬迁达成初步共识，双方同意设立美日“普天间机场转移实施委员会”，在以后的 5 至 7 年里建成充分的替代设施，在这些替代设施投入使用后归还普天间机场。日本政府提出在冲绳县名护市建设美军海上航空基地，但遭该市大多数人反对，替代机场一直没有动工修建。2006 年 5 月，美日两国就驻日美军整编达成最终协议，决定将普天间基地转移至冲绳县名护市的美军施瓦布军营沿岸地区。2009 年 9 月，一直主张将普天间基地搬迁至冲绳县外或国外的日本民主党首鸠山由纪夫上台执政，执政经验不足的鸠山由纪夫在履行竞选承诺和巩固美日联盟之间左右为难，美国政府在此问题上态度坚决，这最终导致鸠山

---

① Andrew Yeo, “Ideas and Institutions in Contentious Politics: Anti-U. S. Base Movements in Ecuador and Italy,” *Comparative Politics*, Vol. 42, No. 4, 2010, pp. 435–455.

② Eric Heginbotham, Ely Ratner and Richard J. Samuels, “Tokyo’s Transformation: How Japan is Changing—and What it Means for the United States,” *Foreign Affairs*, Vol. 90, No. 5, 2011, p. 144.

由纪夫内阁支持率持续走低，执政联盟出现分化，鸠山最终被迫辞职。①

2009 年 9 月，由民主党、社民党和国民新党组成的鸠山新政权开始执政，由于鸠山首相在上任前曾表示应该将普天间机场迁至冲绳乃至日本之外，而且联合执政的社民党和国民新党也强烈要求减轻冲绳的基地负担，鸠山政权以尊重冲绳民意为由要求与美方重新研究替代设施的选址问题。对此，美国态度极为强硬。2009 年 10 月，美国防部部长盖茨访日，要求日方在 2009 年 11 月奥巴马访日前作出决断。此后，美国多次向日方施压，要求其履行双方协议，声称如果日方不履行“路线图”协议，美方不会将 8000 名美国海军陆战队及家属迁往关岛，也就不可能把基地土地交还给冲绳。在美方的重压下，鸠山政府被迫退让，表示同意在冲绳县内选址另建机场，外相冈田克曾提出将美军普天间机场与嘉手纳基地合并的构想，但遭到美方否决，同时也遭到冲绳县民众的反对。2009 年 11 月，美国总统奥巴马访日期间，两国同意就普天间基地转移问题设立部长级工作组，但美日双方分歧依然明显。美方要求日本按原来的协议在 2009 年年底前作出决定。② 在美国的高度施压之下，鸠山政府不得不改变立场，几经推迟，最终公布普天间基地搬迁方案。2010 年 5 月 28 日，美日最终发表联合声明，正式宣布将冲绳驻日美军普天间基地迁往冲绳县内的名护市边野古，这也意味着鸠山政府还是屈服于美国坚持的既定方案。这一决定也使得执政联盟内部出现分化，2010 年 5 月 30 日社民党宣布退出联合政府。与此同时，日本国民对鸠山内阁支持率也持续下降，跌至 17%。2010 年 6 月 2 日，在内外压力加剧的情况下，鸠山宣布辞职，美日围绕普天间基地搬迁的竞争也暂时以美国胜出的方式结束。由此可见，美国对日本鸠山政府的政策过于严厉，特别是美国军方的态度过于强硬是导致鸠山由纪夫政府在普天间基地问题上不得不让步的决定性原因。③

在美日在此次普天间基地搬迁问题上的博弈以及针对鸠山政府在普天间基地搬迁问题上的反复态度上，美国采用了高度施压这种比较典型的权力强制方式。对于鸠山由纪夫政府在普天间基地搬迁上的犹豫不决和很大可能推

---

① Gavan McCormack, “The US-Japan ‘Alliance’, Okinawa, and Three Looming Elections,” *Japan Focus*, Vol. 8, No. 5, 2010, http://apjjf.org/-Gavan-McCormack/3407/article.html.

② 张彤：《日美普天间基地搬迁争端及前景》，《国际资料信息》2010 年第 4 期。

③ George R. Packard, “The United States-Japan Security Treaty at 50: Still a Grand Bargain?” *Foreign Affairs*, Vol. 89, No. 2, 2010, p. 102.

翻此前两国已达成的共识的态度，美国采取了权力强制的方式。普天间基地搬迁关涉美国在亚太的战略布局。由于普天间基地已经老化，且位于冲绳县的闹市区，因此有必要建设新的替代设施。然而，在冲绳县以外再找到一块合适的搬迁目的地非常困难。① 虽然鸠山由纪夫政府就普天间基地搬迁问题提出了冲绳县内搬迁、冲绳县外搬迁、国外搬迁三种方案，但美国坚持普天间基地县内搬迁的方案，对日本政府提出的其他方案持否决态度。

在鸠山由纪夫下台之后，此后无论是民主党政府的菅直人、野田佳彦，还是自民党的安倍执政，在普天间基地搬迁问题上都坚持美日此前达成的将普天间基地迁往名护市边野古的美日共同声明，② 不敢再提其他方案。美日政府在普天间基地搬迁问题上达成坚定共识后，冲绳当地政府的反对态度成为普天间基地搬迁的最大障碍。③ 美国对日本政府在普天间基地搬迁问题上的态度也从对鸠山由纪夫的高度施压转变为更富有耐心，对于此前威胁鸠山由纪夫政府的普天间基地搬迁问题与驻冲绳美军移师问题也由捆绑转变为脱钩。④ 美日之间也更多通过机制协调而非权力强制的方式来协调普天间基地搬迁问题，形成了涉及普天间基地搬迁的高层和事务层共十多个协商机制。

在美国政府看来，普天间基地的搬迁意义重大，此事一是关系到美国在亚太地区的军事部署。美日联盟是美国亚太联盟体系中最为重要的一环，冲绳基地更是美国亚太军事基地的重中之重。二是普天间基地搬迁关系到美国在亚太盟国的权威。如果美国屈服于日本的压力在普天间基地问题上作出让步，此事很可能形成多米诺效应，使得美国在日本的其他基地和亚太其他国家的军事基地面临着被取消的可能性，⑤ 其结果是严重削弱美国在亚太地区的主导地位。三是就联盟困境而言，普天间基地搬迁折射了美国“被抛弃”的联盟困境增强。鸠山由纪夫上台，日本政府对美国的离心倾向明显加剧。为了缓解“被抛弃”的联盟困境，美国对鸠山由纪夫政府采取了高度施压的

① 唐永亮：《2015 年围绕冲绳基地问题的政治博弈及其影响》，《东北亚学刊》2016 年第 1 期。

② 唐彦林、张磊、武琼：《驻日美军普天间基地搬迁问题及其前景剖析》，《北华大学学报（社会科学版）》2017 年第 3 期；唐永亮：《2015 年围绕冲绳基地问题的政治博弈及其影响》，《东北亚学刊》2016 年第 1 期。

③ 唐彦林、张磊、武琼：《驻日美军普天间基地搬迁问题及其前景剖析》。

④ 张勇：《日美关系中的普天间基地搬迁问题》，《日本学刊》2012 年第 3 期。

⑤ 张彤：《日美普天间基地搬迁争端及前景》。

方式，在利益协调、制度规制效果不佳的情况下，美国不得不依靠在联盟中的主导优势实施权力强制，以此强化联盟管理。

日本政府在普天间基地搬迁问题上面临着美国和冲绳地方政府的内外双重压力。对于鸠山由纪夫政府而言，为了更大程度提升日本的战略自主性，其需要减少美国对日本的政治、安全影响，但这加剧了美国“被抛弃”的联盟困境。不过随着美日联盟关系的恶化，日本国内特别是保守派对于联盟的“被抛弃”困境的担忧增强，进而给鸠山由纪夫政府形成了巨大的压力。在内外压力之下，为了缓解双方的联盟困境，鸠山政府被迫将对联盟政治的考虑优先于对冲绳地方政治的考虑，屈服于美国的压力。这也给后来的历届日本内阁起到了警醒作用，鸠山政府在普天间基地问题上得罪美国而下台成为“前车之鉴”。①

结语

冷战结束后，美日联盟不断强化，对其原因的分析存在共同利益说、美国主导说、“中国威胁说”等多种版本。本文主要从联盟管理的视角来分析美日联盟强化的原因，认为美日联盟强化虽然不乏各种外部原因的影响，但内部的联盟管理也至关重要。本文对美日联盟管理的主要议题和美国对美日联盟管理的主要方式进行了分析，揭示了美日联盟管理的主要机制和影响因素。美日联盟管理是双向管理而非单向管理，不过本文侧重分析了美国对于美日联盟的管理，日本对于美日联盟的管理也非常重要，有待深入研究。相对而言，日本对美日联盟的管理更多采用利益交换、制度约束的方式。美日联盟管理较好地调适了联盟困境对于彼此的影响，也使得美日联盟能够得以维系。

对于美日联盟管理而言，随着美国对日本的主导优势下降和日本国内政治对联盟关系的影响加深，美国通过权力强制的方式实施联盟管理的情况逐渐减少，更多的是采用机制建设和利益协调的方式。权威使用的联盟管理方式只适用于两国利益分歧不大的议题。目前看来，美日联盟已经形成了相对

① 唐彦林、张磊、武琼：《驻日美军普天间基地搬迁问题及其前景剖析》。

完善的联盟管理机制，美日联盟也基本会延续，其对地区和全球的影响已成为常态化。在“印太战略”的实施中，美日联盟将发挥主心骨的作用，如果美日双方不能在“印太战略”中较好地实现利益协调、战略契合，美日印澳四国之间的合作将会受到制约，从而影响四国之间安全合作的程度及其联盟化的可能性。对于中国的政策启示在于，尽管美日联盟内部存在分歧，但短时期内美日联盟的瓦解并不可能，中国应该对美日联盟的长期存在和持续强化有所应对。一是中国需要注意到美日联盟并非铁板一块，美日两国彼此在战略目标、经贸关系、权责分担等方面不乏分歧，中国可以有针对性地影响美日联盟的联盟困境，增加其“被牵连”困境或削弱其“被抛弃”困境。二是中国在短期内谋求大幅削弱美日联盟并不现实，不过可以通过妥善管控中国与美日之间的战略分歧来缓解彼此的竞争性，防止美日联盟对华政策过于强化。三是针对美日联盟不断地区化或全球化的态势，中国既要积极推动地区多边安全合作，也可尝试形成一些中美战略与对话机制，限制美日联盟地区影响的不断扩张。对于“印太战略”的影响，中国既要防止美日印澳可能在某些议题上形成“联盟式”合作，也要注意到四国之间的利益差异与战略分歧，彼此之间协调存在的困难，并相信中国不乏对其施加影响的能力与途径。

思考题：

1. 分析 21 世纪初以来美日联盟调整的主要内容和基本特点。
2. 美日联盟管理存在哪些主要问题？

美韩联盟为何不断演变？
——基于结构性权力的视角

导语：结构性权力包括安全、政治、经济与文化四个维度，用于解释联盟变化历程具有很大的效力。回顾美韩联盟的发展历程，安全结构始终是影响联盟发展变化的主导因素，政治结构充当中介协调作用，经济结构具有派生性并作用增强，文化结构随着安全环境的稳定与民众意识的觉醒与表达而强化。基于结构性权力的视角，未来美韩联盟将由单一军事联盟向安全内容更为丰富的联盟发展，这将对东北亚安全产生重要影响。

基于权力平衡来结盟是联盟形成的重要观点之一，摩根索曾非常精辟地指出，国际政治就是以权力斗争求和平。而对于国家权力而言，其主要通过自身发展与对外结盟来获得增长。① 因此，国际政治中结盟的首要功效在于增强权力，进而提升安全能力。二战后，美国为了对抗以苏联为首的社会主义阵营，建立了广泛的联盟。美韩联盟就是在朝鲜战争后，为对抗朝鲜与其他社会主义国家，控制韩国与日本的军事动向而建立的。美韩联盟双方之间存在巨大的不对称性，在权力结构中存在不平衡状况，这成为主导联盟发展的重要因素。冷战期间，在价值与负担之间，美韩联盟使得美国面临着威胁与规制的决策困境。② 美国的困境实际上折射出了结构性权力对联盟关系的影响，采用结构性权力视角分析美韩联盟的变迁历程，进而探究联盟的未来发展前景及其影响很有价值。

---

① 汉斯·摩根索：《国家间政治——权力斗争与和平》，北京大学出版社，2006。

② 陈波：《冷战同盟及其困境——李承晚时期美韩同盟关系研究》，上海人民出版社，2008，第366—370页。

一、联盟中的结构性权力

联盟体现为一种权力关系，联盟中的权力并非单一维度，而是一种结构性权力。结构性权力的变化导致联盟关系的不断调整。结构性权力一说源自苏珊·斯特兰奇在《国家与市场》一书中提出的权力概念。在该书中，苏珊·斯特兰奇将权力区分为联系性权力与结构性权力，联系性权力主要是指甲依靠权力使乙去做他本来不愿意做的事。① 联系性权力与达尔、马克斯·韦伯对权力概念的界定并无多大差异。斯特兰奇的重要贡献是借用马克思主义理论与依附理论创造性地提出了"结构性权力"的概念。在她看来，结构性权力即形成与决定全球各种政治经济结构的权力，② 其他行为体不得不在其中活动。她所界定的结构性权力不是存在于单一的结构中，而是存在于四个各不相同但互有联系的结构中。这四种结构包括安全结构、生产结构、金融结构与知识结构。③ 结构性权力的主要表现是权力拥有者能够改变其他人面临的选择范围，又不明显地直接对他们施加压力，要他们作出某个决定或选择，而不作出别的决定或选择。④ 这实际上反映了不同权力拥有者的选择空间、替代方案与成本差异，也即结构性权力中存在不对称性，可以用敏感性与脆弱性来测量。结构性权力摆脱了以往狭隘的基于冲突的权力研究模式，从"一维权力"走向了"三维权力"的研究模式，既关注显现的权力，也注意到了潜在权力的影响，无疑更为全面地体现了权力的原貌与本质。⑤

这种结构性权力也显著地体现在联盟关系当中。但苏珊·斯特兰奇提出的结构性权力的四个方面在联盟中并不能完全适用，本文拟采用安全、政治、经济与文化四种结构组成新的结构性权力来分析联盟中的权力关系。

---

① 苏珊·斯特兰奇：《国家与市场》，杨宇光等译，上海人民出版社，2006，第 21 页。

② 苏珊·斯特兰奇：《国家与市场》，第 21 页。

③ 苏珊·斯特兰奇：《国家与市场》，第 22—24 页。

④ 苏珊·斯特兰奇：《国家与市场》，第 27 页。

⑤ 关于一维、二维、三维权力的概念参见史蒂文·卢克斯：《权力——一种激进的观点》，彭斌译，江苏人民出版社，2008，第 3—18 页。

（一）安全结构

安全结构在联盟的结构性权力中占据主导地位。根据苏珊·斯特兰奇的观点，安全结构就是由于某些人为另一些人提供安全防务而形成的一种权力框架。而安全结构之所以存在，主要因为安全作为一种价值被很多人珍视。① 安全结构在联盟中主要表现为安全环境、安全心理、安全角色与安全功能四个维度。安全环境与国家的对外行为密切相关，安全环境深刻地制约着结构性权力的运作。作为一种权力，结构性权力的运转深受情境因素影响。安全环境对结构性权力的影响主要表现在外部的国际环境上，有国际格局、威胁分布等。其表现在内部的国内环境上，则包括对国家的稳定状况、规范程度等的影响。国际格局处于单极、两极还是多极决定了国家谋求安全的战略选择是追随、制衡还是孤立，同时也决定了国际环境的不确定性程度。威胁分布的状况制约着国家应对安全需要付出的代价高低。国内社会的稳定与否制约着政府塑造安全的能力，进而对结构性权力产生深刻影响。安全心理体现为安全认知与安全感。安全作为一种主客观的复合体除了受安全环境的影响外，其与行为体的心理也有一定关系。在联盟当中，安全心理主要可以归结为威胁认知、联盟认知、联盟信任与安全理念。安全角色是指在安全结构当中行为体发挥何种作用、处于何种地位。安全角色往往反映结构性权力的分布态势并随着结构性权力的变迁而调整。安全功能主要基于安全需求而定。安全需求在全球化时代来临后经历了一个“安全化”的过程。安全化推动了安全议题的增加，促进了功能多样化，进而弱化了安全结构权力。对联盟而言，这意味着单一的军事联盟无法实现全部的安全需求，必须谋求联盟多样化或寻求更多盟国。

（二）政治结构

政治结构在联盟的结构性权力当中处于中介性地位。政治结构包括政治环境、政治谱系、政治文化三部分。政治环境用来指涉一国政治的规范程

① 关于安全的概念可参考阿诺德·沃尔弗斯：《纷争与协作——国际政治论集》，于铁军译，世界知识出版社，2006。

度。结构性权力，作为一种关系性权力，权力关系的规范性是影响行动结果的最具强制性的因素。[①] 一国的民主法制越健全，结构性权力的运行空间就越狭小，权力的流通性也就越弱。政治环境的差异还影响着国家职能的开展。从历史来看，国家职能正处于从安全和秩序到公正和良好生活的发展过程。[②] 国家职能的转变实际也体现了民众需求的改变，同时也折射了国家的控制能力的变化。政治谱系主要用来描述政治观念与政治信仰，归纳政治家、政党与运动的意识形态立场。[③] 学界一般用左中右来表示人们的政治立场。一国的政治谱系呈现何种态势对其内政外交构成重要影响，与此同时也影响着结构性权力的内部关系。在选举政治的国家，政治谱系是选举运作的指南针与晴雨表。民意在政党的政策中会有所体现。政治文化指一个国家中的阶级、团体和个人在长期的社会、历史、文化传统的影响下形成的某种特定的政治价值观念、政治心理和政治行为模式。[④] 在联盟当中，政治文化的态势主要是民意的体现，反映民众对国家职能的需求以及对联盟的看法。政治文化在联盟中作用最明显的便是意识形态。在冷战期间，意识形态对于联盟的影响非常明显。作为一种中介性结构权力，在联盟关系中，政治结构主要起调节作用。根据国内政治的发展情况，政治结构发挥作用的强弱会有所差异，从而影响联盟中的总体性结构性权力的变化，推动联盟关系调整与功能转型。

（三）经济结构

在联盟的结构性权力当中，经济结构具有派生性。由于全球意义上的金融结构最近二三十年才发展起来，本文的经济结构囊括了苏珊·斯特兰奇列出的生产结构与金融结构。生产结构根据苏珊·斯特兰奇的界定主要指谁决定生产，由谁进行生产，土地、劳力、资本和技术如何组合，以及每个人如

---

① 马骏：《国际关系中的“权力”问题——关系性权力观的视角》，《国际政治研究》2007年第4期。

② 莱斯利·里普森：《政治学的重大问题——政治学导论》，刘晓等译，华夏出版社，2001，第330页。

③ Andrew Heywood, *Key Concept in Politics* (New York: Palgrave Macmillan Press, 2000), p. 27.

④ 王惠岩主编《政治学原理》，高等教育出版社，1999，第231页。

何获得报酬，等等。① 金融结构性权力主要指控制信贷的权力，在金融全球化、一体化、自由化的今天，金融结构性权力的作用显著增强。经济结构与经济环境、贸易关系、发展模式有很大的关系。经济环境即一国发展经济的各种条件。在罗素看来，经济权力具有派生性，经常依靠法律与军事力量而运转。② 对于联盟而言，稳定的安全环境是经济环境的保障，所以经济结构和安全结构的依赖性与威胁的分布具有关联。地区经济一体化的发展对地区安全形势的影响会导致联盟中的经济结构发生变化，进而影响联盟的结构性权力。贸易是国家间经济关系的显示器，贸易关系永远是一把双刃剑，对经济结构构成了双重效用。联盟在经济互补优势明显的时候，贸易对联盟发展会产生巨大的推进作用，一旦这种互补优势不断消耗，贸易摩擦将成为盟国间关系的麻烦因子，对政府的政策选择和民众情绪影响显著。金融结构在联盟中的作用非常微弱。但作为现代经济的主动脉，金融对联盟的经济结构的作用会不断加强。选择何种发展模式决定了发展经济的需求，也为一国经济的性质定下了基调。选择内生性还是外向性经济在很大程度上决定了经济结构的自主性程度。在联盟当中，由于政治与经济的关系越来越密切，经济结构对联盟的作用不断增强，其派生性地位在安全困扰缓解的情况下大为削弱。

（四）文化结构

文化结构在联盟的结构性权力中表现为潜在性。苏珊·斯特兰奇采用“知识结构”一说，主要指其决定被发现的是什么知识，怎样储存，以及谁用什么手段，根据什么条件，向什么人传输知识。知识结构具有强烈的“马太效应”，可以产生权力、权威与财富。③ 可是在联盟当中，知识结构并不完全适用，它无法体现不同文化的差异与民众的心理态势和价值取向。本文基于联盟研究，采用文化结构一说。根据英国人类学家爱德华·泰勒 1871 年的提法，文化被定义为“包括知识、信仰、艺术、法律、道德、风俗以及作为一个社会成员所获得的能力与习惯的复杂整体”。当然，对于文化的概

---

① 苏珊·斯特兰奇：《国家与市场》，第 25 页。

② 伯特兰·罗素：《权力论——新社会分析》，吴友三译，商务印书馆，1991，第 86 页。

③ 苏珊·斯特兰奇：《国家与市场》，第 125—126 页。

念也是见仁见智，但一般学理上文化定义都包括了价值、信仰。在联盟当中，文化结构主要可归结为价值观念、文化习俗与民族性格。价值观念引导人们的行为方式，支配人们的立场、态度。在联盟当中表现为民众的联盟认知、安全感知等。文化习俗是人们在长期的生产生活当中的沉淀物，它潜移默化地影响人们的行为方式与思维方式，在文化碰撞中会更加显著地表露出来。民族性格也可上升为一种国民性，其可保持持久的稳定性，其焦点是民族主义。民族主义对一国的内政外交产生制约作用，同时也决定了一国的结盟倾向、外交理念和战略选择。

联盟中的结构性权力实际上表现为一种权力关系，它深受安全结构、政治结构、经济结构与文化结构的相互作用影响。这四种结构在联盟中的地位不尽相同，作用方式也存在显著差异。安全结构作为主导性权力，在联盟关系当中起着主导作用；政治结构表现出很强的中介性、协调性，根据权力关系的变化来调适联盟；经济结构具有派生性，深受联盟的外溢效应影响，同时又表现出对联盟一定的干涉性；文化结构具有潜在性，其很难在联盟关系中表现出其因果作用链，但对联盟而言，这种潜在作用与其他结构性权力一起作用于联盟关系。在联盟中，结构性权力的变化有时会以联系性权力的形式表现出来，推动联盟关系的变化。

二、结构性权力变迁与美韩联盟的发展历程

自 1953 年“血盟”形成至今，美韩联盟已走过了近七十个春秋。按照联盟关系的状态可将美韩联盟划分为四个阶段：20 世纪 50 年代至 60 年代中期的联盟形成阶段、20 世纪 60 年代末期至 70 年代末期的松散阶段、20 世纪 80 年代至 90 年代初的强化阶段以及 20 世纪 90 年代初至今的联盟调整阶段。① 在联盟的不同阶段，结构性权力呈现不同态势，结构性权力的不断变化推动联盟发展。

① 关于联盟的发展阶段划分主要参考王帆：《美国的亚太联盟》，世界知识出版社，2007。

（一）20 世纪 50 年代至 60 年代中期的联盟形成阶段

美韩联盟是冷战的产物，朝鲜战争实际上构成了该联盟得以建立的最直接诱因。① 朝鲜战争的爆发使得美国开始重新审视曾经被其忽视甚至抛弃的朝鲜半岛。在朝鲜战争停战协定签订后，美韩两国签署了《美韩共同防御条约》，美韩联盟关系正式确立。自此以后，美韩联盟一直处于冷战的最前沿，其发展变化与冷战息息相关。

联盟形成期，安全结构在结构性权力当中充当主导力量，占据压倒性优势。安全成为美韩联盟形成的首要原因。从安全环境来看，美国面临着社会主义阵营的“威胁”，而韩国则面临着朝鲜的“安全威胁”，国家生存基础十分脆弱。基于“对抗共产主义”的需要，美国在全世界寻求“帮手”，建立起“自由世界”的联盟体系。在东北亚地区，新中国的成立以及朝鲜战争的爆发使得美国深刻地认识到朝鲜半岛的地缘价值，选择韩国作为盟国可以使美国在朝鲜半岛保持前沿驻军进行威慑，并随时可以监控日本、韩国。对于韩国而言，国家的生存处于危机之中，这使得安全成为国家的首要需要，与一个强大的国家结盟求之不得。双方的共同安全需要促进了联盟的建立。但随着联盟的形成，其他结构所产生的矛盾使得联盟关系变得复杂起来，并面临一些困境。政治结构上，美韩两国的张力成为联盟重要的矛盾之源。对于美国而言，美韩联盟具有显著的扶植与制约功能。美国扶植韩国发展国防力量的同时，也抑制韩国的进攻态势。② 在政治结构上，美韩两国虽然具有“反共”的意识形态相似性，但对于标榜“民主”“自由”的美国而言，专制独裁并充满血腥色彩的李承晚政权并不符合其偏好。因此，在积极“反共”与推进“民主”之间，美国面临着选择困境，联盟也呈现出一种矛盾态势，但“反共”此时优先于推进“民主”。经济结构上，联盟形成初期美韩之间存在巨大的不对称性，韩国几乎完全依赖美国的经济与军事援助来发展经济。极富交易色彩的是韩国派兵参与越南战争，美国给予韩国高达 15

① 王传剑：《从“双重遏制”到“双重规制”——战后美韩军事同盟的历史考察》，《美国研究》2002 年第 2 期。

② 《美韩共同防御条约》体现了明显的防御性，美国表露一种控制韩国主动进攻的态度，转引自 Charles M. Perry and Jacquelyn K. Davis et al., *Alliance Diversification and the Future of the U. S. -Korean Security Relationship* (Herndon, VA: Brassey's, 2004)。

亿美元的好处。[①] 利用这些援助，韩国逐步发展起了国民经济。由于安全结构的巨大影响，文化结构对联盟的形成没有产生多大的影响。

（二）20世纪60年代末期至70年代末期的松散阶段

这一时期由于美苏缓和、韩国自身国防力量增长等因素的影响，安全结构在联盟中的作用下降，政治结构的张力更趋明显。与此同时，经济结构与文化结构在联盟中的作用也有所增强。这一阶段，联盟间信任大为减弱，联盟制度化程度得到加强。[②] 1968年设立了美韩安全协商会议（SCM），每年举行部长级磋商会议进行联盟间相关问题协商。1977年联合部队成立，在此基础上美韩联合军事指挥部（CFC）建立。与第一阶段相比，联盟中的结构性权力发生了变化，联盟关系由紧密走向松散。

与联盟形成时期相比，联盟中的结构性权力大为减弱。由于安全环境的好转，美韩两国的安全感都有所提升，对威胁认知不再像以前那么悲观，这导致联盟的安全合作动力减弱，原先被压制的矛盾在这一阶段集中体现出来。1969年，尼克松上台后积极寻求美苏缓和，在亚太地区采取战略收缩政策。美国从亚洲退却的态势造成了驻韩美军的急剧缩减。[③] 中美关系正常化缓解了美国在东北亚地区面临的安全挑战。对于韩国而言，朝鲜的“威胁”依然存在，但是经过近二十年的国防建设，韩国军队已经初具规模并具备一定战斗力。到1968年为止，韩国的军队总人数已达62万，其中陆军55万、海军1.7万、海军陆战队3万、空军2.3万，并配有195架新型战斗机。[④] 但是无论如何，美国削减驻韩美军削弱了联盟信任，基于不同层次的两国安全认知分歧成为安全结构弱化的重要原因。政治结构深受两国政治领导人变更影响。美国的政府更替直接影响着美国的外交政策。越战之后，美国国内政治生态发生了重要变更，基于“国家安全”不再成为民众无条件支持的理由。政府的权力受到约束，在对外政策方面，民众强烈要求政府从越南撤

---

① 任晓：《韩国经济发展的政治分析》，上海人民出版社，1995，第24页。

② 尹继武认为联盟的信任越高，对制度化的需求越低。参见尹继武：《联盟信任的生成机制》，《国际政治科学》2008年第4期。

③ 王帆：《美国的亚太联盟》，世界知识出版社，2007，第27页。

④ 王传剑：《从“双重遏制”到“双重规制”——战后美韩军事同盟的历史考察》，《美国研究》2002年第2期。

军，孤立主义在美国有所抬头，对政府的不信任一时盛行。无论是尼克松的收缩战略还是卡特的人权外交都与朴正熙、全斗焕军事政权出现政策纷争。20世纪70年代美国经济进入滞胀阶段，对外援助大量减少，与此同时韩国经济全面发展，钢铁、汽车等工业飞速发展，韩国对美国的援助依赖性降低，联盟中的经济结构发生变化。在文化结构上，韩国国内的民权运动蓬勃发展，与此同时，美国卡特政府大力推行人权外交。韩国军事政权对民权运动的镇压遭到了美国民众的强烈反对，但迫于冷战的威胁并未结束，联盟关系由于安全结构的整合仍然维持在松散状态而不至于瓦解。

（三）20世纪80年代至90年代初的强化阶段

里根上台后，一改前几届政府的战略收缩政策，倡导“重振国威”，要有所作为。面对20世纪70年代苏联的一波攻势，美国认为自己处于危险境地，必须予以反击。重新调整、加强与盟国的关系成为里根政府的重要任务。为了挽救分歧增多、危机重重的美韩联盟，双方采取了一系列补救措施。美韩联盟作为美国在东北亚地区对抗苏联的“前沿岗哨”得到强化，驻韩美军的人数增加、武器装备得到改善。1982年美韩陆海空军联合军事演习，标志着两国开始协同作战。1987年美国在韩国部署了“长矛”短程地对空弹道导弹，并加强了金山基地的核武器储存量。① 该阶段，美韩联盟得到了修复与强化。

面对美国经济的低迷与苏联的持续攻势，美国在此阶段的安全感有所弱化。里根上台后执行“以实力求和平”的政策，在国防开支、武器研发、盟国关系改善等方面加大投入。其中盟国关系调整主要表现为重新坚定盟国信心，给予盟国更多自主权，安全功能承担再分配，安全角色再塑造。政治结构上，里根的当选代表着美国右派的胜利，其利用民众的危机感大肆塑造安全以获取支持。韩国国内的民权运动愈演愈烈，“民主化”处于重要的发展阶段。在重视安全威慑的同时，美国也开始关心韩国的“民主化”，并扶植反对党对抗全斗焕政权。经济结构权力的不对称性进一步弱化。韩国的经济在20世纪80年代有了长足的发展，大力发展对外贸易使得韩国出现了经济

① 王帆：《美国的亚太联盟》，世界知识出版社，2007，第31页。

繁荣景象。但是此时美韩贸易摩擦亦成为两国关系不和谐的音符。鉴于韩国的经济发展，美国逐渐减少甚至取消了对韩国的援助，并且要求韩国分担的防务费用也不断增加，力求实现联盟由“单向主导”向“双边互助”更趋平等的方向发展。文化结构在这一阶段作用增强。韩国民众不再完全受政府塑造安全的操作，寻求南北和平统一，要求撤除驻韩美军，实现国家独立与国防自主。针对美国对韩的贸易保护主义与主权侵害，韩国民间的反美情绪高涨，联盟的民众基础动摇并面临挑战。

(四) 20世纪90年代初至今的调整阶段

冷战结束初期，美国外交处于十字路口，对于海外驻军的态度，美国各界发生了分歧。美国的冷战联盟体系处于调整期。在亚太地区，美日联盟从漂流到强化，美韩联盟也面临调整。由于威胁认知、“民主”转型、贸易冲突、金融危机等影响，美韩联盟的调整异常艰难。

苏联的解体标志着冷战的结束，美韩联盟在美国的全球战略中地位下降，韩国面临着被盟国抛弃的危机感。老布什政府时期，美国提出20世纪末完成三阶段削减亚太驻军的计划，驻韩美军有完全撤离的可能。为此，韩国一方面恳求美国保留驻韩美军，一方面推行“北方政策”以缓解安全压力。冷战后美国全球战略的首要目标是防止欧亚大陆挑战性大国崛起。因此出于地缘政治考虑，美国认为，维持美韩联盟对美国全球战略不无裨益，但联盟调整势在必行。美韩联盟在冷战期间充当“绊网”，驻韩美军几乎全部部署在停战区35千米范围内充当人质，① 冷战一结束，美国联盟成本意愿就下降。与此同时，韩国依然面临着朝鲜的“威胁”，“核威胁”与“常规武器威胁”依然存在。韩国因此希望美国继续承担其保护责任。

“9·11”事件后，出于反恐战争的需要，美国改变了联盟政策，这使美国开始寻求在全球保持机动、灵活、快速反应的军事力量，不追求在某国某地驻扎军队的新军事战略。于是形成了美国推动联盟调整，韩国被动适应的局面。② 联盟政治结构上的突出变化是韩国进入“民主政治”时代，美国的

① Charles M. Perry and Jacquelyn K. Davis et al., *Alliance Diversification and the Future of the U.S.-Korean Security Relationship* (Herndon, VA: Brassey's, 2004), p. 54.

② 杨红梅：《美韩同盟调整的动力、现状与前景》，《现代国际关系》2005年第8期。

克林顿政府在亚太地区执行“三大支柱”全面推进政策。“民主化”对结构性权力的巨大冲击主要源自整体性权力向分散性权力转变，权力行为主体运用权力的结构性优势下降。“民主化”导致韩国政府的政策有了更大比例的民众资本，呼吁国家主权独立与国防自主的声音一浪高过一浪。1994 年韩国收回了平时作战指挥权，双方协商在 2012 年移交战时作战指挥权，不过这一目标最终未能如期实现，其主要原因在于韩国国防自主能力有限，在难以单独对抗朝鲜“威胁”的情况下，仍需依赖美国。经济结构权力的变化更为明显。随着韩国经济的日益发展与成熟，两国经济关系逐渐由“垂直依赖型”向“互惠互利型”转变，经济摩擦与贸易争端成为双边关系中的“日常议题”。两国的经贸利益的协调成为双方联盟关系调整的重要影响因素。文化结构权力的显现以“民主”思想与民族主义为焦点，在调整阶段，文化结构性权力对联盟发展具有复杂影响。韩国“民主化”的不断发展使得其国家独立自主意识提升，对于联盟关系中的不平衡性更为在意，也使得美韩联盟不得不更好地调整联盟关系。

三、美韩联盟的发展前景

美韩联盟走向何方，将关系到朝鲜半岛与东北亚地区的安全。从结构性权力视角来看，安全结构始终是影响美韩联盟发展变化的主导因素，随着安全威胁的区域化、全球化、多样化，地区间安全合作会有所加强，双边军事联盟将会淡化，美韩联盟将由立足朝鲜半岛的军事联盟转向地区、全球、全方位的综合性联盟。经济结构上，贸易摩擦与争端依然存在，但在安全问题未能解决的情况下，经济结构的影响有其限度。政治结构上，韩国“民主政治”的发展将继续成为联盟关系调整的强劲动力，美国的全球战略调整将深刻影响美韩联盟的命运。文化结构上，美韩之间的共识将会增加，无论是共同的宗教信仰① 还是共同的“民主”价值观念，都将在加深彼此认同的同时

① 韩国民众中有 35%的基督教新教徒与 7%的罗马天主教徒，这一点与日本有很大的不同，美国各界因此也存在借宗教整合美韩同盟的主张。参见 Charles M. Perry and Jacquelyn K. Davis et al., *Alliance Diversification and the Future of the U. S. -Korean Security Relationship* (Herndon, VA: Brassey's, 2004) , p. 31。

推动联盟向更加平等的方向发展。

安全结构是联盟中结构性权力的主导性力量，对安全威胁的认知，安全功能的分担与安全角色的扮演将左右美韩联盟的发展进程。不确定性是联盟形成在安全上的首要考虑，因此，国家对自身安全威胁面临的不确定性评估，构成了安全认知的主体。冷战后美国自诩为罗马帝国以来的第一个全球性大国，① 将其首要挑战定格在欧亚大陆的挑战性大国崛起，为此制定了“化整为零、灵活机动”的前沿驻军部署。“9·11”事件给美国安全以巨大冲击，美国一度认为对美国安全的最大威胁是极端恐怖分子与先进技术的结合，② 选择性干预成为美国的战略指导思想，御敌于国门之外要求美国继续保持前沿军事存在并推动志愿者联盟等新兴国际安全合作形式的发展。不过美国的全球战略不管如何调整，其核心战略目标都是维持美国的全球领导地位，美韩联盟的价值被置于美国全球战略视野中进行考量。对于美韩联盟而言，美国极力推动联盟转型以策应地区事务。驻韩美军成为“地区军”，因为实际上美国就是希望增强韩国对美国的地区和全球战略的支持力度。韩国虽然依旧面临着来自朝鲜的安全“威胁”，但除此之外其他军事安全威胁微乎其微，因此韩国的进步势力政府都极力反对美韩联盟地区化以及驻韩美军参与朝鲜半岛地区以外的活动。③ 韩国的安全战略目标主要是阻止朝鲜的“侵略”，在朝鲜半岛确立稳固的和平机制防止核生化武器及弹道导弹的扩散，谋求东北亚地区的稳定，以及促进中日俄美四大国之间的力量均衡以实现朝鲜半岛的和平统一。④ 朝核问题虽然成为美韩联盟冷战后继续存在的重要理由，但是美韩两国对朝核问题的威胁认知却存在显著差异。韩国由于长期受制于朝鲜的传统军事“威胁”，对朝核“威胁”没有显著的增量感知，而美国却由于“9·11”事件对朝核问题有着更深刻的担忧。⑤ 由于自主国

---

① 兹比格纽·布热津斯基：《大棋局：美国的首要地位及其地缘战略》，中国国际问题研究所译，上海人民出版社，2007，第15页。

② The White House, *National Security Strategy of The United States of America*, September 2002.

③ 金大中、卢武铉两届政府都极力反对美韩联盟地区化转型。其中对于驻韩美军参与半岛地区以外事务，韩国已故前总统卢武铉在2005年3月8日韩国空军陆军士官学校毕业典礼上明确予以否认。李明博上台后寻求修复联盟关系，提出要做美国的全球伙伴并谋求建立美韩之间的“21世纪战略联盟”，但这并不意味着韩国同意联盟向地区化转型会很快开展。

④ 李治军：《处于十字路口的美韩同盟》，《国际问题研究》2005年第4期。

⑤ Charles M. Perry and Jacquelyn K. Davis et al., *Alliance Diversification and the Future of the U. S.-Korean Security Relationship*, p. 8.

防能力有限，文在寅总统未能实现任期内收回战时指挥权的目标。由于朝鲜核威慑的不断增加，韩国对美国的安全保护依然需要。不过对于美国对朝鲜采取的强硬军事政策，韩国政府还是有所担忧，害怕受美国牵连而被迫卷入战争。这也促使韩国加快国防自主的步伐，进一步调整美韩联盟关系，争取在美韩联盟内部拥有更大的战略自主性。

政治结构将继续充当美韩联盟调整的中介性力量。韩国的“民主化”与美国的全球战略调整是影响政治结构权力的重要变量。在安全威胁缓解、安全感提升的情况下，国内政治将是影响联盟的重要因素。韩国的“民主化”主要从两个方面影响联盟。其一是“民主化”改变了韩国国家权力的集中程度，国家权力更趋分散意味着其将受到更多民选因素制约，在政策制定上，选民的意见分量加重。其二是“民主化”将威胁到联盟的草根基础，韩国年轻一代对“血盟”的印象甚少，对美国盟国的作用认识不深，对联盟取向轻视。虽然美国还将继续支持韩国的“民主化”与政治多元化的进展,① 但“民主化”无疑对联盟存续构成冲击。美国一向从全球战略角度考虑联盟关系，因此美国的政府更替会引发其全球战略调整，这将波及美韩联盟。可以预计的是美国的全球霸权战略在未来很长一段时间不会改变，朝鲜半岛对美国的地缘战略价值依然存在。美国甚至会设想朝鲜半岛统一后继续寻求在该地区保持甚至扩大影响的可能，联盟的政治结构将在韩国“民主化”、国家独立自主、美国全球战略之间竞争和妥协而成。随着韩国国家力量的增强和国内“民主化”的发展，韩国国内政治对美韩联盟的影响会增强。

经济结构的派生性作用在未来会有所改观，经济发展更趋成熟的韩国将在更多领域增加同美国的经济竞争与贸易摩擦。联盟具有重要的经济效益。韩国的经济早期在很大程度上就是依靠美国提供的军事、经济援助、技术转让发展起来的。展望未来，美韩联盟将对韩国的贸易发展继续提供安全保障。韩国相当多民众支持美韩联盟继续存在的很大理由，就是美韩联盟能为韩国的外向型经济发展提供安全保障，与此同时稳定的盟国存在也是韩国国内外投资的信心所在。对于美国而言，韩国是其重要的贸易伙伴，与韩国的经贸关系对美国也十分重要。彼此经济相互依赖的不对称性成为权力的重要来源。但是美韩两国在开放商品与服务市场、汽车、钢铁与知识产权上的竞

① 崔志鹰：《韩美关系回顾与展望》，《国际观察》1997 年第 3 期。

争①成为两国民间彼此反感的重要来源。在经济困难时期的贸易保护主义与自我中心主义往往成为联盟内互相不信任的根源，面对亚洲金融危机时期美国的苛刻救济措施，韩国在经济恢复后盛行一股民族主义反美情绪。经济全球化与地区经济一体化也成为影响经济结构权力的重要因素。东亚经济的一体化使得韩国对美国的经济依赖降低，地区和平与繁荣加大了韩国在联盟中的权力。美韩自由贸易协定签署可以看作双方协商解决经贸冲突，谋求共同发展的重要举措，对联盟关系的巩固有一定的作用。不过美韩之间的贸易问题很难完全解决，这是由两国的经济结构和贸易结构所决定的，这也意味着美韩联盟对于双方的经贸问题的协调可能会长期持续。能否促使经贸关系和安全关系在联盟内部形成利益互惠将成为影响美韩联盟稳定的重要因素。只要韩国在安全上对美国存在需求，其就不得不在经济上对美国作出让步。特朗普执政期间，几次强烈要求韩国配合美国修改美韩自由贸易协定，从最终的修改结果来看，韩国作出了更多的让步，这体现了在安全上依然需要美国的时候，韩国在经济上面对美国的施压不得不作出让步的状况。

文化结构的作用始终是微妙而难以明晰的。文化结构影响联盟持久存在的社会基础。在国家规范体系不断完善、安全威胁减弱、不确定性减少的情况下，文化结构的潜在作用将成为影响联盟的关键因素。对于美韩联盟而言，韩国的民族主义始终是可能颠覆美韩联盟的不平等性的重要力量。在安全威胁认知方面，韩国民众如何看待自身安全成为检验联盟存在理由成色的重要标尺。目前看来，韩国国内对于朝鲜半岛统一后是否保留美韩联盟和驻韩美军的看法有所不同。文在寅总统曾公开表态，即便朝鲜半岛实现统一之后，也要保留驻韩美军。这实际上反映了美韩联盟的延续不会因为朝鲜半岛的巨变有太大的改变的情况。在美国的外交当中，始终存在一种价值观外交倾向情结，其背后的根源实质上是美国的民族主义。其民族主义的核心是对美国的政治制度与价值观念的优越性的认同。对美国外交有潜移默化影响的民族主义在外交政策当中则表现为一种意识形态外交。同样由于其民族主义的特性，美国脆弱的安全感要求其实现一种绝对安全，这种绝对安全的最终标准是制度上与美国同质化，观念上与美国形成共识。

---

① 张慧智：《韩美贸易摩擦及今后的发展方向》，《东北亚论坛》2003 年第 2 期。

结语

基于结构性权力的视角，在安全结构继续强势的情况下美韩联盟将继续存在。即使安全结构有所弱化，美国为了推行其全球霸权战略将凭借其强大的综合实力塑造安全，强化安全结构力量，美国不断渲染朝核问题便是实例。但是美韩联盟安全结构弱化是不争的事实，在政治结构、经济结构与文化结构的相互作用下，联盟转型成为一种趋势。美国学界不断倡导美韩联盟多样化，并提出了多种方案来延续美韩联盟。① 对于韩国而言，成为“世界中的韩国”离不开超级大国美国的提携，发展对外贸易离不开超级霸主美国对国际重要航道的保护，发展国防自主离不开军事强国美国的支持，利益的交汇与互惠将促使结构性权力巩固、美韩联盟调整。可以预计，美韩联盟将继续存在甚至在半岛统一后依然有可能延续。在“安全化”的现在及将来，单一的军事联盟将无法满足美韩联盟双方的安全需求，一个合作内容更加丰富，合作手段更趋灵活多样的美韩联盟将出现在东北亚地区。由于在联盟一体化与多边安全体系之间美韩存在战略分歧，美韩联盟因此将保持一种战略守势，立足于维持地区和平与稳定。东亚经济一体化与中国的发展将成为影响联盟定位的重要变量。在中美之间，韩国面临着联盟新困境。应对朝鲜“安全威胁”，韩国需要美国的安全支撑；而发展经济，韩国需要与中国的经贸合作。这在目前成为韩国外交的困惑，也考验着美韩联盟的走向。

思考题：

1. 美韩联盟面临的主要问题有哪些？

2. 韩国国内政治变化对于美韩联盟调整有何影响？

---

① 美国学者提出了强劲的半岛模式、重构的半岛模式、地区联盟与政治联盟的方案，并希望美韩联盟通过“北约方式”或美日联盟方式进行再定义转型。

美澳联盟为何经久不衰？
——基于海洋航道安全的视角

导语：冷战结束后，澳大利亚周边安全环境明显改善，以应对共同威胁为基础的美澳联盟不仅没有松散、瓦解，反而在新形势下不断巩固与发展，双方的战略合作相较于冷战时期不仅没有弱化，反而有不断加强的趋势，并且澳大利亚还频频充当美国亚太联盟强化的先锋。为何会出现这样的情况？美澳联盟维持与强化的动力何在？本文通过对澳大利亚对外贸易和海上航道安全进行分析，认为其原因是冷战结束后，对外贸易大幅增长使得澳大利亚对海洋运输依赖日益加深，海上航道安全对于澳大利亚的繁荣与稳定至关重要。而澳大利亚自身实力有限，唯有加强与美国的联盟关系，借助美国的力量才能维护海上航道安全，这也是美澳联盟持续发展的重要动力所在。

冷战结束后，澳大利亚一直担心的美苏之间爆发战争的风险不复存在，① 美澳双方共同“安全威胁”的消失使人们对美澳联盟的存在价值产生怀疑。从地理上看，澳大利亚身处南太平洋，周围除了新西兰、巴布亚新几内亚之外都是一些小岛国，无法对澳大利亚构成安全威胁；澳大利亚北方的东南亚国家中，印度尼西亚虽然一直是澳大利亚防范的目标，但无论是经济还是军事实力其都与澳大利亚存在不小的差距，难以成为澳大利亚的实际威胁。此外，冷战后东南亚的地区形势整体趋缓，澳大利亚与东南亚的关系也得到改善与发展。由此可见，美国对澳大利亚的安全价值有所下降。

但是美澳联盟并没有随着冷战的结束而瓦解，即使在20世纪80年代新西兰因国内反核政策而退出联盟的情况下，澳大利亚依然将美澳联盟作为澳

① Department of Defence, Australian Government, “Defence White Paper,” 1994, p. 7, http://www.defence.gov.au/Publications/wpaper1994.pdf.

大利亚国家安全战略的基石。冷战后，澳大利亚又追随美国参加了海湾战争、阿富汗战争和伊拉克战争，美澳联盟在并肩作战的过程中不断巩固与深化。在美国重返亚太背景下，美澳军事合作关系又有新的进展。2011 年 11 月，美澳双方达成关于美国海军陆战队在澳大利亚北部达尔文基地轮驻等军事合作协议，双方在战略与军事方面的合作更加密切。

由此引发的思考是，冷战结束之后，澳大利亚在安全环境明显改善，外部并没有重大威胁的情况下，为何仍坚持与美国的联盟关系并追随美国参加一些代价较大却与本国并没有太大利益关系的战争呢？为何在美国的亚太盟国中，澳大利亚表现得最为积极，无论何时都在重大立场问题上基本与美国保持一致？本文通过对海上航道安全与澳大利亚经济安全关系的分析，试图对上述问题给出解释。

一、既有研究及不足

澳大利亚为何在冷战后仍然坚持同美国的联盟关系，积极配合美国的重大战略部署，许多学者从不同的角度进行了分析。通过对相关文献的梳理、分析，可以总结出四种观点：一是安全驱动说，认为澳大利亚持续追随美国是为了保障本国的独立与安全；二是国际地位提升说，认为通过维持与美国的盟国关系，借助美国的力量，澳大利亚可以发挥其地区影响力，提高澳大利亚的国际地位；三是“中国威胁说”，认为中国的崛起导致地区格局发生深刻的变化，使得澳大利亚对未来的不确定性感到焦虑，希望借助美国的力量平衡中国的崛起；四是身份认同说，该观点认为美国与澳大利亚有着相似的历史，分享共同的价值观，这是维系美澳联盟的天然纽带。

（一）安全驱动说

安全驱动说认为，国家安全（主要是传统安全）的考虑依然是澳大利亚选择追随美国的最根本的原因，美澳联盟依然是澳大利亚安全政策的基石。[1] 冷战期间，澳大利亚坚定地站在美国一边，共同对抗所谓的共产主义威胁，为了换取美国的安全保护，澳大利亚参加了朝鲜战争与越南战争。冷战后，澳大利亚依然没有摆脱长期以来依赖霸权国家维护自身安全的传统，[2] 美澳联盟在“共同威胁”消失的情况下并未松散、瓦解，而是经过调整得到维持与强化。尽管冷战后澳大利亚的实力有所增强，在地区事务中的影响力也越来越大，但澳大利亚仅靠自身实力仍无法维护本国安全利益和地区稳定。[3] 在可预见的未来，还没有任何机制能够取代美国的安全保护对澳大利亚国家安全的作用。[4] 在澳大利亚安全战略选择上，美澳联盟依然是澳大利亚在南太平洋与印度洋地区的安全主轴。[5] 总之，安全因素依然是美澳联盟得以维持的基础，澳大利亚相信只有在美国的庇护下安全才有保障。

安全驱动说认为维护澳大利亚的国家安全（主要是传统安全问题）是冷战期间美澳联盟稳定发展的强大动力，可是冷战结束后，澳大利亚的安全环境得到极大的改善。一方面，澳大利亚独特的地理位置使其能够远离大国传统的地缘政治冲突。另一方面，周边国家与澳大利亚并无重大矛盾，也没有能力和意图对澳大利亚实施攻击。[6] 在此情况下，为何美澳联盟关系没有松散、瓦解而是经过调整实现强化，致使澳大利亚追随美国参加了与自己安全利益不相关的阿富汗战争和伊拉克战争？显然，仅从维护国家安全的角度去考虑这个问题不足以解释冷战后美澳联盟的维持与巩固。

---

① Department of Defence, Australian Government, “Australia's National Security Strategy,” 2013, p. 22, https://www.aspi.org.au/publications/opinion-pieces/military-ties-that-bind-us/Military_ties_that_bind_us.pdf; Department of Defence, Australian Government, “Defence White Paper,” 2013, p. 56, http://www.defence.gov.au/whitepaper/2013/; Department of Defence, Australian Government, “Defence White Paper,” 2009, p. 93, http://www.defence.gov.au/whitepaper/2009/; Department of Defence, Australian Government, “Defence White Paper,” 2000, p. 34, http://www.defence.gov.au/publications/wpaper2000.pdf.

② Christopher Hubbard, Australian and US Military Cooperation: Fighting Common Enemies, Burlington, VT: Ashgate, 2005, p. 1；程鹏翔：《美国重返亚太背景下的美澳同盟》，《太平洋学报》2014年第3期。

③ James Brown and Rory Medcalf, “Fixing Australia's Incredible Defence Policy,” p. 12, http://www.lowyinstitute.org/files/brown_and_medcalf_fixing_australias_incredible_defence_policy_web_0.pdf.

④ 张秋生、周慧：《试评澳大利亚霍华德政府的均衡外交政策》，《当代亚太》2007年第4期。

⑤ 陈洪桥：《美国亚太再平衡战略下的美澳合作》，《当代亚太》2014年第1期。

⑥ Department of Defence, Australian Government, “Defence White Paper 2009,” p. 49, http://www.defence.gov.au/whitepaper/2009/.

（二）国际地位提升说

澳大利亚将自己定位为一个中等强国，在地区事务中发挥更大的作用也一直是澳大利亚的重要国家战略目标之一。① 但是亚太地区大国林立，澳大利亚仅凭自身实力，很难在亚太事务中拥有较大的话语权和影响力。因此，澳大利亚需要借助美国的力量，通过配合美国的亚太战略部署增强澳大利亚的国际影响力。有学者以伊拉克战争为案例，论证了冷战后澳大利亚追随美国，意在借助美国的力量，提高澳大利亚的国际地位，成为一个在国际舞台上备受关注的国家。② 通过对美国的依附，澳大利亚至少可以达到两个目的，一个是保护自身，另一个是借助美国的力量发挥地区影响。③ 此外，澳大利亚积极配合美国亚太战略有助于提高其在美国亚太战略中的价值，增强其对美亚太政策的影响力，并巩固其作为美国亚太“副警长”的地位。④ 与此同时，在美国亚太联盟体系中，澳大利亚可以通过加强与日本、韩国等美国盟国的合作，实现由原来的双边互动向三边和多边发展，从而在地区事务中发挥更大的作用的意图。⑤ 总之，在安全威胁弱化的情况下，澳大利亚希望借助美国的力量来提升国际地位，而美国也希望澳大利亚能够配合美国的战略部署，承担更多的责任。

国际地位提升说在一定程度上可以解释冷战后美澳联盟维系的原因。但在亚太地区，中美的战略竞争逐渐成为塑造亚太格局最主要的因素，俄罗斯、日本、印度和东盟也都是地区事务的积极参与者，在这种情况下，澳大利亚到底能发挥多大作用值得怀疑。另外，依附美国，在重大问题上与美国保持一致，使澳大利亚丧失了独立自主性，而且容易引发周边国家对澳大利亚的疑虑，将澳大利亚视作美国地区事务的代理人，这反而会限制澳大利亚

---

① Julie Bishop, "Address to Lowy Institute," http://foreignminister.gov.au/speeches/Pages/2015/jb_sp_150611a.aspx?w=tb1CaGpkPX%2FlS0K%2Bg9ZKEg%3D%3D; Dennis Richardson, "Australia: Foreign Policy in a Changing World—Sir Zelman Cowen Oration," http://dfat.gov.au/news/speeches/Pages/australia-foreign-policy-in-a-changing-world-sir-zelman-cowen-oration.aspx.

② 岳小颖：《冷战后澳大利亚为何追随美国》，《国际政治科学》2009年第4期。

③ 王帆：《美国的亚太联盟》，世界知识出版社，2007，第47页。

④ 孙君健：《澳大利亚对美国“重返亚太”战略的反应》，《现代国际关系》2014年第8期。

⑤ Tomohiko Satake and Yusuke Ishihara, "America's Rebalance to Asia and Its Implication for Japan-US-Australia Security Cooperation," *Asia-Pacific Review*, Vol. 19, No. 2, 2012.

的地区影响。

（三）“中国威胁说”

近年来，中国崛起对亚太地区格局形成了一定的冲击。澳大利亚对中国崛起有着复杂的态度，一方面，中国已经成为澳大利亚最重要的贸易伙伴，两国经贸联系日益密切，澳大利亚认为与中国保持紧密的经贸联系事关澳大利亚的经济繁荣与发展；另一方面，澳大利亚担心中国力量的增强可能导致地区军备竞赛，从而打破地区力量平衡，对美国的主导地位形成挑战，损害澳大利亚的国家利益。① 由于历史原因和意识形态、社会制度的差异，澳大利亚对中国存在猜忌与担忧，认为中国的崛起和军事现代化的发展将改变亚太地区的权力均衡，进而给区域安全带来“不确定性”。② 部分澳大利亚人担心中国将变得日益强硬。③ 事实上，澳大利亚国内对中国崛起一直存在多种态度，澳大利亚学界的现实主义学派、保守主义学者都对中国崛起的“不确定性”感到担忧，认为澳大利亚必须加强与美日等国家之间的合作，共同应对中国的“挑战”。④ 总之，对中国力量上升和中国可能成为地区“修正主义国家”的疑虑，使得澳大利亚认为应当与美国一道平衡中国的影响，⑤ 这也是冷战后美澳联盟强化的重要原因。

中国崛起固然在一定程度上影响了亚太地区格局，对域内国家产生了影响，但是中澳之间经贸联系密切，中国经济的发展也为澳大利亚经济增长作出了重要贡献。因而将“中国威胁”视为美澳联盟强化的原因有失偏颇。近

---

① 李凡：《冷战后的美国和澳大利亚同盟关系》，中国社会科学出版社，2010，第 111 页；Peter Jennings, “Military Ties that Bind us,” https://www.aspi.org.au/publications/opinion-pieces/military-ties-that-bind-us/Military_ties_that_bind_us.pdf。

② Julie Bishop, “Australia in China's Century,” http://foreignminister.gov.au/speeches/Pages/2014/jb_sp_140530.aspx?w=tb1CaGpkPX%2FlS0K%2Bg9ZKEg%3D%3D; “Australia, US Concerned over China's Growing Military Power,” http://www.thefreelibrary.com/Australia,+US+concerned+over+China's+growing+military+power.-a0251104761；王光厚、田力加：《澳大利亚对华政策论析》，《世界经济与政治论坛》2014 年第 1 期。

③ Rory Medcalf, “Abbott Visit will Reboot US Pivot towards Asia,” http://www.lowyinstitute.org/publications/abbott-visit-will-reboot-us-pivot-towards-asia.

④ 喻常森：《澳大利亚对中国崛起的认知与反应》，《当代亚太》2010 年第 4 期。

⑤ 马必胜：《澳大利亚如何应对中国崛起》，《外交评论》2014 年第 1 期；王联合：《美澳安全同盟关系的新变化》，《现代国际关系》2014 年第 1 期。

年来，中澳双方高层交流不断，经贸联系加强，2014年11月，两国将中澳关系提升为中澳全面战略伙伴关系，① 2015年6月17日，两国正式签署自由贸易协定，中澳经贸关系进入一个新阶段。此外，中澳之间并没有核心利益分歧，即便双方在某些问题上有不同的意见，但远不至于走上对抗的道路。面对中国崛起和军事现代化发展的事实，澳大利亚也能理性看待，澳大利亚政府和领导人也多次强调澳大利亚欢迎一个强大、繁荣的中国。② 因此，“中国威胁”大多时候只是部分政客和媒体加强美澳联盟的借口而已，细究起来，却很难站得住脚，毕竟中国对于澳大利亚而言是机遇大于挑战。

（四）身份认同说

美国和澳大利亚有相似的历史，都曾是英国的殖民地，同为盎格鲁-撒克逊后裔，两国的社会基础都是西方“自由民主”理念和市场经济制度，这也使双方有一种天然的情感联系，更容易强化彼此的身份认同。澳大利亚的外交政策就是基于历史及其独特地理位置的产物，有一种根深蒂固的“被侵略的焦虑感”，这种感觉至今仍然存在，并影响着澳大利亚决策精英的战略思维。③ 澳大利亚虽身处大洋洲，与亚洲国家邻近，却始终将自己视为西方的一员，在心理上对亚洲国家有距离感和不信任感，这就导致澳大利亚一直将自身安全托付于欧美国家。“西方国家”的定位使澳大利亚更容易与美国建立信任感，在维护西方“民主价值观”方面双方有共同的利益，即便与中国存在密切的经贸关系，澳大利亚仍积极支持美国重返亚太战略。④ 共同的价值观是美澳联盟关系的根基，双方的这种内在联系决定了澳大利亚将美国

① 《习近平同澳总理阿博特举行会谈　一致决定建立中澳全面战略伙伴关系》，新华网，2014年11月17日，http://news.xinhuanet.com/world/2014-11/17/c_1113284700.htm。

② Department of Defence, Australian Government, “Defence White Paper 2013,” p. 11, http://www.defence.gov.au/whitepaper/2013/.

③ 马必胜：《澳大利亚如何应对中国崛起》，《外交评论》2014年第1期。

④ Department of Defence, Australian Government, “Defence White Paper,” 2009, p. 52, http://www.defence.gov.au/whitepaper/2009/.

视为其可靠的盟国。①

相同的文化和价值观确实使美国和澳大利亚之间更容易对彼此产生信任感，但是相较于美国，英国与澳大利亚的关系更为特殊，更为紧密，但澳大利亚却在二战后抛弃了英国，转而投向美国的怀抱，这显然很难用共同的价值观和身份认同来解释；另外，新西兰和澳大利亚的情况类似，与美国也有相同的价值观、相似的历史经历，都认同西方国家“自由民主”制度，但同为澳新美联盟的一员，新西兰与美国的联盟关系却与美澳联盟截然不同。这说明共同的价值观并不能成为联盟关系维系的决定性因素。事实上，相同的文化价值观和身份认同极少能成为联盟建立的根据，在安全和威胁因素占据主导地位的情况下，相同的价值观和身份认同确实有助于联盟的内部沟通和信任的建立，但其本身并不能成为联盟维系的第一前提。②

通过对以上几种观点的分析，可以发现上述任何一种观点都无法完全解释为何澳大利亚在冷战后没有重大外部威胁的情况下依然追随美国，积极配合美国的战略部署，并不惜代价地参与美国在 21 世纪初的两场战争。本文尝试从国际政治经济学的角度来对这一问题进行探讨，认为作为外贸大国，非传统安全问题的海上航道安全对澳大利亚的经济繁荣与稳定至关重要，而美国在亚太地区拥有最强大的军事力量，能够保证该地区海上航道的安全与稳定，对海上航道安全的考虑是冷战后澳大利亚仍然维持并强化美澳联盟的重要原因。

二、澳大利亚的海上航道安全

随着全球化的深入发展，各国间的经济联系日益密切，对外贸易在一国经济中的重要性越来越突出。海洋运输是国际贸易中最主要的运输方式，而国际贸易的发展又依赖于全球海上航道的安全。作为对外贸易大国，海上航道安全对于澳大利亚经济繁荣与稳定至关重要。

---

① Peter Jennings, “Move Closer to US to Avoid Bowing to China,” https://www.aspi.org.au/publications/opinion-pieces/move-closer-to-us-to-avoid-bowing-to-china/Move-closer-to-US-to-avoid-bowing-to-China.pdf.

② 岳小颖：《冷战后澳大利亚为何追随美国》，《国际政治科学》2009 年第 4 期。

（一）海上航道安全对于澳大利亚的重要性

澳大利亚国土面积 769.2 万平方千米，蕴藏着丰富的自然资源，而人口只有 2569 万人（2020 年 9 月），① 是典型的地大物博、地广人稀。因此，澳大利亚大量出口铁矿石等矿产资源和农产品，同时也大量进口工业制成品和轻工业消费品。在澳大利亚的国民经济中，对外贸易占有重要的地位，澳大利亚经济对外部市场的依赖性很大。作者通过查阅澳大利亚统计局、外交贸易部网站的统计资料，对澳大利亚的对外贸易依存度、主要贸易伙伴及贸易额、主要进出口商品构成做了详细的分析。具体如图 3-1 和图 3-2。

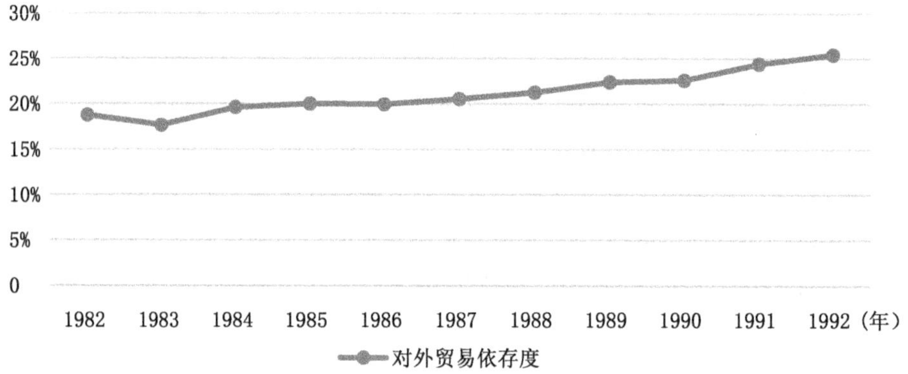

图 3-1　1982—1992 年 澳大利亚对外贸易依存度

资料来源：BVD-EIU Country Data。

---

① 《澳大利亚国家概况》，中国外交部网站，http://www.fmprc.gov.cn/web/gjhdq_676201/gj_676203/dyz_681240/1206_681242/1206x0_681244/。

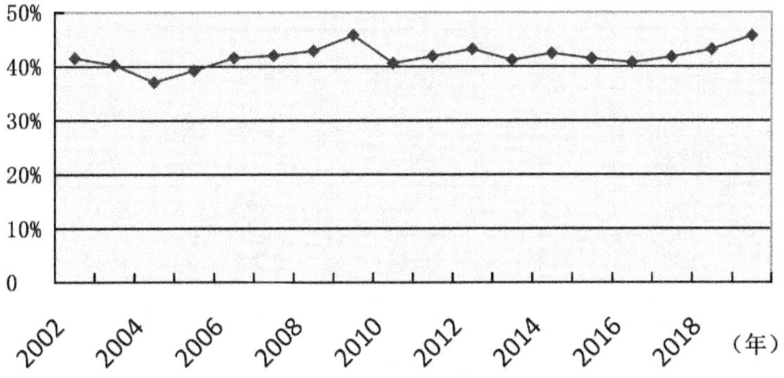

图 3-2　2002—2019 年澳大利亚对外贸易依存度

资料来源：澳大利亚统计局网站，http://abs. gov. au/ausstats/abs@ . nsf/Lookup/1370. 0main+features412013。

通过图 3-1 可以看出，20 世纪 80 年代澳大利亚的对外贸易依存度整体呈上升趋势，但上升速度缓慢，基本在 20%上下徘徊，但冷战结束前夕的 1988 年，对外贸易依存度上升速度加快，到 1992 年已经超过 25%。通过图 3-2 可以发现，冷战后澳大利亚的对外贸易依存度基本在 40%左右，对外贸易在国民经济中占有如此高的比重意味着澳大利亚的经济发展状况受外部因素影响明显，外部经济波动必然会造成澳大利亚国内经济的动荡。长期以来，中国等新兴经济体对矿产资源和能源的巨大需求带动了澳大利亚的矿业繁荣，也使澳大利亚经济增速在发达经济体中名列前茅。但近年来，澳大利亚矿业繁荣明显降温，公共财政压力上升，经济增长有所放缓。因此，对澳大利亚来说，保持对外贸易的稳定增长对于维持澳大利亚的经济繁荣极为重要。

表 3-2　1987 年澳大利亚主要贸易伙伴及出口情况（单位：百万澳元）

国家	进口值	比重	出口值	比重	进出口总值	比重
日本	7745	20. 9%	9116	25. 5%	16861	23. 2%
美国	8119	21. 9%	4195	11. 7%	12314	16. 9%
英国	2767	7. 5%	1374	3. 8%	4141	5. 7%
德国	2794	7. 5%	1126	3. 2%	3920	5. 4%
新西兰	1431	3. 9%	1777	5. 0%	3208	4. 4%

续表

国家	进口值	比重	出口值	比重	进出口总值	比重
韩国	898	2.4%	1492	4.2%	2390	3.3%
中国	589	1.6%	1586	4.4%	2175	3.0%
意大利	1111	3.0%	824	2.3%	1935	2.7%

资料来源：1988年《澳大利亚年鉴》，转引自李全民、王建堂：《试析澳大利亚对外贸易地理格局》，《河南大学学报（自然科学版）》1993年第1期。

表 3-3　2012—2014年澳大利亚主要贸易伙伴及贸易额

（单位：百万澳元）

排名	国家（地区）		2012年	2013年	2014年	所占份额（2014年）
1	中国		125732	151004	152529	23.0%
2	日本		71369	70950	70326	10.6%
3	美国		56762	55388	60428	9.1%
4	韩国		31983	32046	34499	5.2%
5	新加坡		29333	27394	30222	4.6%
6	新西兰		21126	21745	23456	3.5%
7	英国		22980	20374	20801	3.1%
8	马来西亚		17627	18189	20644	3.1%
9	泰国		18372	19589	18987	2.9%
10	德国		15864	16470	16739	2.5%
—	贸易总额		625683	648450	664017	100.0%
	其中	APEC区域	439330	462988	482721	72.7%
		东盟	91698	92822	101655	15.3%
		欧盟	83976	81378	83987	12.6%
		经合组织	284583	280715	291198	43.9%

资料来源：澳大利亚外交贸易部网站，http://dfat.gov.au/about-us/publications/trade-investment/australias-trade-in-goods-and-services/Pages/australias-trade-in-goods-and-services-2014.aspx。

说明：所占份额根据2014年的数据计算得出。

通过表 3-2 可以看出，1987 年澳大利亚对外贸易伙伴主要是日本、美国、英国和德国等传统贸易伙伴，其他国家和地区在澳大利亚对外贸易中所占份额较少，澳大利亚主要贸易方向为欧美和日本。由表 3-3 可知，澳大利亚的贸易伙伴主要分布在东亚、东南亚、北美和欧洲这几个地区，其中 2014 年东亚的中日韩三国占据了澳大利亚对外贸易总额的 38.8%，是澳大利亚最重要的贸易伙伴。与冷战时期相比，冷战后澳大利亚对外贸易的地理空间转向了东亚，海上贸易航线也主要集中在东亚、东南亚和欧洲、北美方向，对于东亚、东南亚航线，澳大利亚更加倾向于依赖美国的主导作用。

表 3-4　2012—2014 年澳大利亚主要进口商品及贸易额

（单位：百万澳元）

排名	商品类别	2012 年	2013 年	2014 年
—	总额	323883	329484	336971
1	个人旅游（不包括教育）	22526	24963	24597
2	原油	21567	20227	20188
3	精炼石油	15871	18229	18662
4	轿车	16919	18290	17566
5	通信设备零件	8750	9075	9845
6	货运服务	9228	9339	9686
7	药物	8178	7793	7497
8	计算机设备	6777	6943	7317
9	客运服务	6901	6839	6141
10	货车	8562	6436	6008

资料来源：澳大利亚外交贸易部网站，http://dfat.gov.au/about-us/publications/trade-investment/australias-trade-in-goods-and-services/Pages/australias-trade-in-goods-and-services-2014.aspx。

表 3-5　2012—2014 年澳大利亚主要出口商品及贸易额

（单位：百万澳元）

排名	商品	2012 年	2013 年	2014 年
—	总额	301800	318966	327046
1	铁矿石及精矿	54447	69492	66005
2	煤	41273	39805	37999
3	天然气	13416	14602	17760
4	教育类旅游服务	14525	15010	17037
5	个人旅游（不包括教育）	12118	13164	14227
6	黄金	15526	13898	13460
7	原油	10988	9016	10582
8	牛肉	4754	5695	7751
9	铝矿石	5273	5904	6321
10	小麦	6531	6085	5920

资料来源：澳大利亚外交贸易部网站，http://dfat.gov.au/about-us/publications/trade-investment/australias-trade-in-goods-and-services/Pages/australias-trade-in-goods-and-services-2014.aspx。

通过分析上述统计数据可以发现，澳大利亚的进出口商品构成主要是矿产、石油、农产品等大宗商品，而这些商品都要依赖海洋运输，确切地说，澳大利亚的进出口贸易主要是海运贸易。因此，海上航道安全也就对澳大利亚至关重要，特别是在能源安全方面。澳大利亚蕴藏丰富的液化天然气资源，每年都大量出口，2012—2014 年天然气在澳大利亚出口商品中排名第三，仅次于铁矿石和煤。而且随着中国、印度和日本等国经济的发展，其对能源需求量将不断增加，澳大利亚天然气的出口在一定程度上弥补了该地区的能源缺口，澳成为该地区重要的能源供应国。澳大利亚虽然也有丰富的石油资源，但国内炼油业不太发达，澳极其依赖精炼石油的进口，其精炼石油主要来自新加坡、中国台湾和韩国。而且澳大利亚战略石油储备严重不足，如果能源进口渠道被切断，国内储备只能维持不到 6 周的时间。① 因此，海

① Rory Medcalf and James Brown, "Defence Challenges 2035: Securing Australia's Lifelines," http://www.lowyinstitute.org/publications/defence-challenges-2035-securing-australias-lifelines.

上航道安全与澳大利亚能源安全息息相关，一是唯有海上贸易航线的畅通能保证澳大利亚正常的天然气出口供应，为澳大利亚经济繁荣作贡献；二是横贯印度洋的海上航道也是澳大利亚的生命线，如果其受到干扰，澳大利亚的精炼油进口就会受到影响。①

（二）澳大利亚主要贸易航线及其面临的挑战

澳大利亚的主要贸易伙伴集中在东亚、东南亚、美国和欧洲，远洋运输主要依赖三条航线。②（1）东亚—澳大利亚、新西兰航线。这条航线是目前澳大利亚最为繁忙的航线，也是澳大利亚与中日韩三大贸易伙伴之间主要的海上运输线路，澳大利亚的铁矿石也大都经过这里到达中国的港口。（2）澳、新—北美东西海岸航线。澳大利亚与美国也有着非常紧密的经贸联系，澳美贸易量虽然不如与中日的贸易量大，但也在澳大利亚对外贸易中占有重要的地位。（3）澳大利亚—苏伊士运河、中东海湾航线。这条航线是澳大利亚历史最悠久的航线，也是当初澳、新和“宗主国”联系的主要渠道，目前是澳大利亚与南亚、中东、欧洲贸易伙伴通航的主要航道。

一般来说，海上航道安全的影响因素主要有两方面：一是自然因素，即航线经过水域的航道状况和台风、海啸等自然灾害，这些因素都是人们无法控制的，只能根据自然规律调整人类活动，减少灾害造成的损失；另一种是人为因素，主要有大国间海权竞争、地缘政治风险和海上军事活动等传统安全问题的直接影响，还有海盗、海上恐怖主义、跨国犯罪和海上事故等非传统安全因素对航道安全造成的影响。对澳大利亚来说，其主要的战略关切和安全挑战来自两个方面。

其一是传统安全问题，包括大国间海权竞争、地缘政治风险和海上军事活动等问题。太平洋和印度洋是大国间海权竞争的重要区域，在亚太地区，中美之间的海权竞争可能引发冲突，使周边各国担心这将影响其赖以生存的

---

① Peter N Varghese AO, “Energy Security Challenges in the Indo-Pacific Region,” http://dfat.gov.au/news/speeches/Pages/energy-security-challenges-in-the-indo-pacific-region. aspx.

② 《世界主要大洋航线》，中国国际海运网，2015 年 10 月 18 日，http://info.shippingchina.com/hyzs/index/detail/id/400. html。

海上航道安全，澳大利亚是这些国家之一。① 另外，澳大利亚认为，中日海洋争端和中国与东南亚一些国家的海洋争端可能引发的地缘政治冲突，也会对相关海域海上航道安全构成挑战。② 在南海问题上，澳大利亚也有自己的利益考量，南海航线是澳大利亚开展对外贸易的重要通道，澳大利亚与中日韩之间的贸易往来大都经过南海地区，因此，如果南海航道被切断，澳大利亚的经济也将陷入困境。③ 最后是海上军事活动对海上航道的影响。频繁的军事活动，如军事演习等，也会对航道安全产生不利的影响。

其二是非传统安全挑战。海盗活动一直是海上贸易的重大威胁，在索马里海域，中国等国家的护航行动大大减少了海盗劫持活动的发生。但是在东南亚海域，海盗活动依然猖獗。2014 年该区域共发生 183 起海盗袭击和抢劫案件，比 2013 年增加 22%，海盗得逞的比率也比 2013 年增加 20%，创下 10 年来新高。相关资料显示，东南亚海域的海盗案件也占了全球海盗袭击和抢劫案件的 75%。④ 东南亚海域与澳大利亚关系非常密切，也是澳大利亚商船经过最多的海域，因此澳大利亚也高度关注该区域的海盗活动、海上恐怖主义和公海犯罪。但是这些问题的解决绝不是一个国家的事情，而是需要相关国家协同合作，共同应对这些挑战。

（三）澳大利亚维护海上航道安全能力的不足

澳大利亚虽然一直以中等强国自居，但其维护海上航道安全的能力还是有所不足，因而依赖美澳联盟对其是不错的选择。在澳大利亚看来，美澳之间有着坚实的联盟基础，而且短期来看，美国还将继续维持其在亚太地区的主导地位。对澳大利亚来说，只要美国还有维持亚太地区秩序的能力，那么澳大利亚的繁荣与稳定的外部环境就有保障。

在打击海盗活动、海上恐怖主义和公海犯罪等非传统安全问题上，国际

---

① Dennis Richardson, "Australia: Foreign Policy in a Changing World—Sir Zelman Cowen Oration," http://dfat.gov.au/news/speeches/Pages/australia-foreign-policy-in-a-changing-world-sir-zelman-cowen-oration.aspx.

② Kuala Lumpur, "Address to Institute of Strategic and International Studies," http://foreignminister.gov.au/speeches/Pages/2015/jb_sp_150807.aspx?w=tb1CaGpkPX%2FlS0K%2Bg9ZK Eg%3D%3D.

③ 王光厚：《澳大利亚的南海政策解析》，《东南亚研究》2011 年第 6 期。

④ 《东南亚海域成为海盗案高发地》，《中国海洋报》2015 年 1 月 20 日。

合作是解决问题的根本之道，但领导或协调国际合作需要强大的国家战略能力为支撑，澳大利亚显然不具备这样的能力，因此其愿意继续在美国的领导下保持区域的稳定，保持区域内的航线安全不被破坏。

三、海上航道安全与美澳联盟的维系

相对而言，与澳大利亚利益关系最为密切的海上航道主要在“印太地区”。传统上，澳大利亚一直将亚太地区的东北亚、东南亚和南太平洋地区作为战略关注的重点。但近年来，随着印度的崛起和印度洋作为主要海上贸易航线的地位日益重要，南亚和印度洋日益受到澳大利亚官方和学界的重视。澳大利亚认为“亚太”这一概念已经不能完整反映其战略诉求，“印太地区”才是澳大利亚今后的战略重点。① 目前，印度洋已经超过大西洋和太平洋成为世界上最繁忙的海上贸易运输走廊，1/3 的散装货轮和 2/3 的油轮通过印度洋地区，澳大利亚与主要贸易伙伴的航线大部分也都通过该区域。② 而大国在该地区的战略竞争及海盗活动使得该区域的安全状况充满不确定性。因此，维护“印太地区”的稳定，保护海上航道的安全直接关系到澳大利亚的繁荣与稳定，也是澳大利亚国防战略关注的重点。③

为了维护“印太地区”的海上航道安全，澳大利亚认为美澳联盟至关重要。美国在亚太地区强大的军事部署和盟国力量是保持在该地区霸权地位的根基，也是美国维护地区秩序的基础。近年来，中国崛起使美国担忧其在亚太地区的主导地位不保，美国的盟国也对美国是否有能力坚守对盟国的承诺有所怀疑。美国高调宣布重返亚太也是对此作出的战略反应，以此坚定盟国信心。澳大利亚一直对美国重返亚太的战略表示欢迎，认为这对维持区域稳

① Peter N Varghese, “Energy Security Challenges in the Indo-Pacific Region,” http://dfat.gov.au/news/speeches/Pages/energy-security-challenges-in-the-indo-pacific-region.aspx.

② Department of Defence, Australian Government, “Defence White Paper 2013,” p. 11, http://www.defence.gov.au/whitepaper/2013/.

③ Department of Defence, Australian Government, “Defence White Paper 2009,” p. 52, http://www.defence.gov.au/whitepaper/2009/.

定具有重大意义，并积极配合美国的军事部署。① 澳大利亚认为，目前来看，中国短期之内不具备挑战美国的实力，美国依然是亚太地区的主导国家，而且澳大利亚早已适应了美国主导下的地区安全秩序，不希望这一局面有所改变。总体来说，在未来一段时间内，美澳联盟关系只会加强，不会削弱，这也符合澳大利亚的战略利益。美国在今后相当长一段时间仍能维持在亚太地区的主导地位，能够给盟国提供安全保护；澳大利亚认为这符合其自身利益，有利于维护海上航道安全，也愿意支持美国在亚太地区的主导地位，并将美澳联盟作为其对外政策的基础和国家安全与地区秩序稳定的保障。面对“印太地区”海上安全挑战，澳大利亚认为美国依然是维护海上安全最强大的力量。②

对美国而言，维护海上航道安全也是其亚太再平衡战略的重要目标之一。奥巴马政府上台后，美国随即调整战略部署，宣布将战略重心转向亚太地区。美国的一个基本判断就是 21 世纪全球经济的重心在亚太地区，美国要积极参与亚太的地区经济合作，保持美国在该地区的主导地位。海洋关系到美国的霸权基础，美国认为中国与周边国家的“海洋争端”不利于地区稳定，其会危及美国国家利益。③ 美国与亚太国家有着非常紧密的贸易关系，连接美国和亚太贸易伙伴的商船依赖该地区海上航线的稳定与安全。2011 年 10 月，时任美国国务卿希拉里·克林顿撰文称，利用亚洲的增长和活力是美国的经济和战略利益的核心，在过去的几十年里，美国与盟国为维护亚太航道安全作出了重要贡献，美国将继续保持其在亚太的领导地位，维护亚太的稳定和海上“航行自由”。④ 2015 年 8 月，美国国防部发布的《亚太海洋安全战略》也将“安全与航行自由”作为美国在亚太海上安全战略的三个目标之一。⑤ 尽管美国所谓的自由航行并未受到其他国家太多的阻挠，但美国

---

① “Remarks by President Obama and Prime Minister Gillard of Australia in Joint Press Conference,” https://www.whitehouse.gov/the-press-office/2011/11/16/remarks-president-obama-and-prime-minister-gillard-australia-joint-press.

② Department of Defense, Australian Government, “Defence White Paper 2013,” p. 11, http://www.defence.gov.au/whitepaper/2013/.

③ 《希拉里再谈南海问题》，人民网，2011 年 7 月 25 日，http://world.people.com.cn/GB/15239607.html。

④ Hillary Clinton, “America’s Pacific Century,” *Foreign Policy*, November 2011, pp. 57-63.

⑤ “Asia-Pacific Maritime Security Strategy,” 2015, p. 1, http://www.defense.gov/Portals/1/Documents/pubs/NDAA%20A-P_Maritime_SecuritY_Strategy-08142015-1300-FINALFORMAT.PDF.

却对此尤为看重，视其为美国霸权的基础。这也导致美国对南海问题非常关注，不断介入。

尽管维护海上航道安全是美国海洋霸权的基础，也是美国亚太再平衡的战略目标之一，不过美国亚太再平衡战略面临着目标与实力之间失衡的困境，这也促使美国不断推动联盟调整以增强战略实力。针对亚太安全形势，美国不断加强和盟国的军事关系。美韩联盟不断调整转型为地区性联盟；美日新修订了《美日安保条约》；美菲联盟复苏并日益活跃；美澳联盟增加驻军。与此同时，美国强调，在可预见的将来，美国在亚太地区的策略和姿态将具有战略弹性、区域遍布性以及政治持续性。① 美国亚太再平衡战略需要借重盟国，这也使得美澳双方在维护海上航道安全上存在共同利益，推动了美澳联盟的强化。

2011 年 11 月，正在澳大利亚访问的美国总统奥巴马与澳大利亚总理吉拉德在联合记者会上宣布，从 2012 年开始，美海军陆战队将在澳北部达尔文市长期驻扎。除此之外，澳大利亚还同美海军陆战队及美海空军就扩大既有合作关系达成新共识，美军将增加在澳大利亚附近的活动并使用澳军基地。吉拉德称，美澳联盟是亚太地区稳定的基石，加强美澳联盟关系对于保持地区稳定、促进经济繁荣具有重要的意义。② 美国在澳大利亚驻军在冷战以来前所未有，这也显著地反映了美澳联盟的强化。澳大利亚认为美国的军事存在是亚太地区稳定与繁荣的基石，澳大利亚欢迎美国重返亚太的战略，并积极配合美国的战略部署。③ 奥巴马的访问为美澳联盟关系揭开了新的一页，使得双方的战略合作和配合进一步的加强。澳大利亚进一步确认了美澳联盟在澳大利亚对外战略中的基石作用，在与中国保持紧密经贸关系的同时，仍然将与美国的联盟关系作为国家安全和地区稳定的战略保证。

综上所述，基于对自身经贸利益所依赖的海上航道安全的需要，澳大利亚将美国视为最可信赖的力量，因而维持并强化了美澳联盟。对于美国而

---

① 《美国大力加强亚太地区军事部署　亚太安全局势堪忧》，人民网，2015 年 11 月 1 日，http://military.people.com.cn/n/2015/0313/c1011-26685963.html。

② "Remarks by President Obama and Prime Minister Gillard of Australia in Joint Press Conference," https://www.whitehouse.gov/the-press-office/2011/11/16/remarks-president-obama-and-prime-minister-gillard-australia-joint-press.

③ Peter N Varghese, "Energy Security Challenges in the Indo-Pacific Region," http://dfat.gov.au/news/speeches/Pages/energy-security-challenges-in-the-indo-pacific-region.aspx.

言，维护海上航道安全也是其霸权利益的重要基础之一，美国力量的相对衰落也使其需要借重盟国的力量，这也促使美澳两国形成了共同利益基础，推动了美澳联盟的维系和强化。

结语

本文主要从维护海上航道安全的视角分析了冷战后美澳联盟持续与强化的原因。冷战后，澳大利亚周边安全环境明显改善，过去一直担忧的所谓共产主义威胁大大减少，美澳联盟关系当初建立的最重要的基础也有所松动，但联盟关系并没有松散、瓦解，反而在新形势下不断巩固与发展，这显然是传统安全因素所不能解释的；对中国崛起的不适应、提高国际地位以及身份认同也都存在解释力不足的情况。本文尝试将非传统安全的海上航道安全与美澳联盟的维系联系起来，探讨海上航道安全对于美澳联盟的影响。不过对于澳大利亚而言，海上航道安全主要是潜在而非迫在眉睫的威胁，但是澳大利亚认为需要对此未雨绸缪。

澳大利亚对外贸易发达，国际贸易在国民经济中占有重要的地位，海洋运输则是对外贸易的主要工具。海洋运输的维系取决于海上航道的稳定与安全。但澳大利亚的主要贸易航线面临诸多安全挑战，而澳大利亚自身能力有限，仅靠一己之力难以维护海上航道安全，唯有通过美澳联盟才能维护之。这也是冷战后美澳联盟维持与强化的重要动因。当然，美澳联盟的共同利益也并不局限于此。对海上航道安全的重视也使得澳大利亚对“印太地区”的海洋争端十分关注，中国对此应该有所注意。尽管本文认为海上航道安全是冷战后维系美澳联盟的重要原因，但不可忽视身份认同、国际地位提升同样也是联盟维持的动力所在，只是相对于海上航道安全而言，这些因素的影响更具间接性。

思考题：

1. 澳大利亚长期追随美国的原因有哪些？
2. 中澳经贸合作对于澳大利亚的对华政策的影响为何有限？

第四篇

类联盟

除了比较正式的联盟外，国际关系当中还存在其他形式的安全合作，一些安全合作形式因为和联盟比较相似而被称之为“准联盟”或“类联盟”。近年来，亚太地区局势的变化使得地区安全合作更趋复杂化和多样化，国家之间既需要增强安全合作，又不愿被联盟关系过多束缚，因而准联盟等相对灵活的安全合作形式也不断增多。

随着印度“东向政策”的加强，其出现了“经济导向”向“战略导向”的转变，印度与亚太国家间的安全合作也随之增加。在美国亚太五大盟国之间，印度与日本的安全合作程度最高，与韩国、澳大利亚次之，与泰国、菲律宾最弱。战略能力和共同利益是影响印度与美国亚太盟国合作的重要因素。未来印度与美国亚太盟国的安全合作会继续发展，但“亚太版北约”难以成形，并且他们之间的安全合作也面临着地区格局变动、中印关系、中美关系、国内政治等因素的影响。

冷战后日澳安全合作逐渐增强，实现了由“间接盟国”到“准联盟”的转变。日澳安全合作的自主性，源自双方对于地区安全秩序诉求和安全手段选择的诸多共识或契合。受此影响，日澳安全合作不断增强，体现在安全协议日益增加、军事交流与合作不断发展、地区安全事务协调增强等方面。这对日澳双边关系、亚太联盟体系和地区安全环境等存在多重影响，也面临美国因素、内部分歧等限制。

韩国与日本虽同为美国的盟国，但长期以来两国之间的安全合作却徘徊不前。历史积怨、岛屿争端等导致韩日两国政治互信不足，韩国政府迫于国内民众反日情绪在韩日安全合作上也十分谨慎。回顾冷战后韩日安全合作进程，朝核问题成为两国打破安全合作困局的契机，而该问题的持续发酵也成为两国在安全领域合作的重要动力。

由于冷战后安全威胁的多元化和各国之间利益关系的日益密切，非联盟形式的安全合作也日益增多。为了超越传统军事联盟相对僵化的弊端，美国也有意识地和一些国家通过伙伴关系的方式开展安全合作，这在东南亚地区体现得尤为明显。美国和印度尼西亚、越南、新加坡等国进行了一系列的安全合作，极大地提升了美国在东南亚地区的安全影响。

相互借重：印度与美国亚太盟国的安全合作分析

导语： 随着印度“东向政策”的加强，其出现了“经济导向”向“战略导向”的转变，印度与亚太国家间的安全合作也随之增加。尽管印度依然坚持不结盟政策，但这并不妨碍印度与美国亚太盟国之间的安全合作。不过印度与美国亚太盟国之间安全合作的程度并不相同。在美国亚太五大盟国之间，印度与日本的安全合作程度最高，韩国、澳大利亚次之，泰国、菲律宾最弱。本文主要探讨印度与美国亚太盟国之间安全合作为何程度不一。以往有关印度与美国亚太盟国安全合作的研究主要基于双边视角，存在经济利益说、海洋合作说、美国促动说、“中国威胁说”、战略提升说五种解释。不过这些对于从整体把握、比较分析印度与美国亚太盟国的安全合作还稍显不足。本文认为，将战略能力和共同利益两者结合则更具说服力。未来印度与美国亚太盟国的安全合作会继续发展，但“亚太版北约”难以成形，并且他们之间的安全合作也面临着地区格局变动、中印关系、中美关系、国内政治等因素的影响。

一、问题提出

随着印度实力的不断增强和在亚太地区国际地位的日益提升，印度“东向政策”的力度逐渐加强，在战略导向、地缘范围、议题领域等方面发生了诸多新变化，呈现出从政策到战略、从陆上到海上、从经济到安全、从东南亚到东北亚和南太平洋地区等新态势。① 印度不仅积极利用亚太市场发展经济，还大力介入亚太地区各种机制。在安全领域，近年来印度与部分亚太国

---

① 张贵洪、邱昌情：《印度“东向”政策的新思考》，《国际问题研究》2012 年第 4 期。

家的安全合作也出现了前所未有的加强。之所以出现这样的情况，与印度对亚太地区更加重视有关，其希望把握亚太机遇，加强与美国、日本、澳大利亚、印度尼西亚、越南等国的海上安全合作关系，在“印太”地区加强印度的战略存在。① 在此背景下，印度与亚太国家的安全合作也日益增多，如印度与日本的安全合作机制化不断发展，印度与韩国的军火贸易不断增多，印度与澳大利亚在2015年9月首次举行双边联合军演。展望未来，为了提升其在亚太地区的整体影响，印度势必会继续加强与亚太国家的安全合作，其中其与美国亚太盟国之间的安全合作尤为显著。那么，印度为什么要加强与美国亚太盟国之间的安全合作？决定印度与美国亚太盟国安全合作的主要因素有哪些？印度与美国亚太盟国的安全合作能否促成“亚太版北约”出现？印度与美国亚太盟国安全合作对亚太地区安全形势将产生何种影响？这一系列问题都值得关注。以往对此的研究主要分析了印度与美国亚太盟国的双边安全合作，对印度与美国亚太盟国之间的安全合作进行整体研究、比较分析较少。本文将主要探讨印度与美国亚太盟国之间安全合作的原因，构建分析他们之间安全合作的理论框架，通过回顾21世纪以来印度与美国亚太盟国安全合作的具体内容对其进行案例检验，并尝试对其未来发展趋势进行研判。下文主要分为四个部分：第一部分是对既有文献的梳理和对其不足的分析；第二部分主要基于战略能力与共同利益视角进行理论构建；第三部分分析印度与美国亚太盟国的安全合作；第四部分尝试得出研究结论并对印度与美国亚太盟国安全合作的未来走向进行研判。

二、既有研究及不足

有关印度与美国亚太盟国安全合作的原因，以往的研究主要基于双边视角，主要观点主要有经济利益说、海洋合作说、美国促动说、“中国威胁说”和战略提升说五种。

---

① Sunil Khilnani et al., “Non-Alignment 2.0: A Foreign and Strategic Policy for India in the Twenty First Century,” Printed in India, 2012, pp. 12 - 13, http://carnegieendowment.org/2012/03/12/nonalignment-2.0-foreign-and-strategic-policy-for-india-in-twenty-first-century.

（一）经济利益说

经济利益说认为印度与美国亚太盟国加强安全合作是彼此经济互利共赢的外溢，是由经济合作转向全面合作的产物。经济快速发展后向外拓展国家利益是印度积极推进“东向政策”的内在动力。① 亚太地区目前是全球最具经济活力的地区，印度经济的发展离不开亚太地区市场。日本、韩国、澳大利亚等美国盟国都是亚太地区重要的经济体，印度和这些国家在经济上存在互利互补的需求。印度经济的发展需要日韩等国的资金和技术支持，对于美国亚太盟国而言，印度作为新兴国家市场也极具吸引力。② 印度目前已成为美国亚太盟国的重要贸易伙伴，双边经贸合作制度化程度也不断提升。2010年1月，印韩两国签署的更紧密经贸关系的安排（CEPA）正式生效，这是印度首次与经济发达国家签署类似的协议，这推动了双边贸易的快速发展。③ 2011年2月，印日两国代表在东京正式签署了经济合作协定，该协定的签署被认为“具有历史性的意义”，标志着双边战略伙伴关系深入发展。④ 2011年5月，澳印启动全面经济合作协定（CECA）谈判，同时宣布在5年内将双边贸易额翻一番，通过双方高层互动，两国同意2015年年内达成全面经济合作协定。⑤ 随着印度的崛起，其“东向政策”发展到了新的阶段，首要意图已经从谋求经济利益转变为战略利益空间的扩展。⑥ 受此影响，印度与美国亚太盟国之间的经济合作产生了外溢效应，促使他们之间的安全合作有所加强。不过经济合作必然外溢引发安全合作的逻辑值得商榷。

---

① 张贵洪、邱昌情：《印度“东向”政策的新思考》。

② Subhash Kapila, “Japan-India Strategic Dialogue Requires More Political Synergy,” February 22, 2005, Paper No. 1264, http://www. saag. org/ papers13/ paper1264. Html; Aruni Mukherjee, “India Beckons Land of the Rising Sun,” April 27, 2005, http:// www. atimes. com/ atimes/ South_Asia/ GD27Df03. html.

③ 李益波：《印韩战略伙伴关系：现状、走向与影响》，《南亚研究季刊》2014年第3期。

④ 胡志勇：《21世纪初期日印关系及影响探析》，《南亚研究季刊》2013年第2期。

⑤ Sachin Parashar, “Framework this Year for Uranium Supply to India, Says Australian Minister Bishop,” April 13, 2015, *The Times of India*, http://timesofindia. indiatimes. com/india/Framework-this-year-for-uranium-supply-to-India-says-Australian-minister-Bishop/articleshow/46907810. cms.

⑥ 孙现朴：《印度崛起视角下的“东向政策”：意图与实践——兼论印度“东向政策”中的中国因素》，《南亚研究》2012年第2期。

（二）海洋合作说

海洋合作说认为，由于美国亚太联盟主要是海洋联盟，印度则视印度洋为自家后院，近年来更是积极打造“印太海洋战略”，海洋合作成为印度与美国亚太盟国的重要利益契合点，也成为促使印度加强与美国亚太盟国安全合作的重要原因。能源安全维护和海上航道安全则是印度与美国亚太盟国加强海洋合作的主要内容。① 一是印度与日韩等国的能源资源相对匮乏，大量依靠进口，确保本国能源安全依赖海洋运输安全。无论是韩国还是日本，其能源大部分来自中东地区，十分倚重中东经印度洋、马六甲海峡再到西太平洋的能源运输线。② 印度在俄罗斯的萨哈林岛上投资开发石油天然气，并经日本周边海域运抵印度港口。③ 澳大利亚虽然能源相对充足，但大量天然气出口也依赖海洋运输。由此可见，能源安全成为印度与美国亚太盟国的共同利益所在，也促使他们加强海洋合作。二是维护海洋航道安全是印度与美国亚太盟国的共同诉求。印度与日韩澳等国的经济发展与外部市场密切相关，维护海洋航道安全也关乎这些国家的繁荣与发展。④ 印度与美国亚太盟国所依赖的“印太”海域非传统安全问题较多，自然灾害、海盗、非法移民等较为严重，这也促使印度与美国亚太盟国在非传统安全方面合作不断增多。三是扩大海洋合作有利于提升战略影响。海洋战略是日、印两国国家战略的重点。加强海洋合作有利于日印打造两国间的利益契合点，共同提升战略影响。⑤ 澳大利亚的经济、安全对海洋十分依赖，确保印度洋海上安全对澳大

---

① B. Raman, “India Needs New Allies to Deal with China,” *Rediff News*, October 21, 2010, http://news.rediff.com/column/2010/oct/21/column-indianeeds-new-allies-to-deal-with-china.htm.

② David Brewster, “India's Developing Relationship with South Korea: A Useful Friend in East Asia,” *Asian Survey*, Vol. 50, No. 2, 2010, pp. 417-420；李益波：《印韩战略伙伴关系：现状、走向与影响》。

③ 庞中鹏：《试析近年来不断深化的日印关系——兼从日印能源合作的视角》，《日本学刊》2011 年第 1 期。

④ Julie Bishop, “Charting the Future of Australia-India Relations,” *Australian Polity*, Vol. 2, No. 3, 2011, http://australianpolity.com/australian-polity/charting-the-future-of-australia-india-relations.

⑤ 胡志勇：《21 世纪初期日印关系及影响探析》；“India Backs Japan on Maritime Security to Fend off China,” *The Times of India*, March 29, 2013. http://timesofindia.indiatimes.com/india/India-backs-Japan-on-maritime-security-to-fend-off-China/articleshow/19268117.cms。

利亚意义重大。印澳两国联手维护“印太地区”安全有利于提升两国的地区影响。① 由于在海洋合作方面的共同利益，印度与美国亚太盟国的安全合作增加，但这并不能完全决定印度与美国亚太盟国间的安全合作程度。如果以海洋合作作为印度与美国亚太盟国安全合作的动因，那么印澳之间的安全合作应该多于印日、印韩，但现实情况并非如此，这也意味着海洋合作说的解释力有限。

（三）美国促动说

美国促动说认为印度之所以和美国亚太盟国加强安全合作是由于美国的推动。该观点认为，美国“重返亚洲”是印度强化“东向政策”的外力，②也是促使印度加强与美国亚太盟国安全合作的重要动因。美国视印度为天然盟国，而其亚太盟国则是美国亚太再平衡战略的重要支撑，加强印度与美国亚太盟国之间的合作有利于分担美国的战略成本，缓解其实力下降所带来的战略资源不足的困境。对于印度与美国亚太盟国之间的合作，不应忽视美国的推动作用，鼓励其亚太盟国与印度发展关系符合美国的利益。③ 这也使得印度与美国亚太盟国之间关系的发展与美印关系被认为具有一致性。④ 对美国而言，日本和印度是理想的拉拢对象，因为印日两国不仅都与中国存在领土争端，而且均有意与中国竞逐地区主导权。⑤ 与此同时，印日两国也能利用美国在亚太地区的存在来助力其战略实施。⑥美国也积极推动澳大利亚与印度加强安全合作。2011 年 9 月，美澳在“2+2”年度磋商公报中决定加强与印度的战略关系，呼吁与印度加强海上安全合作。⑦ 美国力量在东亚的相对衰落也是导致印韩彼此接近的重要因素。出于应对中国崛起的考虑，美国

---

① 赵青海：《澳印关系：尚未成熟的战略伙伴》，《国际问题研究》2012 年第 3 期。

② 张贵洪、邱昌情：《印度“东向”政策的新思考》。

③ Biswajit Mohapatra, “Australia-India Relations and the Asia Pacific: A Strategic Shift or a Long Term Policy Goal,” http://nehu. academia. edu/BiswajitMohapatra/Papers/1285216/.

④ 赵亮：《日印关系升温背后的美国因素》，《亚非纵横》2007 年第 3 期。

⑤ 高新涛：《日印近期强化战略合作的深层背景与影响》，《东北亚论坛》2011 年第 2 期。

⑥ 刘思伟：《印日安全关系分析：均势安全论与共同体安全论》，《南亚研究》2014 年第 3 期。

⑦ 赵青海：《澳印关系：尚未成熟的战略伙伴》。

对印韩加强战略合作乐见其成。① 对于美国而言，其亚太再平衡战略的实施需要盟国和其他伙伴的支持，推动印度与美国亚太盟国之间的安全合作符合美国的战略利益。不过无论是美国亚太盟国还是印度，其战略目标与美国都存在分歧，这也导致他们并不会完全按照美国的战略意志进行安全合作，而是基于自身的战略诉求进行合作。因而美国因素并非决定印度与美国亚太盟国加强安全合作的主要原因，研究此问题需考虑印度和美国亚太盟国的共同利益与相互需求。

（四）“中国威胁说”

“中国威胁说”认为中国实力的增强是促使印度与美国亚太盟国加强安全合作的主要原因。该观点认为，中国崛起对地区秩序形成了一定冲击，也引发了部分周边国家的担忧，使它们加强了对中国的防范。由于领土争端等原因，牵制与防范中国是印度的战略目标之一。② 在防范中国问题上，印度与美国亚太盟国存在一定的利益契合。印、日两国与中国均存在领土纠纷、历史恩怨，在防范中国问题上，印度和日本存在利益契合。③ 因海洋争端激化，日本更是加紧和印度发展安全关系。④ 防范中国也为印澳两国安全合作提供了动力。中国的快速发展加剧了澳大利亚对地区安全的担忧，近年来中国维护海洋权益的行动更是成为澳大利亚加强与印度等国安

① 李益波：《印韩战略伙伴关系：现状、走向与影响》；Patrick M. Cronin and Richard Fontaine, “The Emerging Asia Power Web: The Rise of Bilateral Intra-Asian Security Ties,” *CNAS*, June 2013, pp. 18–24, http://www.cnas.org/files/documents/publications/CNAS_AsiaPowerWeb.pdf。

② “India Ready to Seal Nuclear Deal Boost Trade with Japan,” *The Economic Times*, October 24, 2010, http://articles.economictimes.indiatimes.com/2010-10-24/news/27599975_1_singh-and-kan-nuclear-deal-japan-and-india.

③ Purnendra Jain, “Japan's Expanding Security Networks: India and Australia,” *Indian Journal of Asian Affairs*, Vol. 22, No. 1/2, 2009, pp. 11–14.

④ Indrani Bagchi, “Japan Looks for Security Alliance with India,” Nov. 5th, 2012, *The Times of India*, http://timesofindia.indiatimes.com/india/Japan-looks-for-security-alliance-with-India/articleshow/17094512.cms.

全合作的借口。① 印韩两国虽然在防范中国问题上利益契合度不大，但两国的邻国与中国的亲密关系也使得印韩两国有意愿加强安全合作。② 菲律宾与中国南海争端有所激化，拉入其他大国力量平衡中国在南海地区的影响是菲律宾的重要战略手段。

中国因素既是印度与美国亚太盟国之间安全合作的原因之一，同时也制约着他们之间的合作限度。印度不愿结盟全面对抗中国，也警惕被拉入反华联盟当中。③ 印度实施"东向政策"有制衡中国的考虑，但更多的是对中国的"软制衡"而不是遏制中国发展。④ 在防范中国问题上，印度虽与美国亚太盟国存在一定的利益契合，但它们对于"中国的威胁"认知存在分歧，并还需考虑它们与中国的利益关系，这将影响它们之间针对"中国威胁"的谨慎合作，并且事实也表明，它们之间的合作并非完全针对"中国威胁"展开。

（五）战略提升说

战略提升说认为印度加强与美国亚太盟国的安全合作与其想提升地区与国际影响有关。战略上的相互借重推动印度与美国亚太盟国不断加强各领域合作，安全合作自然成为其中的重要内容。近年来，印度"东向政策"不断加强，这是印度自身实力增强、地区局势变动的产物，印度加强与亚太国家的关系旨在拓展战略空间，提升地区影响。⑤ 为此，印度积极参与亚太地区

---

① Julie Bishop, "Australia in China's Century," http://foreignminister.gov.au/speeches/Pages/2014/jb_sp_140530.aspx?w=tb1CaGpkPX%2FlS0K%2Bg9ZKEg%3D%3D; Julia Gillard, "Australia, US Concerned over China's Growing Military Power," http://www.thefreelibrary.com/Australia,+US+concerned+over+China's+growing+military+power.-a0251104761；马必胜：《澳大利亚如何应对中国崛起》，《外交评论》2014年第1期；王联合：《美澳安全同盟关系的新变化》，《现代国际关系》2014年第1期。

② David Brewster, "India's Developing Relationship with South Korea: A Useful Friend in East Asia," *Asian Survey*, Vol. 50, No. 2, 2010, pp. 402–403.

③ 金熙德：《日印安全宣言与"价值观外交"》，《当代世界》2008年第12期。

④ David Brewster, "Indian Strategic Thinking about East Asia," *The Journal of Strategic Studies*, Vol. 34, No. 6, 2011, p. 833；孙现朴：《印度崛起视角下的"东向政策"：意图与实践——兼论印度"东向政策"中的中国因素》。

⑤ 张贵洪、邱昌情：《印度"东向"政策的新思考》；David Brewster, "Indian Strategic Thinking about East Asia," pp. 825–852。

的多边机制，与亚太主要国家相互借重，美国的亚太盟国是其重要合作对象。受全球与地区格局变动影响，印日在提升地区与全球影响上具有共同利益，谋求相互支持。① 无论是谋求成为联合国安理会常任理事国，还是提升地区影响，两国都存在共同战略诉求。② 因美国实力下降，日本积极构建“网络模式”安全战略，印度则是其中的重要一环。③ 印澳两国都是亚太地区的边缘国家，抱团取暖有利于提升两国在亚太地区的影响。两国不仅在亚太地区多边机制中相互支持，还力挺“印太”（Indo-Pacific）这一地缘战略新概念，试图在政治、经济、安全上将印度洋与亚太地区联系在一起，改变传统上以东亚为中心、澳印处于边缘的亚洲地缘政治格局。④ 印度与韩国同为二十国集团成员国，经济实力位居亚洲前列，分别在南亚和东北亚次区域具有重要地位，两国在提升国际与地区影响上存在战略契合，⑤ 这也促使印韩两国在 2010 年将两国关系提升为“战略伙伴关系”。战略提升说认为印度和美国亚太盟国在战略提升上相互借重，这也促使他们拓展合作领域，加强安全合作。与经济利益说一样，该观点的逻辑存在问题，即战略提升的相互需求并不必然带来两国之间的安全合作，也很难决定他们之间的安全合作程度。

以上研究主要是基于双边视角分析了印度与美国亚太盟国安全合作的原因。经济利益说侧重从经济利益向安全利益外溢角度进行分析。不过经济合作并不必然带来安全合作，况且相对于美国亚太盟国而言，印度与中国之间的经济合作甚至高于其与部分美国亚太盟国之间的合作。海洋合作说主要从能源安全、海洋航道安全等因素分析了印度与美国亚太盟国进行安全合作的必要性，不过对于他们之间合作程度的解释力不强。相对而言，澳大利亚与

① Vivek Pinto, “A Strategic Partnership between India and Japan?” *Economic and Political Weekly*, Vol. 41, No. 52, 2006/2007, p. 5299.

② Jeffrey W. Hornung, “Japan and India's Growing Embrace,” *The Diplomat*, January 12, 2013, http://thediplomat.com/2013/01/japan-and-indias-growing-embrace/.

③ Purnendra Jain, “Japan's Expanding Security Networks: India and Australia,” *Indian Journal of Asian Affairs*, Vol. 22, No. 1/2, 2009, pp. 1-17.

④ 赵青海：《澳印关系：尚未成熟的战略伙伴》。

⑤ David Brewster, “India's Developing Relationship with South Korea: A Useful Friend in East Asia,” pp. 402-425; Joon-gyu Lee, “India-South Korea Strategic Partnership,” IPCS Special Report, No. 140, May 2013, http://www.ipcs.org/special-report/east-asia/india-south-korea-strategic-partnership-140.html.

印度在海洋合作方面利益契合点最多，但两国之间的安全合作程度并非最高。美国促动说将美国因素作为影响印度与美国盟国安全合作的主导因素，认为美国亚太再平衡战略的实施需要美国盟国加强与印度之间的安全合作，从而能够为美国亚太再平衡战略提供支撑。尽管美国希望其亚太盟国能够与印度加强安全合作，但其盟国却具有一定的战略自主性，从而导致与印度之间安全合作程度不一。显然美国促动说无法对印度与美国亚太盟国安全合作的差异性作出较强解释。“中国威胁说”将防范中国作为印度与美国亚太盟国的共同利益，也作为促使他们加强安全合作的主要动力。这种解释考虑到了亚太地区安全的整体性，具有一定的说服力。但印度与美国亚太盟国对“中国威胁”的认知程度存在差异，并且印度也明确表示不会参与制衡中国的“联盟”，因而“中国威胁说”只是影响印度与美国亚太盟国安全合作的一个因素，对印度与美国亚太盟国安全合作的整体解释力有限。战略提升说表明印度与美国亚太盟国可以通过相互借重扩大国际影响，但这并不必然需要通过安全合作的方式实现。

除此之外，还有一种解释，可视为综合解释说，即部分或全面地考虑了上述五个方面的原因，将其视为印度与美国亚太盟国合作的主要原因。这些解释对于理解印度与美国亚太盟国之间的安全合作的动因具有一定的帮助，但对于从整体角度系统分析印度与美国亚太盟国之间的安全合作则有所欠缺，特别是对于理解印度与美国亚太盟国安全合作的差异性稍显不足。对于印度与美国亚太盟国之间的安全合作原因的分析，既需要考虑彼此的共同利益，同时也应注意到战略能力差异的影响，只有将两者结合，才能较为准确地理解印度与美国亚太盟国之间的安全合作及其差异。

三、战略能力、共同利益与安全合作

从印度与美国亚太盟国的安全合作来看，他们之间进行安全合作的原因既存在一定的共性，也存在程度上的差异性。共性主要通过共同利益得以体现，而差异性则主要源自战略能力的不同。因此，将战略能力和共同利益相结合，可以较好地理解印度与美国亚太盟国之间的安全合作。

国家战略能力是指国家运用战略的能力，相较于综合实力而言，其更能体现国家重要性大小和国际影响力。国家战略能力理论的形成大体经历了军事实力论、综合国力论、战略能力论三个阶段。① 关于国家战略能力的概念，目前学界还存在一定的分歧。第一种观点认为，战略能力是应对战争威胁时国家能够调动的所有力量的总和，包括经济实力、国防实力和民族凝聚力等，也就是综合国力。② 第二种观点认为国家战略能力是基于包括地缘政治在内的所有物质条件的国家战略的运用能力。③第三种观点则综合前两种观点，提出战略能力既包括综合国力，也包括战略谋划能力。国家战略能力是国家组织、协调和运用国内外各种战略力量，预防和应对各种重大威胁，维护和拓展国家利益的能力。④ 从各位学者对战略能力的界定来看，学界基本认可国家战略能力以国家综合实力为支撑，只是在目标选择上存在以国家安全还是国家利益为导向的分歧。不过当前国家安全的范围不断扩大，传统安全问题与非传统安全问题相互交织，国家安全问题和国家利益相互融合，因而可以认为国家战略能力是国家基于自身所能运用的所有战略资源，通过战略转化，维护和拓展国家利益的能力。

关于国家战略能力的内涵，学界同样存在不少分歧。张文木认为，战略能力包含战略文化、战略思维和战略管理能力三个层次。⑤ 杨毅则认为战略能力涉及战略实力和转化机制两个因素。⑥ 詹家峰认为国家战略能力包括战略资源、转化机制和战略谋划，三者相互作用促成国家战略目标实现。⑦ 也有学者认为，应该从“要素型”战略能力向“结构型”战略能力转变，将战略能力置于国际体系中考察。⑧ 综上所述，国家战略能力基本包含战略资源、转化机制、战略谋划三个部分。相对于综合国力而言，国家战略能力更

① 王兴旺：《国家战略能力初探》，《中国军事科学》2009年第2期。

② 程坚：《努力提高国家战略能力》，《解放军报》2003年8月27日。

③ 张文木：《从文化视野看中国国家战略能力塑造》，《学习月刊》2008年5月上半月刊；杨毅：《国家战略能力的建设与运用》，《新视野》2012年第3期；詹家峰：《国家战略能力与综合国力关系浅析》，《现代国际关系》2005年第4期。

④ 王兴旺：《国家战略能力初探》。

⑤ 张文木：《从文化视野看中国国家战略能力塑造》；张文木：《国家战略能力提升要有历史唯物主义世界观的支撑》，《世界经济与政治》2012年第10期；张文木：《国家战略能力与世界和平》，《西安财经学院学报》2006年第5期。

⑥ 杨毅：《国家战略能力的建设与运用》。

⑦ 詹家峰：《国家战略能力与综合国力关系浅析》。

⑧ 唐永胜、佟明翔：《结构型战略能力：概念、来源与研究方法》，《世界经济与政治》2007年第4期。

能体现国家的实力基础和国际影响。① 战略能力对于国家之间的安全合作具有重要作用，特别是在安全威胁并非迫在眉睫的情况下，安全合作是国家间的相互借重，战略能力将影响国家间安全合作的实力与意愿。

考察印度与美国亚太盟国之间的安全合作，战略能力具有至关重要的影响。由于印度战略能力既定，因而美国亚太盟国的战略能力强弱将成为影响印度与美国亚太盟国间安全合作的主要因素。战略能力通常包括战略实力、战略转化机制和战略谋划三个要素。相对于安全合作而言，战略能力可归结为战略实力（主要包括经济实力和军事实力）、战略转化（战略动员、国际地位）、战略谋划（对外战略）。其中，经济实力主要用 GDP 进行衡量，军事实力包括军事开支、军工产业、军事装备和军队质量等要素；国际地位主要指相关国家参与的重要的国际和地区组织数量及在其中的地位；战略谋划主要是指相关国家目前所采取的对外战略。

表 4-1 2012—2014 年印度与美国亚太盟国的 GDP （单位：亿美元）

—	2012 年	2013 年	2014 年
印度	18248.32	18706.51	20495.01
日本	59639.69	49015.32	46163.35
韩国	11558.72	12218.01	14169.49
澳大利亚	15417.97	15052.77	14441.89
菲律宾	2504.36	2720.18	2849.27
泰国	3655.64	3871.56	3738.04

资料来源：根据国际货币基金组织（IMF）2012—2014 年的统计数据制表。

按照 IMF 统计的世界各国 GDP 总量来看，日本是美国亚太五大盟国中经济实力最强的，澳大利亚和韩国次之，但两国差距不大，泰国经济实力则强于菲律宾。

① 张文木：《国家战略能力提升要有历史唯物主义世界观的支撑》。

表 4-2　2011—2013 年印度与美国亚太盟国的军事开支（单位：亿美元）

一	2011 年	2012 年	2013 年
印度	489	461	474
日本	593	593	486
韩国	308	317	339
澳大利亚	267	262	240
菲律宾	24.2	29.8	35.8
泰国	55.2	53.9	58.2

资料来源：瑞典斯德哥尔摩国际和平研究所（SIPRI）2011—2013 年的统计数据。

军事实力主要需要考虑军事开支、军工产业、军事装备和军队质量等要素，不过对于军工产业、军队质量的测量比较困难，因而本文主要基于军事开支进行测量，相对也比较客观。从斯德哥尔摩国际和平研究所公布的美国亚太盟国的军费开支来看，日本最多，韩国、澳大利亚次之，泰国与菲律宾相对较少。综合经济实力与军事实力，美国亚太盟国的实力排名依次为日本、韩国、澳大利亚、泰国和菲律宾。

战略转化是实力向战略能力转变的关键，其促进了客观性的战略资源和主观性的战略谋划之间的有机联系。① 战略转化是国家将本身所拥有的战略实力转化为现实的战略能力的一系列机构、制度和运作流程的总和。② 在此之中，战略动员能力是核心因素，是将国家战略资源转化为战略能力的桥梁和关键环节。③ 战略动员是为应对各种事关国家利益的重大危机、冲突或战争所采取的统一调动人力、物力、财力的非常措施。④ 在实现有效的战略动员中，政府的效率和资源汲取能力是两个重要参数。本文根据世界银行的统计数据，主要采用了政府效能指数（Government Effectiveness）⑤ 和国家税收

① 詹家峰：《国家战略能力与综合国力关系浅析》。

② 杨毅：《国家战略能力的建设与运用》。

③ 杨毅：《国家战略能力的建设与运用》。

④ 王兴旺：《国家战略能力初探》。

⑤ 政府效能数据（Government Effectiveness）是世界银行评估各国政府治理能力的重要指标，主要考察各国政府的治理效率，http://data.worldbank.org/data-catalog/worldwide-governance-indicators。

能力①（国家税收占 GDP 的比例，反映了国家的资源汲取能力）对美国亚太盟国的战略动员能力进行了测量。综合两项数据，将两者各赋值 50%并计算乘积，可以得到总体的战略动员能力数值，其中由于印度的政府效能为负值，可认为其战略动员能力最差。美国亚太盟国的总体排序依次是澳大利亚、日本、韩国、泰国和菲律宾。

表 4-3　印度与美国亚太盟国的战略动员能力

—	政府效能（2014 年）	国家税收能力（2014 年）	战略动员能力
印度	-0. 204377502202988	9. 985%	-0. 020131183966994
日本	1. 81898260116577	9. 8%	0. 178260294914245
韩国	1. 17675185203552	13. 241%	0. 155813712728023
澳大利亚	1. 59063577651978	21. 956%	0. 349239991092682
菲律宾	0. 192713707685471	13. 016%	0. 0250831619234
泰国	0. 339194238185883	15. 808%	0. 053619825172424

资料来源：根据世界银行 2011—2014 年的统计数据制表。

除此之外，国家加入的重要国际组织的数量及其在国际组织中的地位也是国家战略转化的重要组成部分。从美国亚太盟国的全球地位和区域影响来看，本文选择了联合国安理会、世界银行、二十国集团这三个目前在政治、经济、全球治理方面具有重要影响的国际组织来评价印度与美国亚太盟国的战略转化能力。其中政治方面以 1996—2016 年当选联合国非常任理事国的次数为准；经济方面以在世界银行的投票份额进行测量；全球治理方面以是否是 G20 成员为准。在区域影响方面，考虑到印度“东进政策”主要以东盟为第一阶段，亚太地区为第二阶段，所以主要选择东盟和东亚峰会这两个亚太地区极具代表性的区域组织，其中泰国为东盟重要成员，日韩为东亚峰会重要成员。

① 本数据主要考察各国税收占各国 GDP 的比例，http://data.worldbank.org.cn/indicator/GC.TAX.TOTL.GD.ZS。

表 4-4　印度与美国亚太盟国的国际地位

—	当选联合国安理会非常任理事国（1996—2016 年）	世界银行投票份额（2010 年）	G20	东盟	东亚峰会
印度	2011—2012	2.91%	是	否	是
日本	1997—1998；2005—2006；2009—2010；	6.84%	是	否	重要成员
韩国	1996—1997；2013—2014；	1.57%	是	否	重要成员
澳大利亚	2013—2014；	1.33%	是	否	是
菲律宾	2003—2004	0.44%	否	重要成员*	是
泰国	无	0.49%	否	重要成员	是

资料来源：根据联合国、世界银行等机构的数据整理制表。

* 东盟的五个创始成员国一般都被认为是东盟的重要成员国。

因此，综合战略转化的国内要素战略动员能力和国际要素国际地位，可以发现，美国亚太盟国的总体战略转化能力排序为日本、韩国、澳大利亚、泰国、菲律宾。

战略谋划也被称为战略规划，就是把战略决策内容具体化为战略行动的统筹安排，是连接战略决策与战略实施的纽带，是战略指导的重要环节。① 战略谋划是影响国家战略能力的重要因素，合适的战略是目标、资源、手段等战略要素之间的多重平衡。战略谋划能力的强弱，主要取决于国家的战略文化、领袖集团的素养和参谋集团的素质。② 相对而言，由于战略谋划涉及的各要素较难量化，因而对其进行较为精确的赋值相对比较困难，并且战略谋划能力与领导人的变更有密切关系，因而考察各国当前的主导战略可能更为适宜。就战略谋划而言，日本主要定位于大国战略，要实现“国家正常化”，在地区和全球力争有声有色；韩国、澳大利亚主要定位于中等强国，要成为国际有影响、地区有部分领导权的国家；泰国、菲律宾则主要定位于

① 肖天亮主编《战略学》，国防大学出版社，2015，第 59 页。

② 王兴旺：《国家战略能力初探》。

次区域强国，要成为东盟当中有重要影响的国家，泰国志在成为东盟领导国。总体而言，从国家战略能力来看，美国亚太盟国的排序依次为日本、韩国、澳大利亚、泰国和菲律宾。

共同利益是促使国家间合作的重要原因，尽管国际关系中有关相对收益还是绝对收益会影响国家间合作存在争论，但不可忽视的是，共同利益可以视为国家间合作的必要而非充分条件。共同利益对于国际合作具有基础性的作用。① 在国际政治领域，国家间在互动中产生利益趋同的一面，便是共同利益，它不仅仅是指共同收益，还包含所面临的共同威胁和共同挑战。② 对于印度和美国的亚太盟国而言，共同利益是影响他们之间安全合作的重要基础。印度与美国亚太盟国之间的共同利益基本可以归结为四点：经济利益、海洋安全、战略影响、防范中国，依次赋值 40%、25%、20%、15%。不过在每种利益的契合程度上又会有所区别，可以分为低、中、高三个层次（分别赋值 1、3、5），据此可以对印度与美国亚太盟国的共同利益作出如下归纳。

表 4-5　印度与美国亚太盟国的共同利益

国家	经济利益（40%）	海洋合作（25%）	战略影响（20%）	防范中国（15%）	总体评价
日本	高	高	高	高	5
韩国	高	中	中	低	3.5
澳大利亚	高	高	中	中	4.3
菲律宾	低	中	低	高	2.1
泰国	中	低	低	低	1.8

资料来源：作者自制。

一是经济利益方面，印度与美国亚太盟国经济结构互补，存在很大的合作空间。近年来，印度和日本双边贸易额增长迅速。2010—2011 年，印度和日本的贸易额约为 130 亿美元，2014 年两国贸易额已突破 200 亿美元，但原定的 250 亿美元的贸易目标并未实现。2013 年日本成为印度出口前 10 的贸

① 门洪华：《开放与国家战略体系》，人民出版社，2008，第 21 页。

② 门洪华、甄文东：《共同利益与东北亚合作》，《外交评论》2013 年第 3 期。

易伙伴，但未能进入印度贸易伙伴的前15位，① 印度也尚未成为日本前15位贸易伙伴。② 不过两国具有很大的经济合作潜力，合作领域包括资本货物、汽车零部件、钢铁和化学品等。③ 印度需要日本的技术与资本，而日本则非常青睐印度的巨大市场。④ 2014年9月1日，莫迪访问日本，双方提出5年内日本对印度直接投资和日企进入印度数量倍增的目标。日本承诺今后5年间向印度提供500亿日元贷款，并争取达成包括政府开发援助在内约3.5万亿日元规模的政府和民间投融资。⑤ 2014年，印度与韩国之间贸易总额约为180亿美元，其中韩国顺差75.11亿美元。印度是韩国的第8大贸易出口伙伴，韩国是印度的第13大贸易进口伙伴。⑥ 2013年，印度与澳大利亚的贸易额为107.48亿美元，印度是澳大利亚的第5大贸易出口国，2014年澳大利亚对印度出口额达到79.8亿美元。澳大利亚是印度的第14大贸易进口伙伴。⑦ 印度与泰国、菲律宾的贸易数量较少。印度与泰国经历了漫长的双边自贸协定谈判，但进展有限，2010年印泰贸易总额为66.5亿美元，2014年尚未达到120亿美元的原定目标。⑧ 印度与菲律宾的贸易更是少得可怜，2014年双边贸易额不足20亿美元。⑨ 从经济利益角度来说，印度与美国亚太盟国的贸易关系排名依次是日、韩、澳、泰、菲，不过美国亚太盟国并非印度的传统贸易伙伴，在印度贸易伙伴关系中排名相对靠后，印度大多处于逆差地位。

---

① 《2013年印度出口主要对象》，全球经济数据网，2014年4月29日，http://www.qqjjsj.com/ydlssj/14724.html。

② 《2014年日本货物外贸进出口分析　进出口总额115036亿美元》，中商情报网，2015年4月27日，http://www.askci.com/news/2015/04/27/17252dbrv.shtml。

③ 《2014年印度日本贸易额有望达到250亿美元》，网易财经，2012年5月21日，http://money.163.com/12/0521/08/8212AVQD00252V5G.html。

④ Joshy M. Paul, "India-Japan Security Cooperation: A New Era of Partnership in Asia," *Maritime Affairs: Journal of the National Maritime Foundation of India*, Vol. 8, No. 1, 2012, pp. 31-50.

⑤ 胡芳欣：《日印核能合作谈判：难啃的大骨头》，《世界知识》2014年第19期。

⑥ 《2014年韩国对主要贸易伙伴出口额》，全球经济数据网，2015年2月7日，http://www.qqjjsj.com/hglssj/49906.html。

⑦ 《2013年印度进口来源地》，全球经济数据网，2014年4月29日，http://www.qqjjsj.com/ydlssj/14725.html。

⑧ 《泰国—印度间2014年贸易额目标120亿美元》，中国商务部网站，2011年4月7日，http://www.mofcom.gov.cn/aarticle/i/jyjl/j/201104/20110407487055.html。

⑨ 《2011年菲律宾与印度双边贸易增长10%》，中国商务部网站，2012年6月1日，http://finance.ifeng.com/roll/20120601/6551296.shtml。

二是在海洋合作上，印度与美国亚太盟国存在不同程度的共同利益。由于日本、澳大利亚对外贸易依存度较高且在很大程度上依赖印度洋航线，两国与印度在海洋合作方面利益契合度最高。印度近年来对海洋安全尤为关注，无论是在维护其在印度洋的传统地位还是在积极拓展在太平洋的影响上，印度都有与美国亚太盟国加强海洋合作的诉求。日本的能源和对外贸易都在很大程度上依赖于印度洋的安全；印度和澳大利亚在打造“印太”海洋安全上利益契合度较高。韩国虽对外贸易和能源依存度较高，但其主要贸易伙伴是中美等国，对印度洋航线的依赖程度低于日澳，印度则对韩国的造船工业比较青睐，希望加强在该领域的军工合作以提升印度海军实力。菲律宾因南海问题试图拉拢域外国家介入，不过印度并不愿在南海问题上明显与中国为敌。泰国对海洋的依赖程度不及美国其他亚太盟国，其与印度的海洋合作主要致力于维护东南亚海域的安全。由此可以推断，印度与日澳两国在海洋合作上共同利益较高，与韩国、菲律宾存在中等利益契合，与泰国共同利益较低。

三是在战略提升上印度与美国亚太盟国利益契合存在差异。近年来，日本一直坚持不懈地追求大国地位，谋求成为安理会常任理事国，在地区格局中，也尝试获取地区主导权。印度则认为日本是其在亚太地区安全合作必不可少的伙伴。① 日印两国在谋求安理会常任理事国和提升地区影响上存在共同利益。②韩国和澳大利亚则主要积极开展中等强国外交。相对而言，韩国谋求地区影响的重心在东北亚地区，不过印韩两国在 G20 等全球治理问题上存在较大的利益契合。澳大利亚和印度同为亚太地区边缘国家，更多是通过与亚太地区各国加强联系来提升地区的影响。泰国和菲律宾的国际和地区的战略影响相对有限，不过泰国比菲律宾在东盟中的影响更大一些。据此推断，印度与日本在战略提升上利益契合度最高，与韩国、澳大利亚利益契合度中等，与泰国、菲律宾利益契合度较低。

四是在防范中国问题上也存在利益契合。尽管印度宣称无意参加遏制中国的联盟体系，但对中国的防范也从未间断。

---

① Kei Koga and Yogesh Joshi, “Japan-India Security Cooperation,” *The Diplomat*, July 17, 2013, http://thediplomat.com/2013/07/japan-india-security-cooperation/.

② Madhuchanda Ghosh, “India and Japan’s Growing Synergy: From a Political to a Strategic Focus,” *Asian Survey*, Vol. 48, No. 2, 2008, pp. 282-302.

综上所述，在共同利益上，印度与美国亚太盟国的排序依次是日本、澳大利亚、韩国、菲律宾和泰国。基于战略能力和共同利益来分析印度与美国亚太盟国之间的安全合作，可以提出如下假设。

假设1：战略能力越强，安全合作程度越高。由于印度与美国亚太盟国之间并不存在迫在眉睫的共同安全威胁，因而这种和平时期的安全合作更多是相互借重，与彼此间的战略能力存在相关性。对于印度而言，对方的战略能力越强，与其进行安全合作的收益就越大，印度也就更有意愿与之合作。

假设2：共同利益越多，安全合作程度越高。战略能力并不能完全决定印度与美国亚太盟国之间的安全合作，还需考虑到他们之间存在的共同利益。对于印度与美国亚太盟国之间的安全合作而言，促使他们加强安全合作的原因除了共同的安全利益外，也涉及经济合作和战略提升。因而共同利益主要包括经济利益、海洋合作、战略提升、防范中国。

由于印度的战略能力既定，所以基于对美国亚太盟国的战略能力、他们与印度的共同利益的分析，可以尝试对他们之间的安全合作得出如下推论：

推论1：日本战略能力强，与印度共同利益最多，安全合作程度也可能最高。

推论2：韩国战略能力较强，与印度共同利益较多，安全合作程度也可能较高。

推论3：澳大利亚战略能力较强，与印度共同利益较多，安全合作程度也可能较高。

推论4：泰国战略能力较弱，与印度共同利益最少，安全合作程度低。

推论5：菲律宾战略能力弱，与印度共同利益少，安全合作程度低。

四、印度与美国亚太盟国之间的安全合作

基于战略能力与共同利益的视角，可以对印度与美国亚太盟国之间的安全合作作出基本推断。回顾21世纪以来印度与美国亚太盟国安全合作的现实，对此进行案例分析，可以检验该理论的合理性，并对印度与美国亚太盟国未来安全合作的趋势作出预测。

（一）印日安全合作

日本是美国亚太盟国当中战略能力最强的国家，无论是经济实力、军事实力还是国际地位，日本在美国亚太盟国当中都首屈一指。就共同利益而言，印日两国在经济利益上存在很大的合作空间，海洋合作上利益契合度较高，战略提升上目标趋同，防范中国方面，印日也存在一定程度的契合。日本的战略能力和两国的共同利益推动两国安全合作不断加强。印度是日本在美国联盟体系之外构建网状安全合作的重要对象。①两国除了在传统军事安全领域开展合作外，还在国际犯罪、恐怖主义、海盗等多个领域加强非传统安全合作。② 具体而言，印日安全合作主要体现在三个方面。

一是联合军演频繁，双边军演不断增多。印日联合军演最早源自多边联合军演，后双边军演不断增多。21 世纪以来，印日联合军演开始逐渐增多。2000 年 10 月，印日两国海军与韩国、新加坡等国的海军一起举行了名为“2000 年远征太平洋”的联合演习。2000 年 11 月，印日两国海军在印度马德拉斯附近的公海上举行了首次反海盗联合演习。2004 年 11 月，印度海上警备队和日本海上保安厅在阿拉伯海举行“防范海盗及海上恐怖活动”联合演习。③ 其中美日印三国系列联合军演尤为令人瞩目。2007 年 4 月，美日印三国在日本海域首次举行联合军演。2007 年 9 月，美日印等国在印度洋举行了代号为“马拉巴尔 07-2”的海上联合军演。2009 年，印度海军组成特遣舰队，参加美日在冲绳以东海域举行的代号为“马拉巴尔-09”的联合演习。④ 目前，这项三方联合军演已机制化。近年来，两国双边军演日益频繁。2012 年 6 月，印度海军和日本海上自卫队举行了双边演习。2013 年 12 月，印日两国在印度东南沿海城市钦奈附近的海域进行联合海军演习，媒体

① Purnendra Jain, “Japan's Expanding Security Networks: India and Australia,” *Indian Journal of Asian Affairs*, Vol. 22, No. 1/2, 2009, pp. 1-17.

② 刘思伟：《印日安全关系分析：均势安全论与共同体安全论》；刘思伟：《印日安全合作及对亚太地区安全态势的影响》，《南亚研究季刊》2015 年第 1 期。

③ 时宏远：《印日关系持续升温及其动因》，《国际资料信息》2007 年第 8 期。

④ 何理：《美日印三边合作升温的背景与前景》，《现代国际关系》2013 年第 2 期。

视之为“新的战略轴心形成的信号”。① 2014 年 1 月，两国海岸警卫队在阿拉伯海进行了联合演习。②印日联合军演主要以海洋演习为主，其内容以海上救援、打击海盗等非传统安全为主，反潜、补给等常规军事课目也日益增多，并且以演习为突破口，两国军事合作和军事技术合作也不断发展。③

二是安全对话频繁，机制化水平不断提升。2001 年 7 月，印日首次防务会谈在日本东京举行。2003 年 3 月，日、印两国政府达成协议，决定定期举行两国间外交和防务领域的副部长级安全对话。2004 年 11 月，印日海洋安全保障对话在日本举行。双方全面讨论了在海洋安全保障方面加强双边合作的可行性，并达成了保障海洋安全的情报共享、防止大规模杀伤性武器扩散与加强双边防卫交流等共识，双方同意在港口建设、造船、海运和海洋调查等领域加强合作。④ 2005 年 4 月，印日双方在新德里签署联合声明，决定提高安全对话级别，加强两国在能源、安全和防务等领域的合作。2006 年年初，日本借着共同反恐及同意帮助印度进入“核供应国集团”等军事合作之名，取得了印度允许日本海上自卫队使用其军事基地的承诺。2006 年上半年，日本海陆空三军自卫队领导人走马灯似的访问了印度。印度国防部部长慕克吉也在 5 月份访问日本，并与日本防卫厅长官额贺福志郎首次签署了促进国防交流的共同文件。⑤

2008 年 10 月，印度总理辛格访日期间，两国首脑签署了《关于日印之间安全保障合作的联合宣言》，其合作框架基本涵盖了传统安全与非传统安全领域。该宣言制定了两国安全合作的路线图，促进了日、印两国在防务领域的深入合作，特别是加强了日、印两国在海上安全领域的合作。⑥ 这是继美国、澳大利亚之后日本与其他国家签署的第三份安全合作文件，足以显示

① “Indo-Japan Naval Exercise Soon,” December 17, 2013, http://www.deccanherald.com/content/375174/indo-japan-naval-exercise-soon.html.

② Gordon Fairclough, “Japan, India Deepen Ties amid China’s Rising Clout,” *The Wall Street Journal*, January 26, 2014, http://online.wsj.com/news/articles/SB30001424052702303277704579344271299681610.

③ 刘思伟：《印日安全关系分析：均势安全论与共同体安全论》；胡志勇：《21 世纪初期日印关系及影响探析》。

④ 刘思伟：《印日安全关系分析：均势安全论与共同体安全论》。

⑤ 时宏远：《印日关系持续升温及其动因》。

⑥ 胡志勇：《21 世纪初期日印关系及影响探析》。

日本对与印度安全合作的重视。① 2009年年底，日本首相鸠山由纪夫访印期间，双方宣布正式启动“日印2+2会谈”（副外长和副防长）机制，以提升日、印双边国防与战略关系。② 2010年7月和2012年10月日印先后开展了两届“2+2”战略对话，③ 双方就防卫合作、核合作与联合国安理会改革进行磋商。2014年1月，日本防卫相小野寺五典与印度国防部部长安东尼签署防务合作协议，就扩大双边防务合作、推动日本自卫队与印度军队在陆海空领域的合作与交流达成了一致意见。④ 2018年8月，日本防卫相小野寺五典与印度国防部部长希塔拉曼举行会谈，就签署自卫队和印度军相互融通物资与劳务的《物资劳务相互提供协定》（ACSA）达成一致。该协定旨在在双方之间顺利提供燃料、弹药等。

三是军火贸易逐步开展。随着两国合作的逐步加深，两国间的军火贸易也逐渐提上日程。2013年5月，印度总理辛格访日，双方同意就印度引进日本海上自卫队US-2型水陆两栖飞机事项加快磋商，并就防卫装备领域的合作启动事务性磋商。⑤ 2014年日本防卫大臣小野寺五典访印期间，双方就日本对印度军售计划进行了谈判。日本有望向印度出口的武器装备包括柴油动力潜水艇以及“新明和”两栖巡逻机。⑥ 不过就近年来两国军火贸易来看，尽管印度对日本军火需求很大，但日本的国内限制制约了两国的军火贸易。随着日本不断放松国内限制，在日本内阁会议决定通过“防卫装备转移三原则”后，日本将大幅放宽对外输出日本武器装备和军事技术的条件，两国的军火贸易有望大幅提升。

总体而言，日印两国安全合作呈现出联合军演频繁、双边军演机制化的现象。两国不仅在双边层面建立起了非常多的对话机制，如防务政策对话、综合安全对话（CSD）、军事会谈（M2M）、海军会谈和海洋安全对话等，⑦ 还在多边层面形成了美印日三边安全对话、印日韩三边对话、印日澳美四方倡

① 金熙德：《日印安全宣言与“价值观外交”》。
② 胡志勇：《21世纪初期日印关系及影响探析》。
③ 苗吉：《日印接近：走向特殊全球战略伙伴关系?》，《当代世界》2014年第12期。
④ 屈彩云：《双边视角下的“日美澳印”战略合作》，《亚非纵横》2014第6期。
⑤ 胡芳欣：《日印核能合作谈判：难啃的大骨头》。
⑥ 刘思伟：《印日安全关系分析：均势安全论与共同体安全论》。
⑦ 杨思灵：《印日全球战略伙伴关系的发展与影响》，《南亚研究》2014年第2期。

议等重要沟通机制。① 不过也应看到，印日安全合作主要以海洋安全合作为主，② 海军联合演习向常态化和机制化发展。③ 对于印日安全合作而言，两国的战略目标分歧、对中国的不同态度以及国内约束（印度的不结盟政策、日本的和平宪法）影响了两国安全合作的限度，④ 这也使得印日被认为是天然但麻烦的盟国。⑤ 不过一旦日本逐渐放松武器出口政策，印日安全合作还将进一步发展，两国安全合作的层次、军火交易等都会大幅提升。

（二）印澳安全合作

澳大利亚是美国亚太盟国中与印度共同利益仅次于日本的国家，不过澳大利亚的战略能力有限，这也导致两国安全合作的相互需求不对称。澳大利亚的国防工业较弱，这更是制约了两国的军火贸易，使得印澳安全合作的潜能没有得到完全释放。冷战后，澳大利亚与印度之间的联系逐渐增多，两国间的安全合作也不断加强。两国不仅在海洋安全上积极加强合作，在非传统安全领域如应对恐怖主义、打击非法移民、维持边界安全等方面也不断进行合作。⑥ 印澳安全合作主要特点如下。

一是军事演习以多边联合军演为主，双边军演为数不多。相对而言，印澳之间的双边联合军演 2015 年 9 月才首次出现，之前两国更多是参与多边联合军演。2015 年 9 月在孟加拉湾的维沙卡帕特南港，印度和澳大利亚进行了以反潜为主要目标的军事演习，这也被视为印澳安全合作升温的表现。⑦

① 刘思伟：《印日安全合作及对亚太地区安全态势的影响》。

② “Ministry of Defence Annual Report 2012 – 2013,” http://mod.nic.in/writereaddata/AR-eng-2013.pdf.

③ “Japan Wants Closer Maritime Security Cooperation with India,” January 17, 2015, http://zeenews.india.com/news/india/japan-wants-closer-maritime-security-cooperation-with-india_1531963.html.

④ Vivek Pinto, “A Strategic Partnership between India and Japan?” *Economic and Political Weekly*, Vol. 41, No. 52, 2006/2007, p. 5301.

⑤ Borah Rupakjyoti, “Japan and India: Natural but Wary Allies,” *New Zealand International Review*, Vol. 36, No. 4, 2011, pp. 23–28.

⑥ Gary Smith, “Australia and the Rise of India,” *Australian Journal of International Affairs*, Vol. 64, No. 5, 2010, p. 568.

⑦ Prashanth Parameswaran, “Australia, India to Hold First Ever Naval Exercise amid China Concerns,” *The Diplomat*, September 1st, 2015, http://thediplomat.com/2015/09/australia-india-to-hold-first-ever-naval-exercise-amid-china-concerns/.

不过在此次双边军演之前，印澳曾多次参加多边联合军演，如代号为“米兰”的海军演习，该演习每两年举行一次，旨在增强预防海上恐怖主义行为、海盗和非法捕捞以及实施人道主义搜救的能力。

二是安全对话较为频繁，合作机制化渐趋形成。21 世纪以来，印澳加强了防务合作，不过早期主要是低层次的军事交流。2006 年澳大利亚总理霍华德访印，两国签署《防务合作谅解备忘录》，涉及海上安全合作、反恐、国防工业以及国防领域的研究与发展。作为落实该备忘录的一项举措，2007 年 7 月，印澳签署《情报共享安排协议》。① 2008 年，两国签署关于“情报对话”“引渡”和“恐怖主义”问题的多个协议。② 2009 年陆克文总理访印时，两国发表了《安全合作联合宣言》，提出构建双边安全合作框架，开展外交、国防高层定期对话与磋商，宣布在情报交流、防务对话与合作、反恐、打击跨国有组织犯罪、灾害管理、海上与航空安全等领域开展合作。2011 年 12 月，澳大利亚国防部部长斯蒂芬·史密斯访印，与印度国防部部长安东尼举行两国防长对话，双方承诺将努力建立正式的双边海上演习机制。印度防长 2012 年访澳，双方就进一步加强两国陆海空三军互动，包括举行年度防务政策举行磋商。③ 2012 年印澳首脑会晤，地区稳定、海洋安全成为两国首脑讨论的重要议题。吉拉德总理表示，将推动印度成为澳大利亚最密切的盟国，发展两国更加密切的军事关系。④ 在双方共同推动下，印澳安全合作逐渐走向实质化。2013 年 6 月 5 日，印度国防部部长访问澳大利亚，双方强调通过军事人员交流、防务对话、联合军演等方式加强两国防务与战略合作。⑤

三是军火贸易尚处意向阶段。相对而言，澳大利亚的武器主要依赖于美国，本国现代化国防工业水平有限，这也导致印度与其进行防务合作的需求不强。即便是在向印度销售其所需要的铀原料问题上，澳大利亚受限于国内核政策也进展缓慢。不过相比于日韩而言，2011 年 12 月，澳大利亚解除对

---

① 赵青海：《澳印关系：尚未成熟的战略伙伴》。

② David Brewster, “Australian and India: The Indian Ocean and the Limits of Strategic Convergence,” *Australian Journal of International Affairs*, Vol. 64, No. 5, 2010, p. 549.

③ 赵青海：《澳印关系：尚未成熟的战略伙伴》。

④ 《澳总理称将加强与印度军事合作　成为密切盟国》，新浪网，2012 年 10 月 19 日，http://news.sina.com.cn/w/2012-10-19/134025394715.shtml。

⑤ 屈彩云：《双边视角下的“日美澳印”战略合作》。

印度的铀禁售政策，可以视为双边安全合作的一个突破。但澳大利亚希望印度将铀不用于军事目的,① 因而两国在核问题上的合作实质仍有很大的不确定性。

总体而言，印澳安全合作受两国战略分歧、认知差异、国内政治的影响较为明显,②如能减少战略分歧，两国的安全合作还有很大的提升空间。

（三）印韩安全合作

在过去一个世纪，印韩两国都相对忽视对方，21 世纪以来，地区格局变动促使两国关系不断发展。③ 韩国是美国亚太盟国中战略能力仅次于日本的国家，印韩两国在经济利益上合作空间大，海洋合作、防范中国、战略提升上共同利益一般，这使得两国安全合作不温不火。不过，韩国的国防工业较强且无出口限制，对两国军火贸易起到了促进作用，印度发展海军的需求和韩国先进的造船工业使得两国军火合作形成了利益契合点。两国安全合作主要特点如下。

一是印度与韩国之间的联合军事演习较少，两国主要集中于海上非传统安全合作。2006 年 7 月，印度和韩国的海军陆战队在印度东海岸的钦奈港水域举行为期五天的联合演习，以检验控制海洋污染的方法。④ 2012 年 6 月 2 日，印韩两国海军举行了联合海上军事演习，双边都派出了隐形护卫舰、驱逐舰等先进舰船。⑤此外，印韩还曾多次参加多边联合军演。

二是两国安全对话频繁，形成了机制化的安全合作。2004 年，两国开启

① Vikas Kumar, "India and Australia: The End of Estrangement?" Clingendael Asia Forum, December 9, 2011, http://www.clingendael.nl/sites/default/files/20111209_artikel_clingendaelasiaforum_cas_vkumar.pdf.

② Vibhanshu Shekhar, "India and Australia in the Twenty-first Century: Emerging Parameters of Strategic Engagement," *India Quarterly*, Vol. 66, No. 4, 2010, p. 401.

③ David Brewster, "India's Developing Relationship with South Korea: A Useful Friend in East Asia," pp. 402-403.

④ 《印度、韩国海军联合演习》，新华社新德里电，2006 年 7 月 5 日，http://news.sohu.com/20060707/n244134882.shtml。

⑤ 《印度韩国各派隐身战舰举行联合海上军演》，新浪网，2012 年 6 月 27 日，http://slide.mil.news.sina.com.cn/slide_8_235_15662.html#p=1。

了外交与安全对话，涉及地区安全、反恐等议题。① 2005 年，印韩两国签署了一份防务、工业和后勤合作的谅解备忘录。2007 年，两国防长进行了首次对话，认为应该加强双边安全关系以和经济关系匹配。自 2008 年起，印韩两国每年都召开外长共同委员会会议，就两国全面合作进行商讨，国防与军工合作也是重要议题之一。两国还形成了韩印副部长级别外交安全政策对话。② 此后安全领域的专门对话机制也逐渐形成。2010 年 1 月，双方正式建立战略伙伴关系，两国安全合作进一步发展。2010 年 9 月，印度国防部部长安东尼访问韩国，印韩两国签署了《印韩国防合作谅解备忘录》和《印韩国防研究开发合作谅解备忘录》两项国防合作协议，确立了两国防长年度会晤机制。③ 2012 年 6 月，印日韩三国首次举行了三方二轨会谈，重点讨论海上安全合作问题。④ 2012 年 11 月，韩国国防部长官金宽镇前往印度出席韩国—印度国防部部长会谈，双方就军方人士相互交流和国防产业合作等议题进行讨论。⑤ 2013 年 12 月，两国首次举行战略防务对话，就有关地区安全问题交换了意见，重点讨论了如何推动双边军事关系以及扩大国防工业合作。⑥ 2014 年 1 月，韩国总统朴槿惠访问印度，双方签署了《军事情报保护协定》。2015 年 5 月，印韩两国举行首脑会谈，双方签署《联合声明》，将两国关系从“战略伙伴关系”提升至“特别战略伙伴关系”。《联合声明》称，两国将采取一系列措施来加强安全合作，包括：加强国家安保室之间的安全、国防和虚拟领域定期协商机制；新设外交部和国防部之间（2+2）的副部长级会议机制；加强两国在虚拟安全方面的合作；启动两国海军之间工

---

① “India, South Korea to Forge Closer Nuclear, Security Ties,” *The Hindu*, January 26, 2010, http://www.thehindu.com/news/india-south-korea-to-forge-closer-nuclear-security-ties/article94842.ece.

② David Brewster, “India's Developing Relationship with South Korea: A Useful Friend in East Asia,” pp. 402-425.

③ Press Information Bureau India, “India and South Korea Sign Two Landmark MOUs to Boost Defense Cooperation,” September 3, 2010, http://www.defense-aerospace.com/article-view/release/117832/india,-south-korea-to-expand-defense-cooperation.html.

④ “India, Republic of Korea, Japan Hold a Trilateral Meet, Discuss South China Sea,” *The Economics Times*, June 29, 2012, http://articles.economictimes.indiatimes.com/2012-06-29/news/32472526_1_maritime-security-energy-security-security-architecture.

⑤ 《韩防长赴印度出席会谈 讨论国防产业合作等议题》，中国新闻网，2012 年 11 月 28 日，http://www.chinanews.com/gj/2012/11-28/4365036.shtml。

⑥ 《韩国印度举行首次战略防务对话 扩大国防工业合作》，韩联社，2013 年 12 月 23 日电，http://military.china.com/news2/569/20131224/18240154.html。

作对话机制并实现各军种之间的定期互访。①

三是军火贸易不断发展，印方需求成为主推。2005年以前，印韩之间的国防工业合作非常有限。② 2005年后，印韩的军火贸易在印度与美国亚太盟国间相对较多，而印度的需求则是主要推动因素。印度大力发展海军，而韩国拥有先进的造船工业，这也促使两国以海军装备为主展开军火合作。2010年1月，韩国决定将向印度提供60架KT-1基础教练机以满足印度空军的需求。③ 2012年6月，印度打算购买韩国江南公司8艘“未来水雷对抗舰”，合同总值高达5亿美元。④后来印度又陆续向韩国订购了一些海军装备。2014年1月，印韩两国共同宣布，两国将就包括国防在内的多个领域展开进一步合作，合作将主要通过印度—韩国国防后勤与工业联合委员会落实。⑤ 2014年12月，印度—韩国后勤与工业联合委员会发表了一份声明，称印韩两国在防卫装备和技术合作上拥有“相当大的可能性”。⑥ 2015年5月，印度总理莫迪在访问韩国时，邀请韩国公司加大向印度国防领域的投资力度，两国承诺将扩大在国防工业方面的联系。⑦军火贸易的加强促进了两国工业合作的扩大。

不过对于印韩安全合作而言，中国因素、战略重心差异、两国的利益分歧等限制了两国安全合作的快速发展。

---

① 《韩印举行首脑会谈提升两国关系》，韩联社，2015年5月18日电，http://chinese.yonhapnews.co.kr/newpgm/9908000000.html?cid=ACK20150518003300881。

② David Brewster, "India's Developing Relationship with South Korea: A Useful Friend in East Asia," *Asian Survey*, Vol. 50, No. 2, pp. 417-418.

③ 《印度韩国确立“战略伙伴”关系　加强国防合作》，中国国防科技信息网，2010年1月28日，http://news.163.com/10/0128/11/5U44UN2200011MTO.html。

④ Sudhakar Vaddi, "India-South Korea Relations: The Prospects of Defence Industry," http://voiceof.india.com/features/india-south-korea-relations-the-prospects-of-defence-industry/1249.

⑤ 张洛晴：《印度与韩国将就国防等领域展开进一步合作》，中新网，2014年1月20日，http://www.chinanews.com/mil/2014/01-20/5755402.shtml。

⑥ 蜂窝：《印度韩国重申国防装备合作　造船合作达成一致》，中新网，2014年12月31日，http://www.chinanews.com/mil/2014/12-31/6927989.shtml。

⑦ 王迪：《印度极力与韩国加强国防工业合作力度》，国防科技信息网，2015年5月20日，http://www.dsti.net/Information/News/94385?t=1432398700757。

（四）印泰、印菲安全合作

印度与东盟国家在应对非传统安全威胁上具有共同利益，其主要涉及打击海盗、毒品走私、恐怖主义、非法移民等问题。① 不过总体而言，印度与泰国、菲律宾之间的安全合作相对较少，尽管在地区安全上展开一些合作，但无论是频率还是机制化程度都相对有限。其原因在于泰国和菲律宾的战略能力有限，印度对他们不太重视，彼此间的共同利益也不是很多。即便菲律宾与印度在防范中国上存在较高利益契合，但印度并不想在南海问题上为菲律宾火中取栗。印泰、印菲安全合作主要特点如下。

一是印度与泰国、菲律宾军事演习不多，演习基本局限于非传统安全领域。2005 年 9 月，印度海军和泰国皇家海军在印度东部的安达曼海域首次举行了为期四天的联合巡逻演习。此次演习旨在提升两国海军间的相互了解和内部协作，重点演练打击走私、海盗、贩毒、偷猎以及非法移民等课目。②2006 年 1 月，印度与泰国、印度尼西亚、澳大利亚等 9 国（菲律宾未参加）在印度安达曼和尼科巴群岛等海域进行联合海军演习，这也是自 1995 年以来第 5 次在印度洋海域举行类似联合海军演习，该系列演习旨在促进印度洋周边国家海军间的密切合作与相互了解。③ 2011 年 11 月，印度与泰国两国海军在安达曼海域举行联合军演，对安达曼海的“国际海洋边界”展开联合巡逻。这项演习制度也成为双方的常规演习。④ 印度与菲律宾曾在一些多边军演中有过合作，不过到目前为止，印度与菲律宾尚未有过双边联合军演。

二是双边安全对话不多，机制化合作尚未形成。2005 年，印度和泰国两国海军达成了海军联合巡逻的备忘录。2006 年，印度与菲律宾两国签署了防

① Arabinda Acharya, “India and Southeast Asia in the Age of Terror: Building Partnerships for Peace,” *Contemporary Southeast Asia*, Vol. 28, No. 2, 2006, p. 314.

② 《印度和泰国海军举行联合巡逻演习》，人民网，2005 年 9 月 23 日，http://military.people.com.cn/GB/1077/52987/3722609.html。

③ 《印度、泰国、印尼等 9 国即将举行联合海军演习》，中新网，2006 年 1 月 2 日，http://news.163.com/06/0102/21/26G87T2300011235.html。

④ 《印度与泰国海军将在安达曼海域举行联合军演》，新华网，2011 年 11 月 16 日，http://war.163.com/11/1116/09/7IVL0OA000011MTO.html。

务合作协议。① 不过这些都属于低层次的军事合作协议。2013 年 6 月，印度与泰国两国国防部部长讨论两国在某些领域进行国防生产合作的可能性，双方认为两国在军工合作、地区安全、海洋运输方面存在合作空间。② 菲律宾也有意加强与印度的安全合作。2013 年 10 月，印菲两国外交部部长进行了会谈，同意加强两国的安全合作。③ 2014 年莫迪就任总理以来，印度就一直试图进一步加强与东南亚国家的合作，这是印度“东向政策”的一部分，也促进了印度与东南亚国家的安全合作。印度与泰国在维护孟加拉湾地区海洋安全、管控海上移民上不断加强合作。两国军方高层互动也日益频繁，2015 年，印度海空军高级将领均访问了泰国。

三是军火交易目前还处在商讨阶段，实质性合作不多。随着印度“东向政策”的强化，加强与东南亚国家的安全合作成为其重要一环，马来西亚是东盟国家中最早与印度进行军火交易的国家之一，菲律宾也有意从印度引进两艘护卫舰。④ 不过由于印度国防工业能力有限，并非东南亚国家传统军火贸易对象，因而其与印度军火交易实质非常有限。

总体而言，依据军事演习、安全合作、军火贸易三个维度，可以发现印度与美国亚太盟国之间的安全合作以印日为主，印韩、印澳次之，印泰、印菲最少。在军事演习方面，双边军演更能体现印度与美国亚太盟国的安全合作程度，演习课目可视为评估他们之间安全合作的重要指标。印度与日韩的安全合作形成了一定的机制化，出现了“2+2”的副部级对话机制，与其他国家的安全合作尚未形成高级别的机制化合作。在军火交易方面，目前只有韩国与印度之间的军火交易初具规模，一旦日本在武器出口方面限制放松，印日军火交易将有望大幅提升。不过也应该看到，印度与美国亚太盟国之间的安全合作主要以双边合作为主，尽管存在美日澳印、美日印等多边机制，但其合作相对有限，这也意味着印度难以成为美国“亚太版北约”的成员。

---

① Walter C. Ladwig Ⅲ, “Delhi's Pacific Ambition: Naval Power, ‘Look East’ and India's Emerging Influence in the Asia-Pacific,” *Asian Security*, Vol. 5, No. 2, 2009, pp. 94–97.

② 吴静颐：《印度与泰国讨论国防合作　称有利于保护海上运输线》，国防科技信息网，2013 年 6 月 8 日，http://www.dsti.net/Information/News/82506。

③ Camille Diola, “Philippines, India Talk Defense Ties, China,” October 22, 2013, http://www.philstar.com/headlines/2013/10/22/1248153/philippines-india-talk-defense-ties-china.

④ Saurav Jha, “India's ASEAN Defense Sales Effort,” *The Diplomat*, November 20, 2013, http://thediplomat.com/2013/11/indias-asean-defense-sales-effort/.

表 4-6　印度与美国亚太盟国的安全合作情况总结

安全合作	印日	印韩	印澳	印泰	印菲
军事演习	双边演习机制化、多边演习频繁、演习内容不局限于非传统安全	双边演习不多、以多边演习为主、演习内容主要集中在非传统安全领域	2015 年 9 月首次双边军演、多边演习不多、演习内容以非传统安全为主	以多边非传统安全演习为主	尚未有过双边军演，多边军演也寥寥无几
安全合作	互动频繁、合作机制化最早形成、合作机制最多	互动频繁、合作机制化形成、合作机制不多	互动一般、合作机制化较少	互动较少、合作尚未机制化	互动很少、合作尚未机制化
军火交易	较少	初具规模	暂无	暂无	有合作意向

资料来源：作者自制。

结语

本文将印度与美国亚太盟国之间的安全合作作为整体考察，并比较分析了他们之间安全合作程度不一的原因。总体而言，印度与美国亚太盟国之间的安全合作取决于彼此的战略能力和共同利益。不过由于印度的战略能力既定，因而美国亚太盟国的战略能力及他们与印度的共同利益将主要决定他们之间的安全合作。本文的案例研究基本支持了这一研究假设，需要注意的是，印度与美国亚太盟国各自的国防工业的能力对他们之间的安全合作影响比较明显。此外，中国因素、国内政治、大国关系等因素也具有一定的影响。相对而言，印度在其与美国亚太盟国之间的安全合作中更具主动性，这也意味着它们之间安全合作的趋向更多取决于印度方面。

随着印度战略能力的不断增强，其“东向政策”实施力度会逐渐增大，印度与美国亚太盟国的安全合作也会相应增多，但主要是与日韩澳三国进行合作，与菲律宾、泰国的安全合作不会有太大进展。对于印度与美国亚太盟国之间的安全合作，中国不必过于担忧，毕竟目前印度与美国亚太盟国安全合作的程度相对较低，也难以促成“亚太版北约”。即便“印太战略”目前声势浩大，但要基于此形成“印太版北约”也非常困难，但印日、印澳之间的安全合作值得注意，印度与美国及其盟国的安全合作会有所增加。目前，印日安全合作是印度与美国亚太盟国之间安全合作程度最高的，且随着日本国内安全政策不断调整，他们之间的安全合作还会有所增强。印澳在“印太地区”存在诸多共同利益，随着美国力量在该地区的相对衰落与大国在印度洋地区的竞争加剧，印澳安全合作的动力会进一步加强。

由于印度与美国亚太盟国之间的安全合作主要是相互借重，中国虽然影响他们的战略能力较为困难，但可采取一些的手段调整他们的共同利益，进而削弱他们之间的安全合作动力。具体手段主要有三个方面：一是加强中印共同利益塑造，对印度“东向政策”持谨慎欢迎态度，允许印度在亚太地区发挥一定作用，避免印度与美国亚太盟国抱团取暖形成“反华联盟”；二是加强中国与美国亚太盟国的共同利益，对冲他们与印度的共同利益，削弱他们的安全合作动力；三是推动地区多边安全机制构建，减少地区内国家对于军事联盟的需求程度，规避印度与美国亚太盟国安全合作的联盟化趋势。

思考题：

1. 印度为何与美国亚太盟国不断加强合作？
2. 印度与美国亚太盟国加强合作会产生哪些影响？

共同“威胁”：韩日安全合作的动力探析

导语：韩国与日本是隔海相望的近邻，又同为美国的盟国，但长期以来两国之间的安全合作却徘徊不前。历史积怨、岛屿争端等导致韩日两国政治互信不足，韩国政府迫于国内民众反日情绪，在韩日安全合作上也十分谨慎。朝核问题的出现改变了东北亚地区的安全态势，韩日两国都视朝核问题为“威胁”，在共同应对朝鲜“核威胁”、维护地区和平与稳定方面，两国之间拥有广泛的共同利益。朝核问题也因此成为两国打破安全合作困局的契机，而该问题的持续发酵也成为两国在安全领域合作的重要动力。

韩国与日本虽同为美国盟国，但两国之间的安全合作一直比较有限。近年来，美国为了自身战略需要，不断撮合韩日加强安全合作，并利用朝核问题不断推动美日韩安全协调，对东北亚安全产生了重要影响。不过韩日安全合作为何曾经长期徘徊不前，而近年来的合作虽有进展亦矛盾不断呢？由此引发的思考是：决定韩日安全合作的动力何在？本文将基于此问题，探讨影响韩日安全合作的主要动力以及韩日安全合作的未来可能前景。

一、既有研究及不足

关于韩日安全合作的动力问题，既有研究从不同的视角对此进行了分析，大致可以归纳为三种观点：一是“朝鲜威胁说”，其认为韩日两国在对付朝鲜的“安全威胁”方面有共同利益，这也促使两国加强安全合作；二是“美国推动说”，其认为美国为了弥补自身实力下降，不断整合盟国力量，增强亚太联盟体系的凝聚力，推动日本与韩国展开合作，从而更好地对付威胁与挑战；三是“中国威胁说”，其认为中国的崛起改变了亚太地区的力量结构，为了应对中国崛起过程中的“风险与不确定性”，韩日两国需要加强安全合作。

（一）“朝鲜威胁说”

冷战期间，朝鲜半岛的南北双方分属不同的阵营，在美苏对抗的格局中，韩国与日本都被纳入美国的战略轨道，成为美国亚太联盟体系的重要成员，朝鲜则加强与中国和苏联的关系。这种两极对抗造成了朝鲜与韩日的敌对关系，也使得韩日都将朝鲜视为“安全威胁”。① 20世纪60年代，在朝韩竞争中，韩国在军事和经济方面都处于劣势，“在这种情况下，韩国需要与美国和日本确立协作体制来共同应对朝鲜、中国和苏联组成的强大军事联盟，从而摆脱韩国在南北对峙中的劣势地位”。② 20世纪70年代初，美国在内外交困的局势下出台了“尼克松主义”，实施战略收缩，美国的脱身政策引起韩国的不满。为了应对美国力量在朝鲜半岛抽身的可能性，韩国一方面采取措施实施“自主国防”计划，另一方面也加强了韩日安全合作。③ 冷战结束后，朝鲜对韩日的“安全威胁”依然存在，并且朝核问题的持续发酵加剧韩日的安全担忧。韩国长期处在朝鲜的“安全威胁”之下，而日本则对朝鲜的“核导威胁”影响印象深刻。④ 这也使得从金泳三政府到李明博政府，韩国每一次强化同日本的军事安全合作都与“朝鲜威胁”有关。⑤

（二）美国推动说

二战后韩日政治与安全关系主要靠美国的协调而得以维系，韩日间缺乏强化双边关系的内在动力，两国之间缺乏坚实的政治基础和相互信任。⑥ 冷

① 李浩源：《不确定号角中的伙伴——解析韩日安全合作与军事交流》，《国际展望》2002年第16期。

② 马晶：《韩日邦交正常化的实现及其影响》，《延边大学学报（社会科学版）》2011年第5期。

③ 孙俊华：《尼克松主义对日韩安全合作关系的影响》，《日本学论坛》2006年第4期。

④ House of Commons Foreign Affairs Committee, *Global Security: Japan and Korea*, 2008, p. 30.

⑤ 詹德斌：《韩国对日安全合作：动向、动因与挑战》，《日本研究》2016年第1期。

⑥ 金熙德：《韩日关系的定位、调整和近期走向》，《当代韩国》2001年第3期。

战时期，韩日之间的政治安全合作主要是通过美国牵线搭桥实现，即美国向其盟国提供安全保护，日本和韩国替美国驻军分担经济负担，并配合美国行动，而韩日双方在军事安全方面只是进行了有限的交流。[①] 冷战后，韩日安全合作需要美国居中调度的局面依旧。美国亚太再平衡战略的实施需要不断强化亚太联盟的整体作用，因而推动韩日安全合作符合美国的战略利益。[②] 由于美国亚太联盟主要是双边联盟，在中美战略竞争中其对美国的支持受限，因而推动美日韩等联盟多边化是美国战略资源汲取的重要方式。[③] 由此可见，美国一直在韩日安全合作中发挥着举足轻重的作用，通过直接与间接的方式对韩日施加影响，推动韩日安全合作，增强美日韩三边关系的凝聚力。

（三）“中国威胁说”

近年来，中国的崛起对亚太地区的力量格局造成了一定影响，作为中国的近邻，韩日两国都十分关注中国崛起对自身的影响，因而中国崛起也成为影响韩日安全合作的重要因素。[④] 尽管两国都承认中国崛起对两国经济发展而言是个机遇，但两国对于中国军力发展都感到担忧。[⑤] 由于社会制度和意识形态的差异，加上两国现实利益分歧，韩国国内对于中国崛起对其所造成的影响深有疑虑。[⑥] 在对韩国民众的调查中也发现，有超过三分之一的受访者认为，中国崛起对韩国弊大于利。[⑦] 韩国国内对中国崛起后是否会成为霸权国充满忧虑，这也导致他们对中韩关系持悲观态度。[⑧] 在“萨德”问题的

---

① 方秀玉、李华：《当代韩日关系刍论》，《辽东学院学报（社会科学版）》2011 年第 4 期。

② Bruce Klingner, “Washington Should Urge Greater South Korean-Japanese Military and Diplomatic Cooperation,” *Backgrounder*, No. 2734, September 24th, 2012, p. 4.

③ Manufacturing Partners: Japan-South Korea Security Cooperation and Australia’s Potential Role, Strategic Insights, Australia Strategic Policy Institute, March 2014, p. 2.

④ Jason U. Manosevitz, “Japan and South Korea Security Relations Reach Adolescence,” *Asian Survey*, Vol. 43, No. 5, 2003, p. 806.

⑤ Bonnie Glaser and David Szerlip, “US Allies Respond: Japanese, Australian, and South Korean Reactions to China’s Military Modernisation,” *China Perspectives*, Vol. 88, No. 4, 2011, pp. 17-29.

⑥ 林珉哲：《韩国“中国威胁论”的多维透视》，硕士学位论文，吉林大学，2007。

⑦ 董向荣等：《韩国公众对中国崛起的认知与态度分析》，《现代国际关系》2010 年第 10 期。

⑧ 王晓玲、董向荣：《韩国人心目中的中国形象——基于焦点集团访谈的研究结果》，《当代亚太》2010 年第 2 期。

处理上，韩国国内对中国的做法也感到不满。由于历史和地缘的缘故，日本对于中国崛起和中日力量对比的转变更加敏感，并且其引发了两国关系的一连串的波动。① 针对中国崛起，日本对华政策在各方面呈现不同程度的戒备。②

对中国军事力量增强的恐惧和对中国崛起“不适应”的纠结心理也导致中日关系面临严峻的危机和风险。③ 基于对中国崛起不确定性的忧虑，韩日两国在东亚安全问题上也拥有一定共同利益，希望能够携手应对可能的“风险与挑战”。④ 与此同时，为了平衡中国崛起对美国亚太地区主导权的影响，阻止其盟国的离心倾向，美国一方面不断渲染“中国威胁”以离间中国与其盟国的关系，另一方面则是不断推动联盟多边化，美日韩三边化是其中重要一环。⑤

上述三种观点都在一定程度上对韩日安全合作动力作出了解释，但也稍有不足。“朝鲜威胁说”只是模糊地指出朝鲜的“威胁”对韩日安全合作有重要影响，却没有指明“朝鲜威胁”具体是指何种“威胁”，又是如何影响韩日安全合作的。事实上，在朝核问题产生之前，朝鲜基本不能直接威胁日本的安全，朝鲜的常规军事“威胁”对韩国来说却是一直都存在的。因而韩日对于“朝鲜威胁”的认知并不一致，存在巨大差别。朝核问题的出现改变了“朝鲜威胁”的性质，也使得韩国和日本对“朝鲜安全威胁”认知的共识增强，安全合作意愿也因此增加。“美国推动说”重点强调了美国对于韩日安全合作的推动作用。毋庸置疑，在美日、美韩联盟框架之内，美国拥有对韩日施加影响促使双方合作的动力和能力，推动韩日和解、整合美日韩三边联盟符合美国的战略利益。然而，虽然有美国牵线搭桥，但如果韩日缺乏直接合作动力，美国的撮合作用实际就是有限的。事实上，从冷战时期起，美国就一直撮合韩日安全合作，使得韩日之间形成了一种“联盟但对抗”的

① 宫力：《日本对中国崛起的不适应症与中国的战略应对》，《现代国际关系》2014年第1期。

② 苗吉、李福建：《战略戒拒与战略调适：日澳对中国崛起的反应》，《外交评论》2014年第1期。

③ 冯昭奎：《中日关系：历史的回顾与展望》，《外交评论》2012年第5期。

④ 詹德斌：《韩国对日安全合作：动向、动因与挑战》，《日本研究》2016年第1期。

⑤ 凌胜利：《冷战后美国亚太联盟的强化趋势与问题》，《美国问题研究》2012年第2期。

关系,① 但韩日安全合作却非常有限，双方的历史问题具有深远的影响。②

冷战后，韩日对美国的离心倾向加重，美国的战略协调更为困难，对韩日安全的推动作用也比较有限。这也使得尽管美国长期撮合韩日安全合作，但韩日安全合作进程却一直徘徊不前。“中国威胁说”虽然在韩日两国都有一定的市场，但由于韩日两国在处理对华关系方面有不同的利益取向，韩国没有像日本那样与中国存在结构性矛盾与战略分歧，两国联合起来限制中国崛起的意愿也相对有限。即便在美国的极力拉拢之下，美日韩也没能建立起针对中国的多边联盟。基于上述分析，本文试着从朝核问题的视角，探讨朝核问题对韩日安全合作的影响。与广义的“朝鲜威胁说”不同，本文认为朝核问题对东北亚安全造成了巨大冲击，极大地增强了韩日两国的不安全感和对朝鲜的“安全威胁”共识，促使两国采取措施共同应对朝鲜发展核武器所造成的“威胁”。正是基于这一共同利益，韩日两国才有动力淡化或搁置在历史问题和领土问题上的争议，推动两国在安全领域的合作，加强美日韩三边协调。

二、韩日对朝核问题的反应

冷战后，朝核问题成为东北亚安全的焦点问题，深刻地影响着地区的和平与稳定。自 1993 年第一次朝核危机爆发以来，有关各方为朝核问题的解决都提出了各自的方案。不过由于种种原因，时至今日，朝核问题依然是久拖不决，甚至有时还愈演愈烈。③ 朝核问题的持续发酵也影响着相关国家的态度与政策。作为朝核问题的重要利益攸关方，朝鲜发展核武器直接打破了朝鲜半岛内部的军事平衡，增强了朝鲜对韩国的威慑力；朝核问题的出现使得朝鲜半岛局势更加复杂，半岛统一进程前景更加不明朗；韩国安全环境也因为朝鲜不断拥核及其挑衅行为而受损，其对朝政策也将更加困难。④ 作为

① Victor D. Cha, *Alignment Despite Antagonism: The United States-Korea-Japan Security Triangle* (Standford University Press, 1999).

② Hahn Bae-ho, "Korea-Japan Relations in the 1970s," *Asian Survey*, Vol. 20, No. 11, 1980, pp. 1087-1097.

③ 王生、凌胜利：《朝核问题解决的“双轨制”新思路探讨》，《东北亚论坛》2016 年第 3 期。

④ 付玉帅、刘宝全：《朴槿惠政府对朝政策解析》，《当代韩国》2013 年第 2 期。

朝鲜的近邻，日本对朝鲜核问题极为敏感。一是两国历史积怨难消，日本对朝鲜的殖民历史当前依然影响双方关系；二是日本作为唯一的核武器的受害者，对于核武器的态度比较矛盾，反核力量在日本国内始终存在；三是朝鲜核能力的增强使得日本面临“威胁”的可能性增加，使其极有可能成为朝鲜的“核人质”。日本认为朝核问题与日本的国家安全利益紧密相连，朝核问题也因此成为朝日邦交正常化的主要障碍之一。① 在朝核问题上，韩日两国的基本立场相似，两国都认为朝鲜发展核武器对本国安全和地区稳定构成了“重大威胁”。同时，作为美国的盟国，两国都十分注重在朝核问题上与美国的沟通与合作，在美国的联盟框架之下协调彼此的政策立场。

第一次朝核危机爆发后，韩国外交部就发表声明，称朝鲜宣布退出《不扩散核武器条约》是对国际核不扩散体制的挑战，要求朝鲜撤回退出《不扩散核武器条约》声明，接受国际原子能机构的核查。② 但韩国也不愿意过度刺激朝鲜，而是留有余地，强调通过对话谈判解决问题，以维护半岛局势的稳定。在朝核危机的解决过程中，作为直接当事方，韩国谋求发挥主导作用，但朝鲜拒绝就朝核问题与韩国谈判，而是要撇开韩国与美国直接谈判。在这种情况下，韩国只能在美国的框架之下对谈判施加影响，但发挥的作用有限。然而，韩国却要承担美朝框架协议的核心——轻水反应堆工程的大部分费用，尽管韩国国内对此有所不满，却又无可奈何。第一次朝核危机爆发后，日本外相渡边美智雄称，朝鲜退出《不扩散核武器条约》对核不扩散体制构成了挑战。在朝鲜发布退约声明的第二天，日本就宣布了对朝制裁措施。③ 朝核问题的出现也深刻地影响了日朝双方自 1990 年 9 月开始的邦交正常化谈判。1998 年 8 月，朝鲜试射的“大浦洞 1 号”导弹飞越日本上空落入太平洋，日本反应强烈，随即便公布了新的对朝制裁措施。导弹能力的提升有可能增强朝鲜的核能力，但也造成了日本国内的恐慌情绪，使得日本民众深切感受到了朝鲜的“核威胁”，转而支持美国的导弹防御系统。可以看出，朝核危机爆发后，韩日均强调朝鲜的行为破坏了国际核不扩散体制，显示出两国对朝鲜“核威胁”的担忧，但韩国从维护半岛稳定的大局出发，主张不过度刺激朝鲜，以免进一步恶化局势。而日本则态度强硬，立即宣布对朝制

---

① 姜龙范：《“朝核问题”与日朝邦交正常化》，《国际观察》2008 年第 5 期。

② 孙茹：《朝核问题：地区合作进程研究》，时事出版社，2009，第 42 页。

③ 孙茹：《朝核问题：地区合作进程研究》，第 43 页。

裁措施，并中断了日朝关系正常化的谈判。

2003年1月，朝核危机再次爆发，韩国对此表达了其一贯的反对立场，谴责朝鲜的举措是对半岛和平与稳定的“严重威胁”，但也强调通过对话解决问题。刚当选的韩国总统卢武铉在会见美国助理国务卿凯利时提出解决核问题的三原则：不能容忍朝鲜拥有核武器的企图，通过对话和平解决问题，韩国发挥主导作用。① 第二次朝核危机爆发，使得原本已经进入正常轨道的日朝关系又偏离了既定方向，② 日本针对朝鲜的行为采取了一系列强硬的制裁措施。③

2006年10月9日，朝鲜进行了第一次核试验。韩国政府在当天即发表了措辞严厉的声明，并敦促朝鲜立即停止一切核试验计划。④ 但韩国同时也保持克制态度，不愿放弃对话以促进问题解决。⑤ 韩国总理韩明淑10月17日在首尔表示，韩国对朝鲜采取制裁措施应以推动朝鲜回到谈判桌前为目的，并尽量避免引发武力冲突。⑥ 对于朝鲜的核试验，日本反应更为强烈。其实早在朝鲜核试验前一个月，日本就以朝鲜拒绝履行联合国安理会决议、拒绝重返六方会谈等为由，扩大对朝制裁。朝鲜核试验后，日本又追加了制裁措施，包括禁止所有船只入港，全面禁止朝鲜货物进口，禁止朝鲜人入境等措施。⑦

2009年5月25日，朝鲜进行第二次核试验。韩国政府发表声明称，朝鲜开展第二次核试验对朝鲜半岛及东北亚乃至世界和平构成严重“威胁”，这是对国际核不扩散机制的重大挑战，是无法容忍的挑衅行为。⑧ 日本当天

---

① 《韩国当选总统卢武铉提出解决朝核问题三个原则》，新华网，2003年1月13日，http://news.xinhuanet.com/newscenter/2003-01/13/content_688349.htm。

② 姜龙范：《“朝核问题”与日朝邦交正常化》，《国际观察》2008年第5期。

③ 日本通过的《外汇贸易修正法》《特定船舶入港禁止法案》和《朝鲜人权侵害对策法案》分别对朝鲜获取外汇渠道、日朝之间人员往来和政治人权三个方面予以制裁和谴责。

④ 《韩国：朝鲜核试验是对世界和平的重大威胁》，搜狐网，2006年10月9日，http://news.sohu.com/20061009/n245693435.shtml。

⑤ 《韩国将继续对朝接触政策　南北双方未见军事异动》，搜狐网，2006年10月11日，http://news.sohu.com/20061011/n245723109.shtml。

⑥ 《韩国总理说对朝制裁应以推动对话为目标》，新华网，2006年10月17日，http://news.xinhuanet.com/world/2006-10/17/content_5215829.htm。

⑦ 孙茹：《朝核问题：地区合作进程研究》，第205页。

⑧ 《韩国政府称朝核试验是无法容忍的挑衅行为》，环球网，2009年5月25日，http://world.huanqiu.com/roll/2009-05/470726.html。

对朝鲜再次进行地下核试验进行谴责，并表示将要求联合国安理会讨论新的对朝制裁决议。①

2013 年 2 月 12 日，朝鲜进行第三次核试验，韩国总统李明博当天就召开国家安全保障会议，并在会后发表声明，谴责朝鲜进行核试验，称其违反安理会决议，是对半岛和平与稳定的“不可接受的威胁”。即将上任的朴槿惠总统紧急召开应对会议，强烈谴责朝鲜核试验是对朝鲜半岛和国际和平的重大“威胁”，不利于韩朝构筑信赖关系。② 日本首相安倍晋三当天发表声明称，“此举是对我国安全的重大‘威胁’，严重损害了国际和平与稳定，绝对无法容忍”。③

2016 年 1 月 6 日，朝鲜进行了第四次核试验，韩国政府当天发表声明对朝鲜进行强烈谴责，敦促朝鲜以不可逆的方法销毁全部核武器。④ 针对朝鲜核试验，日本的立场和之前一样，强烈谴责朝鲜的核试验行为。日本首相安倍晋三当天表态，朝鲜的这一行为是对《不扩散核武器条约》的重大挑战，日本外相岸田文雄则认为朝鲜核试验挑战了地区和国际社会的和平安全。⑤

2016 年 9 月，朝鲜进行了第五次核试验。韩国政府认为这是无法容忍的重大挑衅，韩国政府对此予以强烈谴责。韩国政府再度呼吁朝鲜立刻以完整、可检验、不可逆的方法废弃核武与导弹开发计划。韩方称，其将同国际社会合作，为谋求更强力的对朝制裁进行一切努力，韩国政府将为应对危及韩国国民生命及国家安全的挑衅行为做好万全准备。⑥ 日本政府不仅第一时间对朝鲜核试验表示谴责，日本参众两院还分别在 9 月 26 日的全体会议上一致通过决议，对强行实施第五次核试验的朝鲜进行严正抗议，并要求日本

---

① 《日本高官表态将对朝鲜采取“严厉举措”》，环球网，2009 年 5 月 25 日，http://world.huanqiu.com/roll/2009-05/470386.html。

② 《韩国新老总统谴责朝鲜核试验　称威胁半岛和平》，中国新闻网，2013 年 2 月 12 日，http://www.chinanews.com/gj/2013/02-12/4562324.shtml。

③ 《安倍发表声明谴责朝鲜核试验　称绝对无法容忍》，凤凰网，2013 年 2 月 12 日，http://news.ifeng.com/world/special/chaoxiansanheshi/content-3/detail_2013_02/12/22122579_0.shtml。

④ 《朝鲜宣布首次氢弹试验成功　日韩强烈谴责　美国称尚无法确认》，观察者网，2016 年 1 月 6 日，http://www.guancha.cn/Neighbors/2016_01_06_347114.shtml。

⑤ 《国际社会谴责朝鲜核试验》，新华网，2016 年 1 月 7 日，http://news.xinhuanet.com/world/2016-01/07/c_128603687.htm。

⑥ 《韩政府发表声明严厉谴责朝鲜第五次核试验》，环球网，2016 年 9 月 9 日，http://world.huanqiu.com/exclusive/2016-09/9423750.html。

政府加强对朝单边制裁。日本首相安倍晋三在众院全体会议上表示："本次核试验是新阶段的'威胁'，（政府）将推进探讨充实并强化日本的单边（制裁）措施。"①

2017 年 9 月，朝鲜不顾国际社会的反对与制裁，进行了第六次核试验。韩国外交部发表政府声明，强烈谴责朝鲜当天进行的第六次核试验。声明表示，韩国绝对无法容忍朝鲜不顾国际社会再三反对，强行进行核试验。朝鲜的持续挑衅只会带来外交上的愈加孤立以及经济上的制裁。声明明确呼吁朝鲜，只有坚持无核化才是其自身安保及经济发展的保障，呼吁朝鲜回到构筑半岛和平稳定的无核道路中来。日本首相安倍晋三向媒体表示"决不能容忍"，并呼吁国际社会加大对朝鲜的制裁力度。

通过对比分析韩日两国对朝核问题的反应可以发现，在朝核问题上，韩日两国都坚决反对朝鲜发展核武器，都非常关注朝核问题对自身安全所造成的"威胁"。在朝核问题持续发酵的过程中，两国也都有相似的立场表述，显示出双方在共同应对"朝鲜核威胁"上的共同利益。但同时也可以看出，在应对朝核问题上，两国存在不同的"威胁"认知，这也使得他们的应对政策存在分歧。② 韩国除谴责朝鲜的行为之外，还强调通过对话谈判的方式解决问题，其目的是缓和半岛紧张局势，避免朝鲜采取进一步的过激行为，进而危害韩国的国家安全；而日本则反应迅速，很快就公布对朝鲜的制裁措施，显示出日本在朝核问题上的敏感性和强硬性，突显了日本和朝鲜之间的安全困境。③ 日本更多考虑国家安全而不是朝鲜半岛的局势稳定，并且日本更多地诉诸自我导弹防御系统的加强。

三、历史与现实的症结：韩日安全合作的障碍

韩国与日本是隔海相望的近邻，又同是美国的盟国，按说在美国的亚太

① 《日本众参两院通过对朝鲜核试验抗议决议》，环球网，2016 年 9 月 27 日，http://world.huanqiu.com/exclusive/2016-09/9488791.html。

② House of Commons Foreign Affairs Committee, Global Security: Japan and Korea, 2008, p. 28.

③ Il-Young Jeong, "Solving the Security Dilemma between North Korea and Japan," *The Journal of East Asian Affairs*, Vol. 26, No. 2, 2012, p. 137.

联盟框架下，两国应该建立起比较紧密的安全关系，① 甚至成为“准盟国”或盟国。但事实上，韩日两国安全合作一直在历史与现实的冲突中徘徊不前。政治互信的不足阻碍了两国安全合作的深入发展，其根源在于两国在历史问题和领土问题上的矛盾。②

当前，韩日两国关系的矛盾突出表现为“慰安妇”问题和独岛（日本称“竹岛”）主权之争。20 世纪 90 年代，日本二战时期强征“慰安妇”的真相逐渐被揭露，引起中韩等受害国以及国际社会的强烈关注。在国际社会的压力下，日本开始着手对“慰安妇”问题进行调查。1993 年 8 月 4 日，时任内阁官房长官河野洋平宣布调查结果并发表谈话，承认强征“慰安妇”的事实，并表示将通过历史研究和历史教育将这个问题永远铭记在心。但围绕“慰安妇”问题的道歉和赔偿问题，韩日两国并未很快达成协议，日本一些右翼团体和教科书对“慰安妇”问题的质疑和否定又不时引发两国之间的口水战，韩国民间团体更是在日本驻韩国大使馆前树起了“慰安妇”少女铜像以示抗议。2015 年 12 月 28 日，韩日两国外长宣布就“慰安妇”问题达成一致意见，③ 希望一劳永逸地解决该问题。但两国政府刚刚宣布达成协议，韩国“慰安妇”受害人就重申拒绝接受韩日两国政府签署的“慰安妇”问题协议，敦促日本政府就“慰安妇”问题正式道歉，并进行赔偿。④ 协议达成之后，两国就日本驻韩国大使馆前的“慰安妇”少女像搬迁问题发生争议，而且日本教科书对“慰安妇”问题的“模糊”处理也引起韩国政府的强烈不满。⑤ 可以预见，在两国政府层面，“慰安妇”问题虽然已经告一段落，但在两国民间，这一问题仍会不时出现反复，依然会造成两国信任鸿沟，⑥ 对两国关系发展造成不利影响。文在寅政府执政后，对朴槿惠政府时期达成

---

① Jason U. Manosevitz, “Japan and South Korea Security Relations Reach Adolescence,” *Asian Survey*, Vol. 43, No. 5, 2003, p. 804.

② House of Commons Foreign Affairs Committee, Global Security: Japan and Korea, 2008, pp. 26–29.

③ 《韩日慰安妇问题谈判达成一致》，韩联社，2015 年 12 月 28 日，http://chinese.yonhapnews.co.kr/newpgm/9908000000.html?cid=ACK20151228003100881。

④ 《韩慰安妇受害人访美　重申拒绝接受韩日政府间协议》，韩联社，2016 年 3 月 9 日，http://chinese.yonhapnews.co.kr/newpgm/9908000000.html?cid=ACK20160309000700881。

⑤ 《韩政府要求日方纠正教材慰安妇表述》，韩联社，2016 年 3 月 23 日，http://chinese.yonhapnews.co.kr/newpgm/9908000000.html?cid=ACK20160323003200881。

⑥ Yangmo Ku, “International Reconciliation in the Postwar Era, 1945–2005: A Comparative Study of Japan-ROK and Franco-German Relations,” *Asian Perspective*, Vol. 32, No. 3, 2008, p. 5.

的“慰安妇”问题协议并不认可，认为其缺乏韩国国内充分的民意支持。这实际上反映了“慰安妇”问题的最终解决不是能够由政府完全主导的，而必须考虑到两国的民意基础。果不其然，文在寅执政后，韩日两国政府在“慰安妇”问题上依然是争议不断。

韩日独岛主权之争是两国关系中绕不开的另一难题。目前该岛虽由韩国实际控制，但日本也坚持其拥有该岛的主权，互不相让的立场使该问题具有对抗性和敏感性。2005 年，为了纪念日本政府将独岛编入日本领土 100 周年，日本岛根县议会通过了《决定设立竹岛日条例》，将每年的 2 月 22 日定为“竹岛日”。这一消息立马在韩国引起强烈的反应，韩国总理推迟访日活动，韩国民众更是举办了大规模的集会与抗议活动。2006 年，日本政府决定对独岛进行勘测再次导致两国关系高度紧张，最后虽然两国暂时妥协，但这还是严重影响了两国的外交关系。① 2012 年，李明博总统的“独岛之行”更是导致两国关系恶化。文在寅政府上台后，在独岛问题上态度强硬，多次在独岛周围海域进行军事演习，尽管此举遭到日本政府的多番劝阻与抗议，但文在寅政府在该问题上的态度依然强硬。

总体而言，历史问题和岛屿主权争端深刻地影响了韩日两国的政治互信与国民感情，成为两国安全合作的主要障碍。② 两国政府为了迎合民意，在相关问题上不愿作出较大妥协，从而导致问题不断陷入僵局，这也导致韩日之间的安全合作受其影响，一直不温不火，徘徊不前。

四、朝核问题：韩日安全合作的契机与动力

长期的历史积怨、现实的领土争端和脆弱的国民感情导致韩日之间始终难以建立较为牢固的政治互信关系，两国的安全合作水平也一直徘徊不前。而朝核问题则为韩日开创安全合作局面提供了契机。朝核问题产生之后，韩日均感到朝鲜发展核武器对两国安全构成“威胁”，韩国在加强与美国合作

① 金香兰、王鸿生：《韩日独岛之争探析》，《太平洋学报》2013 年第 8 期。

② Manufacturing Partners: Japan-South Korea Security Cooperation and Australia's Potential Role, Strategic Insights, Australia Strategic Policy Institute, March 2014, p. 3.

的同时也希望加强与日本的协作，以监督和威慑朝鲜的核计划及导弹计划。①

（一）第一次朝核危机与韩日安全合作的展开

第一次朝核危机爆发后，韩国积极与美国磋商，期待能对美朝的双边谈判施加影响。除此之外，韩国也十分重视日本的作用，尤其在韩美两国对朝政策产生摩擦时，韩国希望日本能够支持韩国的立场。朝核问题成为韩日两国开展安全对话与合作的重要契机。1993 年 3 月 22 日，在朝鲜宣布退出《不扩散核武器条约》后不久，美日韩代表就齐聚纽约，讨论朝鲜退约问题。在美日韩三边合作的框架之内，韩日两国也借此机会交换了彼此的立场，加深了相互了解。1993 年 11 月，韩日在韩国庆州举行的峰会上就朝核问题协调立场。为了进一步争取日本对韩国朝核问题立场的理解与支持，1994 年 3 月，韩国总统金泳三访问日本，协调韩日在朝核问题上的立场。② 1994 年 4 月，在朝核危机紧张之际，韩日防长举行了会谈，为两国最高层防务官员的交流打下了基础。③ 1994 年 10 月，美朝达成了关于朝核问题的《框架协议》，该协议的核心内容是轻水反应堆工程。由于工程耗资巨大，美国不愿承担太多的负担，便推动韩日承担工程建设资金，经过协商，韩国愿意承担 70%的费用，日本也表示愿意承担剩下的大部分费用。地缘政治使得朝鲜半岛成为日本安全的重要影响因素，加入朝鲜半岛能源开发组织（KEDO）也符合日本的安全利益。④ 在落实框架协议的过程中，韩日两国也不断就此问题进行协商。

总之，第一次朝核危机打破了历史问题和领土争端导致的韩日两国安全关系停滞不前的僵局，开创了韩日安全对话与合作的新局面，使韩日两国在安全问题上建立起了对话与沟通的渠道，协调了彼此的立场，为两国在安全领域的进一步合作打下了基础。

---

① 吴心伯：《冷战后韩国的安全政策》，《当代亚太》1996 年第 2 期。

② 赵联敏：《金泳三访日与韩日关系》，《国际展望》1994 年第 4 期。

③ 詹德斌：《韩国对日安全合作：动向、动因与挑战》，《日本研究》2016 年第 1 期。

④ C. S. Eliot Kang and Yoshinori Kaseda, "Korea and the Dynamics of Japan's Post-Cold War Security Policy," *World Affairs*, Vol. 164, No. 2, 2001, pp. 51-52.

（二）朝核问题的发酵与韩日安全合作的提升

由于金大中、卢武铉总统的对朝"阳光政策"并未阻止朝鲜拥核的步伐，李明博总统任期内推行实用主义外交政策，加强韩美联盟，改善对日关系，对朝政策则趋于强硬，主张对朝经济援助必须与朝鲜弃核挂钩，高调抨击朝鲜的"人权"问题。这引起了朝鲜的强烈的不满，朝鲜采取以超强硬对待强硬的态度，朝核问题进一步持续发酵。2009 年 4 月 5 日，朝鲜宣布成功发射了"光明星 2 号"卫星，随后为了表示对安理会声明的不满宣布退出六方会谈。5 月 25 日，朝鲜再次进行地下核试验，半岛局势趋向紧张。2010 年，朝鲜半岛局势更是紧张升级，先后爆发"天安"号事件和延坪岛炮击事件，朝韩双方一度处在战争边缘。

针对朝鲜的强硬行为，韩国除了进一步加强美韩联盟外，还注重与日本的协调。2008 年 4 月中旬，上任伊始的李明博便开始了出访活动，其重点是加强与美日的关系。在美国，李明博与小布什就加强美韩联盟关系达成共识；在日本，李明博访日的目的在于修复韩日关系，加强美日韩三国在朝核问题、东北亚安全保障体制及环境问题等领域的对话机制。2009 年 4 月，韩日两国签署了国防领域的首个协议文件《韩日国防交流意向书》，谋求提升两国在军事领域的合作水平。① 2009 年 5 月 25 日，朝鲜进行了第二次核试验，正在越南河内出席第 9 次亚欧外长会议的韩日两国外长就朝核问题进行磋商。当天，李明博与日本首相麻生太郎通电话，就共同应对朝鲜半岛核问题达成一致。除了韩日的双边沟通之外，5 月 30 日，美日韩三国防长在新加坡就朝核问题举行会谈，强调朝鲜核试验对地区的和平与安全构成了"威胁"，三国将加强合作以共同应对。6 月 28 日，李明博访问日本，与日本首相麻生太郎举行第五次双边首脑会谈，两国首脑再次强调朝鲜核试验是"重大威胁"，并且同意加强在情报领域的合作。2011 年 1 月，韩国国防部长官金宽镇在首尔与日本防卫大臣北泽俊美举行会谈，双方共同认为朝鲜核试验是地区和平稳定的"重大威胁"，就签署韩日军事情报保护协定达成重

① 詹德斌：《韩国对日安全合作：动向、动因与挑战》，《日本研究》2016 年第 1 期。

要共识。① 这相对于此前韩国政府不愿与日本签署情报协定而言是重大转变，② 也成为韩日军事合作的里程碑性事件。一旦签署，两国将能共享军事情报，包括朝鲜核试验的信息。双方还商讨了物资劳务相互提供协定，决定在国际维和救援行动中，日本自卫队和韩国军队将相互提供物资和劳务。不过韩日安全合作也面临着不确定性。2012 年，韩日军事情报保护协定因韩国国内舆论的强烈反对而紧急搁浅。不过从李明博任期的两国安全合作来看，韩日两国已经超越以往的对话沟通阶段，开始采取实质措施加强两国在军事安全领域的合作，通过签署相关协议谋求两国安全合作的正式化、机制化和持续化。

（三）朝核问题的升级与韩日安全合作的发展

2012 年 12 月 20 日，朴槿惠当选为新一任韩国总统，而当时的韩日关系因 2012 年 8 月李明博总统登上独岛而陷入低谷。朴槿惠在处理对日关系时强调日本必须正确处理历史问题，并将此作为改善韩日关系的前提，但日本并未回应韩国，在历史问题上依然我行我素，这也导致韩日关系波折不断。尽管历史问题曾被视为影响韩日安全合作的首要问题，但其解决并非短期内能够实现。③

朴槿惠上台一年多，韩日关系不仅没有得到和解，反而因日本领导人参拜靖国神社而持续恶化。韩国坚持先处理好历史问题再谈两国关系的思路导致韩日外交陷入僵局。为了打破这一局面，朴槿惠政府开始尝试将安全合作与历史问题适度脱钩。④ 这也为两国安全合作赢来了转机。与此同时，在双

---

① 2012 年，在美国的推动下，韩日两国准备于 6 月 29 日签署双边《军事情报保护协定》。但在当天下午，韩国外交通商部紧急宣布，鉴于国内原因，协定的签署仪式将推迟，具体日期将由政府与国会商议后决定。随后，协议签署一事便不了了之。分析认为，韩国方面紧急叫停该协议，是由于其国内强烈的反对声音。

② Bruce Klingner, " Washington Should Urge Greater South Korean-Japanese Military and Diplomatic Cooperation, " p. 1; Scott A. Snyder, "U. S. Policy Toward the Korean Peninsula: Accomplishments and Future Challenges, " *Kokusaimondai (International Affairs)*, No. 614, September 2012, p. 12.

③ Kevin J. Cooney and Alex Scarbrough, "Japan and South Korea: Can These Two Nations Work Together?" *Asian Affairs*, Vol. 35, No. 3, 2008, pp. 173–192.

④ 詹德斌：《朴槿惠政府对日安全合作的新动向、新动因与新挑战》，《太平洋学报》2016 年第 6 期。

边安全合作受阻的情况下，韩日两国安全合作在美日韩三边安全合作框架下却逐渐发展。2014 年 12 月 29 日，韩国国防部宣布，韩美日三方已完成签署《韩美日关于朝鲜核与导弹“威胁”的情报交流协议》，协议从当天起正式生效。根据协议，韩国与日本通过美国交流有关朝鲜核与导弹的情报。在韩美日三边合作框架下，韩国通过美国与日本交流有关朝鲜核武器和导弹的情报，既满足了两国涉朝军事情报交流的需求，又不过分刺激国内民众的反日情绪。不过此后随着韩日关系的改善，韩日双边安全合作也逐渐增多。2015 年 4 月，韩日重启了中断 5 年多的韩日安保政策会议，两国围绕安全事务展开磋商，主要议题包括《日美防卫合作指针》以及朝鲜的“核与导弹”等事宜。8 月，韩日时隔两年半重启局长级国防政策会议。10 月，韩日两国防长在首尔会晤，讨论了朝鲜核导实验等有关朝鲜半岛局势的问题。12 月 28 日，韩国外交部长官尹炳世与日本外相岸田文雄在首尔举行会谈，双方最终就“慰安妇”问题达成一致。

2015 年上半年，韩日两国安全合作逐渐打破之前的僵局，说明脱钩政策初见成效，而这一政策调整的背后也体现出朝核问题对于两国安全合作的影响。朝鲜半岛不断升温的局势使韩国需要在朝核问题上加强与日本合作，而日本面临着“朝鲜核威胁”增加也促使其愿意加强与韩国的安全合作。金正恩上台以来，朝鲜曾多次进行核导试验。面对朝鲜的“军事威胁”与挑战，韩国一方面继续加强美韩双边联盟关系，另一方面也谋求大力发展与周边国家关系，尤其是与日本的军事合作关系。① 2016 年 1 月 6 日，朝鲜进行第四次核试验之后，朴槿惠次日就与安倍晋三举行电话会谈，双方确认将就联合国安理会通过对朝鲜实施核试验加强制裁一事展开紧密合作，双方还就国际社会有必要采取强硬措施达成共识。3 月 31 日，朴槿惠在第四届核安全峰会上与安倍晋三会晤，就合作应对朝核问题的方案交换意见。2016 年 9 月，朝鲜第五次核试验后，韩日外长也进行通话，商定采取额外对朝制裁措施。由此可见，即便一开始在历史问题上立场强硬的朴槿惠政府最后也不得不对日本有所妥协，以此促进韩日安全合作。2016 年 12 月，此前搁浅的《军事情报保护协定》正式签署，协定签署后，韩日两国可“绕”过美国，直接共享包括朝鲜核和导弹项目等在内的军事情报。

① 詹德斌：《韩国对日安全合作：动向、动因与挑战》。

2017年5月文在寅上台后，在朝核问题上与日本的沟通非常频繁。2017年9月朝鲜第六次核试验后，文在寅就和安倍晋三进行了通话，双方表示两国须同国际社会一道，对朝鲜采取与以往完全不同、能让其切实感受到的强而有力的应对措施。双方还商定将全面加强韩日、韩美日之间合作，对朝鲜采取史上最严制裁措施。作为这些措施的一环，双方将推进通过更强有力的安理会涉朝决议。① 此后两国军方也加强了实质合作。

从历次朝核危机来看，朝核问题紧张之时，也是韩日安全合作推进之时。对韩国来说，朝核问题是事关国家安全的头等大事，韩国希望在解决朝核问题上发挥主导作用，而这就需要韩国争取到周边国家对韩国政策的理解与支持。日本也希望能够借助韩国对朝核问题发挥更大的影响，在地区安全合作中扮演更重要的角色。共同的“威胁”促进相互需求，韩日安全合作也因此不断发展。

结语

朝核问题对东北亚地区安全产生了重要影响，也促进了韩日安全合作。第一次朝核危机开创了韩日安全对话与合作的新局面，使得韩日两国建立起了对话与沟通的渠道；李明博政府时期，朝核问题进一步发酵，韩日安全合作也超越以往的对话沟通阶段，两国开始采取实质措施加强安全合作，通过签署相关协议推动两国安全合作的正式化、机制化；朴槿惠政府时期，基于朝核问题考虑，其不得不调整此前的韩日安全合作与历史问题挂钩政策，也推动两国安全合作进一步发展；文在寅政府时期，尽管韩国在历史问题上依然态度强硬，但韩日两国政府就朝核问题的沟通非常频繁。基于本文研究，可以认为朝核问题是冷战后韩日安全合作的主要动力，韩日之间在历史问题、岛屿争端上的分歧对两国安全合作则时有影响，中国因素、美国因素对于韩日安全合作的影响并非主导。但一旦韩日安全合作机制化，其合作的自主性将会提升，对东北亚地区安全的影响将深远复杂。此外，韩日安全合作未来到底会发展到何种程度则是一个值得探讨的问题。美日韩三边联盟的形

① 《详讯：韩日领导人通话商讨朝鲜核试对策》，韩联社，2017年9月4日，http://chinese.yonhapnews.co.kr/newpgm/9908000000.html?cid=ACK20170904003600881。

成虽有难度，但如果朝核问题持续发酵，韩日之间安全合作将会不断增加，其对于中国和地区安全的影响也需要关注。

思考题：

1. 哪些因素会影响韩日安全合作?
2. 朝核问题对于美日韩三边合作有何影响?

顺势而为：地区安全秩序重塑与日澳安全合作

导语：冷战后日澳安全合作逐渐增强，实现了由“间接盟国”到“准联盟”的转变。关于日澳安全合作的原因，学术界主要有美国推动说、日澳同质说、经济外溢说和防范中国说四种观点，还有必要从地区安全秩序的视角对日澳安全合作进行分析。日澳安全合作的自主性，源自双方对于地区安全秩序诉求和安全手段选择的诸多共识或契合。受此影响，日澳安全合作不断增强，体现在安全协议日益增加、军事交流与合作不断发展、地区安全事务协调增强等方面。这对日澳双边关系、亚太联盟体系和地区安全环境等存在多重影响。日澳安全合作也面临美国因素、内部分歧等限制。中国要注意到其自主性，加强与日澳利益交融，降低其对华安全“威胁”认知，促进多元包容的地区安全秩序构建。

冷战时期，美国在亚太地区构筑联盟体系，日本和澳大利亚同为美国盟国，形成了事实上的“间接盟国”关系，但双方之间的安全合作极为有限。直到冷战结束后，日澳双方才逐渐开展安全合作。1995 年，日澳签署了建立伙伴关系的《联合声明》，将地区安全与防务合作纳入双边合作。2007 年，两国签署了《安全保障联合宣言》，这是日本战后与美国以外的国家签署的首个双边防务合作文件。此后，日澳安全合作不断发展，双边关系从“伙伴关系”提升为“新型特殊战略伙伴关系”，两国也从“间接盟国”转向了“准同盟”①，澳大利亚总理阿博特甚至曾称澳大利亚是日本的“坚定盟友”。②

除美国外，日澳两国也与亚太地区其他国家开展了安全合作，但从安全合作的情况来看，这些安全合作都不如日澳安全合作紧密。如日本、澳大利亚和韩国同为美国盟国，但冷战后澳韩较少直接开展双边安全合作，日韩安全合作也因两国间历史问题和岛屿争端屡受阻挠。

相对而言，冷战后的日澳安全合作却逐渐增强，相较于其他美国亚太盟国，日澳两国对于地区安全合作也非常积极。作为“印太战略”的重要组成部分，日澳安全合作对于“印太战略”的实施具有重要影响。为何近年来日澳安全合作能够日益增强？其和美国亚太联盟调整的关系如何？这对于亚太地区安全秩序的影响如何？这一系列问题都值得研究。本文将主要探求日澳安全合作的原因，从两国合作的自主性分析其合作的动力、影响和局限。

一、既有研究及不足

日澳安全合作的不断增强，已经引起了国内外学界的关注，目前已有的研究成果，关于日澳安全合作的原因主要有美国推动说、日澳同质说、经济外溢说和防范中国说四种观点。

一是美国推动说。许多学者十分强调美国因素对日澳安全合作所起到的

---

① 有关日澳“准同盟”关系的论述，参见张景全：《从同盟角度看日澳结盟趋向的原因及影响》，《东北亚论坛》2008年第3期；朱海燕：《日澳关系“同盟化”的新发展及其前景》，《现代国际关系》2014年第8期；John Garnaut, “Australia-Japan Military Ties are a ‘Quasi-Alliance’, Say Officials,” *Sydney Morning Herald*, October 26, 2014; Thomas S. Wilkins, “From Strategic Partnership to Strategic Alliance? Australia-Japan Security Ties and the Asia-Pacific,” *Asia Policy*, No. 20, 2015, pp. 84–88。

② Mark Kenny and Philip Wen, “Tony Abbott Refuses to Back Down over China Comments,” *Sydney Morning Herald*, November 28, 2013, https://www.smh.com.au/politics/federal/tony-abbott-refuses-to-back-down-over-china-comments-20131128-2ydw1.html.

促进作用。① 从小布什政府以来，美国就一直在鼓励联盟体系内的国家开展安全合作，作为对已有的亚太双边联盟体系的补充，以便更加灵活地应对各种地区安全问题。② 然而，这一视角实质上仍是将日澳安全合作视为美国亚太“轴—辐”联盟体系的衍生物，相对忽视日澳安全合作的内在驱动力。近年来，日澳安全合作的区域已经由亚太转向了“印太地区”，并且日本和澳大利亚对“印太地区”秩序的谋划和构建较美国更早，甚至在一定程度上“引领”了美国。虽然美国对日澳安全合作起到了促进作用，但为何只有日澳安全合作在美国亚太联盟体系中最为突出，而美国的其他盟国之间的安全合作却较为有限？显然美国因素并未完全主导盟国之间的安全合作，日澳安全合作的增强有其内在动力。

二是日澳同质说。这类观点认为，日本和澳大利亚在结盟经验、身份认同和价值观念上具有相似性，因而更容易开展安全合作。从结盟经验来看，日澳都曾经历并依然延续着对外结盟，因而高度认同通过联盟开展安全合作的方式；③ 从身份认同来看，两国均身处东方却又心系西方，能理解对方的身份认同焦虑；④ 从价值观念来看，两国都具有强烈的西方国家意识，持有相同的价值观，并将其作为安全合作发展的基础。日澳同质说主要从观念认同视角分析了日澳安全合作的加强，认为这是日澳加强安全合作的内在动因。⑤ 不过，观念认同对于安全合作而言作用总体有限，如果缺乏强有力的共同利益基础，仅仅依靠观念认同来推动安全合作将比较困难。

三是经济外溢说。有学者认为日澳经济关系的发展为两国安全合作的开

---

① 屈彩云：《试析冷战后的日澳安全关系》，《国际论坛》2011 年第 3 期；孙茹：《美国亚太同盟体系的网络化及前景》，《国际问题研究》2012 年第 4 期；朱海燕：《日澳关系“同盟化”的新发展及其前景》，《现代国际关系》2014 年第 8 期；Yoichiro Sato, “Japan-Australia Security Cooperation: Jointly Cultivating the Trust of the Community,” *Asian Affairs: An American Review*, Vol. 35, No. 3, 2008, pp. 155-167; Tomohiko Satake and Yusuke Ishihara, “America's Rebalance to Asia and its Implications for Japan-US-Australia Security Cooperation,” *Asia-Pacific Review*, Vol. 19, No. 2, 2012, pp. 12-22。

② Tomohiko Satake and Yusuke Ishihara, “America's Rebalance to Asia and its Implications for Japan-US-Australia Security Cooperation,” p. 7.

③ 张景全：《从同盟角度看日澳结盟趋向的原因及影响》，《东北亚论坛》2008 年第 3 期。

④ 刘新华：《日澳关系的演变及其特点》，《当代亚太》2007 年第 6 期。

⑤ 屈彩云：《试析冷战后的日澳安全关系》，《国际论坛》2011 年第 3 期。

展奠定了基础。[①] 1957 年，日本和澳大利亚签署《日澳商业协定》，促进了两国的经济贸易往来，到 20 世纪 60 年代中期，日本便成为澳大利亚的主要出口市场。日澳两国试图通过密切的经济合作化解历史积怨，为今后的双边关系发展奠定基础，而当前日澳同样因为经济合作的需要提升了两国对彼此的战略价值。[②] 也有学者认为日澳合作加强是因为两国有促进经济互补的需要。[③] 经济外溢说实际上认可经济相互依赖对于两国安全合作的积极作用，不过目前并未有较强的证据表明经济相互依赖会促进两国的安全合作。[④] 例如，自 2008 年起，中国对澳贸易额便超过日本对澳贸易额，中国成为澳大利亚的第一大贸易伙伴，但中澳安全合作进展缓慢，合作水平远低于日澳双边合作。此外，基于相对收益的考虑，即便是长期盟友间开展经济合作也会遭遇阻碍。[⑤] 即便是同为美国盟国，日韩之间的贸易额也远多于日澳之间，但日韩安全合作显然不及日澳安全合作。

四是防范中国说。这种观点认为中国的快速崛起给亚太地区带来了极大的不确定性，因此日澳两国要加强安全合作，防范中国改变地区秩序。[⑥] 日澳均为海洋国家，极其注重维护其海洋利益，日本提出了“海洋国家联盟构想”，澳大利亚也十分注重维护“印太”区域的海上通道安全。[⑦] 而近些年中国在海洋维权方面采取的做法被日澳视为“威胁”，因而两国加强了在海洋安全方面的合作。防范中国说虽然从制衡“威胁”视角解释了日澳安全合作的动因，但实质上两国对“中国威胁”认知不乏分歧，日本对中国的

① 刘新华：《日澳关系的演变及其特点》；刘卿：《日澳关系新发展及限制性因素》，《国际问题研究》2016 年第 5 期；Kazuhiko Togo, “Regional Security Cooperation in East Asia: What can Japan and Australia usefully Do together?” *Australian Journal of International Affairs*, Vol. 65, No. 1, 2011, pp. 52–53; Michael Heazle and Yuki Tatsumi, “Explaining Australia-Japan Security Cooperation and its Prospects: ‘The Interests that Bind?’,” *The Pacific Review*, Vol. 31, No. 1, 2018, pp. 40–42。

② 汪诗明：《1957 年〈澳日贸易协定〉签订的历史背景》，《史学月刊》2008 年第 5 期；刘卿：《日澳关系新发展及限制性因素》，《国际问题研究》2016 年第 5 期。

③ 参见许少民、陆芃樵：《“特朗普冲击”下日澳关系的新发展及其限度》，《当代世界》2019 年第 2 期。

④ 邝艳湘：《和平还是冲突：经济相互依赖的政治后果》，《国际论坛》2007 年第 3 期。

⑤ Joseph Grieco, “Anarchy and the Limits of Cooperation: A Realist Critique of the Newest Liberal Institutionalism,” *International Organization*, Vol. 42, No. 3, 1988, pp. 485–507.

⑥ 孙君健：《阿博特政府时期澳大利亚的对华政策》，《史学月刊》2016 年第 9 期。

⑦ 屈彩云：《试析冷战后的日澳安全关系》，《国际论坛》2011 年第 3 期。

"威胁"认知更为严重。① 中日之间存在领土争端、历史问题等症结，而中澳两国并无直接的核心利益冲突，且澳大利亚还要警惕自身卷入中日领土争端之中。② 因此，两国应对"中国威胁"所采取的手段和方式也有所不同，日本在防范中与华接触，而澳大利亚则是在接触中对华防范，两者心态迥异。③ 这也导致两国安全合作对中国有所顾虑，其安全合作也并非完全针对中国展开。

总之，既有研究从多个视角对日澳安全合作的动因进行了分析，但对近些年来日澳安全合作呈现出的自主性的把握还不够到位。尽管美国因素、中国因素在一定程度上促进了日澳安全合作，但既有研究主要是从外部视角进行分析，对日澳安全合作的内生因素相对忽视。日澳安全合作的内在驱动力与两国的同质性、经济合作外溢虽有一定的关联，但解释力极为有限。

本文并不完全否认上述四种观点对于解释日澳安全合作具有的不同程度的解释力，但本文更加注重日澳安全合作的自主性，认为从地区安全秩序的视角对日澳安全合作的内部动力进行分析更为可取，可呈现出与美国因素、中国因素等外部视角不同的看法。

近年来，随着中、印等国实力的增长以及美国在亚太地区的相对衰落，亚太地区安全秩序处在重塑之中，为了维护自身利益并防范美国衰弱带来的冲击，日本和澳大利亚各自提出的地区安全秩序构想存在很多契合之处，并且两国都注重加强与除美国之外的国家的安全合作，这在很大程度上推动了日澳安全合作的增强。

二、日澳两国的地区安全秩序构想

目前，学术界已有一些研究涉及从地区秩序视角对日澳关系进行分析，

① 朱海燕：《日澳关系"同盟化"的新发展及其前景》，《现代国际关系》2014 年第 8 期。

② "Australians Would Reject Siding with Japan over China in East China Sea Dispute, Survey Finds," *ABC News*, January 6, 2015, https://www.abc.net.au/news/2015-01-06/australians-reject-siding-with-japan-over-china-survey/6002712.

③ 刘卿：《日澳关系新发展及限制性因素》，《国际问题研究》2016 年第 5 期。

分析了地区秩序变革对于日澳关系的影响。① 但日澳两国的地区安全秩序构想与两国安全合作之间的关系还有待深入研究。日澳两国的地区安全秩序构想是两国应对地区环境变化和维护各自国家利益的考虑，为此采取的安全战略促进了日澳的相互借重，也推动了双方安全合作的增强。

（一）冷战后的亚太地区安全秩序

地区秩序是相邻国家之间权力分配、利益分配和观念分配的产物，主要通过地区制度的创立与运行表现出来。② 根据涉及对象的不同，地区秩序又可以分为地区政治、安全、经济和社会秩序。地区安全秩序，是指地区内成员就相互之间的安全保障与战略等问题所达成的共同意向以及制度安排。③ 有学者认为，地区安全秩序是“既定地理范围内国家维护安全的行为模式以及由此塑造的稳定均衡状态”。④ 由此可见，地区安全秩序最重要的要素是地区成员国的行为与地区安全制度。

冷战结束后，亚太地区安全秩序一直处于调整之中。从地区成员国角度看，当前的亚太地区安全秩序呈现出复杂性，既不是美国主导的单极，也不是中美竞争形成的两极，而是存在多个重要力量单元和行为体。⑤ 而从地区安全制度的角度看，亚太安全秩序现今呈现出多样化的特征。亚太地区的安全秩序，既不是围绕均势而展开，也非完全基于多边体系，而是混合了双边联盟、多边对话和临时性协商安排。⑥ 具体而言，亚太地区安全秩序主要受以下三方面因素影响。

---

① 宋效峰、张立华：《澳日关系之世纪变迁：由地缘敌手到合作伙伴》，《学术探索》2006年第4期；刘卿：《日澳关系新发展及限制性因素》；许少民、陆芃樵：《“特朗普冲击”下日澳关系的新发展及其限度》；Tomohiko Satake, “The Japan-Australia Contribution to a Liberal and Inclusive Regional Order: Beyond the ‘China Gap’,” *Australia Journal of International Affairs*, Vol. 70, No. 1, 2016, pp. 26–31。

② 门洪华：《地区秩序建构的逻辑》，《世界经济与政治》2014年第7期。

③ 吴昕春：《地区秩序及其治理机制》，《现代国际关系》2003年第9期。

④ 孙学峰：《地区安全秩序与大国崛起》，《当代亚太》2018年第6期。

⑤ 吴心伯：《论亚太大变局》，《世界经济与政治》2017年第6期。

⑥ G. John Ikenberry and Jitsuo Tsuchiyama, “Between Balance of Power and Community: The Future of Multilateral Security Co-operation in the Asia-Pacific,” *International Relations of the Asia-Pacific*, Vol. 2, No. 1, 2002, p. 70.

1. 地区大国的战略取向与战略互动

在亚太国家中，中美俄日印等地区大国是影响地区安全秩序的主体，这些大国间的战略互动对地区安全秩序的走向影响重大。其中，作为亚太地区体系压力的主要塑造者，中美关系尤为重要，中美关系的走向与亚太安全秩序关系密切，两国在亚太地区的战略竞争方式与地区内其他国家的应对是地区安全秩序的决定性因素。① 除中美关系外，近些年，美日印澳四国“印太战略”也会对地区安全秩序产生较大影响。

2. 美国主导的亚太联盟体系的兴衰

二战结束后，美国在亚太地区通过双边联盟的形式组建了“轴—辐”结构的联盟体系，其在亚太地区安全秩序中发挥着极为重要的作用。当亚太局势相对平稳时，美国联盟体系可以以低成本方式运行；当美国试图针对某一国家时，其可以迅速利用其联盟体系进行战略动员，对联盟外的国家形成战略压力。② 不过，美国亚太联盟体系也存在排他性、封闭性等弊端，并且受盟国之间战略分歧、利益分化等影响，美国亚太联盟也不断调整，其兴衰对地区安全秩序具有重要影响。

3. 亚太地区的多边安全对话与合作机制

亚太地区还存在亚信会议、东盟地区论坛等各种多边安全对话和合作机制。这些虽然在一定程度上有利于维护亚太地区稳定，但总体效果比较有限。况且，这些机制之间在成员主体、覆盖区域、功能主题等问题上存在重叠的现象，彼此之间不乏竞争。③ 此外，随着亚太安全形势的日益复杂与大国战略竞争的加剧，亚太地区安全制度竞争也日益激烈，制度协调也越来越有必要。

上述因素之间不乏冲突，这导致亚太地区在安全层面上呈现一定的碎片化。为了应对大国博弈对地区安全秩序的冲击，地区内各国也采取各种方式

---

① 牛军：《中美关系与亚太安全秩序的演变》，《当代美国评论》2018 年第 1 期；朱锋：《中美战略竞争与东亚安全秩序的未来》，《世界经济与政治》2013 年第 3 期。

② 周方银：《美国的亚太同盟体系与中国的应对》，《世界经济与政治》2013 年第 11 期。

③ 王缉思：《亚太地区安全架构：目标、条件与构想》，《国际安全研究》2016 年第 1 期。

进行应对。如东盟为应对亚太安全转型，主要采取了制度供应的方式，来降低地区秩序的不确定性、削弱大国竞争的影响，维护中小国家的自主性。[①]面对亚太地区安全秩序重塑的复杂性，日本和澳大利亚的地区安全秩序构想有相似之处，这在一定程度上促进了日澳安全合作。

（二）日本的地区安全秩序构想

随着经济实力的增长，日本渴望提升自身的政治地位和扩大地区影响，并提出了相应的地区安全秩序构想。日本的地区安全秩序构想以美日联盟为基础，以提升日本地区安全影响为目标，以增强自身实力、巩固美日联盟、加强双多边安全合作为重要手段。

近年来，日本认为国际社会力量平衡正在加速和复杂化，现有秩序的不确定性增加。[②] 其主要原因有三点：（1）亚太地区的安全合作尚未充分实现制度化，仍存在以领土问题和统一问题为首的不明朗和不确定因素；（2）围绕领土、主权、经济权益等，非平时也非有事时的所谓灰色地带事态呈现增加及长期化趋势；（3）亚太国家的军事力量现代化和频繁开展军事活动的趋势日益显著，使得亚太地区安全的不稳定因素更加严重。[③] 这些也促使日本推动地区安全秩序构建。日本还试图构建极具价值观色彩的地区安全秩序。日本政府提出了“价值观外交”，并希望以此构建主导亚太地区安全秩序的两个框架，即“自由与繁荣之弧”与“价值观联盟”。[④] 同年 9 月 29 日，安倍晋三在首次施政演说中提到，在巩固日美同盟的基础上，日本“将与具有‘共同基本价值观’的澳大利亚和印度进行首脑级别的战略对话”。2006 年 11 月 30 日，麻生太郎外相在演讲中提出了“价值观外交”，以此作为日本外交的新支柱。“价值观外交”意为日本在外交中以西式“民主、自由、人

① 任远喆：《亚太地区安全结构转型与东盟的角色》，《国际安全研究》2016 年第 2 期；刘若楠：《权力管控与制度供给——东盟主导地区安全制度的演进》，《世界经济与政治》2019 年第 3 期。

② 日本防卫省：《2019 年的防卫白皮书》，摘要，第 23 页，https://www.mod.go.jp/e/publ/w_paper/pdf/2019/DOJ2019_Digest_CH.pdf。

③ 日本防卫省：《2016 年的防卫白皮书》，摘要，第 5 页，https://www.mod.go.jp/e/publ/w_paper/pdf/2018/DOJ2018_Digest_CH.pdf。

④ 屈彩云：《战后日本在亚太安全格局中的身份建构》，《当代亚太》2010 年第 6 期。

权、法治、市场经济”等价值为导向，从而围绕着欧亚大陆的边缘建立一个“自由和繁荣之弧”。为此，日本需要进一步加强与美国、澳大利亚、印度等国的合作。由此可见，日本希望以美日联盟和美日澳印四国合作为抓手，通过“价值观外交”加强与地区内其他国家的关系，这也成为日本所希望的地区安全秩序构想。“印太战略”是日本地区安全秩序构想的显著体现。安倍二次执政后，日本政府在“价值观联盟”的基础上推出了“‘印太战略’构想”。① 2016年9月，在日印首脑会晤公报中，日本政府首次使用了“自由开放的印太战略”的表述。2019年11月21日，日本政府发布了《面向“自由开放的印太”》报告，阐述了日本的“印太战略”构想，其中安全是三大支柱之一。② 为实现自身的地区安全秩序构想，日本所采取的手段主要有四种。

1. 增强自身的防御能力，显著体现为日本大力倡导“积极和平主义”

《国家安全保障战略》提出，日本将通过采取基于国际合作的积极和平主义政策，继续坚持走和平发展道路，以保护日本国家的安全、促进亚太区域的和平稳定，并确保国际社会的和平与繁荣。③ 不过，日本提出“积极和平主义”也是为了给解禁集体自卫权提供理论根据，以突破宪法关于禁止使用武力的限制。④

2. 巩固与加强美日联盟

对日本而言，美日联盟是其安全政策的基石。一方面，美日联盟规定了美国对日本的防务义务，为日本提供了一定程度的安全保障；另一方面，美日联盟也能够扩大日本的地区安全影响。2015年，美日公布了新版《美日

① Shinzo Abe, "Asia's Democratic Security Diamond," *Project Syndicate*, December 27, 2012, https://www.project-syndicate.org/onpoint/a-strategic-alliance-for-japan-and-india-by-shinzo-abe?barrier=accesspaylog.

② Government of Japan, *Towards Free and Open Indo-Pacific*, November 2019, https://www.mofa.go.jp/files/000407643.pdf.

③ Cabinet Secretariat of Japan, *National Security Strategy*, December 17, 2013, https://www.cas.go.jp/jp/siryou/131217anzenhoshou/nss-e.pdf.

④ 廉德瑰：《安倍解禁集体自卫权的“中美日因素”论析》，《日本学刊》2014年第6期。

防卫合作指针》，界定了美日联盟的全球属性。① 在特朗普政府时期，美日联盟则呈现出了“交易主义”的特点，美国支持日本修宪和购买先进武器，为日本提供军事保护，但日本相应要承担更多责任。总之，冷战后美日联盟通过利益协调、权责协调等方式实现强化，在一定程度上也提升了日本在地区安全方面的影响。

3. 加强与地区内其他国家的安全合作

这既包括同为美国盟国的澳大利亚、韩国，也包括印度、印度尼西亚等“印太”国家。日本与亚太国家的安全合作主要涉及军事交流、救灾、反恐、国防装备合作等领域。除了加强双边合作，日本还积极推动美日澳、美日韩、美日澳印等多边安全合作，以更好地保障国家安全。②

4. 参与地区多边安全对话与合作机制

日本认可东盟在亚太地区合作中的引擎作用，参加了东盟主导的东盟地区安全论坛、东盟防长扩大会议等多边安全合作机制。③ 日本还与东盟建立了日本—东盟国防部副部长级会议，意欲在国防装备技术、多边联合训练和演习等方面与东盟加强合作。日本对“香格里拉对话”等地区多边对话机制也非常积极。此外，日本也主动打造自己主导的地区多边安全对话平台，如东京防卫论坛，以此增强地区安全影响。④

总之，日本在塑造其所希望的地区安全秩序上，基于自身军事实力的增强，以加强美日联盟为主，以发展多边安全为辅。通过将双边和多边安全合作结合起来，日本谋求建立地区安全网络。但随着美国亚太地区主导权受到挑战，日本也逐渐增加了与其他国家的双边安全合作，对地区多边安全合作也更加重视。

---

① Ministry of Defense of Japan, *The Guidelines for Japan-U. S. Defense Cooperation*, April 27, 2015, https://www.mod.go.jp/e/d_act/anpo/shishin_20150427e.html.

② Cabinet Secretariat of Japan, *National Security Strategy*, p. 26.

③ Ministry of Foreign Affairs of Japan, *Diplomatic Bluebook 2019: Japanese Diplomacy and International Situation in 2018*, p. 82, https://www.mofa.go.jp/files/000527162.pdf.

④ 日本防卫省：《2019年的防卫白皮书》，摘要，第23页，https://www.mod.go.jp/e/publ/w_paper/pdf/2019/DOJ2019_Digest_CH.pdf。

（三）澳大利亚的地区安全秩序构想

澳大利亚的地区安全秩序构想，主要是在美澳联盟的基础上寻求更加包容的地区安全合作。澳大利亚的地区安全秩序构想虽然经历了从“亚太”到“印太”的转变，但对亚太联盟体系之外的地区安全合作也非常关注。

澳大利亚最早提出了“亚太共同体”的地区秩序构想。2008 年 6 月，澳大利亚总理陆克文在演讲时提出要构建“亚太共同体”，其具体内涵为建立一个覆盖整个亚太地区的区域机构，能够使各国就经济、政治和安全事务进行全面的对话与合作。该共同体将吸收日本、美国、中国、印度、印度尼西亚等国家参加，与亚太地区已有的东盟地区论坛、东亚峰会等区域机制一同发挥作用。① “亚太共同体”反映了澳大利亚参与并塑造亚太地区安全秩序的战略诉求。

延续“亚太共同体”构想，澳大利亚后来又提出了“印太框架”的安全秩序主张。2012 年 10 月，吉拉德政府发布了《亚洲世纪中的澳大利亚》白皮书，提出了“印度—太平洋战略弧”的概念，并将其作为国家利益的重点。② 2013 年，澳大利亚正式将其所处的地区界定为“印太”，并阐明了澳大利亚的四项“关键性战略利益”，其中包括“印太地区”。③ 此后，在澳大利亚 2016 年出台的《国防白皮书》和 2017 年的《外交白皮书》中，“印太”的地理范畴和重要性都得到了更详细的阐述。

由此可见，不论是亚太地区还是“印太地区”，在澳大利亚的地区安全秩序构想中，美国和中国都是地区安全秩序的重要参与国。在陆克文政府时期，澳大利亚就已经意识到了中美关系对于亚太地区战略稳定的重要性。中国的崛起与美国的衰落，意味着盎格鲁-撒克逊文明对亚洲海洋控制的时代将要终结，而这正是澳大利亚建国以来国家安全的必要条件。④ 因此，在意

---

① Rudd Kevin, “Address to the Asia Society Austral Asia Centre, Sydney: It's Time to Build an Asia Pacific Community,” June 4, 2008, https://pmtranscripts.pmc.gov.au/release/transcript-15947.

② Australian Government, *Australia in the Asian Century*, 2012, p. 74, https://www.defence.gov.au/whitepaper/2013/docs/australia_in_the_asian_century_white_paper.pdf.

③ Australian Department of Defence, *Defence White Paper 2013*, pp. 24-27, https://www.defence.gov.au/Whitepaper/2013/.

④ 韦宗友：《澳大利亚的对华对冲战略》，《国际问题研究》2015 年第 4 期。

识到中美亚太主导权竞争和澳大利亚的“选边站队”困境之后，澳大利亚倾向于塑造更具包容性的地区安全秩序，其既能维护美澳联盟，又能将中国纳入其中。

澳大利亚的安全手段，主要以提升自身国防能力为基础，以加强美澳联盟为主，以参与地区双多边安全合作为辅。

1. 提升自身国防能力

澳大利亚长期以来都十分注重提升自身的国防能力，并将其作为保护国家安全和构建地区安全秩序的重要手段。① 澳大利亚政府在 2009 年的《国防白皮书》中，便提出要从国防架构、人员以及资金和科技投入等多方面对其国防进行深入改革。而在国防开支方面，近十年来澳大利亚国防开支占国内生产总值的比重一直维持在 2%左右，占政府总开支的比重也大致维持在 4. 5%—5. 5%之间。②

2. 加强美澳联盟

二战结束后，澳大利亚一直把加强与美国的联盟关系作为其国家安全的支柱之一。近年来，美澳联盟不断强化，美国在澳大利亚驻军制度化。在美国亚太影响力相对衰退的情况下，澳大利亚依旧肯定了美澳联盟的重要价值。③ 不过，澳大利亚对于美国实力在亚太地区的下降也不无担忧。

3. 参与地区双多边安全合作

同日本一样，澳大利亚十分注重亚太地区环境对自身的影响，并将参与地区双多边安全合作作为维护国家安全的重要手段。在双边安全合作方面，澳大利亚注重与日本、印度等国的安全合作。④ 在多边安全合作方面，澳大利亚注重东亚峰会、东盟地区论坛、东盟防长扩大会等地区多边机制对促进

---

① Australian Department of Defence, *Defence White Paper 2016*, p. 18.

② 参见斯德哥尔摩国际和平研究所，https：//www. sipri. org/databases/milex；世界银行数据库，https: //data. worldbank. org/indicator/MS. MIL. XPND. ZS?locations = AU。

③ Australian Department of Defence, *Defence White Paper 2016*, pp. 15-17, https: //www.defence. gov. au/WhitePaper/Docs/2016-Defence-White-Paper. pdf.

④ Australian Department of Defence, *Defence White Paper 2016*, pp. 56-60, https: //www. defence. gov. au/WhitePaper/Docs/2016-Defence-White-Paper. pdf.

安全合作、建立互信以及地区安全问题解决的作用。同时，澳大利亚还主张构建与邻国、地区伙伴的战略关系网，希望构建相对包容的地区安全秩序，重视类似东亚峰会这样包容性较好的地区合作机制。①

（四）日澳地区安全秩序构想的趋同

综上所述，可以发现日本和澳大利亚的地区安全秩序构想具有不少相似性，两国都倾向于突破联盟体系，构建更为多元包容的地区安全秩序，且日澳都将对方视为重要的合作对象，这也成为日澳安全合作的重要内在动力。

1. 两国都支持美国掌控亚太安全主导权

日澳两国的安全战略都以与美国的联盟关系为主轴，两国都支持美国的亚太安全主导权。日澳两国都是美国的核心盟国，在美国亚太安全战略中发挥重要作用。同时，两国也受益于与美国的联盟关系，支持美国在亚太乃至“印太地区”的安全领域持续发挥影响。

2. 两国都寻求拓展亚太联盟体系的影响

由于美国亚太联盟主要以双边联盟为基础，美国盟国之间的安全合作受限。日澳两国近年来在推动美国亚太联盟多边化方面相对都比较积极，推动了美日澳、美日澳印等多边安全合作的发展，推动亚太联盟由双边联盟向网络化转型。通过拓展联盟合作领域和空间，日澳可以更好地释放亚太联盟的能量，增强在地区安全中的影响。

3. 两国都支持亚太地区多边安全对话和制度发展

两国都认可以东盟为平台的地区安全框架，肯定东亚峰会对于地区安全的作用。② 目前，日澳两国都是东盟地区论坛、东盟防长扩大会议、东亚峰会的成员国，还积极推动亚太地区其他形式的多边安全合作。通过地区多边

---

① 宋伟：《试论澳大利亚的印太体系概念与战略路径选择》，《上海交通大学学报（哲学社会科学版）》2016 年第 2 期。

② Ministry of Foreign Affairs of Japan, *Prime Minister Abbott and Prime Minister Abe Joint Statement: Special Strategic Partnership for the 21st Century*, July 7, 2014, https://www.mofa.go.jp/files/000044543.pdf.

安全合作的发展，可以构建更具包容性的地区安全秩序。

4. 在安全手段方面存在相似之处

日澳两国的安全手段，主要包括增强自身力量、强化与美国的联盟关系和参与地区双多边安全合作三个方面。随着美国在亚太地区影响力相对衰弱和联盟承诺的可信度下降，日澳两国也更加注重加强与美国之外的其他国家的双多边安全合作。受此影响，日澳都将彼此视为重要合作对象，这也推动了日澳安全合作的不断增强。

2009 年 9 月，澳大利亚总理陆克文与日本首相鸠山由纪夫举行会晤，陆克文提出要建立包括中、美、印及东南亚国家在内的亚太共同体倡议，而鸠山由纪夫则回应日本希望推广东亚共同体，并强调要确保美国参与地区未来合作架构的讨论。① 这表明当时两国都希望构建相对多元包容的地区秩序，但未能就地区安全秩序的走向达成一致。但随着两国的关注点逐步从亚太地区转向"印太地区"，双方的地区安全秩序共识增加。两国领导人在多个场合都确认就维护"自由而开放"的"印太地区"秩序增强合作，推动"印太地区"安全秩序构建成为日澳安全合作的方向。② 正是由于日澳两国在地区安全秩序方面存在诸多共识且视彼此为重要合作对象，两国安全合作不断增强。

三、地区安全秩序视角下的日澳安全合作

尽管日澳安全合作存在美国推动、防范中国等各种外部因素，但也有着较强的自主性。这种自主性源自双方对于地区安全秩序诉求和安全手段选择的诸多共识或契合。随着"印太地区"安全形势更加复杂，日澳加强合作的需求也日益增强，日澳两国都将彼此视为构建地区安全秩序的重要合作伙伴。③ 日

---

① Ministry of Foreign Affairs of Japan, *Japan-Australia Prime Ministers' Meeting*, September 2009, https://www.mofa.go.jp/region/asia-paci/australia/pm_meet0909.html.

② Ministry of Foreign Affairs of Japan, *Joint Statement of the Seventh Japan-Australia 2+2 Foreign and Defence Ministerial Consultations*, April 2017, https://www.mofa.go.jp/files/000251909.pdf.

③ Australian Department of Defence, *2019 Japan-Australia Defence Ministers Kono/Reynolds Joint Statement on Advancing Defence Cooperation*, November 2019, https://www.minister.defence.gov.au/minister/lreynolds/statements/2019-japan-australia-defence-ministers-konoreynolds-joint-statement.

本政府在2019年的《防卫白皮书》中称，澳大利亚与日本有相似的战略利益，并且共享“自由、人权和民主”等基本价值观，是日本的特殊战略合作伙伴。① 同样，澳大利亚总理莫里森也指出，日本为“印太地区”的发展作出了重要贡献，日澳两国的关系也比以往任何时候都更加广泛和深入。②

受此影响，日澳安全合作不断增加，主要体现在四个方面：（1）首脑会晤频繁，引领安全合作；（2）双边军事交流与合作不断发展；（3）两国地区安全事务协调增强；（4）积极参与地区多边安全合作。

（一）首脑会晤频繁，引领安全合作

近十多年来，日澳两国领导人通过首脑会晤等方式不断促进双边关系，引领双方安全合作。2007年，日澳两国签订《安全保障联合宣言》后，双边安全合作不断发展，两国首脑会晤也日益频繁（见表4-7）。2014年以来，两国首脑基本每两年都会进行一次互访，体现了日澳两国对彼此重视的增强。尤为值得注意的是，2014年4月日本还邀请澳大利亚总理阿博特参加日本国家安全保障会议，这是日本首次邀请外国首脑参加如此高级别的安全会议。而四年后，澳总理特恩布尔又受邀出席该会议，这显著体现了日澳之间紧密的安全合作关系。

表4-7　2007—2019年以来日澳首脑互访情况

时间	事件	日方领导人	澳方领导人
2007年3月	澳总理访日	安倍晋三	霍华德
2007年9月	日首相访澳	安倍晋三	霍华德
2008年6月	澳总理访日	福田康夫	陆克文
2009年12月	日首相访澳	鸠山由纪夫	陆克文
2011年4月	澳总理访日	菅直人	吉拉德
2014年4月	澳总理访日	安倍晋三	阿博特

① Ministry of Foreign Affairs of Japan, *Defense of Japan 2019*, September 2019, p. 133, https://www.mod.go.jp/e/publ/w_paper/pdf/2019/DOJ2019_Full.pdf.

② Prime Minister of Australia, "'Where We Live' Asialink Bloomberg Address," June 26, 2019, https://www.pm.gov.au/media/where-we-live-asialink-bloomberg-address.

续表

时间	事件	日方领导人	澳方领导人
2014 年 7 月	日首相访澳	安倍晋三	阿博特
2015 年 12 月	澳总理访日	安倍晋三	特恩布尔
2017 年 1 月	日首相访澳	安倍晋三	特恩布尔
2018 年 1 月	澳总理访日	安倍晋三	特恩布尔
2018 年 11 月	日首相访澳	安倍晋三	莫里森
2019 年 6 月	澳总理访日	安倍晋三	莫里森

资料来源：作者依据相关资料整理。

两国首脑的频繁会晤，也促进了日澳安全合作不断加深。继《安全保障联合宣言》后，日澳还于 2008 年 12 月签署了《军事防卫合作协议》，促进双方在军事情报交流、舰队相互支援、秘密情报保护等领域展开合作。2010 年 5 月签署了《后勤防务相互提供协定》，对两国军事演习、维和行动、人道主义援助和救灾行动合作进行了规定。在日本通过新安保法案后，两国又于 2017 年对该协议进行修订，使日本自卫队和澳大利亚军队之间能相互提供弹药。2014 年，双方签订了《防卫技术和装备转移协定》，该协定有助于推动日澳两国在军事技术领域加强合作。2012 年 5 月，日澳签署了《情报安全协议》，制定了保护两国间交换机密信息的程序，促进了更广泛的情报互享，推动了双边安全合作的深入发展。在美国的协调下，日澳之间的情报合作逐渐增加。值得注意的是，近期“五眼联盟”非常活跃，日本也有加入的可能性，这对于日澳情报合作可能会产生重要影响。除了已签订的条约外，近些年日澳有关访问部队地位协定（VFA）的谈判受到广泛关注。2014 年，两国领导人在首脑会议上提出，双方要开启谈判，以达成一项促进双边联合行动与演习的协议。① 然而，由于面临众多障碍，至今仍未达成协议。谈判的障碍之一，便是日本的死刑制度能否适用于在日本境内犯罪的澳大利亚军人。虽然谈判进展缓慢，但两国政府依旧保持积极态度，在 2019 年 6 月举行的日澳首脑会议上，两国领导人声明要进一步提升包括访问部队地位协定谈判在内的安全合作。该协定一旦达成，两国军事人员进行临时互访以及联

① Ministry of Foreign Affairs of Japan, *Japan-Australia Summit Meeting*, September 2014, https://www.mofa.go.jp/a_o/ocn/au/page3e_000239.html.

合演习的法律程序将得到简化，澳大利亚也将成为与日本签署该协定的首个国家。①

（二）双边军事交流与合作不断发展

相比于首脑会晤，日澳“2+2”会议和国防部长会议更为频繁，使得两国军事交流呈现制度化。2007年日澳首次举行了“2+2”会议，并确立了两国外长和防长的定期会晤机制。同时，日澳双方还通过国防部长会议加强安全合作，推动军事交流项目的多样化发展。在2019年11月举行的国防部长会议上，日澳双方确认在日本陆上自卫队中设立澳大利亚陆军联络官，以加强澳军与日自卫队的合作与互操性，并决定实施一项涉及科学家与工程师的国防交换计划，深化两国国防科研机构的合作。②

军事演习也是衡量两国安全合作程度的重要指标。一方面，日本和澳大利亚积极参与彼此的传统军演项目。2015年7月，日本派出40名陆上自卫队队员，首次参加美澳的“护身军刀”联合军演。2019年6月，日本海上自卫队派出一艘直升机母舰、一艘两栖登陆舰和“水陆机动团”参加“护身军刀”演习，使得日本赴澳大利亚的参演兵力规模不断扩大。澳大利亚自2012年开始参与美日“对抗北方”联合空演，参演规模也不断增加。此外，对于美国主导的联合军演如“环太平洋联合军演”等，日澳的参与都比较积极。2019年5月，美国、日本、韩国、澳大利亚还首次在西太平洋海域举行代号为“太平洋先锋”海上联合军事演习。

另一方面，日澳间直接开展的双边军事演习也有所突破。日澳以往防务合作的重点是建立战略框架或者临时应对，缺少在实际操作层面的深入合

① Michael Macarthur Bosack, “Slowly Blazing the Trail with the Australia-Japan Reciprocal Access Agreement,” *The Diplomat*, April 10, 2019, https://thediplomat.com/2019/04/slowly-blazing-the-trail-with-the-australia-japan-reciprocal-access-agreement/.

② Department of Defence of Australia, “2019 Japan-Australia Defence Ministers Kono/Reynolds Joint Statement on Advancing Defence Cooperation,” November 2019, https://www.minister.defence.gov.au/minister/lreynolds/statements/2019-japan-australia-defence-ministers-konoreynolds-joint-statement.

作。[1] 而双边军演的开展能弥补这一不足，使得日澳间的行动得以有规划地、协调一致地落实。2019 年 9—10 月，日本航空自卫队与澳大利亚皇家空军举行了名为“武士道卫士-2019”的双边演习，双方共派出了多达 150 名空军人员参与，这也是日本与澳大利亚举行的首次联合空中演习。[2] 随着日澳对“印太地区”安全秩序的关注度不断增加，可以预测，未来两国的双边联合军演也会不断增加。

（三）地区安全事务协调增强

近年来，日澳加大了对地区安全议题的关注，并采取了更为主动的措施加强地区安全事务协调，表现为：（1）日澳在海洋安全合作方面不断增强。日澳的经济和安全与海洋密切相关，两国都致力于维护海上安全秩序。日澳两国在“2+2”会议中都多次表达了对东海、南海问题的关注。[3] 日澳两国还与美国一起以维护所谓航行自由为借口，在南海海域举行联合军演。(2) 日澳加大了对朝核问题的关注。在 2007 年的《安全保障联合宣言》中，两国就提出致力于加强双边合作以实现与朝鲜有关问题的和平解决。2016 年 2 月，日澳两国外长举行会谈时谴责了朝鲜强行实施核试验及导弹发射的行为。(3) 日澳在地区非传统安全方面的协调增加。无论是在应对台风、海啸等自然灾害上，还是在打击海盗、反恐上，日澳两国都进行了较为密切的合作。通过非传统安全合作，日澳两国安全合作的地区影响也有所增强。

（四）积极参与地区多边安全合作

除了直接开展安全合作外，日本和澳大利亚还在美日澳及美日印澳四边

---

① Richard Keir, “The Australia-Japan Defence Relationship: Improving Interoperability at the Operational Level,” *The Centre for Defence and Strategic Studies*, November 2015, p. 2, https://www.defence.gov.au/ADC/Publications/IndoPac/Keir_Indo-Pacific_Strategic_Paper2.pdf.

② Franz-Stefan Gady, “Australia, Japan to Hold First Joint Air Combat Exercise,” *The Diplomat*, September 11, 2019, https://thediplomat.com/2019/09/australia-japan-to-hold-first-joint-air-combat-exercise/.

③ 王竞超：《日澳海洋安全合作探析：历史演进、动因与前景》，《太平洋学报》2018 年第 9 期。

框架下不断开展多边安全合作。美日澳三国合作的必要性与重要性一直为日澳两国所认可，自 2002 年起，美日澳开始举行高级别官员的三方安全对话，四年后将其升级为部长级会议，并于 2006 年 3 月举行了首届三边战略对话部长级会议。2019 年 8 月，美日澳三国发布了第九届三边战略对话联合声明，三国部长强调了对朝鲜核问题、南海问题以及反恐问题的关注，并重申致力于维护所谓“印太地区”的安全。① 此外，美日澳三国还在同年 6 月举行的第八次防长会议上通过了《战略行动议程》，加强三边在“印太地区”的海上安全、信息共享、军事演习等合作。

在三边安全合作的基础上，美日印澳四国安全合作的发展也受到了广泛关注。2007 年四国举行了首次安全对话，但随后因为澳大利亚的退出以及日、印国内政局的变化，四国安全对话未能得以继续。直到 2017 年 11 月，美日印澳时隔十年重启“四方安全对话”，探讨了基于规则的秩序、“航行与飞越自由”、国际法、互联互通性、海洋安全、朝核问题和恐怖主义等问题。② 随后举行了多次安全对话。在 2018 年的第二次安全对话、2018 年 11 月的第三次关于“印太地区”的磋商以及 2019 年 5 月、9 月及 11 月举行的会谈中，四国就“印太地区”相关问题进行磋商，共同承诺维持和加强基于规则的秩序，支持一个“自由、开放和包容”的区域，并在海事、反恐、不扩散和网络问题上加强区域安全合作。③

四、日澳安全合作的影响与限制

随着日澳安全合作的不断增强，其影响也不断扩大，不仅提升了日澳双边关系，也成为地区安全秩序的重要影响因素。不过，日澳安全合作的自主性也有其限度，大国竞争的外部影响也不容忽视。

① Ministry of Foreign Affairs of Japan, *Trilateral Strategic Dialogue Joint Ministerial Statement*, August 1, 2019, https://www.mofa.go.jp/files/000503888.pdf.

② 章节根、李红梅：《澳大利亚对“印太”战略的认知、原因及应对》，《印度洋经济体研究》2018 年第 3 期。

③ U. S. Embassy & Consulates in Australia, “U. S. -Australia-India-Japan Consultations,” November 15, 2018, https://au.usembassy.gov/u-s-australia-india-japan-consultations/.

(一) 日澳安全合作的影响

日澳安全合作目前已经初步机制化，对于双边关系、美国亚太联盟体系和地区安全环境等存在多重影响。

1. 日澳安全合作有利于双方的相互借重

日澳两国在地区安全秩序构想和实现手段方面存在相似之处，两国的安全合作有助于实现各自的战略目标，增强彼此对于地区安全的影响。对日本而言，日澳安全合作使得日本增强了在亚太地区的安全影响，获得了澳大利亚对其行使集体“自卫权”以及出台“防卫装备转移三原则”的支持，缓解了日本突破和平宪法面临的国际压力，也有利于日本摆脱“战后体制”的束缚，促使日本成为美国在亚太地区安全秩序中的“次轴心”。[①] 对澳大利亚而言，与日本开展安全合作并“借助”其地区“影响”共塑“印太”安全秩序，能提升澳大利亚的地区事务参与度与地区话语权，实现自身的“中等强国”目标。

2. 日澳安全合作有助于双方突破美国亚太联盟体系的局限

美国亚太联盟体系主要以双边联盟为框架，美国盟国之间的安全合作受限。日澳加强安全合作在某种程度上也是突破美国亚太联盟体系的尝试。日澳两国利用“亚太地区国家”与“美国盟国”的双重身份，尝试将美国亚太联盟体系与其他双多边安全机制进行对接，并在这一过程中探索构建有利于自身的地区安全秩序。作为亚太联盟体系的“北锚”与“南锚”，日澳安全合作的加强有助于推进亚太联盟的网络化转型。

3. 日澳安全合作也是应对美国实力衰弱的未雨绸缪

虽然美国亚太联盟体系依旧是重要的亚太地区安全机制，并发挥着极为重要的作用，但面对美国在亚太地区影响的相对下降和美国对盟国的战略诉求增加，日澳安全合作也是双方对美国在亚太地区安全主导权衰弱的应对。

---

① 信强：《“次轴心”：日本在美国亚太安全布局中的角色转换》，《世界经济与政治》2014年第4期。

鉴于美国战略收缩以及向盟国卸责，日澳两国对于与美国联盟关系的依赖性会有所下降。日澳安全合作，既不会被美国视为对地区秩序的挑战，还会因增强美国亚太联盟体系的地区影响力而得到美国的支持。即便未来美国对日澳两国的安全承诺以及对亚太地区的资源投入力度下降，日澳也可以通过双边安全合作的增强而未雨绸缪。

4. 日澳安全合作会影响地区安全走向

尽管日澳两国并非影响亚太或“印太地区”安全合作最为重要的国家，但日澳安全合作加强却会撬动地区安全的走向，影响“印太战略”的走势。主要表现为：（1）双方都在与美国的联盟关系之外寻求安全合作，这将会推动美国亚太联盟网络化转型，使得亚太联盟体系对于地区安全的辐射增强。（2）日澳两国都主张构建相对包容的地区安全秩序，从而突破联盟体系的束缚。受此影响，亚太地区安全合作可能出现与亚太联盟体系镶套的多边安全合作制度。（3）日澳安全合作增强对中国周边安全的影响不容忽视。日澳对中国的海洋维权行为曾多次指责并携手阻挠。并且日澳的做法损害了中国的利益，也加剧亚太地区安全局势的复杂性。

（二）日澳安全合作的限制

日澳安全合作虽然有所加强，但其可持续性面临限制，特别是美国的态度对日澳安全合作具有重要影响，中国也是日澳对地区安全秩序重塑的重要影响因素。除了这些外部因素，日澳双方之间对于地区安全的分歧，也会影响双边安全合作的限度。

1. 两国合作会受到美国因素的影响

作为美国的盟国，日澳两国在安全上对美国都具有较强的依赖性，两国安全合作的内容和方向需要配合美国的战略选择。如果没有美国的支持，日澳有关地区安全秩序的任何构想的实现都比较困难。但美国会在多大限度内允许盟国自主开展安全合作，也存在不确定性。在战略收缩的背景下，美国乐见自己的盟国开展合作，以减少自身的战略资源投入和战略压力，使其能以低成本的方式维持联盟关系并延续美国在亚太地区的安全影响。不过，盟国之间越来越多地直接开展合作，也会冲击美国在联盟体系中的领导地位，这也意味着美国对日澳安全合作的支持会受限。①

2. 日澳安全合作难免受中国因素影响

尽管日澳两国在对华“安全威胁”认知方面存在共识，但也不乏分歧。两国与中国的利益关系差异，导致其对华政策并不完全契合。澳大利亚与中国并不存在核心利益冲突，对中国的制衡意愿也比日本要弱，中澳关系的恶化并不符合澳大利亚的利益。日澳对华分别采取了战略戒拒与战略调适的应对方式，实际上也突显了两国对华战略的分歧。② 中国是亚太地区安全秩序重塑的重要力量，日澳安全合作如何处理好与中国的关系也非常重要。

3. 日澳在地区安全秩序构想上的差异也限制两国安全合作

日澳两国虽然在地区安全秩序构想上存在相似之处，但也不乏差异。日澳对自身在地区安全秩序中的角色定位不同：日本将自己定位于地区安全秩序的塑造者，并积极主动出台了多个外交政策，提升地区话语权；澳大利亚则受限于国家实力和影响力，更多扮演地区安全秩序倡议者和参与者的角色，通过联合其他各方力量来推动地区安全秩序重塑。这些分歧也使得日澳安全合作面临一些障碍。

结语

日澳两国同为美国盟国，其安全合作的增强虽然与美国的推动不无关系，但本文侧重从内部视角分析日澳两国合作的动力，关注两国安全合作的自主性。当前，随着美国地区影响力的相对衰弱和中国崛起，加之地区安全问题的复杂化，亚太地区安全秩序面临重塑。日澳两国对美国实力的相对衰弱和亚太联盟体系的局限性都有所考虑。两国积极参与地区安全秩序重塑可

① Kent Calder and Min Ye, *The Making of Northeast Asia* (California: Stanford University Press, 2010), p. 233.

② 苗吉、李福建：《战略戒拒与战略调适：日澳对中国崛起的反应》，《外交评论》2014 年第 1 期。

视为未雨绸缪，亦成为日澳近年来增强安全合作自主性的动力。日澳安全合作的增强不仅关乎双边关系的发展，也会对亚太联盟体系和地区安全合作不可避免地造成冲击，特别是对于“印太战略”的走势具有重要影响。

对中国而言，我们不应将美国亚太联盟体系视为铁板一块，仅从亚太联盟体系衍生物的角度理解日澳安全合作的动力，还要注意到两国安全合作的自主性。周边地区是中国的重要战略依托，周边地区安全秩序重塑对中国至关重要。面对地区安全秩序的重塑以及周边国家的复杂心态，中国也应更积极地推动多元包容的地区安全秩序构建，积极提升与日澳两国的双边关系，降低两国的对华“安全威胁”认知，防止中国在地区安全重塑中处于不利地位。

思考题：

1. 日澳安全合作的主要原因有哪些？
2. 日澳安全合作对于亚太联盟多边化有何影响？

伴而不盟：美新安全战略伙伴关系研究

导语：除了正式的联盟外，美国在冷战后也开始发展一些准联盟性质的安全合作，包括因反恐需要的志愿者联盟和一些安全伙伴关系。基于冷战后安全威胁的多元化和各国之间利益关系的日益密切，非联盟形式的安全合作也日益增多。为了超越传统军事联盟相对比较僵化的弊端，美国也有意识地和一些国家通过伙伴关系的方式开展安全合作，这在东南亚地区体现得尤为明显。美国和印度尼西亚、越南、新加坡等国进行了一系列安全合作。其中美国与新加坡的安全伙伴关系最为典型，其安全合作的程度甚至超过美国与一些盟国之间的合作。美国和新加坡自 2005 年确立了安全伙伴关系，两国在军事安全领域的合作日益频繁。本文将基于双边视角，分析两国决定建立安全合作伙伴关系的原因，梳理两国近年来在军事基地、军事交流、联合军演和军火贸易等方面的合作，总结当前美新伙伴关系的四个特点——不结盟的合作方式、不断深化的合作范围、突出的反恐因素和中国因素。最后对两国安全伙伴关系进行评价，认为美新不断深化的安全合作有利于提升新加坡的安全，增强美国在东南亚地区的军事存在，对东南亚地区安全具有一定的影响。

2005 年 7 月，美国与新加坡签订了《国防与安全问题的紧密合作伙伴战略框架协定》，深化了双方在安全事务上的合作，掀开了两国安全合作的新篇章。随着两国正式建立安全伙伴关系，双边安全合作有了进一步增强。这对于两国、区域以及全球安全都有着重要影响。本文将通过剖析两国建立安全伙伴关系的原因，对两国当前安全领域的合作进行梳理，分析两国安全合作的特点，最后对美国和新加坡的安全合作伙伴关系进行评价。

一、美新发展安全伙伴关系的原因

美国是世界强国，而新加坡只是亚洲的一个“小红点”，两国实力相差悬殊，但双方自冷战时就开展了安全合作，冷战后两国之间的安全合作更是日益频繁，并且双方于2005年正式建立双边安全伙伴关系。密切的安全合作对于两国而言都很有必要。对于美国来说，新加坡地理位置的重要性是主要考虑因素，新加坡在亚太地区的重要影响力也使得美国对其予以关注，因此加强与新加坡的关系就成为美国亚太战略中不可忽视的一环。而新加坡加强与美国安全合作的主要动机是寻求美国的安全保护，提升新加坡的地区和国际影响力。

（一）美国方面

近年来，面对中国的崛起和自身实力的相对下降，美国对其在亚太地区的主导地位感到担忧。一方面，美国不断强化联盟关系，寻求联盟资源更多的积累。另一方面，美国也在亚太地区积极建立和发展伙伴关系，以此来支持其对美国亚太主导权的维护。此外，加强对马六甲重要海域的控制，增强美国在东南亚地区的影响也是美国不断发展美新安全伙伴关系的原因。

1. 助力亚太战略

冷战结束后，苏联的解体使得美国成为唯一的世界霸权。当时美国一度减少了在东南亚的军事存在，但之后亚洲国家的快速发展，尤其是中国的崛起，使得美国意识到自身地位受到了冲击，其便开始将战略重心向亚太地区转移。冷战结束初期，美国在撤出菲律宾后及时在新加坡获得新的军事基地，以继续维持在东南亚的军事存在。小布什政府期间，为了反恐需要，美国与新加坡积极发展安全关系。奥巴马上台后，美国正式提出亚太再平衡战略，并对亚太地区的军事部署进行战略性调整，以增强美国在亚太地区的军事能力，这使得新加坡作为安全伙伴的价值变得更加重要。

2012年1月，美国发布了《维持美国的全球领导地位：21世纪国防的优先任务》战略报告，指出美国要保持东南亚地区的和平、稳定、商业自由与影响力，这主要依靠美国的军事能力和军事存在。① 报告认为“中国崛起在多个方面影响了美国的安全与经济发展……为了加强对中国军事力量的限制和敦促中国军事意图更加透明，美国需要加强在亚太地区的军事投入，将其60%的海军力量部署到亚太地区”。②

由此可见，美国强化和新加坡的安全合作关系是在美国实力相对下降和中国实力增强的背景下，谋求巩固和加强美国在东南亚地区的军事存在的举措，同时也是美全球战略和亚太安全战略的重要组成部分。

2. 确保马六甲海峡制海权

马六甲海峡是世界上的重要海洋通道，是东亚国家与中东、北非甚至欧洲国家贸易往来的重要渠道。在世界能源版图中，马六甲海峡的重要性更显得非常重要，由于东亚国家大多是能源进口国，这也使得马六甲海峡通过的原油与汽油总量排到世界第二，仅次于霍尔木兹海峡，占世界石油贸易的约四分之一，且有不断上升的趋势。

表 4-8　2011—2016 年马六甲海峡石油与液化天然气的通过量

（单位：百万桶/日）

—	2011 年	2012 年	2013 年	2014 年	2015 年	2016 年
经马六甲海峡运输的石油总量	14. 5	15. 1	15. 4	15. 5	15. 5	16. 0
原油	12. 8	13. 2	13. 3	13. 3	13. 9	14. 6
成品油	1. 7	1. 9	2. 1	2. 2	1. 6	1. 4
液化天然气（万亿立方英尺/年）	2. 8	3. 5	3. 9	4. 1	3. 6	3. 2

资料来源：U. S. EIA, “World Oil Transit Chokepoints,” 2019, https://www.eia.gov/beta/international/regions-topics.cfm?RegionTopicID=WOTC。

① U. S. White House, “Sustaining U. S. Global Leadership: Priorities for 21st Century Defense,” 2012, http://fas.org/man/eprint/priorities.pdf.

② U. S. White House, “Sustaining U. S. Global Leadership: Priorities for 21st Century Defense,” 2012, http://fas.org/man/eprint/priorities.pdf.

从表4-8可以看出，通过马六甲海峡的原油、成品油和天然气都在逐年增长，尤其是液化天然气，2013年的通过量是2009年的将近3倍。由此可见，在能源运输方面，马六甲海峡承担着非常重要的任务，因此其也成为关系地区能源安全的重要节点。除了能源运输，马六甲海峡也是东西方贸易的重要通道，对于亚太地区的经济发展具有重要影响。美国视海洋霸权为其世界霸权的重要基石，马六甲海峡的独特位置和关键作用决定了美国必须对其予以重视，这同美国的多项国家利益密切有关。

第一，经济贸易方面维护美国及其盟国利益。因马六甲海峡的安全问题直接影响着印度洋和太平洋的航道安全，关系着美国多个盟国如日本、韩国等国的经济利益，因此美国不可能放弃在该海域的影响。

第二，战略方面加强海上战略通道控制以确保美国海洋霸权。美国的海洋战略深受马汉的海权论的影响，美国对重要的海上战略通道尤为重视。基于霸权维护的视角，美国认为控制马六甲海峡不仅能够对亚太地区的安全施加重要影响，还有助于维护美国的海洋霸权。

第三，在非传统安全方面非常关注运输安全。东南亚地区海盗活动频繁，加上马六甲海峡部分水道狭窄，更容易使得过往船只成为袭击对象，甚至美国船只也不能幸免。海盗泛滥严重影响了美国的海洋霸权，美国需要积极参与海盗打击，这也是其提供海洋公共产品、维护海洋运输安全的重要举措。

目前，马六甲海峡由沿岸三国——新加坡、印度尼西亚和马来西亚共管。三国制定了处理马六甲海峡事务的三原则，其中一条即“承认相关大国在该区域的利益”。这就给美国介入马六甲海峡事务提供了可能性。新加坡作为马六甲海峡共管国之一，美国需要和其保持良好的关系。另外，马六甲海峡安全涉及沿岸国家的核心安全利益，在三国中，新加坡是唯一一个积极支持美国介入东南亚事务和马六甲海峡的国家，马来西亚和印度尼西亚都对美国的介入有所顾虑，认为美国是借反恐之名，想通过驻军来控制海峡，影响其他国家的航行。因此，和新加坡发展好安全伙伴关系，对于美国无论是介入马六甲海峡还是提升在整个东南亚地区的安全影响都非常有利。

3. 增强地区影响力

冷战结束后，美国于1991年9月终止了《美菲军事基地协定》，撤出苏比克海军基地和克拉克空军基地，大大降低了美国在东南亚的军事存在，可以说当时“美国在东南亚地区的军事存在和政治影响力降到了最低点”。①2001年小布什上台后，中国、印度等国的崛起以及东盟一体化的发展，使得美国意识到东南亚地区在其全球战略中的重要价值。奥巴马上台后，美国开始推行重返亚洲政策和亚太再平衡战略，东南亚地区对于美国的重要性显著增强。美国不断加强同东南亚国家的军事合作，以反恐军事演习和军事训练为由与东南亚多个国家加强军事合作，进而巩固和增强了其在该地区的影响力。

值得注意的是，虽然很多东南亚国家和美国保持着密切联系，一些甚至与美国结为联盟，但由于历史原因，仍存在一些反对的声音。例如，在菲律宾，尽管菲律宾与美国维持了很长时间的友好关系，但菲律宾政府为避免美菲关系过于紧密而引发国内反美情绪，也要限制美国的影响，以维持其外交的独立性和灵活性。② 事实上，菲律宾的想法代表了东南亚大多数国家的心声，它们大多对美国的过多过深介入心存芥蒂，不愿让美国过多插手本地区的事务。例如，马来西亚、印度尼西亚对于美国在东南亚地区的介入保持既合作又警觉的态度。对于美国驻军东南亚国家，两国既担心本国国家利益受损，但又不希望美国降低军事存在后打破原有地区的稳定状态。

在东南亚地区，新加坡可能是为数不多的欢迎美国介入的国家。新加坡认为将美国力量引入有助于维护新加坡的安全，这也使得新加坡比较积极支持美国在东南亚地区的军事介入和发展两国的安全关系。例如美国曾提出一个东南亚“地区海上安全方案”，大部分东南亚国家都表示反对或有所顾忌，但新加坡的态度却截然不同，表示了非常支持的态度。③

4. 打击恐怖主义

东南亚地区一直饱受海盗问题的困扰，近年来海盗活动有逐渐转变为恐怖组织犯罪的势头，这对马六甲海域的安全构成了重要挑战。同时，马来西亚和印度尼西亚都拥有数量庞大的穆斯林人口，部分对“伊斯兰国”等恐怖

---

① 张锡镇：《“9·11”后美国加紧推进同东盟国家关系及我国的应对之策》，《南洋问题研究》2005年第4期。

② Shannon Tow, “Southeast Asia in the Sino-US Strategic Balance,” *Contemporary Southeast Asia*, Vol. 26, No. 3, 2004, pp. 434–459.

③ 李金明：《马六甲海峡与东南亚地区安全》，《东南亚研究》2007年第6期。

组织持同情态度，这使得这些人极有可能被恐怖组织所利用。

“9·11”事件之后，美国将东南亚看作全球反恐布局的第二战线，主要打击目标是宗教激进组织，特别是“伊斯兰祈祷团”。该组织与“基地”组织联系密切。远在中东的“基地”组织也在利用这些东南亚本土组织来支持其全球恐怖行动。因此，为了打击恐怖主义，美国就需要重视东南亚地区的反恐，与新加坡建立密切的安全合作则十分必要。

（二）新加坡方面

新加坡与生俱来的“脆弱性”制约着本国的安全和发展。为了解决这一问题，新加坡选择寻求美国的安全保护，借助美国的军事存在来应对地区安全威胁。这不仅有利于维护本国的安全，也有利于提升其国际影响力。同时，加强与美国的安全合作可以平衡中日等国在亚太地区的影响，有利于新加坡通过大国平衡战略构建和平稳定的周边环境。

1. 实施大国平衡战略

新加坡国土面积狭小，腹地不足，缺乏战略纵深，安全非常脆弱。不过与此同时，新加坡在地理位置上有着得天独厚的优势：地处东南亚核心地带，扼守马六甲海峡，拥有优良的港口。新加坡非常好地利用了本国的地缘特点，通过奉行大国平衡战略，新加坡外交风生水起，在国际上有声有色，产生了与其领土人口不相符的国际影响。新加坡除了需要担心本国安全，周边环境是否稳定对于其发展来说也非常重要。“新加坡这个岛国的生存与发展，首先有赖于东南亚地区的和平与稳定”，① 因此与东南亚的其他国家相比，新加坡更为重视东南亚的地区安全。然而由于国力较弱，地区影响力有限，新加坡只能通过引入大国力量介入，谋求实现区域大国平衡和周边稳定的目的。

新加坡的大国平衡战略在与美国的安全合作上体现得尤为明显。应该说冷战后，东南亚各国面临的外部安全威胁大为下降，安全合作需求也相应降低，对美国军事介入的要求已不再那么迫切。但新加坡与其他东南亚国家不

① 钟奇峰：《新加坡的国际生存之道》，《国际研究参考》2006年第8期。

同，在美菲联盟关系松散的时候，新加坡反而要求加强同美国的军事合作，甚至还签署协议向美提供军用设施。① 新加坡对于美国重返东南亚也表现得最为积极，李光耀多次呼吁美国加强在东南亚地区的力量存在，称美国的领导有助于该地区的和平与稳定。②

2. 提升国际影响力

新加坡刚独立之初，只有200多万人口和仅仅500多平方千米的土地，资源极度匮乏。李光耀认为，那时的新加坡“前途是渺茫的，没有腹地，就连我们的饮用水也来自柔佛州”。③ 一个资源匮乏、经济落后、国防空虚的国家面对区域内的其他国家，生存空间都无法保证，只靠自己来寻求国际影响力更是难事。因此，新加坡不得不依靠域外强国的协助，早期是英国，现在则是美国。④ 新加坡选择同美国建立和发展安全合作伙伴关系，不仅在一定程度上能够弥补新加坡安全的脆弱性，为经济发展创造有利条件，还能以美国合作伙伴国的身份提高本国的国际话语权和影响力。例如美国使用新加坡的军事基地，使得新加坡成为美国在东南亚区域内军事联系最紧密的国家之一。而新加坡也凭借与美国的亲密关系，在诸多国际或地区组织中发挥了更多的影响。

3. 应对地区性威胁

新加坡作为东南亚的小国，主要面临两大安全问题。

一是新加坡面临马来西亚和印度尼西亚两国的安全威胁。新加坡是东南亚地区唯一以华人为主的国家，两个邻国却拥有大量穆斯林，新加坡因此被称为“东南亚的以色列”，⑤ 马来西亚和印尼等东南亚国家曾一度奉行“反共反华”政策，将新加坡视为华人的“特洛伊木马”，威胁着新加坡的安全。而且由于历史上的新马分家，其同马来西亚的关系时常出现紧张状态。

---

① 魏炜：《透视新加坡对美国外交》，《历史教学问题》2004年第5期。

② 宋清润：《“亚太再平衡”战略背景下的美国与东南亚国家军事关系（2009—2014）》，社会科学文献出版社，2015，第74页。

③ 李光耀：《经济腾飞路——李光耀回忆录》，外文出版社，2001，第56页。

④ 张弛：《新加坡对外政策走向评析》，《当代世界》2015年第9期。

⑤ 《新加坡军力跃进 “东南亚以色列”名副其实》，新华网，2008年11月12日，http://news.xinhuanet.com/mil/2008-11/12/content_10345342.htm。

尽管当前新加坡的邻国威胁已不如独立初期那么强烈，但地理位置、国土面积、宗教差异等因素还是使得新加坡难以完全放弃对邻国的警戒。

二是中国的崛起给新加坡带来的压力。东南亚国家由于在历史、领土和意识形态等方面与中国存在利益冲突，因此“中国威胁论”在东南亚国家中也颇具市场。2001 年，李光耀就曾表示“亚洲四小龙”加上“亚洲领头雁”日本的总体力量都将无法与一个中国相比，中国很可能垄断亚洲经济的发展，为了亚洲持续的发展，美国在地区中的作用不可替代。“只有美国才能起到一个关键的平衡作用。”① 新加坡直言“美国被认为是一个良性的、最没有危险的国家，大多数东盟成员国仍把美国看作一个不可替代的、积极的角色”。② 新加坡对美国在东南亚的介入给予了高度肯定，认为美国的存在可以制约中国在亚洲区域的影响，维持地区稳定。事实上，新加坡担忧的是某个域内国家主导地区事务，破坏新加坡苦心经营的大国平衡战略。因此，无论这个域内主导国家是中国还是日本，抑或其他国家，新加坡都会感到安全担忧。

二、美新安全伙伴关系的现状

美国和新加坡的军事合作涉及多个领域，美国不仅使用新加坡的海军和空军基地，还允许新加坡到美国本土进行军事训练，双方在美国国内和亚太地区频繁地进行双边和多边演习，演习科目越来越全面。除此之外，美国同新加坡的军火贸易也在安全伙伴关系确立之后增长明显。

（一）军事基地

美国在新加坡主要有两大军事基地，一是樟宜海军基地，二是巴耶利峇空军基地。美国是全世界拥有海外军事基地最多的国家，除了南极洲，美国在世界各地基本都拥有军事基地。美国在亚太地区的海外军事基地占其总数

① Lee Kuan Yew, “ASEAN Must Balance China in Asia,” *New Perspectives Quarterly*, 2001.

② N. Ganesan, “ASEAN's Relations with Major External Powers,” *Contemporary Southeast Asia*, Vol. 22, No. 2, 2000, pp. 258-278.

的 40%左右，新加坡的两大军事基地是其中的典型代表。

美新之间的军事基地合作始于冷战结束初期，当菲律宾与美国结束军事基地合作之时，新加坡马上表示愿意向美军提供新加坡的军事基地，美国第七舰队后勤供应司令部从菲律宾苏比克湾迁至新加坡樟宜海军基地。不过早期樟宜海军基地条件有限，无法为美军的大型舰只提供补给和保养，后经深水码头等改造，功能大为提升，目前樟宜海军基地已成为美国在东南亚的重要军事支点。

巴耶利峇空军基地则是美国在新加坡经常使用的空军基地。该基地位于新加坡本岛东部，原为民用机场，1981 年新加坡樟宜机场启用后改为军事用途。早在 1990 年 11 月，新加坡总理李光耀与美国副总统奎尔签署了一项备忘录，允许美国使用新加坡在巴耶利峇的飞机场。自此，巴耶利峇空军基地成为美军在东南亚地区的重要补给基地。

（二）军事交流

新加坡国土面积较小，无法满足军事训练的空间需求，空军无法进行有效的飞行训练，为此不得不选择在其他国家寻找训练基地。目前，新加坡在美国本土进行空军和陆军训练。美国除了为新加坡提供足够的训练空间和完备的设施，还帮助新加坡提升训练水平，促进两国军事交流。

新加坡军队在美国有四个驻地，分别是按照“和平卡文Ⅱ”项目位于亚利桑那州的卢克基地，部署有 F-16C/D 战机，按照“和平卡文Ⅴ”项目位于爱达荷州的蒙廷霍姆基地，部署有 12 架 F-15SG 战机，按照“和平尖兵”项目位于亚利桑那州马拉那市的帕纳机场，部署有 8 架 AH-64D 武装直升机，按照“和平草原”项目位于得克萨斯州大草原城的轩尼斯机场，部署有 6 架 CH-47SD 运输直升机。① 新加坡战斗机飞行员每周进行两次飞行训练，每次 60—90 分钟不等。新加坡军队以轮训的方式前往美国，这样能让更多新加坡士兵有学习的机会。② 比起新加坡本土来说，美国不仅有先进的军事

① 雷炎：《新加坡空军在美国》，《凤凰周刊》，2014 年第 21 期，http://www.ifengweekly.com/detil.php?id=690。

② 雷炎：《新加坡空军在美国》，《凤凰周刊》，2014 年第 21 期，http://www.ifengweekly.com/detil.php?id=690。

理论，还拥有更宽阔的训练场地，飞行员可以展开更多空对地作战训练。良好的训练环境对新加坡空军的能力提升起到了非常重要的作用。

（三）军事演习

美国和新加坡之间除了在亚太区域内举行军事演习外，新加坡还开始参与美国境内的一系列演习，甚至在美国境内单独举行陆空联合演习，这表明双方的军事互信程度很高，这反过来也推动着两国安全伙伴关系的进一步加强。

因为美国和新加坡建立了密切的军事联系，因此新加坡军队获得了很多的军事训练“特权”。其中比较著名的有“红旗”演习、“铸刀”陆空联合演习。除了参与美国与别国的军事演习，新加坡自 2005 年起还单独在美国举行代号“铸刀”（Forging Sabre）的陆空联合演习，这个“两年一度”的演习是完全没有美军参与的实弹训练，主要场地是美国俄克拉何马州的锡尔堡陆军基地。这些充分显示了美新军事合作关系之密切。

两国在亚洲举行的主要军事演习为“突击吊索”（Commando Sling）系列军演和“卡拉特”（CARAT）演习。“突击吊索”系列军演始于 1990 年，是两国空军重要的年度演习。其目的是构建美国空军和新加坡空军军事互动重要平台，内容包含空对空的接战训练等，通过模拟对抗的方式来应对潜在威胁。2015 年 8 月，美国与新加坡皇家空军在新加坡巴耶利峇空军基地进行该系列演习，此次演习主要目的是加强与评估美国与新加坡空军的空中战术、技巧与过程的合作。该演习有助于两国更好地加强合作关系。①

另外一个大型演习为“卡拉特”演习，即联合海上战备和训练演习。这是美国与东南亚国家在南海地区举行的系列双边联合军事演习，为年度例行演习。美军分别与包括新加坡在内的每个东南亚参演国进行 10 天左右的演习，这是美国与亚太地区盟国在东南亚地区举行的规模最大、演练科目最多、涉及范围最广、持续时间最长的演习。②

① USAF, “USAF and RSAF to Participate in Commando Sling 15 in Singapore,” 2015, http://www.pacaf.af.mil/News/ArticleDisplay/tabid/377/Article/612425/usaf-rsaf-to-participate-in-commando-sling-15-in-singapore.aspx.

② 陈丽芬：《冷战后新加坡对美政策研究》，硕士学位论文，暨南大学，2008。

除了“突击吊索”演习和“卡拉特”演习，美国与新加坡还参与了其他多边与双边军事演习。各个演习的时间周期、规模大小均有所差异，演习侧重方面也不尽相同。这些演习的实施共同推动着美新安全伙伴关系的全面、深入发展。

（四）军火贸易

美国自20世纪90年代以来向新加坡出口的武器主要以海军和空军武器装备为主，之后美国一直是新加坡的主要武器出口国。

表4-9　美国武器主要购买方　　（单位：百万美元）

序号	国家/地区	2004年	2005年	2006年	2007年	2008年	2009年	2010年	2011年	2012年	2013年	2014年	2015年	总数
1	韩国	873	619	1358	1233	1121	209	1188	1462	985	93	332	138	9610
2	阿联酋	380	1259	994	472	677	394	153	863	923	1063	542	895	8614
3	澳大利亚	114	101	348	574	320	610	1389	1004	589	148	326	903	6425
4	沙特阿拉伯	324	153	172	149	235	231	345	398	401	615	1383	1764	6170
5	以色列	839	1114	1110	839	663	134	41	59	107	65	121	194	5285
6	新加坡	362	530	30	8	25	772	748	492	446	670	627	65	4773
7	日本	352	414	444	470	659	490	381	263	243	258	458	283	4715
8	中国台湾	314	641	503	12	11	<0. 5	37	138	425	553	1081	681	4396
9	埃及	500	588	429	372	263	82	249	160	177	494	190	585	4088
10	土耳其	129	290	5	25	49	21	11	331	1009	355	1116	308	3647

资料来源：“Arms Exports of United States,” Stockholm International Peace Research Institute, http://armstrade. sipri. org/armstrade/html/export_ values. php。

从表4-9中可以看出，新加坡基本上一直是美国武器的主要购买方，2004—2015年从美国武器进口总额排在世界第六，2005年两国签署协议时数额尤其高。但2005年之后，由于双方达成了一系列安全协议，新加坡暂时不再需要大额国防投入保卫本国安全，美国的存在为其提供了一定的安全保护。2009年，美国宣布“重返亚洲”后，新加坡成为美国的重要支持力量，两国间的军火贸易开始新一轮大幅增长。在美国的武器装备支持下，新加坡的国防体系不断优化升级，军事实力整体得到提升。

表 4-10　新加坡武器进口的国别分布（2009—2015 年）

（单位：百万美元）

国家	2009 年	2010 年	2011 年	2012 年	2013 年	2014 年	2015 年	总计
美国	772	748	492	446	670	627	65	3819
法国	589	<0.5	<0.5	48	22	1	11	671
德国	69	171	176	78	4	<0.5	<0.5	498
瑞典	<0.5	<0.5	119	114	15	<0.5	<0.5	248
以色列	35	70	74	57	3	<0.5	<0.5	238
意大利	13	<0.5	45	71	51	26	<0.5	205
澳大利亚	<0.5	30	30	15	6	<0.5	<0.5	81
瑞士	<0.5	<0.5	<0.5	<0.5	<0.5	15	18	33
荷兰	<0.5	<0.5	<0.5	<0.5	9	14	5	27
丹麦	4	<0.5	<0.5	<0.5	<0.5	<0.5	<0.5	4
南非	<0.5	<0.5	<0.5	<0.5	1	2	<0.5	2
总计	1481	1020	935	828	780	683	98	5826

资料来源："Arms Exports to Singapore," Stockholm International Peace Research Institute, http://armstrade.sipri.org/armstrade/html/export_values.php。

从表 4-10 可以看出，美国是新加坡武器进口的最主要来源，来自美国的进口额占全部的 65.6%，远超法国、德国等国家。新加坡国内 43%的武器采购项目都有美国防卫工程承包商的参与。① 早期新加坡主要向美国采购空中预警设备、空中侦察与反击设备、空中加油系统等防御性武器，② 后来逐渐开始采购具有主动攻击性的武器，如 2008 年价值 9.62 亿美元的武器订单，其中包括 128 枚 AIM-120C-7 先进中程空对空导弹、50 枚 MK-82

① 《新加坡成世界第五大武器进口国》，《华尔街日报》2012 年 3 月 2 日，http://cn.wsj.com/gb/20120321/bog155402.asp。

② 秦昱华：《新加坡的外交战略》，《新加坡文献》2001 年 11 月 29 日，http://www.sginsight.com/xjp/index.php?id=293。

(GBU-38)“杰达姆”炸弹、200 枚 AIM-9X“响尾蛇”导弹等。①

2015 年 12 月，新加坡向美国洛克希德·马丁公司订购了一批价值 9.14 亿美元的战斗机、雷达等，将新加坡空军的 F-16 战斗机等进行全面升级。②新加坡近几年从美国采购的军事装备已占进口量的一半以上，远超包括从法国、意大利、以色列和德国在内的其他国家的进口量。③

另外，新加坡国防科学技术局和国防高级研究计划局建立了良好的合作关系，合作领域包括无人系统、指挥与控制系统、雷达系统。④ 这也会进一步带动两国军事技术和国防工业合作，促进双方的军火贸易。

三、美新安全伙伴关系发展的特点

美新安全合作虽然并非联盟关系，但却是各取所需的适宜选择。通过结伴不结盟的合作方式，美新安全合作领域不断拓展，注重反恐合作与地区安全秩序，对中国因素也尤为关注。

（一）不结盟的合作方式

尽管美新安全合作密切，但与菲律宾和泰国不同，新加坡并不愿意与美国结成正式的联盟。2003 年，新加坡就曾拒绝了美国对其成为主要的非北约盟国之一的邀请。后来，虽然和美国的合作越来越深入，但新加坡未曾表示要成为正式的盟国。

联盟形成理论认为，联盟形成主要有三种原因，基于利益、基于威胁、基于权力。对于美新双方而言，一是共同的利益虽然存在，但不足以推动双

---

① 《新加坡向美国采购近十亿美元先进空空导弹》，新浪网，2008 年 7 月 29 日，http://mil.news.sina.com.cn/2008-07-29/0847513755.html。

② 《新加坡 9 亿美元升级 F16 战机》，观察者网，2015 年 12 月 4 日，http://mil.news.sina.com.cn。

③ 《新加坡与美国加强国防合作》，国防信息科技网，2015 年 12 月 11 日，http://www.dsti.net/Information/News/97526。

④ 《新加坡与美国加强国防合作》，国防信息科技网，2015 年 12 月 11 日，http：//www.dsti.net/Information/News/97526.

方形成联盟关系，因为与联盟关系所带来的限制和义务相比，利益的收获并不划算。二是从威胁来看，新加坡主要面临三大威胁，一是周边邻国马来西亚、印尼等潜在威胁，二是中国这个“地区威胁”，三是非传统安全威胁，诸如海盗、海啸等。马来西亚、印尼等邻国目前并无吞并新加坡的意图，并且东盟内部的相关规则和国际规范也会制约这一行为发生。而对于中国，新加坡则显得比较矛盾。新加坡并不完全认可“中国威胁论”，其对中国的发展呈现出乐观的心态，并且积极同中国发展贸易，但同时随着中国经济、军事实力的显著增强，新加坡又担心中国会打破原有的区域内平衡状态，因此对于中国，新加坡一直是保持着合作并怀疑的态度。而对于非传统安全威胁，传统的军事联盟在应对上缺乏灵活性，与安全伙伴相比并无优势。因而无论是哪种威胁，对新加坡都未构成迫在眉睫的安全威胁，这也使得新加坡在和平年代缺乏与美国形成军事联盟的足够动力。三是基于权力来看，尽管新加坡加强与美国的安全关系有利于增强其权力，但无奈新加坡自身资源禀赋十分有限，因而其对于权力的欲望也相对有限。并且如果新加坡过于依赖和追随美国以增强权力，其将会引起地区内其他国家的猜忌与不满，反而不利于其地区作用的发挥。因此，新加坡和美国并没有结为正式联盟，而是以安全伙伴关系不断推进合作的深度和广度，避免付出过重的结盟成本或被联盟限制。

（二）合作领域不断深化拓展

美国与新加坡的安全合作领域不断拓展，两国不仅在传统安全领域不断深化合作，在非传统安全领域的合作也实现了横向拓展。在传统安全领域，两国安全合作继续深化。现在新加坡空军除了在美国进行训练，还准备在美国蒙廷霍姆基地成立高级“武器学校”，① 引入美军在飞行、空战、维修、管理等专业领域的技能，以提升战斗机飞行员的高级作战能力，使新加坡官兵掌握更多指挥和作战理论。

在非传统安全领域，两国合作继续拓展。2015 年 12 月，新加坡和美国签订了一项加强国防合作的联合声明，拓展并深化了两国军事技术的合作，

① 雷炎：《新加坡空军在美国》，《凤凰周刊》2014 年第 21 期，http://www.ifengweekly.com/detil.php?id=690。

明确表示将加强军事技术、政策、战略等多领域的合作，用以打击海盗和恐怖主义，同时加强在新领域的合作，比如网络安全、人道主义救援、灾难援助和生物安全。① 在现有国防协议的基础上，美新两国正在开展更多高水平的合作，不断加强协作能力和联合行动的能力。2016 年 2 月，美新两国航空机构签署了航空维护协议。② 同时，两国在非传统安全领域的合作也有了进一步扩展，如网络安全、反恐、救灾援助等领域。

（三）注重反恐合作

由于国土面积狭小、地理位置独特等原因，新加坡的安全脆弱性较高。即便是恐怖袭击，对新加坡的安全也足以构成重大打击，这也促使新加坡十分注意反恐。一是在海洋反恐方面积极参与美国主导的《集装箱安全倡议》。该倡议是美国全球反恐战略部署的重要组成部分，目的在于防止恐怖分子利用海运集装箱藏匿大规模杀伤性武器袭击美国，允许美国海关与边境管理部门对运往美国的集装箱进行多项检查。二是积极参与打击宗教激进组织的反恐活动。新加坡国防部部长黄永宏称，极端组织“伊斯兰国”武装分子已对东南亚构成“明显威胁”，“伊斯兰国”在印尼、马来西亚和新加坡招揽了大批追随者，其数量甚至超过了“9·11”事件之后的10年内“基地”组织招揽的人数之和。③ 新加坡总理李显龙还曾在二十国集团峰会上强调，即使无法铲除恐怖主义，也绝不可低头。④ 由于美新两国在反恐问题上存在巨大的共同利益，这也成为两国安全伙伴关系的重要组成部分。

（四）中国因素突出

从美国的角度看，随着中国实力的增强，其在东南亚的地位和影响将不

---

① 《新加坡与美国加强国防合作》，国防科技信息网，2015 年 12 月 1 日，http://www.dsti.net/Information/News/97526。

② 《新加坡与美国签署协议将加强航空安全领域合作》，环球网，2016 年 2 月 17 日，http://world.huanqiu.com/exclusive/2016-02/8553496.html。

③ 《新加坡防长：IS 东南亚招揽大批追随者 已构成明显威胁》，环球网，2015 年 12 月 10 日，http://world.huanqiu.com/exclusive/2015-12/8146331.html。

④ 《心跳演习——新加坡加强反恐演练》，台湾“中央”社，2015 年 11 月 19 日，http://www.rti.org.tw/m/news/detail/?recordId=235412。

可避免地上升和加强。美国不会允许中国在亚洲“一家独大”，需要针对中国在东南亚地区的影响展开竞争。美国同新加坡达成使用军事基地协议，强化与菲律宾和泰国的联盟关系，其中都有遏制中国的意图。① 新加坡历来将中国因素看成考察美国在东亚地区作用的重要原因。早在2001年，李光耀就曾称中国的力量非常强大，“没有美国，东亚的区域化迟早要被一个成员垄断，这将减少区域其他成员的呼吸空间”。② 新加坡认为“只有美国才能起到一个关键的平衡作用”。③ 中国的崛起在新加坡看来具有很多不确定因素。首先是因为中国同一些东盟国家存在领土纠纷，无法充分赢得东南亚国家的信任。其次，其对于中国的实力和潜力无法判断，无法确定中国是否会超越美国。因此，面对中国这样的大国的崛起，暂时最合适的方式就是引入另外一个大国来制约，实行大国平衡战略。

四、美新安全伙伴关系的评价

美国与新加坡的安全合作有利于维持东南亚地区的稳定，为新加坡构建了一个安全稳定的国际环境，但美国和新加坡的安全伙伴关系并不是平等关系，而是新加坡追随美国、配合美国的不对称依赖关系，这给两国关系长远发展带来了一定的不确定性，也会对东南亚地区安全合作造成负面影响。

（一）影响地区安全

美国与新加坡发展密切的安全伙伴关系有利于帮助新加坡和东南亚地区进行有效的反恐行动，遏制潜在的宗教极端势力的发展，保护马六甲海峡的通行安全，维护安全稳定的区域环境。

美国的军事介入还有助于抑制东南亚地区出现“逆裁军”现象。这一现象曾在20世纪90年代初出现，当时美国减少了在东南亚的驻军，使得一些

---

① 张锡镇：《“9·11”后美国加紧推进同东盟国家关系及我国的应对之策》，《南洋问题研究》2005年第4期。

② 陈萍：《大国均势下新加坡对美国关系的发展》，硕士学位论文，华中师范大学，2013。

③ 张锡镇：《“9·11”后美国加紧推进同东盟国家关系及我国的应对之策》，《南洋问题研究》2005年第4期。

东南亚国家由于不安全感加剧而开始加强国防与军队建设。而美国在该地区军事介入的加强会增加这些国家的安全感，使得他们军事开支的增速放缓，甚至有所下降。例如新加坡的军费支出、武器进口量等随着美国的军事介入在逐年减少。

表 4-11 新加坡国防与武器贸易

—	1990 年	2000 年	2010 年	2014 年
军备进口（万美元）	52400	70800	107800	71700
武装人数（人）	56000	168500	147500	不详
军费开支（万美元）	326600	746600	1145300	1246825
军费开支占 GDP 的比例	4.9%	4.6%	3.7%	3.2%
军费开支占政府支出的比例	27.2%	28.7%	28.2%	22%
军备出口（万美元）	6800	1000	2700	200

资料来源："Armed Forces Personnel – Totalin Singapore," World Bank, http://www.tradingeconomics.com/singapore/arms-imports-constant-1990-us-dollar-wb-data.html。

从表 4-11 中可以明显地看出，整体上新加坡的军费开支占 GDP 比例呈现下降趋势，尤其是从 2010 年起，包括军备进口和武装人员开支在内的军费开支在逐年减少，2014 年军费占 GDP 的比例比 1990 年减少了 1.7%，降幅非常明显，这一切和美新之间的安全合作是密不可分的。由于美国在新加坡基地的驻军和两国越来越密切的军事领域合作，美国的存在为新加坡提供了威慑作用，因此新加坡不需像此前那般大力发展军事力量以保障国防安全。另外，美新关系的推进也影响着新加坡和邻国的关系，这些国家大都是美国的盟国或合作伙伴，美国"居中协调"可以帮助减少它们相互之间的摩擦和冲突。

（二）不对称的相互依赖

在美新安全伙伴关系中，由于两国无论是经济、军事实力还是国土、人口等资源都相差悬殊，因此整体来看，两国关系依然由美国主导，新加坡对美国依赖性较强。新加坡通过牺牲一部分主权来获得美国保护，同时从美国获得先进的军事技术，以保证本国的生存与安全，并建立一个稳定的国际环境。

从两国不断深化关系的过程来看，美国一直掌握着主动权。美国在“9·11”事件之前，面对新加坡的“示好”，没有选择与之建立明确的伙伴关系。而随着恐怖组织的影响增大和中国的迅速崛起，新加坡成为美国的重点“发展对象”。美国亚太政策和全球战略的调整会直接影响美新关系，而反过来新加坡的战略调整对美国无法造成同样的影响力。新加坡做得更多的是迎合和配合美国的行动，通过外交上的巧妙方式转化劣势，在可控范围内使本国利益最大化。

美新之间在安全需求上存在不对称性。如果美国放弃和新加坡建立密切的关系，新加坡则需要重新选择潜在“盟国”或安全伙伴，此事难度颇大。周边的马来西亚等国家无法为其提供安全保障，而区域大国中国则由于意识形态等问题让新加坡顾虑重重；而相应的，美国重新选择建立密切联系的国家则相对容易，新加坡对于美国来说最主要的地位就是“马六甲海峡的主要沿岸国家”，帮助美国“重返亚太”的一环。美国在此区域的选择相比新加坡来说有更大的余地。

新加坡对美国的过度依赖来源于自身“脆弱性”，因此这种关系是不利于其长期发展的，一旦对方改变政策或者作出不利于本国的决策，本国将有可能受到严重的牵连，出现无法控制的局面。并且新加坡国土面积狭小，缺乏战略纵深，实际上并不适合发展军事基地，这也可能成为两国军事合作的制约。

结语

“9·11”事件后，美国开始在全球进行反恐部署，东南亚也成为美国反恐布局的第二战线，这就给美国介入东南亚、加强和新加坡关系提供了契机。美新于2005年正式确立安全伙伴关系，这标志着两国合作进入了新的阶段。这是美国在中国崛起和美国实力相对下降的背景下所作出的选择，和新加坡保持密切的安全合作关系可以帮助美国介入马六甲海峡事务，捍卫其世界霸权，同时增强其在东南亚的军事存在和地区影响。因此，同新加坡建立良好的伙伴关系是美国加强在亚太地区战略主导地位和谋求军事优势的重要一环。同时，新加坡借美国的军事存在可以形成威慑，把美国作为大国平衡战略中的重要角色引入亚洲，达到平衡中国、日本、印度等大国的目的，保证本国的生存与安全，为新加坡的发展营造一个稳定的区域环境。但美新之间的不对称相互依赖也为两国安全伙伴关系的发展增加了不确定性。美新安全伙伴关系反映了在传统联盟之外，美国也在积极以相对灵活的方式来加强与其他国家之间的安全合作。其启示在于，对于多数并不存在迫在眉睫安全威胁的国家而言，相对比较包容的“结伴不结盟”的国际安全合作形式会更加适宜。

思考题：

1. 冷战后国际环境的变化对国际安全合作形式有何影响？
2. 美国推动安全伙伴关系建设有哪些原因和影响？

第五篇

联盟的未来

作为一种重要的国际安全合作形式，联盟在冷战后弊端增多，面临着存续困境。冷战后国际环境的变化致使联盟形成减少，主要原因在于联盟形成动力不足、联盟成本—收益失衡、联盟困境管理更加困难和单极霸权阴影等方面。既有联盟大多是冷战遗产，尤以美国参与的联盟居多。目前，联盟作为一种国际安全合作形式面临着矛盾增多、功能不足、行动僵化等问题。准联盟、国际联合阵线、议题联盟、伙伴关系这些类联盟虽然具有联盟的部分功能，但却很难完全替代联盟。不过联盟并不会很快退出历史舞台，未来的国际安全合作形式应该更具包容性，因此联盟未来会向更具包容性方向转型。

近年来，中国崛起的安全压力有所增加，海外利益维护的安全支持需求增强，结盟与否也引发了热议。审视当前中国的不结盟政策，其原因并非政策失调或伙伴关系事实构建结盟，而是基于国家利益的考虑。未来中国是否需要结盟，需要基于国家利益全盘考量，切忌因损失厌恶或基于未来的过度安全担忧而盲目结盟。基于“结伴不结盟”，中国可以积极构建全球伙伴关系网络，柔性加强全球安全影响，提升中国的安全能力。

由于中国崛起的周边安全效应、全球战略重心东移亚太的地缘效应和周边国家转型的系统效应，中国的周边地区安全已变得日益重要。中国周边安全合作面临着大国权力竞争、制度竞争和观念竞争等主要障碍，中国在周边安全中应该发挥重要作用。本文基于国家利益层次分析的视角，对中国周边地区存在的纷繁复杂的安全问题进行梳理，进而提出了“双重协调”的周边安全战略，其可视为中国“结伴不结盟”的安全路径尝试。

联盟之后
——冷战后国际安全合作新形式探讨

导语：作为一种重要的国际安全合作形式，联盟在冷战后弊端增多，面临着存续困境。冷战后国际环境的变化致使联盟形成减少，主要原因在于联盟形成动力不足、联盟成本—收益失衡、联盟困境管理更加困难和单极霸权阴影的影响。既有联盟大多是冷战遗产，尤以美国参与的联盟居多。目前，联盟作为一种国际安全合作形式，面临着矛盾增多、功能不足、行动僵化等问题。目前来看，准联盟、国际联合阵线、议题联盟、伙伴关系这些类联盟具有联盟的部分功能，但却很难完全替代联盟。类联盟在安全合作上虽然具有更多的灵活性，但其安全效力不如联盟。未来的国际安全合作形式应该更具包容性，这种包容性主要体现在两个方面，一是安全威胁的指涉对象会趋向模糊化；二是安全合作与经济等其他领域合作会更加统合。包容性安全合作并非凭空产生，而是可以在目前的国际安全合作形式上进行改良，联盟和伙伴关系可成为包容性安全合作的重要尝试。

当今世界，国际安全环境正在发生深刻变化，联盟作为一种重要的安全合作形式，① 其命运也处在十字路口。一方面，联盟正在变得不合时宜，一些国家奉行不结盟政策，采取准联盟、联合阵线、伙伴关系等非联盟方式开展安全合作。如中俄面对美国的同时施压，战略相互借重增多，但两国依然宣称结伴不结盟。日、法、印等国都纷纷通过伙伴关系开展安全合作。甚至连美国近年来也大量通过安全伙伴、联合阵线等非联盟形式进行安全合作。另一方面，既有的联盟大多出现调整或转型，显著特点是联盟目标重置、联

---

① 本文中的联盟主要是指传统军事联盟。

盟内容拓展、联盟功能调整等，如北约转型、美国亚太联盟转型等。不过也可以发现，既有联盟大多是冷战产物，主要以美国的联盟居多，新近建立的联盟则为数不多。① 由此引发的思考是：联盟作为一种国际安全合作形式是否面临着终结？在联盟之后，新的国际安全合作形式将是怎样的？

一、联盟形成为何减少？

联盟作为国际安全合作的一种重要形式，在国际关系当中发挥了显著作用。不过联盟历经千百年，在形式、内容、功能等方面已发生了深刻变化。时至今日，联盟作为一种国际安全合作形式，其效能有所下降，并且负面外部性显著增加，已经越来越难以满足国家的安全需求。西方国家也在反思联盟是否过时，担忧北约、美国亚太联盟是否会解体？当今世界，新的联盟形成为何会越来越少？为什么会出现如此情况，主要原因有如下四点。

一是联盟形成的动力不足。关于联盟形成的动力，主要存在基于权力、基于利益和基于威胁三种观点。从基于权力角度来看，通过权力增强来提升安全是联盟形成的主要原因。不过目前安全威胁的多元化使得仅仅通过结盟来增强安全已有所不足。基于利益的联盟形成观主要强调国家通过结盟来获取利益，这些利益既包括经济利益、安全利益等物质利益，也包括国际地位等无形利益。不过关于联盟共同利益基础的界定过于宽泛，相关概念有待进一步的探讨。② 随着全球化和地区化的发展，国家之间的利益关系更加错综复杂，联盟的排他性可能会限制国家间合作的可能性，从而使得国家结盟获利和结盟损失之间的利益权衡更加困难。基于威胁的联盟形成观主要认为制衡威胁是联盟形成的原因。不过当前国家面临的安全威胁存在着多元化、多样性、不确定性等特点，而联盟合作往往涉及具体的安全威胁，因而联盟应对安全威胁的适用性下降，联盟的形成也变得更加困难。综上所述，无论是基于哪种原因形成联盟，当前联盟形成的动力都已大幅削弱。不过相对而

---

① 数据可参见 ATOP、COW 数据库的统计。

② 宋伟：《联盟的起源：理性主义研究新进展》，《国际安全研究》2013 年第 6 期。

言，美国当前的联盟出现了“神圣化”现象，① 有关联盟形成的原因在联盟维持中已显得不那么重要，意识形态、价值观、西式民主制度等对其联盟维持具有重要影响，美国和盟国之间甚至形成了一种权威关系。但对于其他大多数国家而言，和平年代的联盟形成已显得动力不足，这也使得当前新的联盟形成越来越少。

二是联盟成本—收益失衡。联盟是一种理性行为，最初也大多是一种权宜之计。目前看来，联盟的成本有所增加，而安全收益却呈现下降趋势，这也使得国家的结盟成本意愿有所削弱。毫无疑问，联盟存在成本与收益的衡量。张景全指出，“联盟成本包括联盟硬成本与联盟软成本两个方面，前者指联盟的组织成本及联盟行动成本，后者指联盟的声誉与可信性”。② 联盟成本是联盟形成和维持必不可少的付出，这也使得国家在结盟时需要考虑联盟成本的合理性，比如结盟对象的能力、国家声誉等因素就成为联盟成本估算的主要因素，并在联盟制度设计时对其加以考虑。③ 联盟运行的关键是对防务的分担与收益的衡量。④ 由于联盟成员国内部威胁认知分歧、战略能力迥异，联盟的搭便车行为时有发生，使得盟国间对联盟成本—收益的认知出现分歧，这也成为联盟矛盾的主要原因之一，特别是在联盟共同威胁减弱的情况下。⑤ 冷战时期，美国的联盟体系之所以能够维持，除了共同威胁的存在外，美国在联盟成本方面较盟国付出更多也是重要原因。冷战后国际环境的改变使得美国对盟国的需求有所下降，美国甚至一度考虑还需不需要永久性联盟。⑥ 美国联盟成本意愿下降，这也使得冷战后美国的联盟调整在成本上向盟国倾斜。对于美国而言，松散的联盟意味着其对美国战略支持有限，

① 参照“神圣同盟”的概念，“神圣同盟”的形成是观念共识多于共同利益。当前价值观等非安全因素对于美国联盟体系的维持具有重要作用。

② 张景全、刘丽莉：《成本与困境：同盟理论的新探索》，《东北亚论坛》2016 年第 2 期。

③ Michaela Mattes, “Reputation, Symmetry, and Alliance Design,” *International Organization*, Vol. 66, No. 4, 2012, pp. 679-707.

④ Todd Sandler, “Alliance Formation, Alliance Expansion, and the Core,” *The Journal of Conflict Resolution*, Vol. 43, No. 6, 1999, pp. 727-747.

⑤ Avery Goldstein, “Discounting the Free Ride: Alliances and Security in the Postwar World,” *International Organization*, Vol. 49, No. 1, 1995, pp. 39-71.

⑥ Bruno Tertrai, “The Changing Nature of Military Alliances,” *The Washington Quarterly*, Vol. 27, No. 2, 2004, pp. 133-150.

而联盟强化则要求更高的联盟间协同性，要求盟国更加匹配美国的军事战略,① 这实际上也增加了联盟成本。

联盟的收益主要包括三个方面：一是增加自己的权力。联盟本质上是安全领域的一种权力关系。联盟的功能之一是增强权力，比如A通过与B结盟增加权力以制衡外部敌人C；或者A通过与B结盟防止B倒向C；抑或是A与B结盟的目的在于利用B的领土为A的战略目标服务。② 二是增强安全。通过权力增强谋求安全收益是联盟最主要的收益。结盟可以增强国家的安全能力，能够在实施威慑等战略方面更具可信度。③ 通过结盟还减少或阻止了盟国与敌对国家结盟的可能性。④ 三是获得国际地位提升、经济合作便利等非安全收益。相对于权力、安全收益而言，联盟也可以获得一些非安全收益，这也是一些国家追随强者的重要原因。联盟合作也可以减少国家间经济合作的外部性，不过这大多存在于比较成熟稳定的联盟。

对于联盟形成而言，国家需要评估其结盟可能付出的成本和收益。由于当今世界基本和平稳定，多数国家很少面临迫在眉睫的安全威胁，并且由于国家采取结盟战略不仅会树立敌人，其还要承担与盟国协调的成本，因而国家结盟的成本意愿有所下降。对于当前的联盟构建而言，由于其安全收益有限，其他收益可以通过非联盟方式实现。总之，当前的联盟成本有所增加，收益则相对下降，这也使得联盟形成有所减少。

三是联盟困境的管理更加困难。格林·斯奈德指出，联盟之间存在双重困境，一是联盟内部的盟国间“被抛弃”与“被牵连”的内部困境；二是盟国为了减少内部的联盟困境而引发的外部的安全困境。⑤ 相对于仅仅产生于安全领域的联盟困境，当今世界经济全球化的发展使得联盟之间在安全与经济之间形成了选择困境，这也被认为是新的联盟困境。“即联盟对手与联

---

① Jae-Jeok Park, “A Comparative Case Study of the U. S. -Philippines Alliance in the 1990s and the U. S. -South Korea Alliance between 1998 and 2008 Alliance (Dis) Continuation,” *Asian Survey*, Vol. 51, No. 2, 2011, pp. 268–289.

② Edwin H. Fedder, “The Concept of Alliance,” *International Studies Quarterly*, Vol. 12, No. 1, 1968, pp. 65–86.

③ James D. Morrow, “Alliances, Credibility, and Peacetime Costs,” *The Journal of Conflict Resolution*, Vol. 38, No. 2, 1994, pp. 270–297.

④ 王帆：《美国的亚太联盟》，世界知识出版社，2007，第171页。

⑤ Glenn Snyder, “The Security Dilemma in Alliance Politics,” *World Politics*, Vol. 34, No. 3, 1984, pp. 461–495.

盟经济伙伴同一性困境以及联盟间困境，其指的是联盟针对对象与联盟经济伙伴是同一的，这导致了联盟对外政策的两难：如果联盟针对对手采取过于激烈和严酷的对抗措施，就有可能经济受损。如果联盟针对对手采取过于温和或者过于合作的政策，联盟就会遭到削弱，联盟内部因为利益分化增加而加剧联盟困境。"① 目前这种新的联盟困境在中国与美国亚太盟国之间、北约欧洲成员和俄罗斯之间都有不同程度的存在。总体来看，由于共同安全威胁的强度下降以及国家之间经济相互依存的加深，联盟困境变得更加复杂，也更加难于管理。由于对联盟多重困境的担忧，国家在结盟时也更加谨慎，联盟形成也将更加缓慢。

四是单极霸权的影响。也有观点认为当前联盟形成的减少与美国单极霸权的影响不无关系。关于冷战后为何没有出现制衡美国的联盟，学界从权力差距、"善意霸权"等角度都有所分析。美国一家独大的单极霸权作用不容忽视。"单极霸权意味着更多中小国家愿意与美国结盟以制衡地区安全威胁而非联合起来制衡美国。单极霸权也使得美国面临的强劲威胁减少，其对各种联盟的需求下降，主要依赖核心联盟，而其他国家对美国更多是采取软制衡方式而非组建军事联盟。"② "冷战之后特别是'9·11'事件之后，有关美国传统军事联盟何去何从的争论经久不息。怀疑论对美国的传统军事联盟能否应对当前的挑战表示担忧；支持者则认为联盟关系对于美国的利益和维护世界秩序依然有帮助。与此同时，美国民众对联盟态度也发生了深刻变化，对于美国在和平时期维持联盟的支持力度下降。"③ 对于其他国家而言，其制衡美国也并非易事。一是美国的实力超群，过于强大，其他国家制衡美国难度极大。二是美国的"良性霸权"使得制衡美国的行为将会促使邻国与美国加强关系进行反制。④ 三是美国并没有成为许多国家特别是大国的首要威胁，使得大国联合制衡美国意愿不强。四是美国制度霸权的特点显著，与以往制衡权力有所不同，制度制衡的协作更为复杂。

总之，单极霸权不仅影响了其他国家对联盟形成的看法，也改变了美国

---

① 张景全、刘丽莉：《成本与困境：同盟理论的新探索》。

② Stephen M. Walt, "Alliances in a Unipolar World," *World Politics*, Vol. 61, No. 1, 2009, pp. 86-120.

③ Robert E. Hunter, "A Forward-Looking Partnership: NATO and the Future of Alliances," *Foreign Affairs*, Vol. 83, No. 5, 2004, pp. 14-18.

④ 宋伟：《联盟的起源：理性主义研究新进展》，《国际安全研究》2013年第6期。

的联盟需求的认知。尽管关于单极霸权存在争论，但国际格局对于国家结盟意愿的影响显而易见，在单极、两极、多极的不同国际格局中，国家的结盟意愿有所不同，单极格局中国家更多采取追随而非制衡策略，这也使得联盟形成减少。①

二、既有联盟的存续困境

当今的联盟很多是冷战遗产，尤以美国联盟居多。不过历经冷战终结、全球化等影响，既有联盟的存续也面临诸多问题。

一是联盟针对性与安全威胁多样性之间的矛盾。联盟的显著特点是具有安全威胁的针对性，一是针对具体安全领域，二是针对具体安全指涉对象，这也使得联盟具有一定的排他性。这种安全威胁的针对性伴随联盟始终，联盟在形成之时往往有较为明确的安全指涉对象，联盟的运转也往往与联盟面对的威胁强弱有关。与此同时，联盟关系的变迁与联盟安全威胁的指涉对象之间形成了互动。"如美澳联盟的强化与'中国威胁'有关，但也会引发中国的不满，澳在中美间'选边站队'的问题会更加突出。"② 美泰联盟也面临同样困境。与中美同时保持良好关系的泰国担心面临在中美之间选边站队的困境，这使得泰国在加强与美国军事关系的同时，也谨慎地照顾中国的感受。③

由于联盟具有明确的安全威胁针对性，这也使得联盟与战争之间的关系曾经是联盟研究的重要问题。"尽管联盟形成与军事冲突之间的相关性并不明确，但是与不可靠的国家结盟被认为会更容易遭受战争攻击"，④ 因此国家需要谨慎选择盟国。虽然也有学者对于联盟形成与军事冲突之间关系的单

---

① 刘丰：《制衡的逻辑：结构压力、霸权正当性与大国行为》，世界知识出版社，2010，第17—25页。

② 杨毅：《澳大利亚强化美澳同盟及其前景》，《现代国际关系》2016年第3期。

③ 曹筱阳：《美泰同盟的合作形式、机制及其前景》，《东南亚研究》2015年第5期。

④ Alastair Smith, "Alliance Formation and War," *International Studies Quarterly*, Vol. 39, No. 4, 1995, pp. 405-425.

向性研究有所质疑,① 但联盟安全威胁的针对性会加剧联盟的外部困境，使得联盟安全威胁指涉对象由于应对联盟带来的威胁而加强对抗力量。这使联盟为了维持其威慑作用需要加强联盟承诺，其实际上增加了联盟成员卷入军事冲突的可能性。② 由于联盟内部对安全威胁认知的分歧，联盟安全威胁的针对性会增加联盟成本，加剧联盟困境。

此外，由于冷战后安全威胁的多元化和多样性，安全威胁的不确定性也显著增加，这就使得联盟在确立安全威胁针对对象时更加困难，也促使传统联盟为了适应环境需要调整。③ 恐怖主义的存在使得国家在安全问题上进入了一个非零和博弈的时代，传统的安全威胁指涉对象已不再泾渭分明。④ 与此同时，面对恐怖主义、大规模杀伤性武器等新的安全威胁，安全需求的无限性与联盟功能有限性形成了一组难以调和的矛盾。⑤ 由于安全威胁的多元性、多样化，国家在应对诸多非传统安全威胁方面也青睐于采用伙伴关系等非联盟方式,⑥ 传统联盟还能否适用则备受质疑。⑦ 由于非联盟形式的安全合作较少树立明确的国别威胁，约束性较小，因此便于国家间在应对当前诸多安全威胁时展开合作。总之，传统联盟安全威胁的针对性不太适合当前安全威胁的多元化和多样性，这也使得其存续面临困难。

二是联盟行动的僵化性。冷战后，安全威胁的多元化和多样性日益增加，这也意味着国家面临的安全威胁的不确定性有所增加。不过大多数联盟往往就其合作内容早有约定，面对新的安全威胁，联盟成员国由于目标分歧、利益分化等原因可能并不能及时有效地采取行动。“由于各国安全利益

---

① Anessa L. Kimball, “Alliance Formation and Conflict Initiation: The Missing Link,” *Journal of Peace Research*, Vol. 43, No. 4, 2006, pp. 371-389.

② Brett Ashley Leeds, “Do Alliances Deter Aggression? The Influence of Military Alliances on the Initiation of Militarized Interstate Disputes,” *American Journal of Political Science*, Vol. 47, No. 3, 2003, pp. 427-439.

③ Bruno Tertrais, “The Changing Nature of Military Alliances,” *The Washington Quarterly*, Vol. 27, No. 2, 2004, p. 135.

④ Colin L. Powell, “A Strategy of Partnerships,” *Foreign Affairs*, Vol. 83, No. 1, 2004, pp. 22-34.

⑤ 孙德刚：《联而不盟：国际安全合作中的准联盟理论》，《外交评论》2007 年第 6 期。

⑥ Arabinda Acharya, “India and Southeast Asia in the Age of Terror: Building Partnerships for Peace,” *Contemporary Southeast Asia*, Vol. 28, No. 2, 2006, pp. 297-321.

⑦ Dingli Shen, “Can Alliances Combat Contemporary Threats?” *The Washington Quarterly*, Vol. 27, No. 2, 2004, pp. 165-179.

日益具有联动性，作为静态的联盟战略难以满足动态的安全利益需要。”① 如针对反恐，美国并未有效地动员起其传统盟国，而是组建了由传统盟国、安全伙伴和其他国家联合起来的临时性、松散的反恐联盟。

传统联盟往往对于合作的内容有着较为明确的规定，但新的威胁却层出不穷，面对新的威胁，联盟能否及时应对成为问题，这也导致联盟行动僵化的现象增多。如果无法对新的威胁进行有效的应对，既有联盟的维持将比较困难，而这又会影响联盟信任。美国国内有观点认为，美国庞大的联盟体系限制了美国的自由，增加了美国的负担。新的趋势表明国际阵线或志愿者联盟比传统联盟更为适宜。② 为了解决联盟行动僵化的问题，联盟需要将新的安全威胁列为联盟目标，这也是美日联盟转型的经验，③ 北约转型也大抵如此。面对不断增加的安全威胁，联盟的协调行动变得更为复杂，联盟内部之间的相互推诿将制约联盟的延续。

三是单纯军事安全合作的有限性。联盟合作并非仅仅局限于安全领域，联盟在政治、经济等方面的合作对于联盟关系亦有影响。尽管联盟的核心是在应对外部安全威胁时提供安全相互支持，④ 但联盟对于经济关系也有着重要影响。联盟关系有利于克服经贸合作的外部性，特别是在存在防务分担、关系紧密的联盟当中。⑤ 在双边不对称联盟中，经济与安全的关系更加显著，国家间较好的经济关系被认为有利于联盟形成和联盟延续。⑥ 冷战后国际环境的变化要求国家的对外战略更具统合性，这就对经济、政治、安全等的融合要求更高，也使得单纯基于安全合作的军事联盟需求下降，联盟的功能需要从军事安全向其他领域拓展。

从冷战后美国亚太联盟的强化来看，他们与中国的经济关系和与美国的

---

① 孙德刚：《论“准联盟”战略》，《世界经济与政治》2011 年第 2 期。

② Kurt M. Campbell, “The End of Alliances? Not so Fast,” *The Washington Quarterly*, Vol. 27, No. 2, 2004, pp. 151–163.

③ Susan Feske, “The US-Japanese Security Alliance: Out of Date or Highly Fashionable?” *The Journal of East Asian Affairs*, Vol. 11, No. 2, 1997, pp. 430–451.

④ Stephen M. Walt, “Alliances in a Unipolar World,” *World Politics*, Vol. 61, No. 1, 2009, p. 86.

⑤ Andrew G. Long, “Defense Pacts and International Trade,” *Journal of Peace Research*, Vol. 40, No. 5, 2003, pp. 537–552.

⑥ Benjamin O Fordham, “Trade and Asymmetric Alliances,” *Journal of Peace Research*, Vol. 47, No. 6, 2010, pp. 685–696.

安全关系实际上形成了一种新的联盟困境。① 如中韩战略合作伙伴关系对于韩国的安全环境和美韩联盟都有影响，韩国需要在中美之间作出优先选择。即便韩国决定与美国强化联盟关系，中国因素的经济影响也影响着韩国国家安全战略。② 中国对于美澳联盟亦有影响。由于澳大利亚与中国有密切的经贸联系，其在与美国强化联盟关系时不得不有所顾忌。③ 美日联盟在冷战后则存在“中国困境”，即经济上日本对中国的依赖使得其处理联盟关系和经济关系的难度增大。④ 由于经济、安全统合性合作的需要，美国联盟的调整趋势基本也是加强安全与经济、政治的协调。如北约在冷战后之所以没有解体，与其不再仅仅定位为军事组织，而是逐渐转变为一个政治军事联盟有很大关系。⑤ 与此同时，一些经济关系较为密切的国家也有意识地加强安全合作，谋求安全与经济关系的良性发展。⑥

总而言之，联盟在其产生之初军事功能最为突出，以应对威胁和慑止入侵为主要目的。在联盟的运作和维持中，联盟的功能会逐渐实现拓展，其需要通过功能的扩展及其他适应性调整保证自身的存在。⑦

三、类联盟：可能的替代品?

既然联盟的弊端不断增多，那么联盟有无替代品呢？目前来看，准联盟、国际联合阵线、伙伴关系这些类联盟具有联盟的部分功能，但却很难完全替代联盟。

---

① 张景全、刘丽莉：《成本与困境：同盟理论的新探索》。

② Taeho Kim, “An Emerging ‘Strategic Partnership’ Between Beijing and Seoul?: Myths and Realities,” *The Journal of East Asian Affairs*, Vol. 22, No. 2, 2008, pp. 97-121.

③ Mohan Malik, “Australia, America and Asia,” *Pacific Affairs*, Vol. 79, No. 4, 2006/2007, pp. 587-595.

④ Manhee Lee, “Japan's Rethinking of Global Economic Security in its Relations with the U. S.,” *The Journal of East Asian Affairs*, Vol. 28, No. 2, 2014, pp. 25-59.

⑤ Renée de Nevers, “NATO's International Security Role in the Terrorist Era,” *International Security*, Vol. 31, No. 4, 2007, pp. 34-66.

⑥ Dan Halvorson and O. Yul Kwon, “The Interface Between Australia-Korea Economic Relations and Security,” *The Journal of East Asian Affairs*, Vol. 24, No. 2, 2010, pp. 51-81; David Brewster, “The Relationship between India and Indonesia: An Evolving Security Partnership?” *Asian Survey*, Vol. 51, No. 2, 2011, pp. 221-244.

⑦ 刘红良：《从联盟到战略伙伴关系：联系与差异》，《印度洋经济体研究》2015 年第 5 期。

（一）准联盟

由于国家之间形成联盟的要求较高，准联盟有时则成为联盟的替代选择。孙德刚认为，“准联盟是指两个或两个以上国际实体在次级安全合作方针之上形成的安全管理模式。它与联盟、松散联盟、联合和协约等范畴之间存在类别上的差异。准联盟成员出于安全合作目的聚合力量，却不为安全合作签订正式盟约，体现出‘联而不盟’之特点。尽管依靠非正式协定进行安全合作，但准联盟具有明确针对的第三方。准联盟同联盟同属安全合作模式，均包括军售、军事援助、情报合作、联合军事演习、军事技术开发、军事调动、军事基地使用、指挥控制系统的整合等内容。两者的区别在于，第一，联盟的主体是主权国家，准联盟的主体还包括其他政治实体。第二，联盟以正式盟约为基础，准联盟以次级安全合作方针为基础。第三，联盟的运作依据法律，准联盟的运作依靠伦理。第四，联盟之间的安全合作是零和的，准联盟之间的安全合作是非零和的。第五，联盟削弱了国家主权，准联盟维护了国家主权。第六，联盟具有静态性，准联盟具有动态性”。① 尽管这样的区分在某些方面值得商榷，但准联盟具有解决任务的选择性、合作手段的灵活性、战略指向的模糊性和主权让渡的有限性等特点却存在一定的共识。②

目前，准联盟已经在一些国家之间形成，如澳大利亚和日本的准联盟关系。澳大利亚、日本同为美国盟国，目前两国之间的安全合作不断增加，签署了防卫合作协定。基于外部的制约因素以及两国在相关政策上的分歧，未来澳日合作将在“准联盟”框架内继续深化并保持在较高水平。③ 在安全方面，特别是非传统安全方面的诸多共同利益是澳日安全合作的动力，但地理位置的遥远和战略目标的分歧以及两国之间存在不对称的能力与利益分配，又使得两国难以形成联盟。④ 尽管准联盟可以成为国家在结盟与不结盟之间的灵活选择，但对于何谓准联盟实际上存在分歧，如对于美国与印度、新加

① 孙德刚：《联而不盟：国际安全合作中的准联盟理论》。

② 孙德刚：《论“准联盟”战略》。

③ 高建：《浅析澳日“准同盟”关系发展及趋势》，《国际研究参考》2016 年第 5 期。

④ Yoichiro Sato, “Japan-Australia Security Cooperation: Jointly Cultivating the Trust of the Community,” *Asian Affairs*, Vol. 35, No. 3, 2008, pp. 152-172.

坡、马来西亚、印尼等之间的安全关系是否属于准联盟就见仁见智。①对于准联盟而言，其主要存在四个方面的问题：一是有无盟约是否成为联盟与准联盟的区别有待商榷，因为很多联盟实际上也不存在明确的盟约；二是准联盟的安全合作是针对某一具体安全问题的临时性合作还是针对安全领域的较为长期的合作，这将使得准联盟能够与联合阵线、议题联盟更好地区分。三是准联盟的行为主体主要是国际实体，而联盟主体主要是主权国家，这能够构成两者区分的重要标准。四是准联盟也存在困境、安全威胁针对性、安全合作的单一性的问题，其相较于联盟而言优势并不明显。

（二）议题联盟

由于传统联盟的僵化性，一种更为灵活的合作形式——议题联盟（Issue Alliance）开始逐渐发展起来，不过与传统联盟主要在安全领域展开合作不同，议题联盟的合作领域更为广泛。王存刚认为，“所谓议题联盟，是指国际行为体（包括国家与非国家）在某一跨国议题上存在利益相同或相近的情况，并据此自愿形成的一种合作形式。议题联盟是联盟的一种新形式。它与传统联盟存在诸多不同点。一是议题联盟所涉及的问题基本上都是低位政治，这些问题常常并非核心利益，因此围绕相关议题的博弈比较容易达成妥协。二是议题联盟一般不需要以正式的国际文件为基础，具有一定的灵活性，形成与维持成本较低。三是建立议题联盟也需要成员间相互信任，但程度上总体偏低”。②

沈德昌则认为，议题联盟是由国际政治行为者在特定时期就某一议题采取共同立场和行动而结成的联合，合作议题所涉及的范围并不仅仅局限于安全领域，还涉及经济、环境、贸易、能源、网络等领域。③ 议题联盟的兴起与冷战后国际关系的民主化、行为主体的多元化、议题的多元化等因素有着

---

① 孙德刚：《联而不盟：国际安全合作中的准联盟理论》，第 67 页。

② 王存刚：《议题联盟：新兴大国参与全球治理的新方式》，《中国社会科学报》2015 年 3 月 11 日。

③ 对于议题联盟概念的界定可参见焱焱：《国际社会看未来十年的世界格局变化》，《当代世界》2011 年第 5 期；韦宗友：《国际议程设置：一种初步分析框架》，《世界经济与政治》2011 年第 10 期。

密切联系。议题联盟本质是一种功能联盟。①

冷战后，议题联盟有所发展，如美国的反恐联盟可视为议题联盟的一种，成为冷战后国际社会面临诸多威胁的适宜安全合作形式之一。在气候变化、国际金融体制改革、安理会改革等问题上也出现了诸多小团体，可视为议题联盟。也有学者提议中国应该以经济合作带动构建发展联盟。② 相对而言，议题联盟是国际行为体在包括安全领域在内的广泛领域的合作，具有较大的灵活性。但其对于安全合作的效力则比较有限，除非国际行为体能够就一些安全合作达成具有一定约束力的安全合作，否则其很难发挥较强安全合作的效力，更多只是在非安全领域或共同利益较多的非传统安全领域进行一些松散合作，而这些领域的议题联盟则大多不具备联盟的功能。

（三）联合阵线

联合阵线是一种较为古老的国际合作形式。刘丰认为，联合阵线是一种针对某一问题领域的具体议题展开协商并采取共同立场的合作形式。联合阵线是国际政治中一种重要的国家间合作形式。尽管联合阵线与联盟存在相似性，但是二者在合作的正式性、合作议题的广泛性、内部成员的凝聚力以及成本分担的灵活性等方面存在显著差异。一是联合阵线是国家、国际组织或个人在特定时期就具体议题采取共同立场和行动而结成的联合，合作议题所涉及的范围并不局限于安全领域。二是联盟大多是国家间正式的安全合作安排，而联合阵线通常是非正式合作，主要依托于与国际冲突、危机、合作有关的国际谈判或国际会议等具体场合，会随着政策议程的实现而结束。三是二者在军事安全领域的功能存在差异，联盟的威慑功能可能大于实际作战功能，而安全领域的联合阵线是为了应对已经出现的战争。四是由于联盟与联合阵线在合作的正式性、成立背景和合作范围的不同，二者在成本分担和利益分配模式上也存在差别。在冷战后的国际安全合作中，联合阵线的作用甚至在一定程度上超越了联盟的作用，美国在冷战后也频繁利用联合阵线进行

① 沈德昌：《议题联盟：中国外交的理性选择》，《未来十年的中国对外战略》研究报告。

② 王帆：《新开局——复杂系统思维与中国外交战略规划》，世界知识出版社，2014，第228页。

国际干预。①

联合阵线是一种临时性的多边联合。不过对于美国的联合阵线而言，其也面临着诸多挑战。美国需要学会如何管理与协调不同类型的联合阵线成员。联合阵线缺少机制化，内部分歧将削弱其支持力度。联合阵线也很难适应战争扩大等变化。② 由于联合阵线成员类型千差万别，在处理这些关系时的亲疏有别是否会引发误解也十分重要。如在美国的反恐联盟中，是不是所有成员都能被称为盟国引发了战略误解，比如英国、乌兹别克斯坦是否为同一类型。③

总体来看，联合阵线有别于准联盟，尽管他们的合作大多不依靠盟约，但联合阵线的合作范围更为广泛，只有国际军事和安全领域的联合才属于准联盟。由于联合阵线的上述特征，可以发现其实际上与议题联盟非常类似，对两者进行区分非常困难。

（四）伙伴关系

尽管世界上有许多国家都建立了伙伴关系，但由于各国建立的伙伴关系千差万别，因此学界对于伙伴关系的概念也是众说纷纭。在国际关系当中，伙伴关系被认为是国家间关系的一种形式，是国家间基于共同利益形成的友好合作关系。不过伙伴关系很多并不涉及安全合作，即便是被认为伙伴关系中最高级别的战略伙伴关系，也不一定涉及安全合作。普拉森·帕拉梅瓦朗将战略合作伙伴关系定义为国家间为了应对某些领域共同的挑战或者获取某些共同的利益而结成的一种松散的、结构化的合作形式。④ 刘红良认为，战略伙伴关系指国家之间在若干重要领域存在利益汇聚的基础，同时这种关系建立过程中注重全面性和长远性，从而淡化了国家之间在一些领域内存在的

---

① 刘丰：《国际政治中的联合阵线》，《外交评论》2012 年第 5 期。

② Paul Dibb, "The Future of International Coalitions: How Useful? How Manageable?" *The Washington Quarterly*, Vol. 25, No. 2, 2002, pp. 129-144.

③ Bruno Tertrais, "The Changing Nature of Military Alliances," *The Washington Quarterly*, Vol. 27, No. 2, 2004, pp. 133-150.

④ 普拉森·帕拉梅瓦朗：《解析美国亚太战略合作伙伴关系：起源、发展及前景》，《南洋资料译丛》2016 年第 1 期。

分歧，乃至对立。① 由此可见，即便是战略伙伴关系也不一定涉及安全合作。

伙伴关系和联盟是两个经常被放在一起进行比较的概念。有学者将联盟概念泛化，认为伙伴关系是联盟的一种，② 也有学者将它视为敌对关系向盟国过渡的中间阶段。③ 不过伙伴关系与联盟存在许多区别。第一，相对于"结盟"来说，伙伴关系是一种松散的合作形式，结成伙伴关系的国家将合作维持在一个相对低的水平，相互之间的约束力较弱。伙伴关系的灵活性和非强制性是其最大的优点。第二，伙伴关系是双方协作的结构性框架。第三，建立伙伴关系的目的不是对抗某一国或组织，而是共同应对机遇和挑战，这与传统联盟的对抗性截然不同。第四，伙伴关系涉及不同领域、多层面的合作，远远超出传统结盟涉及的军事或安全领域。④ 门洪华则认为："相比之下，联盟关系在目标上更重视安全合作，而伙伴关系则是安全和发展并重。概言之，伙伴关系是不结盟框架下的一种战略安排，是更具弹性的新型双边合作关系。"⑤

不过伙伴关系作为一种安全合作形式也并非没有问题。一是并非所有的伙伴关系都涉及安全合作，这也意味着伙伴关系对安全合作的贡献有限。⑥ 二是伙伴关系的安全合作所涉及的大多是增加军事交流、加强军事合作与增进安全互信的内容，以非传统安全为主，较少涉及传统安全问题，并且安全合作的约束性较低。⑦ 三是伙伴关系在权威性权力使用上受限，见效时间比较漫长，在面对急迫威胁时，难以应对挑战。四是伙伴关系的利益层次较低。如果两国分歧较大，或者涉及核心问题（如领土和国家尊严等）时，两国很难协商一致，这就意味着两国难以进行深入合作，不易产生深入性权力，对国际系统的影响力有限。⑧

以上四种国际安全合作形式可以部分替代联盟的功能。与联盟相比，其

① 刘红良：《从联盟到战略伙伴关系：联系与差异》。

② Bruno Tertrais, "The Changing Nature of Military Alliances," p. 136.

③ 唐健：《伙伴战略与伙伴关系：理论框架、效用评估和未来趋势》，《国际关系研究》2016 年第 1 期。

④ 普拉森·帕拉梅瓦朗：《解析美国亚太战略合作伙伴关系：起源、发展及前景》。

⑤ 门洪华、刘笑阳：《中国伙伴关系战略评估与展望》，《世界经济与政治》2015 年第 2 期。

⑥ 如欧盟与中国和印度的战略伙伴都较少涉及安全合作，未能达到预期要求。参见王明进：《印度与欧盟战略伙伴关系的发展及其影响因素》，《南亚研究》2015 年第 4 期。

⑦ 凌胜利：《中国为什么不结盟?》，《外交评论》2013 年第 3 期。

⑧ 唐健：《伙伴战略与伙伴关系：理论框架、效用评估和未来趋势》。

更加灵活，安全的针对性也较弱，但其安全效力也大多不如联盟。目前存在的问题是准联盟、议题联盟、国际联合阵线、伙伴关系的内涵存在许多重合的地方。依据合作主体、合作领域、安全针对性、约束力、安全效力等几个指标可对其进行区分。

表 5-1　联盟和类联盟的比较

安全合作形式	合作主体	合作领域	安全针对性	约束力	安全效力
联盟	主权国家	安全领域	有	高	高
准联盟	国际实体	安全领域	有	较高	较高
议题联盟	国际实体	多领域	有	一般	一般
联合阵线	国际实体	多领域	有	一般	一般
伙伴关系	国际实体	多领域	无	较弱	较弱

资料来源：作者自制。

四、迈向更具包容性的安全合作?

基于上述研究可以发现，传统联盟目前面临着越来越多的困难，而类联盟在安全合作上虽然具有更多的灵活性，但其安全效力不如联盟。未来的国际安全合作形式应该更具包容性，这种包容性主要体现在两个方面：一是安全威胁的指涉对象会趋向模糊化；二是安全合作与经济等其他领域合作会更具统合性。

包容性的安全合作将成为未来国际安全合作的主要趋势。一是安全威胁的新变化呼吁安全合作的包容性。当今世界，传统的国别安全威胁虽然依然存在，但非国别安全威胁越来越多，这也使得国家安全的实现更加需要国际合作，针对性或对抗性的安全合作已不合时宜。二是国家之间利益关系日益密切，这要求减少分化对抗。全球化的发展使得国家间的利益关系日益密切，相互依赖逐渐加深，国家间的利益分化逐渐让位于利益融合，合作领域的拓展和议题联系的加强使得单纯的安全合作局限性有所增加，因而需要加强安全合作与其他领域合作的统合，如中国的伙伴关系当中实际上包含不少美国的盟国。① 三是包容性的安全合作能促进成本—收益更加平衡。国际安全合作主要是一种理性行为，成本—收益的平衡非常重要。现有的传统军事联盟在安全领域的成本—收益的平衡日益困难，需要加强议题联系，促进安全合作与其他领域合作的利益协调才有可能促进收支平衡，这也使得仅仅局限于安全领域的安全合作难以持续。

尽管包容性安全合作应该成为未来国际安全合作的主要趋势，但其并非是在真空中诞生，而是在现有的安全合作形式的基础上改良的结果。现有的国际安全合作形式，由于联合阵线、议题联盟并不仅仅局限于安全领域，准联盟与联盟关系密切且有时很难区分，因而无论是从规模还是影响来看，联盟和伙伴关系都是主要的国际安全合作形式，包容性的安全合作也主要是从这两者的基础上进行变革。

一是伙伴关系的安全合作需要加强有效性。尽管伙伴关系并不必然涉及安全合作，但是对于希望以伙伴关系形式来开展安全合作的国家而言，加强伙伴关系中安全合作的有效性则很有必要。为此，其一是需要有所选择地建设安全伙伴关系。伙伴关系虽然可以争取更多的朋友，但在安全方面作用比较有限。以中国为例，尽管中国有诸多伙伴关系，但能够在安全问题给予中国支持的却为数不多。② 例如，中国原本希望通过与欧盟建立战略伙伴关系来推动解除对华武器限制条款，并不成功。③ 随着中国对外依存度的提高和安全威胁来源的多元化，有学者建议中国政府应与时俱进地推动机制创新，通过与相关国家构建准联盟来维护自己的海外利益和综合安全。④ 不过对于中国这样一个全球经济大国和拥有众多伙伴关系的国家而言，仅仅建立准联盟并不可取，而是应该在伙伴关系的基础上加强安全合作。其二是增加伙伴关系中的约束性。伙伴关系较为松散的特点削弱了伙伴关系的安全能力。对于伙伴关系的发展而言，其不能仅仅具有灵活性，还须坚守一定的原则，将

---

① 周亦奇：《当伙伴“遇见”盟友——中国伙伴关系与美国同盟体系的互动模式研究》，《国际展望》2016 年第 5 期。

② 刘博文、方长平：《周边伙伴关系网络与中国周边安全环境》，《当代亚太》2016 年第 3 期；张锐：《试论中国伙伴关系网络的政治安全效应》，《国际展望》2016 年第 5 期。

③ Axel Berkofsky, “EU-China Relations—Really Towards a ‘Strategic Partnership’?” *Security and Peace*, Vol. 24, No. 4, 2006, pp. 185-191.

④ 孙德刚：《论新时期中国的准联盟外交》，《世界经济与政治》2012 年第 3 期。

软硬手段相结合。① 只要伙伴关系内部的共同利益较多，彼此间进行安全合作的动力就会更强，对合作制度的约束性就更能接受，就可尝试在重点安全议题上加强合作。伙伴关系中的安全合作可以进行一定程度的机制化，虽然不明确针对第三方，但可以增加消极的第三方条款，即不允许伙伴国允许第三国利用其领土危害其他伙伴国。“伙伴关系基于新型安全观念，可以积极推动双边和多边的安全合作，从而实现伙伴关系下的总体安全。”②

二是基于冷战后美国的联盟关系调整，联盟也可以更具包容性。这种包容性一是体现在合作内容的拓展上，减少了安全与非安全领域合作的冲突。如美国亚太联盟开始由“硬联盟”向“软联盟”拓展，联盟合作空间扩大，通过“软联盟”（soft alliance）打开联盟合作弹性空间。合作内容主要包括网络安全、贸易规则和“自由民主价值观”等三个方面。③ 美日联盟的最新强化也标志着美日联盟基本实现了军事、经济、外交等领域的战略对接，全方位联盟的态势日益明显。④ 实际上，俄罗斯主导的独联体在合作领域拓展上也实现了由政治、军事领域向经济等领域的拓展。二是合作对象的拓展。美国不仅加强了传统联盟之间的联系，还积极拉拢伙伴，实现伙伴网络化，减少其对外的排他性。⑤ “奥巴马政府在亚太地区已经重新巩固了它与印度、新加坡原有的战略伙伴关系，同时与印度尼西亚、新西兰、越南以及马来西亚缔结了新的伙伴关系。”⑥ 三是安全威胁的针对性部分削弱。安全威胁的针对性过于明显，成为美国联盟体系在冷战后联盟困境加剧的重要原因，这也使得其成为美国联盟调整的主要内容。美国联盟调整的整体趋势是在针对性方面有所软化、泛化，如北约的功能更多转向内部安全治理，美泰联盟新协议则是聚焦双边关系和地区安全。⑦

基于伙伴关系、联盟关系的安全合作改良，包容性安全合作主要具有如下特点：一是安全目标的包容性。国际安全合作的目标并不仅仅局限于安全

---

① 唐健：《伙伴战略与伙伴关系：理论框架、效用评估和未来趋势》。

② 门洪华、刘笑阳：《中国伙伴关系战略评估与展望》。

③ 刘卿：《美国亚太同盟关系衍化新趋势》，《国际问题研究》2016 年第 2 期。

④ 李秀石：《论日美同盟战略对接——从双向安保合作到“全球伙伴关系”》，《日本学刊》2015 年第 4 期；张薇薇：《美日同盟的新一轮强化：内容、动因及前景》，《美国研究》2015 年第 4 期。

⑤ 刘卿：《美国亚太同盟关系衍化新趋势》。

⑥ 普拉森·帕拉梅瓦朗：《解析美国亚太战略合作伙伴关系：起源、发展及前景》。

⑦ 曹筱阳：《美泰同盟的合作形式、机制及其前景》。

领域，还兼顾安全、政治、经济等多种目标，以减少安全目标与其他目标之间冲突所引发的联盟新困境。二是安全合作内容的包容性。国际安全合作内容的拓展有两个层次：其一是从传统安全领域拓展到非传统安全领域；其二是从安全领域拓展到非安全领域。三是安全指涉的包容性。由于国家之间利益关系的密切加深，安全指涉泾渭分明日益陷入困境，因而安全指涉的对象将更具包容性，由具体国别威胁向非国别威胁、议题威胁转变。

结语

对于绝大多数国家而言，国家安全的实现离不开国际合作。联盟作为一种重要的国际安全合作形式，历经千百年的发展并非一成不变。在当前经济全球化的推动下，国家之间的关系日益密切，安全合作需要更具包容性。本文分析了既有的传统军事联盟的局限性，并探讨了冷战后联盟形成动力不足的原因。对于准联盟、联合阵线、议题联盟、伙伴关系等类联盟而言，尽管它们在一定程度上能够替代联盟并减少联盟困境，但目前看来，这些类联盟的安全合作效力有限，还难以完全取代联盟。对于未来的国际安全合作而言，包容性的安全合作是大势所趋。不过新的国际安全合作形式并非凭空产生，传统的军事联盟虽然难以为继，但可调整重塑。伙伴关系作为一种重要的国家间关系，对国际安全合作将产生更加重要的影响。对于中国的政策启示是，结伴而不结盟有其适应性，但随着中国海外利益的拓展、国家战略需求的提升和境外安全的重要性突显，探讨如何增加伙伴关系中的安全合作将成为一种趋势，构建具有安全支撑作用的伙伴安全网络可以成为中国的安全战略选择之一。本文主要是提出了包容性安全合作的趋势，探讨了包容性安全合作的主要特点，至于包容性安全合作在国家之间实现的条件、路径和影响则有待进一步的研究。

思考题：

1. 冷战后国际安全合作的主要形式有哪些？
2. 安全化对于联盟研究有何影响？

中国为什么不结盟?

导语：大国崛起进程中往往面临着安全压力增加的挑战，结盟成为缓解或化解安全压力的一种战略选择。近年来，中国崛起的安全压力有所增大，结盟与否也引发了热议。当前中国之所以采取不结盟政策，其原因并非政策失调或伙伴关系事实构建结盟，而是基于国家利益的考虑，具有内在合理性。冷战后大国结盟已成为少有现象，中国适时推出各种新安全观以摒弃结盟顺应了时代潮流。未来中国是否需要结盟必须基于国家利益的全盘考量，切忌因损失厌恶或基于对未来的过度安全担忧而盲目结盟。基于“结伴不结盟”的政策，中国可以加强全球伙伴关系网络构建，柔性加强全球安全影响，提升中国的安全能力。

引言

随着中国实力的不断增强，国家利益的逐渐拓展，中国所面临的国际压力也日益增大。而每当中国国家利益受到侵害时，中国民众便群情激奋，要求政府采取更为强硬的对外政策，要求中国重新审视不结盟政策的呼声不时响起。当前，尽管坚持不结盟政策的仍大有人在,① 但主张中国结盟的学者

① 朱锋：《大国不愿与中国结盟 新冷战属战略性愚蠢》，《环球时报》2012 年 1 月 15 日；徐光裕：《放弃不结盟中国或“被称霸” 韬光养晦不过时》，《环球时报》2010 年 6 月 8 日；李大光：《不结盟不意味着不交友》，《环球时报》2012 年 2 月 27 日；乔新生：《中国是否应该放弃不结盟政策》，中评社，2012 年 1 月 22 日，http://www.chinareviewnews.com；张博文：《中国会放弃“不结盟”政策吗?》，《国际展望》2000 年第 10 期；李广义、石左：《“不结盟”政策需要重新审视吗?》，《国际展望》1999 年第 21 期；沈骢如：《中国为什么不结盟》，《山西老年》2001 年第 6 期。

也不在少数，① 同时也夹杂着一些中间声音，主张建立准联盟或软性联盟。② 这些争论涉及中国结盟与否、与谁结盟以及如何结盟等问题。不过本文并不打算就这一系列问题展开讨论，而只是分析中国为何不结盟及其合理性。

目前国内外对中国不结盟原因的认识存在许多分歧：一是认为中国固守不结盟政策是外交政策缺乏调整与灵活性所致；二是认为中国的伙伴关系在事实上构建了联盟关系。这些认识忽视了中国所主张的新安全观、冷战后军事联盟的发展困境，淡化了不结盟政策对国家利益的政策效益以及历史学习、战略文化等因素对不结盟政策的影响。本文认为，中国的不结盟政策并非外交政策因袭禁锢的表现，也并非因为伙伴关系事实承担联盟职能，而是源自对联盟已不合时宜的认识，是在新的国际形势下维护国家安全利益和谋求稳定和平的外部环境的共同需要，具有一定的内在合理性。

本文所说的联盟是传统意义上的安全联盟，即“联盟是两个或两个以上主权国家为了国家安全而缔结的相互进行军事援助的协定”，③ 不包括经济联盟、软性联盟、战略协商联盟等非安全领域的结盟，因此本文主要针对中国为何不在传统安全领域结盟展开研究。④ 论文主要分为三部分：首先通过梳理文献回顾并分析中国不结盟政策的缘起与内涵；其次比较分析中国伙伴关系与联盟的异同；最后，结合冷战后的国际安全发展态势和中国安全政策本身，论述中国不结盟政策的合理性。

---

① 主张结盟的学者有阎学通：《中国或可考虑改变“不结盟”政策》，《国防时报》2011 年 6 月 8 日；张文木：《中俄结盟的限度、目标和意义》，《社会观察》2012 年第 3 期；戴旭：《中俄应建立欧亚大联盟》，《环球时报》2012 年 1 月 30 日；闻一：《虽曾吃大亏但中俄联手仍是时代最佳选择》，《环球时报》2012 年 3 月 27 日；李金强：《对中国国际结盟路向的探索》，《联合早报》2010 年 7 月 21 日；吴旭：《中国应放弃不结盟政策》，《中国新闻周刊》2012 年 1 月 10 日；庚欣：《专家称国际形势已变　中国应突破不结盟理念》，《环球时报》2010 年 6 月 8 日；唐世平：《联盟政治与中国安全战略》，《领导者》总第 36 期。

② 孙德刚：《论新时期中国的准联盟外交》，《世界经济与政治》2012 年第 3 期；王海运：《中国要创造结盟条件　中俄结盟势在必行》，《环球时报》2010 年 7 月 18 日；王海运先生的观点较其 2010 年的观点在结盟取向上更进一步，王海运：《如何破解美对我战略围堵　变“不结盟”为“准结盟”》，新华网，2012 年 3 月 12 日，http://www.zgjrw.com/News/2012312/home/163317577700.shtml；尹继武：《中国需要什么样的联盟外交》，《联合早报》2010 年 7 月 29 日。

③ Arnold Wolfers, “Alliance,” in *International Encyclopedia of the Social Science* (New York: Macmillan Company & The Free Press, 1974), pp. 268-269.

④ 关于中朝联盟，笔者认为这是一个历史遗留问题，不能因此否认中国在 20 世纪 80 年代以来所执行的不结盟路线。并且中国官方基本不再宣传中朝联盟，而更多的是强调两国的传统友谊。

一、中国不结盟政策的缘起与内涵

对中国为何坚持不结盟政策，一种观点将其很大程度上归结为中国官方外交政策缺乏灵活性。其实这种认识存在许多“盲点”：一是不结盟政策并非始于中苏关系破裂或改革开放，而是始于20世纪80年代以后；二是新中国的外交并非结盟、不结盟与伙伴关系的结盟向度，而是始终坚持独立自主的和平外交方针或外交政策；三是对中国主张的不结盟政策的背景与内涵认识不清。本文主要基于中国共产党的重要文献、政府工作报告外交部分、国防白皮书以及党和国家领导人关于外交政策的重要讲话等资料，对中国的不结盟政策做一番简明梳理。

中国的不结盟政策并非在改革开放一开始就已确立，而是在20世纪80年代初期基于对国际形势的判断而作出的战略和外交决策。“文革”结束后，中国并未迅速调整对外政策，而是继续坚持无产阶级国际主义。中共十一大报告指出，“联合一切受帝国主义和社会帝国主义侵略、颠覆、干涉、控制和欺负的国家，结成最广泛的统一战线，反对苏美两个超级大国的霸权主义”。① “要利用一切机会，哪怕是极小的机会，来获得大量的同盟者，尽管这些同盟者是暂时的、动摇的、不稳定的、靠不住的、有条件的。”② 之后1981年通过的《关于建国以来党的若干历史问题的决议》仍然肯定了独立自主的外交方针与无产阶级国际主义。③ 1979年的政府工作报告中也提出坚持无产阶级国际主义。④ 这至少表明从“文革”结束到改革开放初期这一时

---

① 《中国共产党第十一次全国代表大会新闻公报（1977年8月18日）》，中国共产党新闻网，http://cpc.people.com.cn/GB/64162/64168/64563/65449/4441886.html。

② 《十一大上的政治报告（1977年8月12日）》，中国共产党新闻网，http://cpc.people.com.cn/GB/64162/64168/64563/65449/4526443.html。尽管此处的同盟并不等于安全联盟，在当时中国并未放弃战争甚至是大战争的想法，安全结盟的可能性也因此并未被排除。

③ 《关于建国以来党的若干历史问题的决议（1981年6月27日）》，中国共产党新闻网，http://cpc.people.com.cn/GB/64162/64168/64563/65374/4526448.html。

④ 比如20世纪80年代初期的党代会报告对外交政策的表述较少，有些年份甚至没有对外交政策的表述，政府工作报告也主要关注经济建设问题，对外交政策着墨甚少。查阅历次党代会文献，1981—1987年间关于外交政策的表述较为简短，有些年份甚至没有，但党和国家领导人在这一时期的一些公开讲话在一定程度上表明了中国外交政策立场。

段，中国对外政策还未完全放弃无产阶级国际主义，① 为了国际统一战线的需要，中国极有可能建立联盟（不排除是军事联盟），不结盟政策也就无从谈起。

最早关于中国不结盟的明确阐述主要出现在一些党和国家领导人的公开讲话中。② 目前大多认为邓小平同志最早提出中国不结盟政策。在 1982 年召开的中共十二大会议上，邓小平在致开幕词时指出："中国人民珍惜同其他国家和人民的友谊和合作，更加珍惜自己经过长期奋斗而得来的独立自主权利。任何外国不要指望中国做他们的附庸，不要指望中国会吞下损害我国利益的苦果。"这被许多学者认为是不结盟政策的正式确立。③ 其实，邓小平当时表达的更多是一种独立自主的外交政策意愿，并非提出不结盟政策，意在表明中国不愿因介入美苏争霸而损害自己的利益。④ 之后邓小平也在不同场合表示了中国不与美苏超级大国结盟的意愿。"中国的对外政策是独立自主的，是真正的不结盟。中国不打美国牌，也不打苏联牌，中国也不允许别人打中国牌。"⑤ 从邓小平当时的讲话来看，不结盟是独立自主的和平外交政策的一部分，并非开启中国外交政策的新阶段，更多地作为独立自主的和平外交政策的手段、方式出现。

20 世纪 80 年代中期以后，关于不结盟政策的表述在党和政府的重要报告中得到了更为明确的体现。1986 年的政府工作报告中首次明确提出："中国决不依附于任何一个超级大国，也决不同它们任何一方结盟或建立战略关系。"⑥ 党代会报告明确关于不结盟的阐述则要晚一些。十四大报告指出，

---

① 1987 年的十三大报告不再提无产阶级国际主义。

② 这一时期我国开始以经济建设为中心的任务转移，在党的报告、政府工作报告中对外交政策的表述较少，有些年份甚至没有提及外交政策，因此很难通过这些材料看出外交政策的调整变革。

③ 李葆珍：《结盟—不结盟—伙伴关系：当代中国大国关系模式的嬗变》，《郑州大学学报（哲学社会科学版）》2009 年第 2 期。

④ 20 世纪 80 年代苏联表达了改善与中国关系的意愿，中苏关系有所缓和，而中美关系因为台湾问题变得严重，这使中国意识到不依附于任一超级大国、保持自身独立自主地位的重要性。

⑤ 《邓小平文选》（第三卷），人民出版社，1993，第 57 页。

⑥ 《1986 年政府工作报告》，新华社，http://www.gov.cn/test/2006-02/16/content_200850.htm。

“中国不同任何国家或国家集团结盟，不参加任何军事集团”。① 十五大报告则指出，中国“不同任何大国或国家集团结盟，不搞军事集团，不参加军备竞赛，不进行军事扩张”。② 2011 年发布的《中国的和平发展》白皮书中也明确指出，“坚持在和平共处五项原则基础上，同所有国家发展友好合作，不同任何国家和国家集团结盟，不以社会制度和意识形态异同决定国家关系的亲疏”。③ 十八大以来，习近平主席更是在多种场合倡导“结伴而不结盟”的原则，致力于打造全球伙伴关系网络。这些官方政策表明，“不结盟”已上升到我国国家意志的高度，也被认为是当前中国不结盟政策的重要原因。不过应该看到，20 世纪 80 年代以来，尽管党和政府的重要报告都提到不结盟，但不结盟政策是否是一项中国一以贯之的外交政策却值得怀疑。从党和政府重要文献的表述来看，我国一直认为应该坚持“独立自主的外交政策”或“独立自主的和平外交政策”，这在新中国成立以来从未改变。不结盟是为了维护我国独立自主的和平外交政策而提出的，但并未取得与独立自主的和平外交政策相当的地位，④ 并且其有着深刻的时代背景。不结盟的政策内涵比较模糊，有许多值得深究的地方，特别是独立自主的和平外交政策与不结盟政策之间的关系。

20 世纪 80 年代中国提出不结盟政策，主要基于当时美苏争霸形势，中国不愿成为任一个超级大国的附庸。中国对当时国际形势的基本判断是和平与发展。为了争取一个长期的和平国际环境，不与超级大国或大国结盟既是中国作为维护世界和平力量的体现，也是中国谋求和平环境以发展经济的需要。⑤ 冷战结束后，中国继续主张不结盟则是为了顺应世界格局多极化的趋

---

① 《江泽民在中国共产党第十四次全国代表大会上的报告（1992 年 10 月 21 日）》，中国共产党新闻网，http://cpc.people.com.cn/GB/64162/64168/64567/65446/4526308.html。

② 《江泽民在中国共产党第十五次全国代表大会上的报告（1997 年 9 月 12 日）》，中国共产党新闻网，http://cpc.people.com.cn/GB/64162/64168/64568/65445/4526285.html。

③ 《中国和平发展白皮书》，新华社，2011 年 9 月 6 日，http://www.gov.cn/jrzg/2011-09/06/content_1941204.htm。

④ 至少从笔者所查阅的 1977—2012 年间党代会的报告以及政府工作报告来看，提到不结盟的年份为数不多。其中 1986 年、1987 年、1988 年、1996 年的政府工作报告提到不结盟；1992 年、1997 年的党代会报告提到不结盟。

⑤ 关于中国不结盟政策的时代背景分析可参见郭伟伟：《论新时期不结盟的外交战略》，《四川党史》1999 年第 2 期；邱伟：《我国不结盟政策的发展历程及展望》，《学习月刊》2005 年第 10 期；石家铸：《论中国的不结盟政策的确立与发展》，《辽宁师范大学学报（社会科学版）》2000 年第 2 期。

势。中国倡导以新安全观处理国家间安全关系而非结盟对抗。但中国的不结盟政策表述语焉不详，进而导致对其内涵的理解五花八门。有学者认为真正的不结盟是既不与大国结盟或形成战略关系，也不充当第三世界的盟主；① 有些学者则认为真正的不结盟并不是闭关自守，自我封闭，孤军作战，而是要在独立自主的基础上积极发展与各国的交流与合作，积极实行对外开放，共同维护世界和平，促进共同繁荣。② 中国不结盟在处理国际事务中表现为注重发挥自己联合国安理会常任理事国的作用，积极参与国际事务，坚持独立自主的同时顾全大局。这使中国赢得第三世界国家的赞誉。③ 也有学者通过总结邓小平的讲话指出不结盟政策是不同任何国家搞结盟或战略关系，根据是非曲直独立自主地决定自己的政策与立场，不在美苏之间搞平衡交易。④ 这些表述都解释了不结盟政策的一些内容，但缺乏与时代背景、前提条件的结合。

不结盟应该是在和平与发展的新形势下，为了推进我国独立自主外交政策而进行的一种无敌关系构建。一切广泛地与大国和发展中国家建立友好关系的重要原则、路线，核心内容是不与任何国家结盟，也不搞军事集团之类变相结盟。正如国防白皮书表述的，“中国的发展需要一个长期的国际和平环境特别是良好的周边环境。中国始终不渝地奉行独立自主的和平外交政策，主张从中国人民和世界人民的根本利益出发来处理国际事务，不同任何大国或国家集团结盟”。⑤ 关于不结盟与独立自主的和平外交政策的关系，基本可以认为不结盟是独立自主的和平外交政策的组成部分，是服务于独立自主的和平外交政策的重要手段。不结盟外交思想、政策是独立自主原则的具体体现，是在我国一直坚持的独立自主的和平外交政策的具体内容调整过程中逐渐形成的。⑥ 邓小平在20世纪80年代提出不结盟外交战略就是“要维护自己的国家利益、主权与领土完整”。因此，对不结盟政策的审视不能脱离我国一贯坚持的独立自主的和平外交政策。

---

① 郭伟伟：《论新时期不结盟的外交战略》，《四川党史》1999年第2期。

② 李葆珍：《结盟—不结盟—伙伴关系：当代中国大国关系模式的嬗变》。

③ 邱伟：《我国不结盟政策的发展历程及展望》，《学习月刊》2005年第10期。

④ 石家铸：《论中国的不结盟政策的确立与发展》，《辽宁师范大学学报（社会科学版）》2000年第2期。

⑤ 中华人民共和国国务院新闻办公室：《中国的国防》，1998年7月。

⑥ 邱伟：《我国不结盟政策的发展历程及展望》。

二、伙伴关系——并非事实联盟

冷战后中国外交的一个重要特点是广泛地同世界大国或各地区重要国家结成各种伙伴关系。① 这种伙伴关系经常被外界误认为是一种事实结盟或新型联盟，特别是中俄新时代全面战略协作伙伴关系、② 上海合作组织等。不过通过分析中国的伙伴关系及其条约文本，可以发现许多伙伴关系并无实质性的安全合作条款，仅仅谈到加强军事交流、军事互信、安全合作的必要性，因而其并不具备联盟的安全职能；即便是少数伙伴关系当中也包含了一些排他性的安全合作条款，具备了转化为准联盟、联盟的可能，但其与真正的联盟均有不少差距，参见表 5-2。

表 5-2　中国的伙伴关系

地区	与中国建交国家数目（截至 2021 年 12 月）	与中国建立伙伴关系的国家数目	含安全合作的伙伴关系	含联盟性质条款的伙伴关系
亚洲	45	33	13	8+2*
欧洲	44	25	2	2
非洲	53	20	4	0
北美洲	16	5	0	0
南美洲	11	9	1	0
大洋洲	12	10	0	0
总计	181	102	20	12

资料来源：本表根据中国外交部网站资料整理，统计了截至 2021 年 12 月的中国伙伴关系数据，其中伙伴关系统计了包括战略伙伴关系、全面伙伴关系等。除与国家建立

① 中国对各种伙伴关系缺乏一个明确的界定，更多是双方协商来确定名称。有学者认为虽然中国与这些国家建立的"伙伴关系"之前加有不同的修饰词，但这并不意味着中国与不同国家关系的远近亲疏，只是表明不同的伙伴关系在合作的领域、程度和方式上有差异而已。参见李葆珍：《结盟—不结盟—伙伴关系：当代中国大国关系模式的嬗变》。

② Thomas S. Wilkins, "Russia-Chinese Strategic Partnership: A New Form of Security Cooperation?" *Contemporary Security Policy*, Vol.29, No.2, 2008, pp.358-383.

伙伴关系外，中国还与欧盟、非洲、中东欧、东盟等国际组织和地区建立了地区性伙伴关系，本表未做统计。

*其中阿塞拜疆、亚美尼亚虽然未与中国建立伙伴关系，但在双边条约中签署了“不允许在本国领土上成立危害另一方主权、安全和领土完整的组织”的条款，这类条款往往在联盟中才出现，因此可将其视作与阿富汗、巴基斯坦、哈萨克斯坦、吉尔吉斯斯坦、蒙古国、塔吉克斯坦、土库曼斯坦、乌兹别克斯坦等一样的安全伙伴。

根据新华社数据，截至2020年12月，与中国建立伙伴关系的国家和地区有112个,① 但其中涉及安全合作（仅指双边条约中出现加强军事合作与交流条款）的仅有20个，且大多是中国周边邻国。其中包含联盟性质条款(双边条约中出现类似于“双方不参加任何损害缔约另一方主权、安全和领土完整的联盟或集团，不采取任何此类行动，包括不同第三国缔结此类条约。缔约任一方不得允许第三国利用其领土损害缔约另一方的国家主权、安全和领土完整”的条款）的伙伴关系有12个。一般认为，联盟是两个或两个以上主权国家为了国家安全而缔结的相互进行军事援助的协定。② 据此判定，中国的伙伴关系并非结盟，即使是包含安全合作的伙伴关系，也不能因此认定其为联盟，而只能说其具备了建立联盟的可能，但真正形成联盟则需要更多条件。

首先，伙伴关系是中国加强与世界大国及重要地区国家合作的显著体现，但这并不意味着安全合作的增强。目前与中国建立伙伴关系的国家中，涉及安全合作的仅有20个，并且没有建立伙伴关系的国家与中国也进行一定的安全合作。③ 这表明安全合作与伙伴关系相关性很低。并且中国还与美国及其盟国英、日、韩、菲、泰等建立了伙伴关系，但与朝鲜、古巴等社会主义国家并未建立起伙伴关系，由此表明中国的伙伴关系是开放的，不以意识形态为标准区分。联盟关系的构建具有一定安全指涉，伙伴关系则不具备，因而很难说中国的伙伴关系具有联盟性质。伙伴关系被视作不结盟关系

① 潘洁：《180个建交国、112对伙伴关系：中国的朋友遍天下》，新华网，http://www.xinhuanet.com/video/2020-12/14/c_1210929943.htm，访问日期：2022年4月11日。

② Arnold Wolfers, “Alliance,” in *International Encyclopedia of the Social Science* (New York: Macmillan Company & The Free Press, 1974), pp.268-269.

③ 比如塔吉克斯坦、吉尔吉斯斯坦并未与中国建立伙伴关系，但确立了两国不利用也不允许第三国利用本国领土损害另一方的国家主权、安全与领土完整的原则。但考虑到两国与中国同属上海合作组织成员国，因而实行此种安全合作主要是在上海合作组织的框架下进行的。

的承续，主要体现在其坚持不结盟原则。① 这一系列跨世纪伙伴关系构成了一个不结盟、不针对第三方、共创未来的新型关系网络。② 这些也决定了伙伴关系与联盟的显著差别。

其次，伙伴关系是当今世界国家间关系发展的一种新形式，并非中国的独有模式。伙伴关系旨在建立国家间友好关系，承诺加强彼此间沟通与合作，不仅中国大力推动伙伴关系构建，世界上其他国家也积极推进伙伴关系。比如美国在冷战后推行“和平伙伴关系计划”，美俄建立了“成熟的战略伙伴关系”，美国还与新加坡建立了安全伙伴关系，越南与俄罗斯、印度、韩国建立了伙伴关系，印度与印尼、南非也确立了战略伙伴关系，法国与非洲许多国家建立了伙伴关系，欧盟执行了地区伙伴关系计划。可见，通过构建伙伴关系来发展国家间友好关系在冷战后成为一种趋势。这些伙伴关系中有些包含安全合作，有些则只包括纯粹的经济合作或战略协商。20 世纪 90 年代中期以来的中国伙伴关系构建是缓解外界压力、获取良好外部环境的现实需要。目前中国在求同存异的基础上所建立的伙伴关系大概可以分为战略伙伴关系、睦邻伙伴关系与基础性伙伴关系，③ 与其他国家的伙伴关系构建并无太大差别。

再次，中国不仅与许多国家建立伙伴关系，还与一些重要的国际组织或地区建立了伙伴关系。目前，中国已与欧盟、非盟、东盟、中东欧等国际组织或地区建立了战略伙伴关系，从而使得中国的伙伴关系覆盖了世界大部分地区。即使没有与中国建立双边伙伴关系，中国与这些国际组织或地区中的国家的双边关系也被彼此视作中欧、中非、中国—东盟等战略伙伴关系的一部分，并且有许多国家主动提出与中国构建伙伴关系。④ 但中国与国际组织或地区建立战略伙伴关系并不具有安全收益。有学者质疑国际组织或地区只具有有限的战略主体特性，无法满足中国对其的一些预期。⑤

---

① 李葆珍：《结盟—不结盟—伙伴关系：当代中国大国关系模式的嬗变》。

② 邓小玲：《从“一边倒”到“新型伙伴关系”——三代领导核心的国际战略思想》，《学术论坛》2005 年第 9 期。

③ 王贵锋、胡良吉：《论江泽民的伙伴外交战略》，《社会主义研究》2005 年第 3 期。

④ 许多非洲、拉美国家主动提出与中国建立伙伴关系或战略伙伴关系，但对中国伙伴关系的构建并不是很了解。

⑤ 陈志敏：《欧盟的有限战略行为主体特性与中欧战略伙伴关系——以解除对华军售禁令为例》，《国际观察》2006 年第 5 期。

又次，中国伙伴关系中的安全合作大多是增加军事交流、加强军事合作与增进安全互信，缺乏实质性的安全合作。比较常见的表述是两国在军事安全领域加强交流与合作，鲜有具体的军事合作制度安排与计划。① 由于20世纪90年代反恐问题的突显，中国在构建伙伴关系中大多确立了加强反恐合作条款，但并未规定两国通过实际行动共同反恐，且大多是在联合国框架下进行，这与世界其他国家就这一问题的合作并无二致。与此同时，我们也应该看到中国的大部分伙伴关系甚至连安全合作都没有提及，只是表达了加强双边关系或在联合国等多边组织加强协调或战略协商的意愿。② 联盟与伙伴关系甚至还被认为是相互排斥的关系。有学者认为如果安全合作走向联盟则有可能导致伙伴关系的破裂，一种成熟的战略伙伴关系“不是也不可能发展成过去的政治与军事联盟”。③ 中国的一些战略伙伴关系虽然能够获取一定的安全收益，但与美日澳那样的军事联盟显著不同。④

最后，具有联盟性质条款的伙伴关系具备了转化为准联盟、联盟的可能，但需要其他许多条件的共同推动。目前与中国的伙伴关系中包含联盟性质安全合作的国家共有10个，分别是周边国家俄罗斯、阿富汗、巴基斯坦、蒙古国和中亚五国哈萨克斯坦、乌兹别克斯坦、土库曼斯坦、吉尔吉斯斯坦、塔吉克斯坦与欧洲的乌克兰。中国与这些国家所签署的伙伴关系等双边条约中出现了类似“缔约一方不参加任何损害对方主权、安全和领土完整的联盟或集团，不采取任何此类行动，包括不同第三国缔结此类条约。缔约一方不得允许第三国利用其领土损害缔约另一方的国家主权、安全和领土完整。缔约一方不得允许在本国领土上成立损害缔约另一方主权、安全和领土

① 中国与阿联酋建立战略伙伴关系联合声明（2012年1月17日）中写道，“加强军事互访，开展军事院校间对口交流，加强在人员培训、装备技术和军工军贸等方面的合作”；中国与柬埔寨联合声明（2012年4月2日）中表示，“深化两军合作，保持两国防务部门和军队各层级人员往来，密切开展军事训练、人员培训、院校建设、后勤保障等领域合作”；中国与老挝的联合新闻公报（2011年9月21日）中表示，“进一步加强两国国防、公安、司法领域合作，维护各自国家安全，维护地区和平稳定”。

② 这类伙伴关系大多体现在中国与欧洲、美洲、非洲的伙伴关系构建中。

③ 郇庆治、王珂：《“全面合作伙伴关系”：从比较的观点看》，《现代国际关系》2002年第5期。

④ Thomas S. Wilkins, “Russia-Chinese Strategic Partnership: A New Form of Security Cooperation?” *Contemporary Security Policy*, Vol. 29, No. 2, 2008, pp. 358–383.

完整的组织或机构”的语句。① 这类条款一般出现在联盟条约当中，因此中国与这些国家的伙伴关系具备了转变成准联盟与联盟的基础。不过即使中国伙伴关系中存在这些伙伴关系，由于一些国家执行永久中立外交政策或明确表示与中国的伙伴关系并非结盟,② 这些伙伴关系向联盟转化也是困难重重。而且这类性质的安全条款基本上属于消极的“不作为”条款，与联盟当中就成员威胁展开磋商与应对的“积极作为”条款差异显著。

积极构建非对抗、非结盟的战略伙伴关系，是中国的一大创新之处，其不同于传统的结盟关系。起初，这种伙伴关系主要针对大国，以寻求避免和大国的对抗为目标，后来又延伸到其他类型国家。对有些国家，由于政治、安全问题比较难处理，则选择以发展经济关系为基础来推动全面关系的发展。③ 尽管中国建立了大量伙伴关系，但对伙伴关系的界定从未系统总结过，导致外界对其难免产生误解。④ 许多国家希望通过与中国发展伙伴关系获取经贸利益，但在其他方面却不愿承担相应责任。中国的一些伙伴关系虽然部分具有安全合作内容，但本质上是不结盟、不对抗、不针对第三国的，是独立自主的和平外交政策的继承与发扬。⑤ 中国多次向世界明确其伙伴关系的性质，旨在规避外界的误解，获得更多的认可。

三、不合时宜——结盟并非合理选择

回到中国结盟问题本身，一些支持中国结盟的观点认为盟国多寡是大国

---

① 参见《中华人民共和国和巴基斯坦伊斯兰共和国睦邻友好合作条约》，外交部网站，http：//www.fmprc.gov.cn/chn/pds/gjhdq/gj/yz/1206_3/1207/t209122.htm. 中国与哈萨克斯坦、俄罗斯、蒙古国等的伙伴关系构建中也出现过类似条款。

② 如土库曼斯坦奉行永久中立政策；中国与哈萨克斯坦的联合声明中明确表示，“双方发展这一关系不是结盟，也不针对第三方”。

③ 张蕴岭：《中国周边环境的新变化与对策》，《思想战线》2012 年第 1 期。

④ 比如韩国学者认为中韩战略伙伴关系与中俄战略伙伴关系属于同一级别，参见 Heeok Lee, “China's Policy Toward (South) Korea: Objectives of and Obstacles to the Strategic Partnership,” *Korean Journal of Defense Analysis*, Vol. 22, No. 3, 2010, pp. 283-301。

⑤ 焦洋、张海军：《江泽民外交思想中的大国伙伴战略》，《江苏教育学院学报（社会科学版）》2002 年第 2 期。

是否崛起的重要标志，缺乏盟国将是中国崛起的重要障碍之一。① 其实，崛起大国必须结盟的看法反映了传统现实主义的权力观，其认为军事实力主导着其他类型的力量，拥有最强大的军事实力的国家支配着世界事务，结盟则是增强军事实力的重要途径。② 在现实主义理论视野中，军事力量具有权力与安全的双重属性，是大国崛起的重要变量，也成为理解大国崛起的关键，③ 大国必须是军事强国似乎不言自明。④ 但是二战后，一个明显的趋势是权力的组成要素、使用及其所能达到的目的发生了根本性的变化。⑤ 军事力量的主导地位受到冲击，非军事因素的作用逐渐增强，军事力量作为权力资源的有效性日益下降，⑥ 在一些问题领域起着次要作用，⑦ 不再是保护国家利益的唯一或最有效手段。对大国的定位也主要以综合实力为准，一般包括政治、经济、军事三个方面，军事力量的分量相对下降。软权力的提出更是推动了国际关系领域的权力观革命，国家对于声誉的关注前所未有。

权力变革产生了两个尤为深刻的影响。一是军事力量对于大国崛起的作用下降。当前，军事力量对于大国崛起依然重要，但重要性已显著下降。在战争与冲突可能性日益减少的情况下，大国更加关注经济竞争力、政治影响力，军事力量建设大多只寻求防御慑止。大国崛起主要基于综合实力，军事力量不再像历史上那样在大国崛起中居于主导地位，大国也无须一味地追求军事力量建设，通过自身适度的军事力量建设已基本足够，不必再寻求军事结盟以增强实力。二是军事结盟的效能下降。军事结盟存在成本与收益，任何国家的结盟都应经过审慎的考虑。对于国家而言，结盟大多为

---

① 阎学通：《从南海问题说到中国外交调整》，《领导文萃》2012 年第 11 期；邱震海：《中国外交的“软肋”和“硬伤”》，共识网，2013 年 3 月 14 日，http://www.21ccom.net/articles/qqsw/zlwj/article_2013031478989.html。

② 罗伯特·基欧汉、约瑟夫·奈：《权力与相互依赖》，门洪华译，北京大学出版社，2002，第 28 页。

③ 封永平：《军事力量观的嬗变与大国崛起》，《现代国际关系》2005 年第 7 期。

④ 赫德利·布尔：《无政府社会：世界政治秩序研究》，张小明译，世界知识出版社，2003，第 161 页。

⑤ Stanley Hoffmann, “Notes on the Elusiveness of Modern Power,” *International Journal*, Vol. 30, No. 2, 1975, p. 183.

⑥ David A. Baldwin, “Power Analysis and World Politics: New Trends versus Old Tendencies,” *World Politics*, Vol. 31, No. 2, 1979, pp. 169-181.

⑦ 罗伯特·基欧汉、约瑟夫·奈：《权力与相互依赖》，第 28 页。

权宜之计，[①] 况且联盟之间存在“联盟困境”问题，联盟维持与管理并非易事，存在扶持与抑制、依存与自主、平等与协从、竞争与协调、责任与收益等多组矛盾。[②] 盟国之间并非利益完全一致，盟国也并非一味盲从。大国崛起寻求结盟以增强影响同样面临着不确定的风险。传统的军事联盟主要基于狭隘的安全领域合作，冷战后由于安全威胁的多元化，军事联盟弊端频现，倒是一些非正式联盟在灵活地发挥作用，由此也映衬了军事联盟的效能下降，突显了冷战后军事联盟的发展困境。其显著体现在如下三点。

一是在安全威胁多元化的时代，联盟应对安全威胁不再足够。传统的军事联盟主要基于狭隘的安全领域合作，在冷战后面对安全威胁的多元化，单一的军事联盟是远远不够的。其一是面对诸多安全威胁，联盟行动十分缓慢。联盟资源捉襟见肘，联盟效率相对低下，这也是冷战后美国单边主义增加的一个重要原因。其二是像恐怖主义、海盗这些非传统安全威胁，联盟很难应对，亟须创建新型安全合作形式，比如像反恐志愿者联盟。[③] 美国 2010 年的新军事战略也认为需要组建临时联盟以取代原有的僵化的军事联盟。[④] 我们应看到，冷战后许多军事联盟向综合性联盟的转型，临时的任务导向型联盟不断兴起，单一的军事联盟的困境已显而易见。而能否一开始就建立综合联盟？其他联盟能否复制美国联盟由军事联盟向综合联盟转型的方式？都存在疑问。

二是基于威胁的联盟并不契合相互依赖时代的安全秩序要求。现有联盟大多是冷战产物，美国是拥有盟国最多的国家。冷战后美国的联盟曾遭遇不同程度的消亡危机，其原因在于敌人的消失使得联盟分歧突显，联盟困境加剧。冷战后国家之间相互依存的不断加深使得国家所面临的安全外部环境日益复杂，敌我分明的威胁认知难以为继，基于威胁的联盟有必要服务于地区

---

① 汉斯·摩根索认为“一国是否采取联盟政策并不是一个原则问题，而是一个权谋问题”。参见汉斯·摩根索：《国家间政治：权力斗争与和平》（第七版），北京大学出版社，2006，第 219 页。

② 王帆：《联盟管理理论与联盟管理困境》，《欧洲研究》2006 年第 4 期。

③ Paul Dibb, “The Future of International Coalitions: How Useful? How Manageable?” *The Washington Quarterly*, Vol. 25, No. 2, 2002, pp. 131-144.

④ *The National Military Strategy of the United States of America-Redefining America's Military Leadership*, February 2011.

安全秩序建设。① 比如北约在冷战后的存续与其功能再定位不无关系。冷战后北约功能由阵营对抗转向地区维稳。美国亚太联盟当前的一大困境便是如何满足地区安全需求。

三是军事力量在国际关系中的地位相对下降，单纯基于军事安全合作的联盟缺乏根基。在军事力量起着次要作用，② 大国进入无战时代的情况下，③ 单纯的军事结盟的方式已变得不合时宜。传统联盟主要基于军事安全合作，在军事力量作用不断弱化的推动下，军事联盟的需求下降。既有的军事联盟大多调整转型为综合性联盟以实现共有利益拓展。

综上所述，国际安全的发展态势表明权力对于大国崛起的重要性下降，军事结盟效能降低并存在发展困境，中国选择不结盟正是基于对这种情况的合理认识。事实上，中国崛起的“安全问题”是内外互动的复杂结果，并非缺乏盟国所致。历史经验表明，政治关系影响中国周边关系和安全关系，伙伴关系取代结盟对抗颇具成效。④ 如果说 20 世纪 80 年代中国走不结盟路线是不愿在超级大国中左右为难，那么 20 世纪 90 年代中国继续不结盟政策则是因为中国认为联盟已不合时宜。中国坚持防御性国防政策，主张通过新安全观获取安全，在多极化格局中构建无敌环境，进而维护国家独立自主，这符合国家利益的需求，也是中国坚持不结盟政策的真正原因所在。

2014 年，中国国家主席习近平提出总体国家安全观。冷战结束使得安全环境发生了巨大变化，严重的军事联盟对抗及大规模战争危险的消失大大降低了以军事安全为核心的传统安全的地位。⑤ 国际社会相互依赖的不断加深，安全威胁的日益多元化，安全手段非武力化的增长，使得联盟作为安全获取与维护手段的弊端突显，显得不合时宜。

正是基于国际形势的巨大变化，中国主张通过非联盟手段获取安全，采用新安全观替代传统的结盟对抗安全观。这也反复体现在中国国家领导人的

---

① Bruno Tertrais, “The Changing Nature of Military Alliances,” *The Washington Quarterly*, Vol. 27, No. 2, 2004, pp. 135-150.

② 罗伯特·基欧汉、约瑟夫·奈：《权力与相互依赖》。

③ 杨原：《武力胁迫还是利益交换？——大国无战争时代提高国际影响力的核心路径》，《外交评论》2011 年第 4 期。

④ 张蕴岭：《高估自己的力量，被极端舆论绑架——大国崛起过程中的两大风险》，《人民论坛》2013 年第 2 期。

⑤ 王勇：《论中国新安全观》，《世界经济与政治》1999 年第 1 期。

一系列表态中。20世纪90年代，江泽民主席指出："以军事联盟为基础、以加强军备为手段的旧安全观，无助于保障国际安全，更不能营造世界的持久和平。这就要求必须建立适应时代需要的新安全观。"① 对结盟的摒弃在后来一直被中国政府所认可和坚持。针对美国亚太联盟强化，2000年的中国国防白皮书指出："美国进一步强化在本地区的军事存在和双边军事联盟，推动研发并计划在东亚地区部署战区导弹防御系统，以及日本确定'周边事态法'等，违背时代潮流。"② 2004年6月，温家宝总理在和平共处五项原则创立50周年纪念大会上的讲话中指出："历史表明，以军事联盟为基础、以加强军备为手段的旧安全观，无助于保障国际安全……必须坚决摒弃冷战思维，牢固树立以互信、互利、平等、协作为核心的新安全观，以对话求安全，以合作求稳定。"③ 2012年，针对美国亚太联盟的强化与扩张，习近平表示，在人心思安定、人心思发展之际，人为地突出军事安全议程，刻意加强军事部署、强化军事联盟，恐怕并不是本地区绝大多数国家希望看到的。④ 2015年9月，习近平主席在联合国大会讲话时强调，要倡导以对话解争端、以协商化分歧。要在国际和区域层面建设全球伙伴关系，走出一条"对话而不对抗，结伴而不结盟"的国与国交往新路。⑤ 中国外交部也多次针对美日联盟强化表示，美日联盟作为一种双边安排，"就不应超出双边关系的范畴，更不应针对第三方"。针对美澳签署永久驻军协议，中国外交部回应称，"强化和扩大军事同盟是不是适合时宜之举，是不是符合地区国家乃至整个国际社会的共同期待，值得商榷"。⑥ 上述言词和表态表明中国在冷战后对联盟有一个清晰的认识，即通过军事联盟寻求安全是不合时宜的，不符合历史发展趋势，更不符合中国的国家利益要求，因而中国主张在新安

---

① 《在日内瓦裁军谈判会议上　江主席发表讲话受到热烈欢迎》，《人民日报》1999年3月27日。

② 《2000年中国的国防》，国务院新闻办公室，2000年10月16日。

③ 《弘扬五项原则　促进和平发展》，《人民日报》2004年6月29日。

④ 《习近平：宽广的太平洋有足够空间容纳中美两个大国》，环球网，2012年2月13日，http://world.huanqiu.com/roll/2012-02/2433129.html。

⑤ 《习近平出席第70届联合国大会一般性辩论并发表重要讲话》，新华网，2015年9月29日，http://www.xinhuanet.com/ttgg/2015-09/29/c_1116703634.htm。

⑥ 《美澳将宣布签署永久驻军协议　中国外交部：不合时宜》，凤凰网，2011年11月16日，http://news.ifeng.com/world/special/wenjiabaoeas/content-3/detail_2011_11/16/10700784_0.shtml。

全观的指导下维护和平与安全。

中国的新安全观超越了结盟对抗的传统安全观。“超越单方面安全范畴，以互利合作寻求共同安全。新安全观建立在共同利益基础之上，符合人类社会进步的要求。”① 为了区别于传统安全观并超越传统安全结盟对抗的安全困境，新安全观明确规定了不结盟、不对抗、不针对第三方，由此也切断了其与军事联盟的联系。从“不结盟”到旗帜鲜明地倡导“超越结盟”的新安全观和主张“结伴不结盟”，中国的不结盟政策有了进一步发展，这也符合过去很长一段时间内中国国家利益的需要，即争取和维护稳定的国际环境以促进中国的和平发展。2014 年的亚信峰会上，中国国家主席习近平提出了以“共同、合作、综合、可持续”为核心内涵的亚洲新安全观。这是对中国主张的新安全观的继承与发展。回顾过去，中国坚持不结盟政策基本上是合理的，顺应了国际形势，符合国家利益，也契合了历史经验与战略文化。

首先，中国不结盟政策是在新的国内外形势下维护国家利益的适宜之举。具体表现为：一，其是顺应国际形势，积极营造和平稳定的国际环境之举。改革开放后，中国逐渐明确了“和平与发展”的时代主题认识，通过争取和维护和平的外部环境来促进中国的经济发展是中国国家利益的重心所在。在多极化格局不断发展的环境中，只要安全威胁不大，不结盟相对于结盟而言便更有利于实现和维护和平稳定的外部环境。二，其是积极发挥外交政策灵活性结交更多友好国家之举。中国不结盟政策是独立自主的和平外交政策的一部分，可以使中国基于自身利益独立自主地开展国际交往。在不结盟政策的基础上与世界大国、各地区重要国家等建立广泛的友好关系，不仅有利于服务中国经济发展，还能扩大中国的国际影响。三，其是淡化意识形态分歧影响之举。作为一个社会主义大国，意识形态是中国对外交往中无法回避的因素。中国的不结盟政策主张在摒弃意识形态分歧的基础上开展国家交往，有利于消减因意识形态分歧引发的“中国威胁论”的影响，极大拓展了中国的对外交往范围，这对于中国的和平发展大有裨益。

其次，就过去 30 多年来中国面临的安全威胁或压力而言，结盟并无必要。中国作为一个幅员辽阔的发展中大国，除非遇到外部强敌迫在眉睫的安全威胁，结盟实无必要。通过与周边国家不断谈判、协商，和平解决边界问

① 《中国向东盟论坛提交新安全观立场文件》，《人民日报》2002 年 8 月 2 日。

题，中国实际上有效地减少了与周边国家发生军事冲突的可能性，也减少了中国面临的潜在安全威胁。就国土安全而言，中国并未遇到太大的威胁。尽管近年来中国安全压力感知增强，但结盟对于提升中国安全而言效益并不明显，反而有可能激化一些矛盾与分歧。就中国面临的安全威胁的来源来看，传统安全威胁大体平稳，非传统安全威胁更为频繁，联盟实际很难应对。这一点在美国的反恐和打击海盗中得到了非常明显的体现，从中可以看出志愿者联盟可能是一种更为有效的方式。①

最后，从较为软性的历史记忆、战略文化角度考虑，不结盟政策也比较符合中国的历史主流和战略文化。尽管中国在春秋战国时期便有像合纵连横这样的结盟历史，但自大一统以来，在漫长的朝贡体系历史中，中国并无太多的结盟经验，特别是中国基于威斯特伐利亚的标准进行主权国家间的结盟次数不多，且大多效果不理想。国家具有自主学习能力，历史经验与历史记忆对于外交决策的影响不容忽视。② 不结盟政策作为一种安全战略选择，无法回避战略文化的影响，防御性的战略文化制约了中国的结盟选择。③ 因而对于中国而言，结盟主要出于一种防御性的考虑，而在并无迫在眉睫的强敌安全威胁的情形下进行结盟并不符合防御性的战略文化。

总之，过去40多年来，中国的不结盟政策基本上维护了中国的国家利益，为经济发展营造了较为和平稳定的外部环境。无论是通过主张不结盟还是倡导新安全观，还是不做霸权国附庸与积极构建伙伴关系，不结盟政策基本被延续下来，这具有内在的合理性。通过对国际形势的审慎判断与对国家利益的权衡考量，中国认为传统的以结盟获取安全的方式不合时宜，因而选择了不结盟政策。这种不结盟不仅包括不与大国结盟，也包括不与任何其他国家结盟，并且也包括不通过集团政治的方式变相结盟。这是中国践行新安全观的重要体现，并在上海合作组织的建立与发展中同样得到体现。④ 中国

---

① Paul Dibb, "The Future of International Coalitions: How Useful? How Manageable?" *The Washington Quarterly*, Vol. 25, No. 2, 2002, pp. 131-144.

② 理查德·J. 塞缪尔斯：《日本大战略与东亚的未来》，刘铁娃译，上海人民出版社，2010，第187页。

③ 加拿大学者江忆恩认为中国是一种进攻性战略文化，但很多中国学者并不认可这一论断。参见 Alastair Iain Johnston, *Cultural Realism: Strategic Culture and Grand Strategy in China History* (Princeton University Press, 1998)。

④ 上海合作组织奉行不结盟原则，参见《上海合作组织成立宣言》，上海合作组织网站，http://www.sectsco.org/CN/show.asp?id=100。

在周边地区合作中采用不结盟的方式还在与东盟、亚太等地区合作中得到体现，这也表明中国是在真正地不结盟。

随着中国对国际社会融入的日益加深，中国海外利益的逐渐拓展，中国国际责任的不断加大，不结盟政策的压力也有所增加，未来不结盟政策是否适宜，面临着新的政策评估，但不结成军事联盟的不结盟政策依然具有合理性。尽管中国外交有必要向如何有效提升国际影响力方向发展，但只要没有强敌迫在眉睫的安全威胁，军事联盟并无必要，以更为灵活的方式发展共同安全、合作安全更为可行。近年来，中国政府积极倡导“结伴不结盟”，实际是再次表明了中国的不结盟态度。不断与世界各国或地区建立伙伴关系，有助于中国构建全球伙伴关系网络，增进对中国国家利益的维护，提升中国的国际影响力。

结语

本文主要探析了过去40多年来中国不结盟政策的原因。研究表明，中国的不结盟不是政策僵化所致，也并非伙伴关系构建了事实联盟，而是因为中国所处的国际环境与国内发展的需要决定了中国采取不结盟政策，这符合中国国家利益的需要。冷战后期中国之所以不结盟是基于对和平与发展的总体国际形势的判断，因为中国不愿沦为美苏超级大国的附属。冷战后中国继续坚持不结盟是基于世界多极化的发展趋势，相互依赖日益加深的国际现实以及中国获取良好的外部环境的国内需要，这促使中国以一种无敌、不结盟的伙伴关系来推行独立自主的和平外交政策。虽然部分中国伙伴关系中包含了安全合作，但其与联盟相比还是相去甚远。对中国不结盟的横向考察还应认识到军事力量对于大国崛起效能的下降和冷战后军事联盟的发展困境。尽管冷战后军事联盟并未消亡，但其大多是冷战遗留产物，并且需要通过职能调整、内容拓展等实现联盟转型。冷战后建立纯粹军事联盟的行为十分少见，在大国之间更是绝迹。这表明在冷战后不结盟实际上成为一种世界主流。鉴于相互依赖时代威胁多元化的现实，中国不结盟既在情理之中，又是利益使然。冷战后中国积极倡导新安全观，主张通过不结盟的方式获取安全，实际上较好地满足了中国为经济发展争取与维持良好外部环境的战略需要。检视过去30多年来不结盟政策的推行，其政策效果大体不错，该政策选择具有内在合理性。

目前对中国不结盟的批评存在许多值得商榷的地方。一是中国目前所面临的安全威胁、安全压力是不结盟所致吗？二是结盟能够缓解或解决中国的安全问题吗？三是什么样的联盟对中国而言是可行与划算的？四是应对安全威胁或压力，中国能否通过其他形式的安全合作，基于化解威胁而非对抗威胁，基于超越联盟而非结盟对抗的方式实现？至于未来中国是否需要改变或放弃不结盟，主要从国家利益的角度考虑，要充分考虑到结盟所带来的成本收益影响，而并非简单地只是基于规避损失的前景预测。大国的成功崛起往往需要在安全上自我克制，中国也不例外，坚持不结盟同时要更加积极主动地参与多边合作。着力发展合作安全、共同安全应该成为未来中国安全战略的主要选择。

思考题：

1. 中国不结盟的原因是什么？
2. 如何评价中国“结伴不结盟”的安全路径？

双重协调：中国的周边安全战略构建

导语：中共十八大以来，中国对周边外交更加重视，推出了一系列周边外交新理念和新举措。不过中国更好地开展周边外交也日益面临着周边安全的掣肘，对于周边安全环境的评价也存在大量争议，这就使得建立周边安全的评价体系和构建整体性的周边安全战略很有必要。由于中国崛起的周边安全效应、全球战略重心东移亚太的地缘效应和周边国家转型的系统效应，中国的周边地区安全已变得日益重要。中国周边安全合作面临着大国权力竞争、制度竞争和观念竞争等主要障碍，中国在周边安全中应该发挥重要作用。本文基于国家利益层次分析的视角，对中国周边地区存在的纷繁复杂的安全问题进行了梳理，将其区分为核心利益、重要利益和一般利益三个层次，使得读者对于中国面临的诸多周边安全问题可产生更为整体性的清晰认知，进而本文遵循“结伴不结盟”的原则，提出了“双重协调”的周边安全战略。针对涉及不同利益层次的周边安全问题，中国可以采用“大国协调”和“制度协调”并进的思路，单一或综合运用政治、经济、军事和社会等手段，最终推动中国周边地区形成较低程度的周边安全共同体。

近年来，有关中国周边安全环境是改善还是恶化的争论不绝于耳，问题的关键在于各方缺乏统一的评价标准，无论在时间维度还是空间维度都缺乏共识，也忽视了中国与周边各国关系的动态性、互动性以及各国利益认知的差异性。对于中国而言，构建良好的周边安全环境突显了中国周边安全战略的重要性。

中共十八大以来，中国外交的一个重要变化便是对周边外交日益重视。周边地区是中国和平发展的重要依托，周边外交在中国总体外交布局中处于首要地位。2013 年 10 月，中共中央召开了新中国成立以来的首次周边外交工作座谈会，把周边外交作为外交的优先方向，更加突出了周边外交在外交布局中的重要位置。2014 年 11 月，中共中央召开了外事工作会议，进一步突出了周边外交的重要性。为了推进周边外交的开展，习近平主席强调要切实抓好周边外交工作，打造周边命运共同体。①无论是实现周边命运共同体还是推动中国继续和平发展，周边安全都至关重要。

中国周边安全环境极为复杂，历史问题与现实争端相互纠葛、传统安全问题与非传统安全问题相互交织。为了改善周边安全环境，中国近年来不仅大力推行“一带一路”倡议，谋求周边安全与周边经济的统筹发展，还提出了亚洲新安全观，推动建立亚太地区安全新架构。这一系列举措都表明中国更加重视周边安全。更为关键的是中国如何落实这些安全新理念，这就需要中国有一个较为清晰的周边安全战略。

一、既有研究及不足

目前有关中国周边安全的研究，主要是对中国的小周边地区关注较多，涉及东北亚、东南亚、中亚、南亚区域，对大周边的西亚、南太平洋地区的关注较少。对于周边安全的分析主要着眼于从安全威胁的根源、问题、影响等领域进行分析。

第一，深入探讨中国周边安全威胁的主要根源。张蕴岭等人认为中国周边安全的主要威胁来自大国战略威胁与遏制、热点问题升温、恐怖主义，影响因素主要有美国因素、日本因素、朝鲜半岛因素、南海问题、印度因素和“三股势力”六大因素。② 周方银认为，当前中国周边环境处于过渡和转折时期，受到美国的“亚太再平衡”战略、周边国家的对冲战略和亚太地区格局转换的影响。③石源华、祁怀高认为中国周边安全的主要挑战有周边国家对华疑虑增加与域外大国介入加深的联合、中国自我认知与周边对华认知的错位、海上安全挑战与陆上安全问题的并发、亚洲地区多边架构和倡议的竞

① 《中央外事工作会议在京举行》，《人民日报》2014 年 11 月 30 日，第 1 版。

② 张蕴岭、任晶晶：《中国周边安全形势评估报告（2015—2016）》，载复旦大学中国周边国家关系研究中心编《中国周边外交学刊》2016 年第 1 辑，社会科学文献出版社，2016。

③ 周方银：《中国周边环境与周边外交的战略选择》，《当代世界》2016 年第 10 期。

争、边疆发展滞后与周边环境恶化的联动。①在周边安全问题中，亚太安全问题尤为突出，对亚太安全问题产生原因的分析也最多。封帅认为："当前亚太地区的安全挑战主要有三类，即残余的冷战结构、结构性的战略冲突以及非传统安全问题。这三类安全问题本属于不同的历史时段，却同时出现在亚太空间中，从而造成了复杂的系统性安全困局。"②孙哲则认为影响亚太安全的三大因素是中国军事力量的发展、美国军事主导与战略再平衡和亚太地区的热点问题。③也有学者认为，周边安全问题的主要原因在于安全制度的效力低下和相互内耗。④

第二，梳理中国周边安全面临的主要问题。张洁认为中国周边安全目前面临四大变化。"一是美国开始实施'回归亚洲'战略，加大了周边国家对中国的离心力。二是海上安全成为中国周边安全形势紧张的重要来源，中国的海洋政策成为国际社会判断中国是否能够和平崛起的'试金石'。三是传统的军事安全仍然是中国周边形势最大的软肋，突出体现在朝鲜半岛问题上。四是非传统安全问题成为影响国家政权稳定和检验国家间关系好坏的重要因素。"⑤吴莼思认为冷战结束后亚太安全问题主要有三类："一是亚太地区存在两大热点问题，即台海问题和朝核问题；二是亚太地区在冷战以后受到更多非传统安全问题的困扰，如金融风险、环境污染、传染病流行、恐怖主义威胁以及跨国犯罪等。三是除了国家间权力变化、利益冲突所引发的安全问题外，东亚国家在过去十多年间还经常受到政局动荡、社会不稳等因素的影响。"⑥基于问题视角探讨中国周边安全问题，其基本可以分为大国竞争问题、热点问题和非传统安全问题三类。具体而言，大国竞争问题主要有中、美、俄、日、印之间的关系；热点问题主要有朝核问题、南海问题、钓

① 石源华、祁怀高：《未来十年中国周边环境的新挑战与周边外交新战略》，载复旦大学中国与周边国家关系研究中心编《中国周边外交学刊》2015 年第 1 辑，社会科学文献出版社，2015。

② 封帅：《亚太安全架构的未来图景——路径差异与模式谱系》，《国际展望》2015 年第 4 期。

③ Sun Ze, "Building a Security Community in Asia-Pacific Region: Can China Contribute," *American Foreign Policy Interests*, Vol. 37, No. 5/6, 2015, pp. 279-287.

④ T. J. Pempel, "Soft Balancing, Hedging, and Institutional Darwinism: The Economic-Security Nexus and East Asian Regionalism," *Journal of East Asian Studies*, Vol. 10, No. 2, 2010, pp. 209-238.

⑤ 张洁：《因势而变——应对中国周边外交的变化与挑战》，《对外传播》2012 年第 10 期。

⑥ 吴莼思：《亚太地区安全架构的转型——内涵、趋势及战略应对》，《国际展望》2015 年第 2 期。

鱼岛争端等；非传统安全问题主要有恐怖主义、网络安全、气候变化等。①

第三，分析中国周边安全问题所产生的影响。对于中国周边安全问题影响的分析一是基于层次分析视角探讨了周边安全问题对于国内层次、国家层次、地区层次和全球层次的多层次影响，得出因而对周边安全问题进行多重安全治理很有必要的结论。②二是基于时间维度分析了周边安全问题的影响时段及治理难度，认为偶发事件、一般性事件和历史难题的影响持续时间截然不同，对其的解决也难度各异。三是基于影响地域的区分，将周边安全的影响分为国内、边境、次区域、区域等多层次的影响。比如朝核问题就是一个具有区域甚至全球影响的问题，湄公河区域跨国犯罪则主要只是一个区域性安全问题。

上述研究基于原因、类型与影响对于中国周边安全问题进行了较好的分析，但存在的问题是由于缺乏系统性，因此对于周边安全问题的把握缺乏整体性视角，同时相对忽视了各种周边安全问题之间的联系，使得我们在判断周边安全形势时缺乏相对清晰的标准，在加强周边安全治理时缺乏一个统一的战略。能否基于国家利益的视角，对中国周边安全问题进行层次分析，进而能够更好地评判周边安全问题的变化对于中国周边安全形势的影响和中国国家利益的影响，这是一个值得思考的问题。

与此同时，冷战后安全研究的一个重大转变是“安全化”，使得安全的范畴由传统的军事安全向更为广泛的政治、经济、社会等非传统安全领域拓展。各地区、国家的安全观呈现多样化趋势，并且各种安全观之间时有交锋。中国在冷战后先后提出了“新安全观”“总体国家安全观”和“亚洲新安全观”。对于中国周边安全问题的梳理，离不开安全观念的指导，因为不同安全观所指涉的安全范畴存在差异，秉持何种安全观也在一定程度上决定了对安全问题范围的理解。中国提出的总体国家安全观包括政治安全、国土安全、军事安全、经济安全、文化安全、社会安全、科技安全、信息安全、生态安全、资源安全、核安全等诸多领域，③符合当前安全发展的趋势和国家安全需求的提升，不过短时间内周边国家恐怕很难就总体国家安全观形成

① 张蕴岭、任晶晶：《中国周边安全形势评估报告（2015—2016）》。

② 戴轶尘：《中国周边多重安全治理机制的优化策略探析》，《国际关系研究》2014年第5期。

③ 刘跃进认为还应该加上人民安全，总体安全实际上是12种安全，其中传统安全要素有7个，即人民安全、政治安全、国土安全、军事安全、经济安全、社会安全、资源安全；非传统安全要素有5个，即文化安全、科技安全、信息安全、生态安全、核安全。

共识。总体国家安全观的提出有可能导致安全议题的泛化，使得周边安全问题包罗万象，研判难度增大。我们既需要顺应形势，基于总体国家安全观视角去看待中国周边安全的诸多问题，又要有所选择，有针对性地分析对中国周边影响最为主要的安全问题，这就说明对周边安全问题进行层次划分很有必要。

二、国家利益视角下的周边安全问题分层

国家利益是国际关系中的常见概念，以国家利益来指导和评估国家的对外政策，也被认为相对客观科学。① “中国的国家利益，简而言之，是指中国在可以预见时期内的最根本的需求和欲求。”②一些学者也尝试将中国国家利益区分为安全、经济等不同层次。③美国政府和学者对于国家利益的层次性做了较为清晰的区分，并且将国家利益的层次性和维护手段相结合，值得中国借鉴。④美国对国家利益的区分将国家利益的重要性和武力使用条件对接，这可能是美国作为世界霸权国家的特殊之处，其他国家不一定能够效仿。

从中美两国对于国家利益的层次区分来看，两国都将安全利益放在至关重要的位置，也都以国家利益来指导国家安全战略的制定，国家利益也被认为是制定安全战略时需要首先讨论的问题。⑤参照中美两国对于国家利益的层次区分，本文尝试基于国家利益的层次视角对中国周边安全问题进行分层，从而能够更好地评估中国周边安全形势。

由于国家利益具有较为强烈的主观认知性，因而本文对于中国国家利益的区分主要基于三个方面的考虑：一是基于中国党政文件及领导人讲话对中

① 阎学通：《以国家利益评估对外政策》，《国际政治科学》2016 年第 3 期。

② 李少军：《国家利益与中国的安全战略选择》，《国际政治研究》2009 年第 4 期。

③ 李少军：《国家利益与中国的安全战略选择》；王逸舟：《国家利益再思考》，《中国社会科学》2002 年第 2 期；阎学通：《国家利益的判断》，《战略与管理》1996 年第 3 期；刘建飞：《论意识形态与国家利益的关系》，《现代国际关系》2001 年第 7 期。

④ The White House, “A National Security Strategy for a New Century,” December 1999, http://www.fas.org/man/docs/nssrpref-1299.htm; The Commission on America's National Interest, *America's National Interests*, July 2000, p. 17, http://belfercenter.ksg.harvard.edu/files/amernatinter.pdf.

⑤ 李少军：《国家利益与中国的安全战略选择》。

国国家利益的认知；二是基于一般战略理论对国家利益的区分；三是结合中国周边安全环境所面临的实际情况进行的区分。

近年来，中国对于核心利益的关注增强，中国官方也开始不断强调维护国家核心利益的决心。2011 年发布的《中国的和平发展》白皮书明确了中国的六大核心利益，包括国家主权、国家安全、领土完整、国家统一、中国宪法确立的国家政治制度和社会大局稳定、经济社会可持续发展的基本保障，归结起来就是主权、安全、发展三个方面。① 不过对于中国的国家核心利益，学界却存在争议。一些学者主张应该慎提“核心利益”，避免对核心利益的绑架，②一些学者则主张国家利益当提则提。③其实问题的关键不在于提不提国家核心利益的问题，而在于国家核心利益的指涉范围。

尽管学界对于核心利益说存在分歧，但鲜有学者提出核心利益的具体内容，学界更多只是探讨核心利益的特点和界定原则。④推及具体的安全领域，如何基于国家利益视角来区分中国在周边地区所面临的诸多安全问题呢？从目前所确定的六大核心利益来看，国家主权、领土完整、国家统一、中国宪法确立的国家政治制度和社会大局稳定这四点相对是明确的，而国家安全、经济社会可持续发展的基本保障两点则相对比较笼统。由于冷战后的“安全化”趋势，国家安全问题存在泛化现象，总体国家安全观的提出更是使得安全问题几乎无处不在。经济社会可持续发展的基本保障主要是指发展利益，而发展本身就具有动态性，因而对其的界定也颇为困难。

如何依据国家利益的重要性来区分中国在周边地区面临的诸多安全问题？这就需要就如何确定国家利益的重要性进行更为精细的研究。阎学通认为，“决定国家利益重要性的因素有两个，即国家各种利益的次序和利益量。国家利益的基本次序是民族生存、政治承认、经济收益、主导地位、世界贡献。利益量本身的多少是第二个影响国家利益重要性的因素”。⑤ “罗宾逊根据优先性、特殊性和持久性三条标准，区分出三种国家利益，分别是生死攸

---

① 中华人民共和国国务院新闻办公室：《中国的和平发展》，2011 年 9 月。

② 朱锋：《中国“核心利益”不宜扩大化》，《国际先驱导报》2011 年 1 月 10 日，http://news.163.com/11/0110/11/6Q1JMU9500014AED.html#；韩旭东：《慎提国家核心利益》，《瞭望》2010 年第 30 期。

③ 李因才：《核心利益当提则提》，《廉政瞭望》2010 年第 10 期。

④ 王公龙：《国家核心利益及其界定》，《上海行政学院学报》2011 年第 6 期。

⑤ 阎学通：《国家利益的判断》，《战略与管理》1996 年第 3 期。

关利益、一般利益和永久利益。"①"美国学者纽克特莱因将国家利益依据利益强度分为生存利益、重大利益、主要利益和次要利益。利益强度的测量主要依据利益受损对国家生存与发展的影响程度。"② 利益相关者分析框架对利益的重要性等级进行区分，主要选取合法性（legitimacy）、影响力（power）和紧迫性（urgency）三个指标进行评分。③利益相关者分析框架主要适用于其他国家对政策制定国的重要性的分析，对于国家利益重要性的确定具有一定的启发意义。

基于中国官方对国家核心利益的认知，结合学术界对国家利益排序的基本逻辑，可以基于国家利益的视角对中国周边地区安全问题进行排序。基于与国家利益的相关性、持续性和敏感性三个指标，可以对周边安全利益进行区分。相关性是指这类安全问题与中国国家利益对应层次的相关性；持续性是指这类安全问题的影响时间长短；敏感性是指国内对于这类安全问题的关注程度。依据这三个标准，大体可以将周边安全利益分为三类。

一是核心安全利益。核心安全利益直接影响到国家的主权、安全、发展。一旦受到侵害，国家不惜采取武力进行维护。核心安全利益一般影响时间较长，至少有 5 年以上；核心安全利益属于刚性利益，基本不容妥协，各国政府和民众对此也非常敏感。就目前中国周边安全问题而言，核心安全问题包括：一是防止分裂问题，如坚决反对"台独""疆独""藏独""港独"等；二是领土、领海争端问题；三是对中国政权的颠覆问题，也即政治安全问题。

二是重要安全利益。重要安全利益尽管不直接影响中国的主权、安全与发展，但会影响中国维护核心利益的能力，其影响时长一般属于中长期，3—5 年比较常见。由于其敏感性与该问题的发酵时间、中国当时所处的国内外环境，其具有较大的相关性。在中国周边地区，重要安全问题主要包括朝核问题、涉华海洋权益争端（中韩、中日、中越、中菲等）、重要的海上通

---

① Thomas Robinson, "National Interest," in *International Politics and Foreign Policy: A Reeder in Research and Theory*, ed. James N. Rosenau (New York: Free Press, 1969), pp. 184-185.

② Donald Nuechterlin, "The Concept of National Interests: A Time for New Approach," *Orbis*, Vol. 23, No. 1, 1979, pp. 73-92.

③ Ronald Mitchell, Bradley Agle and Donna Wood, "Toward a Theory of Stakeholder Identification and Salience: Defining the Principle of Who and What Really Counts," *The Academy of Management Review*, Vol. 22, No. 4, 1997, pp. 61-75.

道安全、大国地区战略竞争、地区安全制度构建。

三是一般安全利益。一般安全利益影响中国和平发展的周边环境，但对中国核心利益的冲击不大。影响时间一般较为短暂，中国民众对此敏感性不强。中国周边地区的一般安全问题主要包括跨境犯罪问题（毒品走私、跨境金融诈骗、非法移民）、涉华的非传统安全问题（跨境河流、公共卫生、恐怖主义）、周边地区局势动荡（政局危机、地区军备竞赛、地区冲突、经济危机、颜色革命等）。

基于国家利益的层次来分析中国的周边安全问题，有利于构建一个整体性的周边安全分析框架，能够更好地判断我们周边安全环境的变化，也有利于构建较为清晰的周边安全战略。

三、周边安全问题的层次分析

结合上述对中国国家利益的分析以及对周边安全利益的排序，可以对中国目前所面临的周边安全问题进行层次分析。

（一）核心利益层次

在周边安全问题中，涉及核心利益层次的主要是国家统一、领土争端和政治安全，这三大问题是目前中国周边安全的底线所在。

1. 国家统一

国家统一是中国的核心利益所在，也使中国不惜使用武力捍卫国家统一。目前，中国的国家统一面临着“台独”“疆独”“藏独”和“港独”等分裂势力的威胁，并且一些国际势力也与这些分裂势力相互勾结，使得中国的国家统一面临威胁。虽然国家统一是中国国家安全自身的问题，但由于这些分裂活动往往与境外存在联系，因而也使其成为一个周边安全问题。

2. 领土争端

中国周边地区的领土争端主要分为两大类，一类是中国自身与周边邻国的领土争端，另一类是不涉及中国自身的周边国家之间的领土争端。前者属于中国核心利益范畴，后者则不是。目前，中国陆地边界除与印度、不丹的边界外，划界基本完成，因而陆上领土争端的风险较小，海洋领土争端则成为目前中国领土争端的焦点。海洋争端是近年来困扰中国周边安全的重要问题。海洋争端按性质可以区分为海洋领土争端和海洋权益争端；按与中国利益关系的程度可以分为涉华海洋争端和非涉华海洋争端。在此需要明确涉华海洋领土争端属于核心利益范畴，其他则不是。

3. 政治安全

关于政治安全的概念，学者最初将政治安全界定为国家政治发展与政治稳定的良性互动和动态平衡。①最近对于政治安全的研究更加深入，认为国家政治安全在内容构成上包括国家政治思想安全、国家政治制度安全、国家政治活动安全三个部分。在中国政府的安全观中，政治安全占据首要地位。②在总体国家安全观中，政治安全被认为是根本。由此可见，确保中国政权不被颠覆，确保中国政治制度不被外部力量变更是政治安全的重中之重。

（二）重要利益层次

相比于核心利益层次的周边安全问题而言，重要利益层次的安全问题具有中长期性、与热点问题相关性较强的特点，目前主要包括海洋权益争端、海上通道安全、重大热点问题等五类问题。

1. 海洋权益争端

与海洋领土争端不同，海洋权益争端在中国周边安全问题中属于重要利益层次。不过海洋权益往往和海洋领土争端密切相关。相对于南海、东海海洋权益争端而言，中韩之间的海洋权益争端并不那么显著，但也应该引起注意。中韩之间的海洋权益争端还面临着朝鲜半岛不确定性所带来的潜在挑战。除此之外，美国在周边海洋的介入引发了中美海权竞争，美国在中国经

---

① 刘跃进主编《国家安全学》，中国政法大学出版社，2004，第109页。

② 《习近平：要把维护国家政治安全特别是政权安全、制度安全放在第一位》，新华社2017年1月12日电，http://www.chinatodayclub.com/news/shishi/15876.html。

济专属区内的军事活动也影响了中国海洋权益的维护。①

2. 海上通道安全

除了海洋争端，海上通道安全也成为中国周边安全的问题之一。“中国海上通道的意义已经从初期强调能源运输安全发展到综合性海权利益的保障，关注重点也从‘马六甲困局’的破解扩展到多点多线的谋篇布局，而战略支点的打造则是实现上述目标的重要手段。”②中国如今已经是一个全球贸易大国，海洋运输对于中国的重要性毋庸置疑。马六甲海峡、红海海峡等印度洋、太平洋重要航线对中国的经济发展尤为重要，确保海上通道安全在中国周边安全中也日益重要。在“一带一路”倡议中，海上丝绸之路的建设需要主动营造海上通道安全。

3. 重大热点问题

在中国周边地区，重大的热点问题主要有朝核问题和印巴冲突。朝核问题是影响中国周边安全的重要非传统安全问题。朝核问题历经二十多年，未能得到解决或缓解。朝核问题的久拖不决实际上已经影响了中国的周边安全利益。

印巴冲突是个老难题，也深刻地影响着中国与南亚国家的关系和西南周边安全。对中国而言，印巴冲突双方都十分重要，印度和中国同为崛起大国，两国之间存在巨大的合作空间，也面临着共同崛起的邻国困境；巴基斯坦是中国的全天候战略合作伙伴，两国传统友好关系悠久。印巴冲突的存在使得中国在印度和巴基斯坦当中的选择困境加剧，印巴冲突的激化也极大地影响中国在南亚—印度洋地区的海外利益和周边安全。

4. 大国战略竞争

周边地区的大国战略竞争以及由此形成的周边权力结构是考虑中国周边安全时需要考虑的重要问题。中美日俄印五大战略力量之间的关系及中国与

---

① 凌胜利：《中美亚太海权竞争的战略分析》，《当代亚太》2015 年第 2 期；Alan Dupont, “An Asian Security Standoff,” *The National Interest*, Issue 119, May/June 2012, p. 61。

② 张洁：《海上通道安全与中国的战略支点构建——兼谈 21 世纪海上丝绸之路建设的安全考量》，《国际安全研究》2015 年第 2 期。

其他四个国家的关系将对中国周边安全产生重要影响。目前的态势是，美国不断加强与日印的关系，中俄关系因美国同时施压而有所加强。对于中国周边地区安全而言，大国战略竞争以及大国权力格局是必须要关注的，因为这关系到地区安全的治理与地区安全制度的创建与运行。除此之外，欧盟也想通过输出软实力的方式在亚洲发挥作用，在硬安全领域，欧盟更多的是与日本、美国等进行合作。不过总体而言，欧盟对中国周边地区安全的影响非常有限。①

5. 地区安全制度

周边地区的安全制度也是中国周边安全的重要利益所在。尽管周边地区不乏安全制度，但大多效率低下，使得安全合作成为制约地区合作的短板。②对于中国的周边安全而言，联盟政治是无法回避的现实问题。美国的亚太联盟是中国周边安全面临的重要问题。长期以来，美国亚太联盟如何与亚太地区的多边安全制度契合是亚太地区安全的关键问题之一。近年来，由于中美战略竞争加剧，地区矛盾有所激化，亚太地区安全出现了新变化，即联盟政治进入活跃期，这深刻地影响了中国的周边安全。③除了美国的联盟体系外，中国周边地区的其他安全制度的创建、运行与协调也影响着中国周边安全。中国需要防止这些安全制度成为限制和对抗中国的平台，也需要加强中国对周边诸多安全制度的影响。

（三）一般利益层次

相对而言，一般利益对国家的生存与发展短时期影响不大，但如果处理不好，就有可能经年累月地损害国家利益。在中国周边安全议题上，可以归结为一般利益的周边安全问题，主要有三类：跨境犯罪问题、涉华非传统安全问题、地区局势动荡。

---

① Axel Berkofsky, "The European Union in Asian Security: Actor with a Punch or Distant Bystander?" *Asia-Pacific Review*, Vol. 21, No. 2, 2014, pp. 61-85.

② Christian Wirth, "'Power' and 'Stability' in the China-Japan-South Korea Regional Security Complex," *The Pacific Review*, Vol. 28, No. 4, 2015, pp. 553-575.

③ 朱锋：《中国周边安全局势：我们正在面临什么样的新变化?》，《当代世界》2016 年第 4 期。

1. 跨境犯罪问题

长期以来，跨境犯罪问题是困扰中国周边安全的重要问题，其主要包括毒品走私、跨境金融诈骗、非法移民等问题。

东南亚的金三角曾经是世界的“毒窝”，贩毒者通过中国云南等边境省份进行毒品走私，严重地影响了中国的周边安全。中缅边境等地区是境外毒品的过境通道和受毒品侵袭的重灾区。尽管中国与邻国共同合作，为打击毒品走私付出了不懈的努力，但目前该问题并未完全根绝。亚太地区的海洋稳定符合区域内各国的利益，目前的突出任务是打击海盗和非法捕捞。① 随着互联网等信息技术的发展，跨境金融诈骗已成为当前中国周边诸多跨境犯罪问题中的重要问题。近年来，中国国内发生了大量跨境金融诈骗问题，许多嫌犯主要在境外东南亚等地区进行远程操纵，这导致打击跨境金融诈骗困难重重。中国经济的发展使得中国对周边国家的经济吸引力增大，中国非法移民也逐渐增加。除了越南、缅甸、朝鲜等国新娘非法进入中国外，还有许多来自周边地区的居民或经过中国周边国家的非法移民进入中国。

2. 涉华非传统安全问题

中国周边安全环境日趋复杂，其中非传统安全领域的威胁不断增加，主要涉及跨境河流、恐怖主义、公共卫生等问题。

中国与周边国家存在多条跨境河流，水资源安全关系已经是中国对外关系，特别是周边关系构建的重要内容。中国周边水资源安全关系主要受水资源相对短缺与对跨国界水资源的依赖程度、国际流域中国家间的整体关系、地区环境与水资源开发利用重点、气候变化以及中国国内跨国界水资源安全战略与管理等因素的影响。②水资源问题被“安全化”有可能诱发种族冲突或引发地区动荡。“中国水威胁论”会被推波助澜，用以破坏中国的国际形象，误导周边国家民众对中国的认识。③

恐怖主义也是影响中国周边安全的非传统安全议题之一。长期以来，中

① Rachel Baird, “Transnational Security Issues in the Asian Maritime Environment: Responding to Maritime Piracy,” *Australian Journal of International Affairs*, Vol. 66, No. 5, 2012, pp. 501-513.

② 李志斐：《中国周边水资源安全关系之分析》，《国际安全研究》2015 年第 3 期。

③ 李志斐：《气候变化与中国周边地区水资源安全》，《国际政治研究》2015 年第 4 期。

国深受恐怖主义之害。近年来，中国恐怖主义活动呈现内外勾结日益明显的现象。①恐怖主义的内外联动已成为中国周边非传统安全的重要议题。中国也积极参与非传统安全合作，与一些周边国家在反恐、非法移民、禁毒、执法、刑侦等领域开展了更加有效的合作。②

公共卫生问题在近年来日益突出。重症急性呼吸综合征（非典）、禽流感等传染性疾病曾成为周边公共卫生的重要议题，也从客观上推动了中国与周边国家的公共卫生安全合作。艾滋病是目前中国周边公共卫生安全中的重要议题，中缅边境地区的艾滋病问题相对突出。③随着对“人的安全”的更加重视，公共卫生将成为周边安全的重要议题，需要各国一起努力共同应对。④

3. 地区局势动荡

中国周边安全还面临着地区局势动荡的影响，其原因主要有政局动荡、经济危机和武装冲突等。

周边国家的政局动荡既有内生性的政治派系冲突、种族和宗教冲突，也有外部干预因素诱发的影响（如“颜色革命”）。在东南亚地区，多数国家都曾经历过国内政局动荡，不排除这些国家的政局剧变有冲击中国边境安全和海外利益安全的可能。⑤“颜色革命”则是影响周边国家国内局势的另一重要变量，影响着中国周边安全环境。⑥

经济危机也是影响周边地区安全的重要因素。随着周边地区日趋平稳，经济安全的重要性日益突显。中国是周边多数国家的头号贸易伙伴、投资伙伴，周边地区的经济安全对中国也有重要影响。经济危机是影响经济安全的重要因素，并且具有较强的传导性。经济危机对于地区安全的影响也极为复杂，其既有可能成为推动地区安全合作的重要契机，也有可能损害周边和平与稳定。

---

① 高飞：《中国的总体国家安全观浅析》，《科学社会主义》2015 年第 2 期。

② 徐萍、赵青海：《中国周边安全环境透析》，《国际问题研究》2007 年第 2 期。

③ 穆智：《非传统安全视域下的中缅跨界民族问题与应对策略》，《民族论坛》2015 年第 6 期。

④ Sung Won Kim, “Human Security with an Asian Face?” *Indiana Journal of Global Legal Studies*, Vol. 17, No. 1, 2010, pp. 83–104.

⑤ 戴轶尘：《中国周边多重安全治理机制的优化策略探析》，《国际关系研究》2014 年第 5 期。

⑥ 孙建国：《坚定不移走中国特色国家安全道路》，《国际问题研究》2015 年第 2 期。

周边地区的武装冲突对周边安全亦有重要影响。中国周边地区存在许多容易诱发武装冲突的燃点，如日俄南千岛群岛（日方称“北方四岛”）之争、日韩独岛（日方称“竹岛”）之争等。周边地区武装冲突对于周边安全的影响主要体现在三个方面：一是武装冲突会损害地区和平，加剧地区安全威胁；二是武装冲突会破坏地区安全合作，不利于地区安全合作制度的构建；三是武装冲突会对中国边境安全构成威胁，增加难民流入的可能性。①

表 5-3　国家利益视角下的中国周边安全问题

核心利益	国家统一	领土争端	政治安全	—	—
重要利益	海洋权益争端	海上通道安全	重大热点问题	大国战略竞争	地区安全制度
一般利益	跨国犯罪问题	涉华非传统安全问题	地区局势动荡	—	—

资料来源：作者自制。

四、双重协调：中国周边安全战略选择

关于中国周边安全战略选择，学术界已经有了大量的研究，但大多是在对策层面，基于整体战略谋划的研究成果不多。楚树龙认为，“中国周边安全对策，一是要继续坚持走和平发展道路及‘睦邻、安邻、富邻’地区政策；二是稳住与美、俄、印三大国关系，挫败日本的战略企图；三是制定与完善中国的海洋强国战略”。②也有学者认为，中国周边安全的维护路径主要是深化睦邻外交，积极构建周边战略伙伴关系，加强军事合作与演习以及处理好与美国的关系。③

也有学者建议中国采取多边主义的周边安全战略。方长平认为应基于多边主义来构建中国的周边安全战略，这是基于冷战后非传统安全问题大量兴

① 穆智：《非传统安全视域下的中缅跨界民族问题与应对策略》，《民族论坛》2015 年第 6 期。

② 楚树龙、陶莎莎：《当前中国周边安全环境分析与对策研究》，《现代国际关系》2013 年第 11 期。

③ 赵汇、许晓丽：《“三维安全”优化中国周边安全态势的路径分析》，《太平洋学报》2013 年第 10 期。

起、周边地区已经存在一些多边安全制度等因素的考虑。① “中国周边地区各种双边、小多边和多边的地区峰会等也会讨论地区和国际安全问题，成为中国安全外交的重要舞台。”②多边主义可成为中国周边安全战略的基础，其中大国的三边合作尤为关键。周边战略要注重三边外交，中美日、中美印、中美俄、中美澳、中俄印、中日韩等三边外交必须摆在中国周边战略的重要位置加以经营。③

也有学者主张通过协调战略来实施周边安全战略，主要存在亚洲协调、大国协调和制度协调三种观点。庞中英提出了“亚洲协调”概念，认为无论是“贸易和平”还是“发展和平”都存在着尚未解决的问题，无法解决相互持续推进的问题。未来亚洲及太平洋地区主要依靠亚洲协调方式来实现地区安全治理，亚洲协调是主要国家之间各种协调中最主要的协调，指高于目前存在的各种双边安排和各种“次区域”安排，对事关和平（战争）、安全（战略）、秩序等重大问题进行的地区治理，而中国在亚洲协调中的地位是关键的。④很显然，亚洲协调不同于大国协调，因为其主体是主要国家而非仅仅是大国。李开盛则主张通过制度协调的方式来实现亚洲安全，认为“对亚洲来说，最重要的是如何协调各种安全制度间的关系，而不是建立一个强有力的、统一的、全地区性的安全架构”。⑤也有不少学者主张通过大国协调来实现周边安全，只是对于到底哪些大国应参与协调存在分歧，该领域主要存在中美协调、中美日协调、中美日俄协调和中美日俄印协调多种观点。⑥

此外，也有学者尽管并非探讨周边安全，但对于周边战略提出了一种治理型的战略。陈小鼎认为，中国周边外交战略要加强区域公共产品的提供，这样做能够推动区域合作，培育政治互信，塑造稳定的区域秩序，从而有助于化解周边外交所面临的诸多难题。⑦雷建锋则提出了一种治理型的周边战略，其主要通过提供地区性公共产品来推进地区合作，培养地区共同体意识

① 方长平：《多边主义与中国周边安全战略》，《教学与研究》2004 年第 5 期。

② 周士新：《中国安全外交与地区多边机制》，《国际安全研究》2014 年第 6 期。

③ 袁鹏：《关于新时期中国大周边战略的思考》，《现代国际关系》2013 年第 10 期。

④ 庞中英：《地区安全治理的未来：走向亚洲协调》，《国际安全研究》2016 年第 5 期。

⑤ 李开盛：《机制协调与未来亚洲安全架构》，《国际展望》2015 年第 4 期。

⑥ Sun Ze, “Building a Security Community in Asia-Pacific Region: Can China Contribute,” *American Foreign Policy Interests*, Vol. 37, No. 5/6, 2015, pp. 279-287.

⑦ 陈小鼎：《区域公共产品与中国周边外交新理念的战略内涵》，《世界经济与政治》2016 年第 8 期。

和共同利益观念，并构建新的地区意识和地区主义。①也有学者认为，可以通过目前中国实施的“一带一路”倡议、人类命运共同体、亚洲基础设施投资银行、亚洲新安全观等一系列战略来推进周边战略。②这些周边外交战略能否沿用到周边安全战略当中，需要进行具体分析。

综上所述，中国应该采取何种周边安全战略？既有研究大多只提出具体手段或方式，整体性、战略性不足。为数不多的从整体性角度对周边安全战略进行统筹的观点基本上可以归结为多边主义战略、协调战略、地区治理战略。这些周边安全战略的特点主要体现在三个方面：一是多边合作需求明显，一些战略明确提出基于多边主义进行多边合作，一些则主张采用国家或制度协调方式；二是“以我为主”色彩浓厚，很多学者建议直接将中国目前实施的“一带一路”倡议、和平发展道路、人类命运共同体理念用来实施周边安全战略；三是制度性合作诉求较强，大多数学者主张中国与周边各国通过制度进行多层次循序渐进的合作，倡导中国多提供公共产品。

对于中国周边安全战略构建，整体统筹、对复杂的多边或双边问题进行分层治理，进而更为有效和适当地维护中国的周边安全利益，需要将大国协调与制度协调相结合，实施“双重协调”战略。双重协调既注意到了大国权力竞争对于中国周边地区安全的深层次影响甚至是结构性影响，也意识到了周边地区各种多边安全制度的价值所在。相对于多边主义战略和地区治理战略而言，双重协调战略更具适应性。多边主义战略虽然注意到了多国合作的必要性，但对于具体是哪些国家参与，大国关系对于多边合作的影响如何限制并未寻找到良方。在中国周边地区，地区安全制度存在强烈的制度非中性，这就使得不同国家对于地区安全制度的参与存在较大的差异性，进而影响多边安全制度作用的有效发挥。地区治理战略需要一套共识性比较高的周边多边安全制度，但目前周边地区安全制度的复杂性、对抗性，使得地区治理战略的条件尚不具备，还未解决谁来治理、治理什么和如何治理等治理的核心问题。因此，协调战略更符合当前周边地区安全的现实。

---

① 雷建锋：《中国的中亚地区主义：一种治理型周边战略的建构》，《辽宁大学学报（哲学社会科学版）》2016 年第 5 期。

② 祁怀高：《“一带一路”对中国周边外交与亚洲发展的影响》，载复旦大学中国周边国家关系研究中心编《中国周边外交学刊》2015 年第 2 辑，社会科学文献出版社，2015；石源华：《中共十八大以来中国周边外交的历史性新进展》，载复旦大学中国周边国家关系研究中心编《中国周边外交学刊》2016 年第 1 辑，社会科学文献出版社，2016。

目前看来，单一协调方式效果比较有限，这是因为大国竞争和制度竞争是影响周边安全的两大重要因素，并且两大因素之间存在相互影响。相对而言，目前大国协调更起主导作用，不过未来周边安全治理的趋势还是制度协调，也即通过制度协调来限制大国竞争特别是结构性权力的影响，进而通过制度协调让周边各国能够更积极地参与到地区安全治理当中，实现由“权力型协调”向“制度型协调”过渡。因此，对于中国的周边安全战略而言，目前“双重协调”战略更为适宜。

针对不同层次的中国周边安全问题，大国协调和制度协调可以齐头并进，共同推进中国周边地区安全的改善，从而实现初步的周边安全共同体构建目标。大国协调包括两个方面的含义：一是通过大国协调直接解决安全问题；二是通过大国协调来促进各种大国主导、相对分散甚至存在竞争的多边安全制度之间的合作。制度协调也包括两层含义：一是通过各种双边或多边安全制度来解决具体的安全问题；二是不断实现各种安全制度之间的协调、并轨与融合，推动周边安全架构建设，发挥安全制度的聚合作用。相对而言，目前在中国周边地区，两种协调方式都在运用。在涉及核心利益的安全议题上，大国协调更具必要性，而在并非涉及各国核心利益的非传统安全议题上，制度协调的开放性、包容性等优势体现得愈发明显。作为中国周边安全战略的重要构想，“双重协调”战略在战略谋划方面的要点具体如下。

第一，战略环境研判要注意五大因素。一是周边地区的大国战略取向。周边地区的大国战略取向对于周边地区安全环境的影响尤为重要，美日俄印是中国周边四大主要力量。二是周边国家的对华态度。中国的快速崛起使得周边国家对华心态陷入矛盾状态，对华安全戒备有所加强。三是周边地区热点问题。中国周边地区可谓热点问题不断，一些属于久拖不决的热点问题，如海洋争端、印巴冲突、朝核问题等。四是周边地区突发事件。近年来，中国周边地区突发事件不断，涉及政局动荡、自然灾难、公共卫生、社会冲突、武装冲突等多方面。五是周边地区的安全机制及其态势。总之，影响周边安全环境的因素是复杂的，即便是某一单一问题领域，也往往面临着多种因素的综合影响。

第二，战略目标方面要循序渐进。周边安全战略目标的确定需要从时间、问题领域、层次等进行多维把握。需要务实推进周边热点问题的解决，加强周边安全机制的协调，推进周边地区机制化安全合作。中国周边安全采取“双重协调”战略是基于对周边安全形势的深刻认识，其目标在于推动周边地区形成初步的安全共同体，其核心要义在于中国与周边各国放弃使用武力或以武力威胁来解决彼此间的分歧，在观念与实践上实现共同安全。在实现初步的周边安全共同体的目标引导下，双重协调战略目标重心就是立足于维护中国在周边地区的安全利益。

由此，可将周边安全战略目标分为五项：一是维护国家领土、主权、政治等安全，确保在领土争端中不陷入安全弱势；二是维护周边海外利益、海洋权益和海上航道安全不受侵害；三是缓解甚至化解中国崛起的周边安全压力，增强中国与周边国家的安全互信；四是增强对周边地区安全问题的影响力，防止周边地区热点问题、政局动荡等对中国安全造成较大损失；五是增加对周边地区各种安全机制的影响力，推动周边地区安全机制整合，提升中国在周边地区安全机制建设中的影响力。

第三，战略利益要层次清晰。战略利益主要指国家安全方面的利益。中国周边安全利益可分为核心、重要、一般三个层次。一是要维护国家领土、主权完整，确保政治制度不被颠覆等核心利益；二是要确保中国经济发展所需资源和国际贸易的畅通，避免因安全因素损害中国经济发展；三是要减少中国面临的周边安全压力，为中国与周边和平发展创造有利环境；四是推动周边地区热点问题降温与解决，推进周边安全合作发展；五是增强周边地区安全机制协调与创新，提升中国对于周边安全机制的影响力。其中第二、第三点属重要利益，第四、第五点属一般利益。

第四，战略资源要多方汲取。双重协调战略的战略资源主要基于三个方面：一是中国自身实力的不断增强。对于大国而言，自身实力是安全战略的基础。在国际体系无法完全超越无政府状态的情况下，各国都需要为自己的安全负责，大国更需要安全自助。二是通过大国关系的稳定发展为大国协调的开展创造条件。美日俄印是影响中国周边安全的四个大国，中国需要与四国形成较为稳定的关系，从而在周边地区非传统安全和传统安全问题上加强协调与合作。不过目前来看，克服中国与美日印的安全分歧存在一定的难度。三是积极推动周边地区各种安全制度的协调、并轨与融合。周边地区存在联盟、安全论坛等多种类型的安全制度，其中不乏一些功能相似、地域重合的安全制度。破解因主导力量差异、地域差异等原因所造成的安全制度碎片化，需要加强制度协调。通过制度协调，可以增加不同主导力量下的各种安全制度之间的合作，推动不同地域的功能相似的安全制度之间的并轨，进而最终使得“制度协调”逐渐取代“大国协调”，成为地区安全治理的主要方式。

第五，战略手段的组合运用。中国周边安全形势复杂，涉及大国关系，大国与小国关系等多种关系类型，包括政治、经济、军事等诸多问题，因而战略手段也需要具有综合性。从对策上来说，仅仅依靠中国对地区经济的巨大贡献和以互联互通为中心推进“一带一路”倡议，中国并不足以化解周边安全新挑战。中国维护周边安全，必须要有新思路和新做法。①中美实力差距缩小及中国与周边国家实力差距拉大，对中国周边战略的策略选择提出了特殊要求。中国需要以组合而非单一的方式使用自己手中的力量。②由于中国核心安全利益更多取决于自己的实力和意愿，并且中国一向采取与当事国进行双边对话谈判的路径，因而中国需要通过大国协调或制度协调的事务较少，不过有效的大国协调对于维护中国核心安全利益也具有一定的积极作用。目前，在涉及中国重要利益的安全问题上，中国要处理好与各大国的关系，注重大国协调的重要性。在涉及中国一般利益的周边安全问题上，中国在尊重当事国协商的基础上，也可以积极发挥制度协调的作用，并将此打造为周边安全制度发展的增长点。至于到底是采取大国协调还是制度协调抑或两者并用，主要取决于三个方面的因素：一是安全问题所涉及的大国的数目。如果涉及的大国在两个或两个以上，采取大国协调的可能性更大。二是所涉问题领域的安全制度的状况。如果所涉问题领域存在一些安全制度且非中性较低，可以积极推动制度协调。三是该问题在中国国家安全利益中所处的层次。我们要根据所涉问题在中国国家安全利益中的核心、重要或一般层次，灵活地采取大国协调或双重协调。在“双重协调”的周边安全战略指导下，中国周边安全战略手段也要多措并举，单一或组合方式灵活运用。只有针对核心利益，国家才可以使用战争手段，其他重要和一般利益，国家一般不宜采用战争手段，而是要更多运用政治、经济手段和社会手段予以解决，参见表 5-4。

---

① 朱锋：《中国周边安全局势：我们正在面临什么样的新变化?》，《当代世界》2016 年第 4 期。

② 周方银：《周边环境走向与中国的周边战略选择》，《外交评论》2014 年第 1 期。

表 5-4 中国周边安全的“双重协调”战略

安全利益层次	安全问题	对策
核心利益	国家统一、领土争端、政治安全	当事方解决方案或大国协调
重要利益	海洋权益争端、海上通道安全、重大热点问题、大国战略竞争、地区安全制度	大国协调为主、制度协调为辅
一般利益	跨国犯罪问题、涉华非传统安全问题、地区局势动荡	制度协调为主、大国协调为辅

资料来源：作者自制。

中国周边安全的“双重协调”也面临着一些限制。一是安全观念的分歧使得周边国家并不会完全认可中国推行的“双重协调”安全战略。中国周边地区存在联盟安全、集体安全、合作安全、协调安全等多种安全观念，且不同的安全观念还存在竞争。中国要实现周边安全战略目标并构建初步的周边安全共同体，首先需要周边各国在安全观念上形成共识，即禁用武力和实现共同安全。二是维持大国关系的较长期稳定发展。随着中美实力差距的缩小，中美战略竞争加剧。中国要争取中美两国在存在安全分歧的同时，增强在地区热点和非传统安全领域的安全合作。中俄新时代全面战略协作伙伴关系是中国周边安全的重要保障，中国应进一步推进中俄协调在周边安全的积极效应，发挥好上海合作组织扩员的安全效应。中印、中日关系需要妥善处理好双边的领土争端，争取安全合作上的更多共识。三是制度协调如何克服地域、功能等差异。中国周边地区实际上存在东北亚、东南亚、南亚、中亚等不同次区域板块，由于不同次区域国家的差异性，要在周边地区形成统一的周边安全制度非常困难。因此中国需要优先推进地域要求不明显的安全制度和各国共同利益较多的安全制度的建设，并不僵化地追求统一的周边安全制度。对于功能相似或重叠的安全制度，要减少制度间内耗，最终推动周边地区形成较为成熟的“制度协调”。

结语

随着中国实力的不断增强，中国影响周边地区的能力也与日俱增，中国与周边地区的相互影响和相互塑造进入了新阶段。相对而言，中国与周边地区的经济合作欣欣向荣，而安全合作则踌躇不前。经济合作与安全合作的巨大反差极大地限制了中国周边外交的全面开展。改善周边安全环境、促进中国与周边各国的安全合作就显得愈发重要，这也使得构建一种整体的周边安全战略极为必要。中国主张“结伴不结盟”决定了中国主要通过不结盟的方式来增强周边安全。本文基于国家利益层次分析的视角对中国周边安全所面临的诸多问题进行区分，进而对周边安全进行了整体性的把握，并在此基础上提出中国应该构建“双重协调”的周边安全战略，以此来解决周边安全问题。这是对中国周边安全所面临的大国权力竞争、制度竞争和观念竞争的综合考虑，同时也是对中国周边安全所面临的复杂问题的区别对待。对于中国周边安全而言，大国协调和双重协调可以互为促进，最终促成周边地区形成互不使用武力或武力威胁的周边安全共同体。本文只是提出了中国周边安全战略的一种初步构想，如何通过中国的周边安全战略运筹，进一步促进实现周边安全共同体则有待进一步的研究，也需要对域内外各种因素进行统筹考虑。

思考题：

1. 中国如何加强周边安全环境建设？
2. 中国在周边安全合作中该如何应对美国亚太联盟因素？

参考文献

一、中文文献

（一）中文专著

［1］《邓小平文选（第三卷）》，人民出版社，1993。

［2］《毛泽东文集（第五卷）》，人民出版社，1977。

［3］《毛泽东选集（第六卷）》，人民出版社，1999。

［4］《毛泽东选集（合订本）》，人民出版社，1967。

［5］曹胜高、安娜译注：《六韬·鬼谷子》，中华书局，2007。

［6］柴宇球主编《谋略库·续编》，广西人民出版社，1992。

［7］陈波：《冷战同盟及其困境——李承晚时期美韩同盟关系研究》，上海人民出版社，2008。

［8］贾启玉主编《伟大的军事家周恩来》，军事科学出版社，1997。

［9］姜长斌、罗伯特·罗斯主编《1955—1971年的中美关系——缓和之前：冷战冲突与克制的再探讨》，世界知识出版社，1998。

［10］李丹慧主编《北京与莫斯科：从联盟走向对抗》，广西师范大学出版社，2002。

［11］李德义、于汝波主编《中国古典联盟战略》，军事科学出版社，2004。

［12］李凡：《冷战后的美国和澳大利亚同盟关系》，中国社会科学出版社，2010。

［13］李光耀：《经济腾飞路——李光耀回忆录》，外文出版社，2001。

［14］《当代中国》丛书编辑部：《当代中国的核工业》，中国社会科学出版社，1987。

［15］李庆余：《当代中国的核工业》，山东画报出版社，2008。

［16］李少军主编《国际战略学》，中国社会科学出版社，2009。

［17］刘丰：《制衡的逻辑：结构压力、霸权正当性与大国行为》，世界知识出版社，2010。

［18］刘丰主编《联盟政治：理论与实践》，中国社会科学出版社，2018。

［19］门洪华：《开放与国家战略体系》，人民出版社，2008。

［20］钮先钟：《西方战略思想史》，广西师范大学出版社，2003。

［21］钮先钟：《战略家》，广西师范大学出版社，2003。

［22］逄先知主编《毛泽东年谱（中卷）》，人民出版社，1993。

［23］秦亚青：《霸权体系与国际冲突》，上海人民出版社，2008。

［24］任晓：《韩国经济发展的政治分析》，上海人民出版社，1995。

［25］沈志华：《冷战的起源：战后苏联的对外政策及其转变》，九州出版社，2013。

［26］沈志华主编《中苏关系史纲：1917—1991 年中苏关系若干问题再探讨》，社会科学文献出版社，2011。

［27］师哲：《在历史巨人身边》，中央文献出版社，1991。

［28］时殷弘：《敌对与冲突的由来——美国对新中国的政策与中美关系（1945—1950）》，南京大学出版社，1995。

［29］时殷弘编《战略二十讲》，天津人民出版社，2007。

［30］宋清润：《“亚太再平衡”战略背景下的美国与东南亚国家军事关系（2009—2014）》，社会科学文献出版社，2015。

［31］孙德刚：《多元平衡与“准联盟”理论研究》，时事出版社，2007。

［32］孙茹：《朝核问题：地区合作进程研究》，时事出版社，2009。

［33］孙学峰：《中国崛起困境：理论思考与战略选择》，社会科学文献出版社，2011。

［34］陶纯、陈怀国：《国家命运：中国“两弹一星”的秘密历程》，上海文艺出版社，2011。

［35］陶文钊、牛军主编《美国对华政策文件集（第 3 卷）》，世界知识出版社，2004。

［36］汪伟民：《联盟理论与美国的联盟战略》，世界知识出版社，2007。

［37］王帆：《美国的亚太联盟》，世界知识出版社，2007。

［38］王帆：《新开局——复杂系统思维与中国外交战略规划》，世界知识出

版社，2014。

［39］王惠岩主编《政治学原理》，高等教育出版社，1999。

［40］王建宇、牟虹等译注：《孙子兵法·孙膑兵法》，中华书局，2006。

［41］王玮、戴超武：《美国外交思想史——1775—2005年》，人民出版社，2007。

［42］吴冷西：《十年论战（1956—1966）——中苏关系回忆录》，中央文献出版社，2014。

［43］肖天亮主编《战略学》，国防大学出版社，2015。

［44］邢骅等主编《新世纪北约的走向》，时事出版社，2004。

［45］徐天新、沈志华主编《冷战前期的大国关系：美苏争霸与亚洲大国的外交取向（1945—1972）》，世界知识出版社，2011。

［46］阎盛国：《秦汉招降战略战术研究》，人民出版社，2010。

［47］尹继武：《社会认知与联盟信任形成》，上海人民出版社，2009。

［48］袁明、哈里·哈丁主编《中美关系史上沉重的一页》，北京大学出版社，1989。

［49］张世平：《史鉴大略——当代中国战略的历史思考》，军事科学出版社，2005。

［50］张曙光：《经济制裁研究》，上海人民出版社，2010。

［51］张曙光：《美国遏制战略与冷战起源再探》，上海外语教育出版社，2007。

［52］张小明：《冷战及其遗产》，上海人民出版社，1997。

［53］中共中央文献研究室编《周恩来年谱（1949—1976）》（上卷），中央文献出版社，1997。

［54］中国社科院世界经济与政治研究所编《世界经济年鉴：1981》，中国社会科学出版社，1982。

［55］中国现代国际关系研究院美欧研究中心编《北约的命运》，时事出版社，2004。

［56］中国中俄关系史研究会编《战后中苏关系走向》，社会科学文献出版社，1997。

［57］周恩来军事活动纪事编写组编《周恩来军事活动纪事（1918—1975）》（下卷），中央文献出版社，2000。

［58］朱成虎、赵子聿等：《当代美国军事》，社会科学文献出版社，2001。

[59] 资中筠：《追根溯源——战后美国对华政策的缘起与发展（1945—1950）》，中国社会科学出版社，2007。

（二）中文译著

[1] 史蒂文·卢克斯：《权力——一种激进的观点》，彭斌译，江苏人民出版社，2008。

[2] 约瑟夫·W. 埃谢里克：《在中国失掉的机会》，罗清等译，国际文化出版公司，1989。

[3] 修昔底德：《伯罗奔尼撒战争史》，徐松岩、黄贤全译，广西师范大学出版社，2004。

[4] 阿诺德·沃尔弗斯：《纷争与协作——国际政治论集》，于铁军译，世界知识出版社，2006。

[5] 艾什顿·卡特、威廉姆·佩里：《预防性防御：一项美国新安全战略》，胡利平、杨韵琴译，上海人民出版社，2000。

[6] 比米斯：《美国外交史（第二分册）》，叶笃义译，商务印书馆，1989。

[7] 德怀特·D. 艾森豪威尔：《艾森豪威尔回忆录》（第三册），樊迪，静海等译，东方出版社，2007。

[8] 德怀特·艾森豪威尔：《艾森豪威尔回忆录：白宫岁月（上）——受命变革（一）》，生活·读书·新知三联书店，1977。

[9] 高沃龙：《对手与盟友》，刘戟锋、袁南生、郑久平等译，社会科学文献出版社，1992。

[10] 汉斯·摩根索：《国际纵横策论——争强权、求和平》，卢明华等译，上海译文出版社，1995。

[11] 汉斯·摩根索：《国家间政治：权力斗争与和平》（第七版），徐昕等译，北京大学出版社，2006。

[12] 肯尼思·华尔兹：《国际政治理论》，信强译，苏长和校，上海人民出版社，2008。

[13] 莱斯利·里普森：《政治学的重大问题——政治学导论》，刘晓等译，华夏出版社，2001。

[14] 雷蒙特·加特霍夫：《冷战史——遏制与共存备忘录》，新华出版社，2003。

［15］理查德·J. 塞缪尔斯：《日本大战略与东亚的未来》，刘铁娃译，上海人民出版社，2010。

［16］林中斌、龙威：《中国的核力量与核战略》，刘戟锋等译，湖南出版社，1992。

［17］罗伯特·基欧汉、约瑟夫·奈：《权力与相互依赖》，门洪华译，北京大学出版社，2002。

［18］迈克尔·格林、帕特里克·克罗宁主编《美日联盟过去、现在与将来》，新华出版社，2000。

［19］乔治·H. 奎斯特：《国际体系中的进攻与防御》，孙建中译，上海人民出版社，2008。

［20］乔治·凯南：《美国外交》，葵阳等译，世界知识出版社，1989。

［21］塞缪尔·亨廷顿：《文明的冲突与世界秩序的重建》，周琪等译，新华出版社，2002。

［22］斯蒂芬·沃尔特：《联盟的起源》，周丕启译，北京大学出版社，2007。

［23］小约瑟夫·奈：《理解国际冲突：理论与历史（第五版）》，张小明译，上海人民出版社，2005。

［24］约翰·加迪斯：《遏制战略：战后美国国家安全政策评析》，时殷弘等译，世界知识出版社，2005。

［25］约翰·兰尼拉格：《中央情报局》，潘世强等译，中国社会科学出版社，1992。

［26］约翰·刘易斯·加迪斯：《长和平——冷战史考察》，潘亚玲译，上海人民出版社，2011。

［27］约翰·米尔斯海默：《大国政治的悲剧》，王义桅、唐小松译，上海人民出版社，2003。

［28］张少书：《朋友还是敌人？——1948—1972 的美国、中国和苏联》，顾宁等译，中央编译出版社，2014。

［29］兹比格纽·布热津斯基：《大棋局：美国的首要地位及其地缘战略》，中国国际问题研究所译，上海人民出版社，2007。

［30］大桥武夫：《战略与谋略》，古月译，军事译文出版社，1985。

［31］阿诺德·托因比主编《第二次世界大战史大全——1939 年 3 月的世界》，郑玉质、关仪译，上海译文出版社，1995。

［32］阿诺德·托因比主编《第二次世界大战史大全——大战前夕的 1939

年》，劳景素等译，上海译文出版社，1995。

［33］巴里·布赞：《美国与诸大国：21 世纪的世界政治》，刘永涛译，上海人民出版社，2007。

［34］伯特兰·罗素：《权力论——新社会分析》，吴友三译，商务印书馆，1991。

［35］赫德利·布尔：《无政府社会：世界政治秩序研究》（第二版），张小明译，世界知识出版社，2003。

［36］麦克法夸尔：《文化大革命的起源（第一卷）》，求实出版社，1989。

［37］苏珊·斯特兰奇：《国家与市场》，杨宇光等译，上海人民出版社，2006。

（三）中文期刊论文

［1］罗伯特·萨特：《中国崛起的挑战及其对中美关系的含义》，《世界经济与政治》2009 年第 11 期。

［2］普拉森·帕拉梅瓦朗：《解析美国亚太战略合作伙伴关系：起源、发展及前景》，《南洋资料译丛》2016 年第 1 期。

［3］三船惠美：《瓦解中苏同盟：美国对中国核开发的战略——关于 1961—1964 年四组中美关系模式的分析》，《冷战国际史研究》2006 年第 1 期。

［4］白建才：《试论核武器在冷战发生、发展和结束中的作用》，《陕西师范大学学报（哲学社会科学版）》2000 年第 1 期。

［5］白交平：《冷战时期美国的拉美政策》，《西安文理学院学报（社会科学版）》2006 年第 3 期。

［6］布兰德利·沃马克：《中国崛起与美国：权力持平与文明磨合》，《外交评论》2007 年第 6 期。

［7］曹筱阳：《美泰同盟的合作形式、机制及其前景》，《东南亚研究》2015 年第 5 期。

［8］陈东晓：《“复杂性”与中美关系结构的新变化》，《美国研究》2006 年第 2 期。

［9］陈洪桥：《美国亚太再平衡战略下的美澳合作》，《当代亚太》2014 年第 1 期。

［10］陈向阳：《“萨德”入韩对东北亚地区的战略影响》，《现代国际关系》

2017 年第 4 期。

［11］陈玉刚：《金融危机、美国衰落与国际关系格局扁平化》，《世界经济与政治》2009 年第 5 期。

［12］陈志敏：《欧盟的有限战略行为主体特性与中欧战略伙伴关系——以解除对华军售禁令为例》，《国际观察》2006 年第 5 期。

［13］程鹏翔：《美国重返亚太背景下的美澳同盟》，《太平洋学报》2014 年第 3 期。

［14］仇华飞：《美国学者研究视角下的中美战略困境》，《当代亚太》2012 年第 1 期。

［15］崔剑：《论卫国战争前夕苏联对欧洲政策的嬗变及影响》，《扬州师范学院学报（社会科学版）》1995 年第 2 期。

［16］崔荣伟：《联盟转型与〈美韩自由贸易协定〉》，《国际论坛》2010 年第 3 期。

［17］崔志鹰：《韩美关系回顾与展望》，《国际观察》1997 年第 3 期。

［18］达巍：《从权力的“三张面孔”看美国的地位走势》，《现代国际关系》2010 年第 2 期。

［19］戴超武：《关于 1962 年中印边界冲突和中苏分裂研究的若干问题》，《当代世界与社会主义》2010 年第 4 期。

［20］邓小玲：《从“一边倒”到“新型伙伴关系”——三代领导核心的国际战略思想》，《学术论坛》2005 年第 9 期。

［21］董向荣等：《韩国公众对中国崛起的认知与态度分析》，《现代国际关系》2010 年第 10 期。

［22］董柞壮：《联盟类型、机制设置与联盟可靠性》，《当代亚太》2014 年第 1 期。

［23］樊吉社：《奥巴马主义：美国外交的战略调适》，《外交评论》2015 年第 1 期。

［24］樊小菊：《〈日美防卫合作指针〉修订中期报告解析》，《国际研究参考》2015 年第 4 期。

［25］方秀玉、李华：《当代韩日关系刍论》，《辽东学院学报（社会科学版）》2011 年第 4 期。

［26］方秀玉：《美朝关系的转机与朝核问题》，《国际观察》2012 年第 3 期。

［27］封永平：《军事力量观的嬗变与大国崛起》，《现代国际关系》2005年第7期。

［28］冯昭奎：《中日关系：历史的回顾与展望》，《外交评论》2012年第5期。

［29］付玉帅、刘宝全：《朴槿惠政府对朝政策解析》，《当代韩国》2013年第2期。

［30］傅梦孜：《中美关系发展的逻辑思考》，《美国研究》2011年第3期。

［31］高建：《浅析澳日“准同盟”关系发展及趋势》，《国际研究参考》2016年第5期。

［32］高兰：《冷战后美日同盟的强化与中美日关系的互动发展——从战略思想与国家利益的角度出发》，《上海大学学报（社会科学版）》2007年第3期。

［33］高新涛：《日印近期强化战略合作的深层背景与影响》，《东北亚论坛》2011年第2期。

［34］宫力：《日本对中国崛起的不适应症与中国的战略应对》，《现代国际关系》2014年第1期。

［35］郭锐、凌胜利：《结构性权力视角下的美韩同盟变迁》，《社会主义研究》2010年第1期。

［36］郭锐：《美日同盟强化的战略指向及地缘影响》，《东北亚学刊》2015年第4期。

［37］郭伟伟：《论新时期不结盟的外交战略》，《四川党史》1999年第2期。

［38］何理：《美日印三边合作升温的背景与前景》，《现代国际关系》2013年第2期。

［39］何英：《试论中美关系是洛克文化的建构》，《南京师大学报（社会科学版）》2005年第5期。

［40］贺喜：《冷战时期美国对智利阿连德政府的政策》，《国际政治研究》2012年第2期。

［41］侯成德：《1939—1941年的苏德关系》，《世界史研究动态》1983年第7期。

［42］胡芳欣：《日印核能合作谈判：难啃的大骨头》，《世界知识》2014年第19期。

［43］胡晓丽：《美国的“楔子战略”与中苏分裂》，《山东师范大学学报（人文社会科学版）》2007 年第 4 期。

［44］胡欣：《国际政治中的强制：定义、分类及分析模式》，《国际政治研究》2008 年第 2 期。

［45］胡志勇：《21 世纪初期日印关系及影响探析》，《南亚研究季刊》2013 年第 2 期。

［46］黄大慧、赵罗希：《日美强化同盟关系对中国周边安全的影响》，《现代国际关系》2015 年第 6 期。

［47］黄凤志、郭玉强：《升级与扩展：日美同盟与日本介入南海问题的战略透视》，《东北亚论坛》2016 年第 3 期。

［48］黄宇兴：《谈判能力与联盟转型》，《世界经济与政治》2017 年第 6 期。

［49］姜桂石：《1939—1941 年苏德经贸外交及后果》，《世界历史》2002 年第 2 期。

［50］姜龙范：《“朝核问题”与日朝邦交正常化》，《国际观察》2008 年第 5 期。

［51］焦世新：《美日同盟的不稳定性及美国的应对》，《当代世界与社会主义》2016 年第 5 期。

［52］焦洋、张海军：《江泽民外交思想中的大国伙伴战略》，《江苏教育学院学报（社会科学版）》2002 年第 2 期。

［53］节大磊：《约束盟国的逻辑与困境》，《世界经济与政治》2016 年第 3 期。

［54］金灿荣、刘世强：《奥巴马执政以来的中美关系》，《美国研究》2009 年第 4 期。

［55］金香兰、王鸿生：《韩日独岛之争探析》，《太平洋学报》2013 年第 8 期。

［56］邝云峰：《美国的朝贡体系》，《国际政治科学》2013 年第 4 期。

［57］郎平：《贸易何以促成和平：以中美关系为例》，《世界经济与政治》2006 年第 11 期。

［58］李葆珍：《结盟—不结盟—伙伴关系：当代中国大国关系模式的嬗变》，《郑州大学学报（哲学社会科学版）》2009 年第 2 期。

［59］李春玲：《国家利益的论争及界定对美国外交和安全战略的影响》，

《国际观察》2005 年第 4 期。

［60］李丹慧：《20 世纪 60 年代美中央情报局对中苏关系的评估——对美国情报委员会最新解密档案的分析》，《南开学报（哲学社会科学版）》2005 年第 3 期。

［61］李丹慧：《失去的机遇？——赫鲁晓夫下台后中苏两党和解的新尝试》，《社会科学战线》2009 年第 8 期。

［62］李广义、石左：《“不结盟”政策需要重新审视吗?》，《国际展望》1999 年第 21 期。

［63］李浩源：《不确定号角中的伙伴——解析韩日安全合作与军事交流》，《国际展望》2002 年第 16 期。

［64］李家成、朱绪朋：《试析“萨德”入韩问题的来龙去脉》，《韩国研究论丛》2016 年第 1 期。

［65］李家成、朱绪朋：《试析韩国加入亚投行的动因及影响》，《当代韩国》2016 年第 2 期。

［66］李家成：《冷战后美国强化美日同盟的动因解析》，《世界经济与政治论坛》2013 年第 2 期。

［67］李捷：《中苏论战与中苏关系》，《东欧中亚研究》1999 年第 5 期。

［68］李金明：《马六甲海峡与东南亚地区安全》，《东南亚研究》2007 年第 6 期。

［69］李宁豫：《国家利益与国家角色：分析中国与国际体系关系的两种视角》，《太平洋学报》2003 年第 2 期。

［70］李鹏：《意识形态的主观建构和中苏关系的破裂》，《同济大学学报（社会科学版）》2004 年第 6 期。

［71］李小华：《美国联盟体系的层次分析》，《现代国际关系》1999 年第 11 期。

［72］李晓娴：《美日同盟的强化与困境——以“联盟维系”为视角》，《山东行政学院学报》2012 年第 1 期。

［73］李新艳：《中苏同盟破裂原因近十年研究综述》，《党史文苑》2008 年第 4 期。

［74］李秀石：《论日本太空战略与日美拓展“同盟对接”》，《日本学刊》2016 年第 5 期。

［75］李秀石：《论日美同盟战略对接——从双向安保合作到“全球伙伴关

系”》，《日本学刊》2015 年第 4 期。

［76］李秀珍：《冷战时期拉美地区发展与阿拉伯世界关系原因探析》，《拉丁美洲研究》2008 年第 6 期。

［77］李益波：《印韩战略伙伴关系：现状、走向与影响》，《南亚研究季刊》2014 年第 3 期。

［78］李治军：《处于十字路口的美韩同盟》，《国际问题研究》2005 年第 4 期。

［79］理查德·哈罗兰：《美军组建太平洋新防线——岛链战略升级版》，《国际展望》2007 年第 24 期。

［80］梁军：《联盟的建立与维持：历史经验视角下的理论建构与思考》，《社会主义研究》2015 年第 3 期。

［81］梁军：《试论 1939 年的英法苏莫斯科谈判》，《华中师范大学学报（人文社会科学版）》2000 年第 3 期。

［82］梁志：《1958—1960 年拉美的反美浪潮与美国对拉美的政策》，《拉丁美洲研究》2010 年第 2 期。

［83］林晓光、周彦：《2010：日本民主党政府的对外政策和日美关系、中日关系》，《和平与发展》2011 年第 1 期。

［84］凌胜利：《20 世纪 50 年代美国分化中苏同盟的核策略》，《社会科学》2016 年第 5 期。

［85］凌胜利：《经济驱动还是联盟驱动？——美韩 FTA 的主导逻辑及其影响》，《当代韩国》2015 年第 3 期。

［86］凌胜利：《拒优战略：中美亚太主导权竞争》，《当代亚太》2017 年第 1 期。

［87］凌胜利：《冷战后美国亚太联盟的强化：趋势与问题》，《美国问题研究》2012 年第 2 期。

［88］凌胜利：《联盟的转型：一项概念分析》，《太平洋学报》2015 年第 3 期。

［89］凌胜利：《双重分化：美国对朝鲜半岛的楔子战略》，《东北亚论坛》2017 年第 5 期。

［90］凌胜利：《双重困境与动态平衡——中美亚太主导权竞争与美国亚太盟国的战略选择》，《世界经济与政治》2018 年第 3 期。

［91］凌胜利：《楔子战略与联盟预阻》，《世界经济与政治》2015 年第

7 期。

［92］凌胜利：《中国为什么不结盟？》，《外交评论》2013 年第 3 期。

［93］凌岳：《“亚太秩序与中美关系”研讨会综述》，《国际政治研究》2011 年第 1 期。

［94］刘博文、方长平：《周边伙伴关系网络与中国周边安全环境》，《当代亚太》2016 年第 3 期。

［95］刘城晨、翟新：《战略调适与联盟瓦解：分化联盟的实践路径》，《世界经济与政治》2016 年第 4 期。

［96］刘丰、董柞壮：《联盟网络与军事冲突：基于社会网络分析的考察》，《世界经济与政治》2015 年第 6 期。

［97］刘丰、董柞壮：《联盟为何走向瓦解》，《世界经济与政治》，2012 年第 10 期。

［98］刘丰：《安全预期、经济收益与东亚安全秩序》，《当代亚太》2011 年第 3 期。

［99］刘丰：《分化对手联盟：战略、机制与案例》，《世界经济与政治》2014 年第 1 期。

［100］刘丰：《国际政治中的联合阵线》，《外交评论》2012 年第 5 期。

［101］刘丰：《美国的联盟管理及其对中国的影响》，《外交评论》2014 年第 6 期。

［102］刘丰：《亲而离之：分化对手联盟》，《世界知识》2013 年第 5 期。

［103］刘红良：《从联盟到战略伙伴关系：联系与差异》，《印度洋经济体研究》2015 年第 5 期。

［104］刘建华、于水欢：《“多边施压”：美国对华外交策略新动向》，《现代国际关系》2010 年第 10 期。

［105］刘军：《中苏同盟形成与破裂过程中的美国因素》，《华东师范大学学报（哲学社会科学版）》2007 年第 3 期。

［106］刘克明：《中苏关系 40 年的历史教训》，《东欧中亚研究》2000 年第 1 期。

［107］刘兰、蒋昌建：《联盟情境下试探型强制外交行为探析》，《世界经济与政治》2012 年第 6 期。

［108］刘卿：《美国亚太同盟关系衍化新趋势》，《国际问题研究》2016 年第 2 期。

[109] 刘庆：《“战略互信”概念辨析》，《国际论坛》2008 年第 1 期。

[110] 刘若楠：《美国权威如何塑造亚太盟国的对外战略》，《当代亚太》2015 年第 4 期。

[111] 刘思伟：《印日安全关系分析：均势安全论与共同体安全论》，《南亚研究》2014 年第 3 期。

[112] 刘天聪：《“萨德”部署的韩国因素》，《现代国际关系》2017 年第 4 期。

[113] 刘卫东：《美国对美日之间历史认识问题的应对》，《当代亚太》2014 年第 5 期。

[114] 刘喜发：《〈中苏友好同盟条约〉评析》，《社会科学战线》1996 年第 3 期。

[115] 栾景河、李福生：《〈中苏友好同盟条约〉与〈中苏友好同盟互助条约〉之比较》，《当代中国史研究》2004 年第 2 期。

[116] 栾景河：《“中苏关系破裂原因”研究述评》，《当代中国史研究》2007 年第 6 期。

[117] 罗伯特·罗斯：《美中和睦：大国政治、影响范围与东亚和平》，《世界经济研究》2004 年第 3 期。

[118] 罗伯特·罗斯：《中国崛起、地区权力转移与东亚安全：从 1949 年到 21 世纪》，《世界经济与政治》2009 年第 11 期。

[119] 马必胜：《澳大利亚如何应对中国崛起》，《外交评论》2014 年第 1 期。

[120] 马晶：《韩日邦交正常化的实现及其影响》，《延边大学学报（社会科学版）》2011 年第 5 期。

[121] 马骏：《国际关系中的“权力”问题——关系性权力观的视角》，《国际政治研究》2007 年第 4 期。

[122] 门洪华、刘笑阳：《中国伙伴关系战略评估与展望》，《世界经济与政治》2015 年第 2 期。

[123] 门洪华、甄文东：《共同利益与东北亚合作》，《外交评论》2013 年第 3 期。

[124] 苗吉、李福建：《战略戒拒与战略调适：日澳对中国崛起的反应》，《外交评论》2014 年第 1 期。

[125] 苗吉：《日印接近：走向特殊全球战略伙伴关系?》，《当代世界》

2014 年第 12 期。

［126］牛军：《联盟与战争：冷战时代的中国战略决策及其后果》，《世界经济与政治》2014 年第 6 期。

［127］牛军：《论中苏同盟的起源》，《中国社会科学》1996 年第 2 期。

［128］牛军：《毛泽东与中苏同盟破裂的缘起（1957—1959）》，《国际政治研究》2001 年第 2 期。

［129］潘锐：《从“大规模报复”到“星球大战”——论冷战时期美国核战略的演变》，《美国问题研究》2004 年第 1 期。

［130］庞中鹏：《试析近年来不断深化的日印关系——兼从日印能源合作的视角》，《日本学刊》2011 年第 1 期。

［131］庞中英：《美国对华政策的合作与冲突策略：另一种“相互确保摧毁”成立之后》，《国际观察》2010 年第 4 期。

［132］蒲晓宇：《霸权的印象管理——地位信号、地位困境与美国亚太再平衡战略》，《世界经济与政治》2014 年第 9 期。

［133］漆海霞、齐皓：《同盟信号、观众成本与中日、中菲海洋争端》，《世界经济与政治》2017 年第 8 期。

［134］祁怀高：《冷战后中美在东亚的制度均势及其对中国的启示》，《世界经济与政治》2011 年第 7 期。

［135］钱春泰：《论冷战后美国的强制外交》，《国际观察》2007 年第 3 期。

［136］秦亚青：《国家身份、战略文化和安全利益——关于中国与国际社会关系的三个假设》，《世界经济与政治》2003 年第 1 期。

［137］邱伟：《我国不结盟政策的发展历程及展望》，《学习月刊》2005 年第 10 期。

［138］屈彩云：《双边视角下的“日美澳印”战略合作》，《亚非纵横》2014 第 6 期。

［139］曲星：《50 年代末至 60 年代中苏关系恶化的战略、理论与利益背景》，《外交学院学报》2000 年第 1 期。

［140］任娟：《联盟政治影响强制外交的效果——评〈比铁板一块更糟糕：亚洲的联盟政治与强制外交问题〉》，《国际政治科学》2014 年第 2 期。

［141］荣予、洪源：《从反核威慑战略到最低核威慑战略：中国核战略演进之路》，《当代亚太》2009 年第 3 期。

［142］沈志华、李丹慧：《结构失衡：中苏同盟破裂的深层原因》，《探索与

争鸣》2012年第10期。

［143］沈志华、谢·冈察洛夫：《〈中苏友好同盟互助条约〉的签订：愿望和结果》，《中共党史研究》1998年第2期。

［144］沈志华：《从西柏坡到莫斯科：毛泽东宣布向苏联“一边倒”——关于中苏同盟建立之背景和基础的再讨论（之二）》，《中共党史研究》2009年第4期。

［145］沈志华：《美国中央情报局眼中的中国——冷战时期美对华情报评估综合性文件概述》，《史学月刊》2009年第1期。

［146］沈志华：《无奈的选择：中苏同盟建立的曲折历程（1944—1950）》，《近代史研究》2010年第6期。

［147］沈志华：《援助与限制：苏联与中国的核武器研制（1949—1960）》，《历史研究》2004年第3期。

［148］沈志华：《中苏朝：一场战争与三角同盟——重看中俄解密档案》，《同舟共进》2009年第9期。

［149］沈志华：《中苏同盟建立的曲折历程》，《炎黄春秋》2011年第3期。

［150］沈志华：《中苏同盟破裂的原因与结果》，《中共党史研究》2007年第2期。

［151］沈志华：《中苏同盟破裂的直接表现与内在逻辑——对中央情报局“国家情报评估（NIE）”的评估》，《国际观察》2005年第5期。

［152］石家铸：《论中国的不结盟政策的确立与发展》，《辽宁师范大学学报（社会科学版）》2000年第2期。

［153］时宏远：《印日关系持续升温及其动因》，《国际资料信息》2007年第8期。

［154］宋伟、宋卓如：《联盟的维持与瓦解：理论分析与案例检验》，《世界经济与政治》2014年第12期。

［155］宋伟：《联盟的起源：理性主义研究新进展》，《国际安全研究》2013年第6期。

［156］宋晓芹、李莉：《试论1949—1959年中苏关系中的美国因素》，《当代中国史研究》2008年第4期。

［157］苏若林、唐世平：《相互制约：联盟管理的核心机制》，《当代亚太》2012年第3期。

［158］孙德刚：《国际安全合作中联盟概念的理论辨析》，《国际论坛》2010

年第 5 期。

[159] 孙德刚：《联而不盟：国际安全合作中的准联盟理论》，《外交评论》2007 年第 6 期。

[160] 孙德刚：《论“准联盟”战略》，《世界经济与政治》2011 年第 2 期。

[161] 孙德刚：《论新时期中国的准联盟外交》，《世界经济与政治》2012 年第 3 期。

[162] 孙德刚：《准联盟外交探析》，《国际观察》2007 年第 3 期。

[163] 孙君健：《澳大利亚对美国“重返亚太”战略的反应》，《现代国际关系》2014 年第 8 期。

[164] 孙俊华：《尼克松主义对日韩安全合作关系的影响》，《日本学论坛》2006 年第 4 期。

[165] 孙其明：《意识形态分歧与中苏关系的恶化》，《同济大学学报（社会科学版）》2000 年第 3 期。

[166] 孙茹：《理解中国对“萨德”问题的反应》，《现代国际关系》2017 年第 4 期。

[167] 孙茹：《美日韩重整“铁三角”》，《世界知识》2009 年第 15 期。

[168] 孙帅：《西方视野下的中苏关系破裂原因探析——以〈中国季刊〉为研究视角》，《当代中国史研究》2014 年第 5 期。

[169] 孙现朴：《印度崛起视角下的“东向政策”：意图与实践——兼论印度“东向政策”中的中国因素》，《南亚研究》2012 年第 2 期。

[170] 孙晓玲：《霸权稳定论与中国新安全观：一种比较视角》，《世界经济与政治》2004 年第 2 期。

[171] 孙逊、韩略：《冷战后日美同盟调整过程中的主导者——基于多重案例的研究》，《南京政治学院学报》2016 年第 6 期。

[172] 孙泽学、唐年新：《中苏同盟破裂根源探析》，《华中师范大学学报（人文社会科学版）》2002 年第 5 期。

[173] 唐健：《伙伴战略与伙伴关系：理论框架、效用评估和未来趋势》，《国际关系研究》2016 年第 1 期。

[174] 唐奇芳：《特朗普政权下的美日博弈刚刚开始?》，《世界知识》2017 年第 5 期。

[175] 唐世平、王凯、杨珊：《理解国际安全战略中的“系统效应”——以中苏同盟破裂的多重影响为例》，《世界经济与政治》2013 年第 8 期。

［176］唐小松：《中美经济共生关系下的战略互需及选择》，《现代国际关系》2007 年第 2 期。

［177］唐彦林、张磊、武琼：《驻日美军普天间基地搬迁问题及其前景剖析》，《北华大学学报》2017 年第 3 期。

［178］唐永亮：《2015 年围绕冲绳基地问题的政治博弈及其影响》，《东北亚学刊》2016 年第 1 期。

［179］唐永胜、卢刚：《中美关系的结构性矛盾及其化解》，《现代国际关系》2007 年第 6 期。

［180］唐永胜、佟明翔：《结构型战略能力：概念、来源与研究方法》，《世界经济与政治》2007 年第 4 期。

［181］唐永胜：《美国强化亚太同盟体系对中国安全的影响》，《现代国际关系》2013 年第 4 期。

［182］陶文钊：《冷战后美日同盟的三次调整》，《美国研究》2015 年第 4 期。

［183］万柏连：《欧战爆发前后苏联欧洲政策的变化》，《中山大学学报（社会科学版）》1998 年第 5 期。

［184］汪舒明、王盈：《美日"历史和解"的突破性进展及其影响》，《现代国际关系》2017 年第 5 期。

［185］汪伟民、张爱华：《单极体系下的联盟理论与实践——初步的理论分析》，《世界经济与政治论坛》2006 年第 2 期。

［186］王传剑：《从"双重遏制"到"双重规制"——战后美韩军事同盟的历史考察》，《美国研究》2002 年第 2 期。

［187］王传剑：《日韩军事关系：从"准同盟"到"同盟"?》，《日本学刊》2011 年第 5 期。

［188］王栋：《中苏关系研究的理论与历史》，《国际政治科学》2009 年第 4 期。

［189］王帆：《奥巴马政府的东亚安全政策考量》，《外交评论》2009 年第 1 期。

［190］王帆：《东亚安全模式：共存、并行还是置换?》，《世界经济与政治》2005 年第 11 期。

［191］王帆：《联盟管理理论与联盟管理困境》，《欧洲研究》2006 年第 4 期。

[192] 王帆：《美国对华战略的底线与中美冲突的限度》，《外交评论》2011 年第 6 期。

[193] 王帆：《认知联盟理论评析》，《欧洲研究》2003 年第 1 期。

[194] 王光厚、田力加：《澳大利亚对华政策论析》，《世界经济与政治论坛》2014 年第 1 期。

[195] 王光厚：《澳大利亚的南海政策解析》，《东南亚研究》2011 年第 6 期。

[196] 王贵锋、胡良吉：《论江泽民的伙伴外交战略》，《社会主义研究》2005 年第 3 期。

[197] 王联合：《美澳安全同盟关系的新变化》，《现代国际关系》2014 年第 1 期。

[198] 王明进：《印度与欧盟战略伙伴关系的发展及其影响因素》，《南亚研究》2015 年第 4 期。

[199] 王木克：《亚投行：韩国的机遇与纠结》，《世界知识》2014 年第 22 期。

[200] 王生、凌胜利：《朝核问题解决的“双轨制”新思路探讨》，《东北亚论坛》2016 年第 3 期。

[201] 王生：《韩国疏美亲中现象剖析》，《东北亚论坛》2006 年第 2 期。

[202] 王胜今、张景全：《东亚军事同盟与区域合作之关系——一种机制视角的分析》，《国际安全研究》2013 年第 3 期。

[203] 王松涛：《韩国加入 TPP 对中韩 FTA 战略的影响》，《理论月刊》2016 年第 5 期。

[204] 王伟：《肯尼迪政府初期的美国对古巴政策探微》，《西南大学学报（社会科学版）》2007 年第 4 期。

[205] 王晓波、陈斌：《冷战后美日韩联盟体系与中国》，《延边大学学报（社会科学版）》2011 年第 4 期。

[206] 王晓虎：《美国楔子战略与亚太联盟预阻》，《国际展望》2017 年第 3 期。

[207] 王晓玲、董向荣：《韩国人心目中的中国形象——基于焦点集团访谈的研究结果》，《当代亚太》2010 年第 2 期。

[208] 王兴旺：《国家战略能力初探》，《中国军事科学》2009 年第 2 期。

[209] 王勇：《论中国新安全观》，《世界经济与政治》1999 年第 1 期。

［210］王哲：《试论三十年代苏联的“集体安全”政策——兼评〈苏德互不侵犯条约〉的签订》，《史学集刊》1995 年第 2 期。

［211］韦宗友：《国际议程设置：一种初步分析框架》，《世界经济与政治》2011 年第 10 期。

［212］魏光启：《同盟演进的基本模式及其互动关系——兼论冷战后北约的演变》，《廊坊师范学院学报（社会科学版）》2014 年第 6 期。

［213］魏炜：《透视新加坡对美国外交》，《历史教学问题》2004 年第 5 期。

［214］吴怀中：《“特朗普冲击”下的日本战略因应与中日关系》，《日本学刊》2017 年第 2 期。

［215］吴心伯：《冷战后韩国的安全政策》，《当代亚太》1996 年第 2 期。

［216］吴心伯：《中美关系的重新国际化》，《世界经济与政治》2009 年第 8 期。

［217］吴宇：《北约成员对美防区外战争的反应》，《国际政治科学》2013 年第 2 期。

［218］吴泽林、李玉杰：《民主国家组成的联盟更持久吗？——基于 1815—1989 年双边军事联盟数据的实证分析》，《当代亚太》2013 年第 3 期。

［219］夏立平：《21 世纪初的中美关系——非对称性相互依存》，《当代亚太》2005 年第 12 期。

［220］邢骅：《北约转型路漫漫》，《国际问题研究》2009 年第 4 期。

［221］徐进：《当代中国拒斥同盟心理的由来》，《国际经济评论》2015 年第 5 期。

［222］徐思彦：《走向破裂的结盟：中苏同盟研究的新进展》，《清华大学学报（哲学社会科学版）》2008 年第 5 期。

［223］徐焰：《外来核威胁迫使中国发展核武器》，《文史参考》2010 年第 8 期。

［224］郇庆治、王珂：《“全面合作伙伴关系”：从比较的观点看》，《现代国际关系》2002 年第 5 期。

［225］阎学通：《从南海问题说到中国外交调整》，《领导文萃》2012 年第 11 期。

［226］阎学通：《对中美关系不稳定性的分析》，《世界经济与政治》2010 年第 12 期。

［227］焱焱：《国际社会看未来十年的世界格局变化》，《当代世界》2011

年第5期。

[228] 杨红梅：《美韩同盟调整的动力、现状与前景》，《现代国际关系》2005年第8期。

[229] 杨奎松：《中苏国家利益与民族情感的最初碰撞——以〈中苏友好同盟互助条约〉签订为背景》，《历史研究》2001年第6期。

[230] 杨鲁慧、牛建：《美日同盟中的自主—安全交易研究》，《国际观察》2017年第2期。

[231] 杨思灵：《印日全球战略伙伴关系的发展与影响》，《南亚研究》2014年第2期。

[232] 杨扬：《美日同盟持续性发展的动因》，《世界经济与政治》2016年第4期。

[233] 杨毅：《安全联盟与经济合作研究——基于四种联盟类型的分析》，《世界经济与政治》2011年第10期。

[234] 杨毅：《澳大利亚强化美澳同盟及其前景》，《现代国际关系》2016年第3期。

[235] 杨毅：《国家战略能力的建设与运用》，《新视野》2012年第3期。

[236] 杨毅：《联盟体系下的经济事务与国家安全——一项分析框架》，《国际论坛》2010年第6期。

[237] 杨毅：《美国亚太联盟体系的维系与转型》，《当代世界与社会主义》2015年第6期。

[238] 杨原：《武力胁迫还是利益交换？——大国无战争时代提高国际影响力的核心路径》，《外交评论》2011年第4期。

[239] 叶江、李少丹：《试论中苏同盟建立前后美国对华政策的演变（1949—1950年）》，《上海师范大学学报（哲学社会科学版）》2006年第5期。

[240] 尹继武：《国际关系中的联盟信任形成研究：一项基本评估》，《外交评论》2008年第2期。

[241] 尹继武：《联盟信任的生成机制》，《国际政治科学》2008年第4期。

[242] 于铁军：《国际政治中的同盟理论：进展与争论》，《欧洲》1999年第5期。

[243] 于迎丽：《美日韩三边合作的动力与阻碍：以美国同盟体系网络化和“亚太再平衡”为战略背景》，《战略决策研究》2015年第4期。

[244] 于振起：《第二次世界大战前夕苏联的双重外交政策》，《历史教学》

1984 年第 6 期。

［245］喻常森：《澳大利亚对中国崛起的认知与反应》，《当代亚太》2010 年第 4 期。

［246］袁鹏：《论中美关系的未来发展空间》，《现代国际关系》2005 年第 4 期。

［247］袁鹏：《战略互信与战略稳定——当前中美关系面临的主要任务》，《现代国际关系》2008 年第 1 期。

［248］袁伟华、田光强：《权力转移、战略依赖与联盟转型——以冷战后美日联盟转型为例》，《当代亚太》2017 年第 3 期。

［249］岳西宽：《存在与遏制：解构战后美国主要军事同盟》，《经济研究导刊》2013 年第 6 期。

［250］岳小颖：《冷战后澳大利亚为何追随美国》，《国际政治科学》2009 年第 4 期。

［251］翟强：《论美国对中苏的楔子战略》，《南京大学学报（哲学·人文科学·社会科学）》1988 年第 2 期。

［252］詹德斌：《韩国对日安全合作：动向、动因与挑战》，《日本研究》2016 年第 1 期。

［253］詹德斌：《韩国国内在加入 TPP 问题上的争论及选择》，《当代亚太》2014 年第 6 期。

［254］詹德斌：《朴槿惠政府对日安全合作的新动向、新动因与新挑战》，《太平洋学报》2016 年第 6 期。

［255］詹家峰：《国家战略能力与综合国力关系浅析》，《现代国际关系》2005 年第 4 期。

［256］张博文：《中国会放弃“不结盟”政策吗?》，《国际展望》2000 年第 10 期。

［257］张弛：《新加坡对外政策走向评析》，《当代世界》2015 年第 9 期。

［258］张贵洪、邱昌情：《印度“东向”政策的新思考》，《国际问题研究》2012 年第 4 期。

［259］张鸿石：《中国古代经典联盟思想论纲》，《国际安全研究》2013 年第 6 期。

［260］张慧智：《韩美贸易摩擦及今后的发展方向》，《东北亚论坛》2003 年第 2 期。

［261］张健：《北约新战略概念解析》，《现代国际关系》2010年第12期。

［262］张景全、刘丽莉：《成本与困境：同盟理论的新探索》，《东北亚论坛》2016年第2期。

［263］张景全：《观念与同盟关系探析》，《世界经济与政治》2010年第9期。

［264］张景全：《核武器对同盟的影响——以朝核问题与日美同盟的互动为例》，《当代亚太》2009年第4期。

［265］张景全：《日美同盟与美国重返亚洲战略》，《国际问题研究》2012年第5期。

［266］张静怡、宋久光：《从“纯威慑”到“实战威慑”——六十年代以来美国核战略的演变》，《美国研究》1988年第4期。

［267］张磊：《论美国军事介入中日与中菲岛屿争端的可能性——以军事同盟条约为视角的比较研究》，《美国问题研究》2012年第1期。

［268］张琏瑰：《朝鲜核问题现状与美国责任》，《东北亚学刊》2012年第2期。

［269］张秋生、周慧：《试评澳大利亚霍华德政府的均衡外交政策》，《当代亚太》2007年第4期。

［270］张锐：《试论中国伙伴关系网络的政治安全效应》，《国际展望》2016年第5期。

［271］张彤：《日美普天间基地搬迁争端及前景》，《国际资料信息》2010年第4期。

［272］张薇薇：《美日同盟的新一轮强化：内容、动因及前景?》，《美国研究》2015年第4期。

［273］张文木：《从文化视野看中国国家战略能力塑造》，《学习月刊》2008年5月上半月刊。

［274］张文木：《国家战略能力提升要有历史唯物主义世界观的支撑》，《世界经济与政治》2012年第10期。

［275］张文木：《国家战略能力与世界和平》，《西安财经学院学报》2006年第5期。

［276］张文木：《中俄结盟的限度、目标和意义》，《社会观察》2012年第3期。

［277］张锡镇：《“9·11”后美国加紧推进同东盟国家关系及我国的应对之

策》，《南洋问题研究》2005 年第 4 期。

［278］张小明：《美国对中苏同盟的认识与反应》，《历史研究》1999 年第 5 期。

［279］张勇：《日美关系中的普天间基地搬迁问题》，《日本学刊》2012 年第 3 期。

［280］张蕴岭：《高估自己的力量，被极端舆论绑架——大国崛起过程中的两大风险》，《人民论坛》2013 年第 2 期。

［281］张蕴岭：《中国周边环境的新变化与对策》，《思想战线》2012 年第 1 期。

［282］赵放：《美韩 FTA 的起步、拖延及影响——以东亚区域合作为视角的分析》，《东北亚论坛》2010 年第 5 期。

［283］赵联敏：《金泳三访日与韩日关系》，《国际展望》1994 年第 4 期。

［284］赵亮：《日印关系升温背后的美国因素》，《亚非纵横》2007 年第 3 期。

［285］赵青海：《澳印关系：尚未成熟的战略伙伴》，《国际问题研究》2012 年第 3 期。

［286］赵青海：《浅析新美"新型伙伴战略伙伴关系"》，《国际问题研究》2011 年第 4 期。

［287］郑治仁：《共和国的五次核危机》，《文史博览》2004 年第 8 期。

［288］钟飞腾、张洁：《雁型安全模式与中国周边外交战略的选择》，《世界经济与政治》2011 年第 8 期。

［289］钟奇峰：《新加坡的国际生存之道》，《国际研究参考》2006 年第 8 期。

［290］钟振明：《楔子战略理论及国际政治中的制衡效能》，《国外社会科学》2012 年第 6 期。

［291］钟振明：《冷战后北约何以继续存在》，《国际政治科学》2005 年第 3 期。

［292］周方银：《美国的亚太同盟体系与中国的应对》，《世界经济与政治》2013 年第 11 期。

［293］周建仁：《联盟形成理论：评估及对中国的政策启示》，《当代亚太》2012 年第 3 期。

［294］周建仁：《同盟解体的研究：回顾与评析》，《国际论坛》2012 年第

4 期。

［295］周建仁：《同盟理论与美国“重返亚太”同盟战略应对》，《当代亚太》2015 年第 4 期。

［296］周建仁：《战略分歧、自助能力与同盟解体》，《世界经济与政治》2013 年第 1 期。

［297］周亦奇：《当伙伴“遇见”盟友——中国伙伴关系与美国同盟体系的互动模式研究》，《国际展望》2016 年第 5 期。

［298］朱锋：《后天安舰时代半岛无核化进程评析》，《现代国际关系》2011 年第 10 期。

［299］朱立群、林民旺：《赫尔辛基进程 30 年：塑造共同安全》，《世界经济与政治》2005 年第 12 期。

［300］朱立群：《信任与国家间的合作问题：兼论当前的中美关系》，《世界经济与政治》2003 年第 1 期。

［301］朱芹：《朝鲜半岛区域公共产品：超越朝核与“萨德”的综合考量》，《东北亚论坛》2017 年第 2 期。

［302］朱颖：《美韩经贸关系及双边 FTA 的前景分析》，《世界经济研究》2006 年第 4 期。

［303］竺彩华：《东亚经济合作何去何从？——从中美日经济实力消长谈起》，《外交评论》2012 年第 1 期。

［304］左希迎：《承诺难题与美国亚太联盟转型》，《当代亚太》2015 年第 3 期。

［305］左希迎：《亚太联盟转型与美国的双重再保证战略》，《世界经济与政治》2015 年第 9 期。

［306］佐利克：《从上海公报到全球利益攸关者——在上海市美国学会、美中关系全国委员会主办的“鲍大可—奥克森伯格中国关系讲座”上的演讲》，《中国图书评论》2007 第 7 期。

二、英文文献

（一）英文专著

[1] Aaron L. Friedberg, *A Contest for Superemacy: China, America, and the Struggle*

for Mastery in Asian (W. W. Norton & Company, 2011).

[2] Alastair Iain Johnston, *Cultural Realism: Strategic Culture and Grand Strategy in China History* (Princeton University Press, 1998).

[3] Andres Rosler, *Political Authority and Obiligation in Aristole* (Oxford: Clarendon Press, 2005).

[4] Andrew Heywood, *Key Concepts in Politics* (New York: Palgrave Macmillan Press, 2000).

[5] Arnold Wolfers, *Alliance Policy in the Cold War* (Baltimore: The Johns Hopkins Press, 1959).

[6] Brantly Womack, *China and Vietnam: The Politics of Asymmetry* (Cambridge University Press, 2006).

[7] Carol Lancaster, *Foreign Aid: Diplomacy, Development, Domestic Politics* (Chicago: University of Chicago Press, 2007).

[8] Charles M. Perry and Jacquelyn K. Davis et al, *Alliance Diversification and the Future of the U. S. -Korean Security Relationship* (Herndon, VA: Brasseyps, 2004).

[9] Charles M. Perry, *Alliance Diversification and the Future of the U. S. -Korean Security Relationship* (M. Herndon, VA: Brassey's, 2004).

[10] Chen Jian, *Mao's China and the Cold War* (The University of North Carolina Press, 2001).

[11] Christopher Hubbard, *Australian and US Military Cooperation: Fighting Common Enemies, Burlington* (VT: Ashgate, 2005).

[12] David A. Lake & Robert Powell, *Strategic Choice and International Relations* (Princeton: Princeton University Press, 1999).

[13] David Mayers, *Cracking the Monolith: U. S. Policy Against the Sino-Soviet Alliance, 1949–1955* (Baton Rouge: Louisiana State University Press, 1986).

[14] Dittmer Lowell, *Sino-Soviet Normalization and its International Implications, 1945–1990* (University of Washington Press, 1992).

[15] Eugene R. Wittkope, Charles W. Kegley, Jr. and James M. Scott, *American Foreign Policy, Pattern and Process, Six Edition* (Belmont, CA: Wadsworth, 2003).

[16] G. John Ikenberry et al., eds., *The State and American Foreign Economic Policy* (Ithaca: Cornell University Press, 1988).

[17] G. F. Hudson, *Richard Lowenthal and Roderick Mac Farquhar, The Sino-Soviet*

Dispute (New York: Praeger, 1961).

[18] G. John Ikenberry and Takashi Inoguchi, *Reinventing the Alliance: U. S. -Japan Security Partnership in an Era of Change* (New York: Palgrave Macmillan, 2003).

[19] George F. Liska, *Nations in Alliance: The Limits of Interdependence* (Baltimore: Johns Hopkins Press, 1962).

[20] Glenn H. Snyder, *Alliance Politics* (Ithaca: Cornell University Press, 1987).

[21] Gordon H. Chang, *Friends and Enemies: The United States, China, and the Soviet Union, 1948–1972* (Stanford University Press, 1990).

[22] Gregory Mitrovitch, *Undermining the Kremlin: America's Strategy to Subvert the Soviet Bloc, 1947–1956* (New York: Cornell University Press, 2000).

[23] Harrison M. Holland, *Japan Challenges America: Managing an Alliance in Crisis* (Boulder: Westview Press, 1992).

[24] Harrison Salisbury, *War between Russia and China* (New York: Norton, 1969).

[25] James N. Rosenau, ed., *International Politics and Foreign Policy* (New York: Free Press, 1969).

[26] James Steinberg and Michael E. O' Hanlon, *Strategic Reassurance and Resolve: U. S. -China Relations in the Twenty-First Century* (Princeton, NJ: Princeton University Press, 2014).

[27] John J. Mearsheimer, *The Tragedy of Great Power Politics* (New York: Norton, 2003).

[28] Kai He, *Institutional Balancing in the Asia Pacific: Economic Interdependence and China's Rise* (Routledge, 2009).

[29] Kenneth N. Waltz, *Theory of International Politics* (New York: McGraw-Hill, 1979).

[30] Lewis, John Wilson and Xue Litai, *China Builds the Bomb* (Stanford University Press, 1988).

[31] Louis Fischer, *Russia's Road from Peace to War, Soviet Foreign Relations, 1919–1941* (New York, 1969).

[32] Lyle J. Goldstein, *How to Defuse the Emerging US-China Rivalry* (Washington: Georgetown University Press, 2015).

[33] Michael J. Green and Patrick M. Cronin, *The U. S. -Japan Alliance: Past, Present, and Future* (New York: Council on Foreign Relations Press, 1999).

[34] Mike M. Mochizuki, *Toward a True Alliance: Restructuring U. S. -Japan Security Relations* (*Washington, D.* C. Brookings Institution Press, 1997).

[35] Partha S. Ghosh, *Sino-Soviet Relations: US Perception and Policy Responses 1949–1959* (Uppal Publishing House, 1981).

[36] Peter Jones and Sian Kevill, *China and the Soviet Union, 1949 – 1984* (Longman House Press, 1985).

[37] Rajan Menon, *The End of Alliances* (Oxford University Press, 2007).

[38] Randall Schweller, *Deadly Imbalances: Tripolarity and Hitler's Strategy of World Conquest* (New York: Columbia University Press, 1998).

[39] Robert E. Osgood, *Alliance and American Foreign Policy* (Baltimore and London: The Johns Hopkins Press, 1968).

[40] Robert Gilpin, *The Political Economy of International Relations* (Princeton: Princeton University Press, 1987).

[41] Robert I. Rotberg and Theodore K. Rabb, eds., *The Origins and Prevention of Major Wars* (Cambridge: Cambridge University Press, 1989).

[42] Robert Ross and Jiang Chang Bin, *Re-examining Cold War—U. S-China Diplomacy: 1954–1973* (Cambridge: Harvard University Press, 2001).

[43] Ronald L. Tammen, Jacek Kugler, Douglas Lemke, Carole Alsharabati, Brian Efird, A. F. K. Organski, *Power Transitions: Strategies For the 21st Century* (Seven Bridges Press, 2000).

[44] Scott Burchill, *The National Interest in International Relations Theory* (New York: Palgrave Macmillan, 2005).

[45] Serger Radchenko, *Two Suns in the Heavens: The Sino-Soviet Struggle for Supremacy, 1962 – 1967* (Washington. DC and Stanford, CA: Woodrow Wilson Center Press and Stanford University Press, 2010).

[46] Shiping Tang, *A Theory of Security for Our Time: Defensive Realism* (New York: Palgrave Macmillan, 2010).

[47] Shu Guang Zhang, *Economic Cold War: America's Embargo Against China and the Sino-Soviet Alliance(1949–1963)* (Stanford University Press, 2001).

[48] Stephen M. Walt, *The Origins of Alliances* (Ithaca: Cornell University Press, 1982).

[49] Thomas J. Christensen, *Worse Than a Monolith: Alliance Politics and Problems*

of Coercive Diplomacy in Asia (Princeton University Press, 2011).

[50] Thomas J. Christensen, *Useful Adversaries: Grand Strategy, Domestic Mobilization, and Sino-American Conflict, 1947–1958* (Princeton University Press, 1996).

[51] Tsien-hua Tsui, *The Sino-Soviet Border Disputes in the 1970s* (Ontario: Mosaic Press, 1983).

[52] Victor D. Cha, *Alignment Despite Antagonism: The United States-Korea-Japan Security Triangle* (Standford University Press, 1999).

[53] Walter Lafber, *America, Russia, and the Cold War, 1945–1992* (New York: McGraw-Hill, 1993).

[54] Warren Christopher, *In the Stream of History: Shaping Foreign Policy for a New Era* (Stanford University Press, 1998).

（二）英文期刊论文

[1] Aileen San Pablo-Baviera, "The China Factor in US Alliances in East Asia and the Asia Pacific," *Australian Journal of International Affairs*, Vol. 57, No. 2, 2003.

[2] Akira Iriye, "The Pacific Alliance: United States Foreign Economic Policy and Japanese Trade Recovery, 1947 – 1955," *The American Historical Review*, Vol. 90, No. 2, 1985.

[3] Alastair Smith, "Alliance Formation and War," *International Studies Quarterly*, Vol. 39, No. 4, 1995.

[4] Alastair Smith, "Extended Deterrence and Alliance Formation," *International Interactions*, Vol. 24, No. 4, 1998.

[5] Alexander Dallin, "Russia and China View the United States," *Annals of the American Academy of Political and Social Science*, Vol. 349, 1963.

[6] Alice Langley Hsieh, "Communist China and Nuclear Warfare," *The China Quarterly*, Vol. 6, No. 2, 1960.

[7] Alice Langley Hsieh, "The Sino-Soviet Nuclear Dialogue: 1963," *The Journal of Conflict Resolution*, Vol. 8, No. 2, 1964.

[8] Allen S. Whitin, "Dynamics of the Moscow-Peking Axis," *Annals of the American Academy of Political and Social Science*, Vol. 32, No. 1, 1959.

[9] Andrew G. Long and Brett Ashley Leeds, "Trading for Security: Military Alliances and Economic Agreements," *Journal of Peace Research*, Vol. 43, No. 4, 2006.

[10] Andrew G. Long, "Defense Pacts and International Trade," *Journal of Peace Research*, Vol. 40, No. 5, 2003.

[11] Andrew Kydd, "Trust Building, Trust Breaking: The Dilemma of NATO Enlargement," *International Organization*, Vol. 55, No. 4, 2001.

[12] Andrew Yeo, "Ideas and Institutions in Contentious Politics: Anti-U. S. Base Movements in Ecuador and Italy," *Comparative Politics*, Vol. 42, No. 4, 2010.

[13] Anessa L. Kimball, "Alliance Formation and Conflict Initiation: The Missing Link," *Journal of Peace Research*, Vol. 43, No. 4, 2006.

[14] Arabinda Acharya, "India and Southeast Asia in the Age of Terror: Building Partnerships for Peace," *Contemporary Southeast Asia*, Vol. 28, No. 2, 2006.

[15] Avery Goldstein, "Discounting the Free Ride: Alliances and Security in the Postwar World," *International Organization*, Vol. 49, No. 1, 1995.

[16] Avram Agov, "North Korea's Alliances and the Unfinished Korean War," *The Journal of Korean Studies*, Vol. 18, No. 2, 2013.

[17] Axel Berkofsky, "EU-China Relations—Really towards a 'Strategic Partnership'?" *Security and Peace*, Vol. 24, No. 4, 2006.

[18] Barack Obama, "Renewing American Leadership," *Foreign Affairs*, Vol. 86, No. 4, 2007.

[19] Benjamin O Fordham, "Trade and Asymmetric Alliances," *Journal of Peace Research*, Vol. 47, No. 6, 2010.

[20] Bonnie Glaser and David Szerlip, "US Allies Respond: Japanese, Australian, and South Korean Reactions to China's Military Modernisation," *China Perspectives*, Vol. 88, No. 4, 2011.

[21] Borah Rupakjyoti, "Japan and India: Natural but Wary Allies," *New Zealand International Review*, Vol. 36, No. 4, 2011.

[22] Brendan Taylor, "Asia's Century and the Problem of Japan's Centrality," *International Affairs*, Vol. 87, No. 4, 2011.

[23] Brett Ashley Leeds and Burcu Savun, "Terminating Alliances: Why Do States Abrogate Agreements?" *The Journal of Politics*, Vol. 69, No. 4, 2007.

[24] Brett Ashley Leeds and Sezi Anac, "Alliance Institutionalization and Alliance

Performance," *International Interactions*, Vol. 31, No. 3, 2005.

[25] Brett Ashley Leeds, "Do Alliances Deter Aggression? The Influence of Military Alliances on the Initiation of Militarized Interstate Disputes," *American Journal of Political Science*, Vol. 47, No. 3, 2003.

[26] Bruno Tertrai, "The Changing Nature of Military Alliances," *The Washington Quarterly*, Vol. 27, No. 2, 2004.

[27] C. S. Eliot Kang and Yoshinori Kaseda, "Korea and the Dynamics of Japan's Post-Cold War Security Policy," *World Affairs*, Vol. 164, No. 2, 2001.

[28] Chan Yul Yoo, "Anti-American, Pro-Chinese Sentiment in South Korea," *East Asia*, Vol. 22, No. 1, 2005.

[29] Changhee Nam, Seiichiro Takagi, "Rising China and Shifting Alliances in Northeast Asia: Opportunities and Challenges Facing America and its Allies," *Korean Journal of Defense Analysis*, Vol. 16, No. 2, 2004.

[30] Charles L. Glaser, Why NATO is Still Best: Future Security Arrangements for Europe, *International Security*, Vol. 18, No. 1, 1993.

[31] Chris Hughes, "Japan's Emerging Arms Transfer Strategy: Diversifying to Re-centre on the US-Japan Alliance," *Pacific Review*, Vol. 76, No. 3, 2017.

[32] Christian Wirth, "Securing Japan in the 'West': The US-Japan Alliance and Identity Politics in the Asian Century," *Geopolitics*, Vol. 20, No. 2, 2015.

[33] Christopher B. Johnstone, "Japan's China Policy: Implications for U. S. -Japan Relations," *Asian Survey*, Vol. 38, No. 11, 1998.

[34] Christopher Hemmer and Peter J. Kztzenstein, "Why Is There No NATO in Asia: Collective, Identity, Regionalism, and the Origins of Multilateralism," *International Organization*, Vol. 56, No. 3, 2002.

[35] Christopher Sprecher, "Alliance Formation and the Timing of War Involvement," *International Interactions*, Vol. 30, No. 4, 2004.

[36] Christopher W. Hughes, "The Democratic Party of Japan's New (but Failing) Grand Security Strategy: From 'Reluctant Realism' to 'Resentful Realism'?" *The Journal of Japanese Studies*, Vol. 38, No. 1, 2012.

[37] Colin Dueck, "Ideas and Alternatives in American Grand Strategy, 2000–2004," *Review of International Studies*, Vol. 30, No. 4, 2004.

[38] Colin L. Powell, "A Strategy of Partnerships," *Foreign Affairs*, Vol. 83,

No. 1, 2004.

[39] Dan Halvorson and O. Yul Kwon, "The Interface between Australia-Korea Economic Relations and Security," *The Journal of East Asian Affairs*, Vol. 24, No. 2, 2010.

[40] Daniel Bymn, Roger Cliff, Phillip Saunders, "US Policy Options toward an Emerging China," *The Pacific Review*, Vol. 12 No. 3, 1999.

[41] David A. Baldwin, "Power Analysis and World Politics: New Trends versus Old Tendencies," *World Politics*, Vol. 31, No. 2, 1979.

[42] David Arase, "Japan, the Active State? Security Policy after 9/11," *Asian Survey*, Vol. 47, No. 4, 2007.

[43] David Baldwin, "Power Analysis and World Politics: New Trends and Old Tendencies," *World Politics*, Vol. 32, No. 2, 1979.

[44] David Brewster, "Australian and India: The Indian Ocean and the Limits of Strategic Convergence," *Australian Journal of International Affairs*, Vol. 64, No. 5, 2010.

[45] David Brewster, "India's Developing Relationship with South Korea: A Useful Friend in East Asia," *Asian Survey*, Vol. 50, No. 2, 2010.

[46] David Brewster, "Indian Strategic Thinking about East Asia," *The Journal of Strategic Studies*, Vol. 34, No. 6, 2011.

[47] David Brewster, "The Relationship between India and Indonesia: An Evolving Security Partnership?" *Asian Surve*y, Vol. 51, No. 2, 2011.

[48] David Walton, "Re-thinking the Australia-Japan Security Relationship: Towards a New Framework?" *Australian Quarterly*, Vol. 76, No. 4, 2004.

[49] Denny Roy, "Stirring Samurai, Disapproving Dragon: Japan's Growing Security Activity and Sino-Japan Relations," *Asian Affairs*, Vol. 31, No. 2, 2004.

[50] Dingli Shen, "Can Alliances Combat Contemporary Threats?" *The Washington Quarterly*, Vol. 27, No. 2, 2004.

[51] Donald S. Zagoria, "The Future of Sino-Soviet Relations," *Asian Survey*, Vol. 1, No. 2, 1961.

[52] Donald S. Zagoria, "Mao's Role in the Sino-Soviet Conflict," *Pacific Affairs*, Vol. 47, No. 2, 1974.

[53] Edward D. Mansfield and Rachel Bronson, "Alliances, Preferential Trading Arrangements, and International Trade," *The American Political Science Review*, Vol. 91,

No. 1, 1997.

[54] Edwin H. Fedder, "The Concept of Alliance," *International Studies Quarterly*, Vol. 12, No. 1, 1968.

[55] Eric Heginbotham, Ely Ratner and Richard J. Samuels, "Tokyo's Transformation: How Japan Is Changing—and What It Means for the United States," *Foreign Affairs*, Vol. 90, No. 5, 2011.

[56] Evan Braden Montgomery, "Contested Primacy in the Western Pacific: China's Rise and the Future of U. S. Power Projection," *International Security*, Vol. 38, No. 4, 2014.

[57] Evans J. R. Revere, "The United States and Japan in East Asia: Challenges and Prospects for the Alliance," *American Foreign Policy Interests*, Vol. 35, No. 4, 2013.

[58] Evelyn Goh, "How Japan Matters in the Evolving East Asian Security Order," *International Affairs*, Vol. 87, No. 4, 2011.

[59] Gary Smith, "Australia and the Rise of India," *Australian Journal of International Affairs*, Vol. 64, No. 5, 2010.

[60] Geoffery P. R. Wallace, "Alliance, Institution Design, and the Determinants of Military Strategy," *Conflict Management and Peace Science*, Vol. 25, No. 3, 2008.

[61] George R. Packard, "The United States-Japan Security Treaty at 50: Still a Grand Bargain?" *Foreign Affairs*, Vol. 89, No. 2, 2010.

[62] Gi-Wook Shin, "South Korean Anti-Americanism: A Comparative Perspective," *Asian Survey*, Vol. 36, No. 8, 1996.

[63] Glenn Palme, "Alliance Politics and Issue Areas: Determinants of Defense Spending," *American Journal of Political Science*, Vol. 34, No. 1, 1990.

[64] Glenn H. Snyder, "The Security Dilemma in Alliance Politics," *World Politics*, Vol. 36, No. 4, 1984.

[65] Go Ito, "Maritime Security and the U. S. -Japan Partnership," *Journal of Contemporary China Studies*, Vol. 3, No. 2, 2014.

[66] H. D. P. Envall, "Underplaying the 'Okinawa card': How Japan Negotiates its Alliance with the United States," *Australian Journal of International Affairs*, Vol. 67, No. 4, 2013.

[67] Hahn Bae-ho, "Korea-Japan Relations in the 1970s," *Asian Survey*, Vol. 20, No. 11, 1980.

[68] Hans Morgenthau, "A Political Theory of Foreign Aid," *The American Political Science Review*, Vol. 56, No. 2, 1962.

[69] Hanscom Smith, "Toward a Universal Japan: Taking a Harder Look at Japanese Soft Power," *Asia Policy*, Vol. 15, No. 1, 2013.

[70] Hans Morgenthau, "A Political Theory of Foreign Aid," *American Political Science Review*, Vol. 56, No. 2.

[71] Heeok Lee, "China's Policy Toward (South) Korea: Objectives of and Obstacles to the Strategic Partnership," *Korean Journal of Defense Analysis*, Vol. 22, No. 3, 2010.

[72] Herbert K. Tillema, "Cold war Alliance and Overt Military Intervention: 1945–1991," *International Interactions*, Vol. 20, No. 3, 1994.

[73] Hyon Joo Yoo, "The China Factor in the US-South Korea Alliance: The Perceived Usefulness of China in the Korean Peninsula," *Australian Journal of International Affairs*, Vol. 68, No. 1, 2014.

[74] Hyun Wook Kim, "Substantiating the Cohesion of the Post-Cold War US-Japan Alliance," *Australian Journal of International Affairs*, Vol. 65, No. 3, 2011.

[75] Il-Young Jeong, "Solving the Security Dilemma between North Korea and Japan," *The Journal of East Asian Affairs*, Vol. 26, No. 2, 2012.

[76] Jae Jeok Park, "The US-led Alliances in the Asia-Pacific: Hedge Against Potential Threats or an Undesirable Multilateral Security Order?" *The Pacific Review*, Vol. 24, No. 2, 2011.

[77] Jae-Jeok Park, "A Comparative Case Study of the U. S. -Philippines Alliance in the 1990s and the U. S. -South Korea Alliance between 1998 and 2008 Alliance (Dis) Continuation," *Asian Survey*, Vol. 51, No. 2, 2011.

[78] James D. Morrow, "Alliances and Asymmetry: An Alternative to the Capability Aggregation Model of Alliances," *American Journal of Political Science*, Vol. 35, No. 4, 1991.

[79] Jason U. Manosevitz, "Japan and South Korea Security Relations Reach Adolescence," *Asian Survey*, Vol. 43, No. 5, 2003.

[80] John H. Miller, "The Glacier Moves: Japan's Response to U. S. Security Policies," *Asian Affairs*, Vol. 30, No. 2, 2003.

[81] Joshy M. Paul, "India-Japan Security Cooperation: A New Era of Partnership in Asia," *Maritime Affairs: Journal of the National Maritime Foundation of India*, Vol. 8,

No. 1, 2012.

[82] Kazuhiko Noguchi, "Bringing Realism Back in: Explaining China's Strategic Behavior in the Asia-Pacific," *Asia-Pacific Review*, Vol. 18, No. 2, 2011.

[83] Keiko Hirata, "Who Shapes the National Security Debate? Divergent Interpretations of Japan's Security Role," *Asian Affairs: An American Review*, Vol. 35, No. 3, 2008.

[84] Kevin J. Cooney and Alex Scarbrough, "Japan and South Korea: Can These Two Nations Work Together?" *Asian Affairs*, Vol. 35, No. 3, 2008.

[85] Kongdan Oh, "The United States between Japan and Korea: Keeping Alliances Strong in East Asia," *The Korean Journal of Defense Analysis*, Vol. 22, No. 2, 2010.

[86] Madhuchanda Ghosh, "India and Japan's Growing Synergy: From a Political to a Strategic Focus," *Asian Survey*, Vol. 48, No. 2, 2008.

[87] Manhee Lee, "Japan's Rethinking of Global Economic Security in Its Relations with the U. S.," *The Journal of East Asian Affairs*, Vol. 28, No. 2, 2014.

[88] Matthew Fuhrmann and Todd S. Sechser, "Signaling Alliance Commitments: Hand-Tying and Sunk Costs in Extended Nuclear Deterrence," *American Journal of Political Science*, Vol. 58, No. 4, 2014.

[89] Michael Evans, "Towards an Australian National Security Strategy: A Conceptual Analysis," *Security Challenges*, Vol. 3 No. 4, 2007.

[90] Michael Freeberne, "Racial Issues and the Sino-Soviet Dispute," *Asian Survey*, Vol. 5, No. 8, 1965.

[91] Michael J. Green, "The Democratic Party of Japan and the Future of the U. S. -Japan Alliance," *The Journal of Japanese Studies*, Vol. 37, No. 1, 2011.

[92] Michael M. Sheng, "Mao and China's Relations with the Superpowers in the 1950s: A New Look at the Taiwan Strait Crises and the Sino-Soviet Split," *Modern China*, Vol. 34, No. 4, 2008.

[93] Michael Mastanduno, "Trade as a Strategic Weapon: American and Alliance Export Control Policy in the Early Postwar Period," *International Organization*, Vol. 42, No. 1, 1988.

[94] Michael S. Minor, "China's Nuclear Development Program," *Asian Survey*, Vol. 16, No. 6, 1976.

[95] Michaela Mattes, "Reputation, Symmetry, and Alliance Design," *International*

Organization, Vol. 66, No. 4, 2012.

[96] Mohan Malik, "Australia, America and Asia," *Pacific Affairs*, Vol. 79, No. 4, 2006/2007.

[97] Morihiro Hosokawa, "Are U. S. Troops in Japan Needed? Reforming the Alliance," *Foreign Affairs*, Vol. 77, No. 4, 1998.

[98] Morton H. Halperin, "Chinese Nuclear Strategy," *The China Quarterly*, Vol. 6, No. 21, 1965.

[99] M. Olson, and R. Zeckhauser, "An Economic Theory of Alliances," *Review of Economics and Statistics*, Vol. 48, No. 3, 1966.

[100] N. Ganesan, "ASEAN's Relations with Major External Powers," *Contemporary Southeast Asia*, Vol. 22, No. 2, 2000.

[101] Nele Noesselt, "China's Contradictory Role(s) in World Politics: Decrypting China's North Korea Strategy," *Third World Quarterly*, Vol. 35, No. 7, 2014.

[102] Nick Bisley, "China's Rise and the Making of East Asia's Security Architecture," *Journal of Contemporary China*, Vol. 21, No. 73, 2012.

[103] Nick Bisley, "Securing the 'Anchor of Regional Stability'? The Transformation of the US-Japan Alliance and East Asian Security," *Contemporary Southeast Asia*, Vol. 30, No. 1, 2008.

[104] Noboru Yamaguchi, "A Japanese Perspective on U. S. Rebalancing toward the Asia-Pacific Region," *Asia Policy*, Vol. 15, No. 1, 2013.

[105] P. R. Chari, "China's Nuclear Posture: An Evaluation," *Asian Survey*, Vol. 18, No. 8, 1978.

[106] Paul A. Samuelson, "The Pure Theory of Public Expenditure," *The Review of Economics and Statistics*, Vol. 36, No. 4, 1954.

[107] Paul A. Samuelson, "Diagrammatic Exposition of a Theory of Public Expenditure," *The Review of Economics and Statistics*, Vol. 37, No. 4, 1955.

[108] Paul Dibb, "The Future of International Coalitions: How Useful? How Manageable?" *The Washington Quarterly*, Vol. 25, No. 2, 2002.

[109] Paul J. Bolt and Shary N. Cross, "The Contemporary Sino-Russian Strategic Partnership: Challenges and Opportunities for the Twenty-First Century," *Asian Security*, Vol. 6, No. 3, 2010.

[110] Paul J. Smith, "China-Japan Relations and the Future Geopolitics of East

Asia," *Asian Affairs*, Vol. 35, No. 4, 2009.

[111] Peter J. Katzenstein and Nobuo Okawara, "Japan, Asian-Pacific Security, and the Case for Analytical Eclecticism," *International Security*, Vol. 26, No. 3, 2002.

[112] Phillip Y. Lipscy, "Japan's Asian Monetary Fund Proposal," *Stanford Journal of East Asian Affairs*, Vol. 3, No. 1, 2003.

[113] Prashanth Parameswaran, "The Future of the U. S. -Japan Alliance," *World Politics Review*, Vol. 37, No. 1, 2010.

[114] Purnendra Jain, "Japan's Expanding Security Networks: India and Australia," *Indian Journal of Asian Affairs*, Vol. 22, No. 1/2, 2009.

[115] Ralph A. Cossa, "The Bush Administration's 'Alliance-Based' East Asia Policy," *Asia-Pacific Review*, Vol. 8, No. 2, 2001.

[116] Randall E. Newnham, "More Flies with Honey: Positive Economic Linkage in German Ostpolitik from Bismarck to Kohl," *International Studies Quarterly*, Vol. 44, No. 44, 2000.

[117] Randall L. Schweller, "Unanswered Threats: A Neoclassical Realist Theory of Under Balancing," *International Security*, Vol. 29, No. 2, 2004.

[118] Raymond L. Garthoff, "Sino-Soviet Military Relations," *Annals of the American Academy of Political and Social Science*, Vol. 349, Communist China and the Soviet Bloc, 1963.

[119] Renato Cruz De Castro, "Exploring a 21st-Century Japan-Philippine Security Relationship: Linking Two Spokes Together?" *Asian Survey*, Vol. 49, No. 4, 2009.

[120] Renée de Nevers, "NATO's International Security Role in the Terrorist Era," *International Security*, Vol. 31, No. 4, 2007.

[121] Richard J. Samuels, "New Fighting Power! Japan's Growing Maritime Capabilities and East Asian Security," *International Security*, Vol. 32, No. 3, 2008.

[122] Richard Rosecrance and Chih-Cheng Lo, "Balancing, Stability, and War: The Mysterious Case of the Napoleonic International System," *International Studies Quarterly*, Vol. 40, No. 4, 1996.

[123] Robert A. Scalapino, "The Sino-Soviet Conflict in Perspective," *Annals of the American Academy of Political and Social Science*, Vol. 35, No. 1, 1964.

[124] Robert C. North, "The Sino-Soviet Alliance," *The China Quarterly*, Vol. 1, No. 1, 1960.

[125] Robert E. Hunter, "A Forward-Looking Partnership: NATO and the Future of Alliances," *Foreign Affairs*, Vol. 83, No. 5, 2004.

[126] Robert G. Kaufman, "To Balance or to Bandwagon? Alignment Decisions in 1930s Europe," *Security Studies*, Vol. 36, No. 3, 1992.

[127] Robert H. McNeal, "The Sino-Soviet Tangle," *International Journal*, Vol. 19, No. 2, 1964.

[128] Rudolf Schlesinger, "Observations on the Sino-Soviet Dispute," *Science & Society*, Vol. 27, No. 3, 1963.

[129] Ryo Hinata-Yamaguchi, "Completing the US-Japan-Korea Alliance Triangle: Prospects and Issues in Japan-Korea Security Cooperation," *Korean Journal of Defense Analysis*, Vol. 28, No. 3, 2016.

[130] Seizaburo Sato, "The U. S. -Japan Alliance under Changing International Relations," *Washington Quarterly*, Vol. 13, No. 3, 2010.

[131] Seung-Hwan Kim, "Anti-Americanism in Korea," *The Washington Quarterly*, Vol. 26, No. 1, 2002.

[132] Shannon Tow, "Southeast Asia in the Sino-US Strategic Balance," *Contemporary Southeast Asia*, Vol. 26, No. 3, 2004.

[133] Stacie E. Goddard, "When Right Makes Might: How Prussia Overturned the European Balance of Power," *International Security*, Vol. 33, No. 3, 2008.

[134] Stanley Hoffmann, "Notes on the Elusiveness of Modern Power," *International Journal*, Vol. 30, No. 2, 1975.

[135] Stephen M. Walt, "Alliances in a Unipolar World," *World Politics*, Vol. 61, No. 1, 2009.

[136] Stephen M. Walt, "Alliances, Threats, and U. S. Grand Strategy: A Reply to Kaufman and Labs," *Security Studies*, Vol. 1, No. 3, 1992.

[137] Susan Feske, "The US-Japanese Security Alliance: Out of Date or Highly Fashionable?" *The Journal of East Asian Affairs*, Vol. 11, No. 2, 1997.

[138] Taeho Kim, "An Emerging 'Strategic Partnership' Between Beijing and Seoul? Myths and Realities," *The Journal of East Asian Affairs*, Vol. 22, No. 2, 2008.

[139] Terence Roehrig, "ROK-U. S. Maritime Cooperation: A Growing Dimension of the Alliance," *International Journal of Korean Studies*, Vol. 14, No. 1, 2010.

[140] Thomas J. Christensen, "Fostering Stability or Creating a Monster? The Rise

of China and U. S. Policy toward East Asia," *International Security*, Vol. 31, No. 1, 2006.

[141] Thomas J. Christensen and Jack Snyder, "Chain Gangs and Passed Bucks: Predicting Alliance Patterns in Multipolarity," *International Organization*, Vol. 44, No. 2, 1990.

[142] Thomas S. Wilkins, "Russia-Chinese Strategic Partnership: A New Form of Security Cooperation?" *Contemporary Security Policy*, Vol. 29, No. 2, 2008.

[143] Thomas W. Robinson, "A National Interest Analysis of Sino-Soviet Relations," *International Studies Quarterly*, Vol. 11, No. 2, 1967.

[144] Thomas Wilkins, "After a Decade of Strategic Partnership: Japan and Australia 'Decentering' from the US Alliance?" *Pacific Review*, Vol. 76, No. 3, 2017.

[145] Timothy W. Crawford, "Preventing Enemy Coalitions: How Wedge Strategies Shape Power Politics," *International Security*, Vol. 35, No. 4, 2011.

[146] Timothy W. Crawford, "Wedge Strategy, Balancing, and the Deviant Case of Spain, 1940-41," *Security Studies*, Vol. 17, No. 1, 2008.

[147] Todd Sandler, "Alliance Formation, Alliance Expansion, and the Core," *The Journal of Conflict Resolution*, Vol. 43, No. 6, 1999.

[148] Todd Sandler, "The Economic Theory of Alliances: A Survey," *The Journal of Conflict Resolution*, Vol. 37, No. 3, 1993.

[149] Tomohiko Satake and Yusuke Ishihara, "America's Rebalance to Asia and its Implication for Japan-US-Australia Security Cooperation," *Asia-Pacific Review*, Vol. 19, No. 2, 2012.

[150] Traey D. Strong and Helene Keyssar, "Annal-Louise Strong: Three Interviews with Chairman Mao Ze dong," *China Quarterly*, Vol. 6, No. 2, 1955.

[151] Vibhanshu Shekhar, "India and Australia in the Twenty-first Century: Emerging Parameters of Strategic Engagement," *India Quarterly*, Vol. 66, No. 4, 2010.

[152] Victor D. Cha, "Powerplay: Origins of the U. S. Alliance System in Asia," *International Security*, Vol. 34, No. 3, 2010.

[153] Victoria Tinbor Hui, "Toward a Dynamic Theory of International Politics: Insights from Comparing Ancient China and Early Modern Europe," *International Organization*, Vol. 58, No. 1, 2004.

[154] Vivek Pinto, "A Strategic Partnership between India and Japan?" *Economic*

and Political Weekly, Vol. 41, No. 52, 2007.

[155] Wallace J. Thies, "Alliances and Collective Goods: A Reappraisal," *The Journal of Conflict Resolution*, Vol. 31, No. 2, 1987.

[156] Walter C. Ladwig Ⅲ, "Delhi's Pacific Ambition: Naval Power, 'Look East' and India's Emerging Influence in the Asia-Pacific," *Asian Security*, Vol. 5, No. 2, 2009.

[157] William Lyman Brooks, "Stress Test for the U. S. -Japan Alliance under the Democratic Party of Japan," *SAIS Review of International Affairs*, Vol. 32, No. 2, 2012.

[158] Wohlforth, "The Rise and Fall of the Great Powers in the Twenty-first Century: China's Rise and the Fate of America's Global Position," *International Security*, Vol. 40, No. 3, 2016.

[159] Yangmo Ku, "International Reconciliation in the Postwar Era, 1945–2005: A Comparative Study of Japan-ROK and Franco-German Relations," *Asian Perspective*, Vol. 32, No. 3, 2008.

[160] Yasuhiro Izumikawa, "Explaining Japanese Antimilitarism: Normative and Realist Constraints on Japan's Security Policy," *International Security*, Vol. 35, No. 2, 2010.

[161] Yeon Bong Jung, "Strategy on Stilts: The U. S. Response to the North Korea Nuclear Issue," *The Korean Journal of Defense Analysis*, Vol. 17, No. 2, 2005.

[162] Yoichiro Sato, "Japan-Australia Security Cooperation: Jointly Cultivating the Trust of the Community," *Asian Affairs*, Vol. 35, No. 3, 2008.

[163] Yoshi Tsurumi, "The U. S. Trade Deficit with Japan," *World Policy*, Vol. 4, No. 2, 1987.

[164] Yurikase, "Japan's Nonnuclear Weapons Policy in the Changing Security Environment: Issues, Challenges, and Strategies," *World Affairs*, Vol. 165, No. 3, 2003.

后　记

联盟是国际关系中一种异常古老但又不断焕发生机的国际安全合作形式。古往今来，联盟延续已逾千年之久，对于联盟理论与实践的学术探讨也是生生不息。展望未来，国际形势的不确定性和不稳定性依然存在，国家之间对于安全的担忧也无法完全消除，这就意味着联盟不会很快退出历史舞台，对于联盟理论与实践的探讨也还有必要。随着联盟的不断发展，无论是其研究议题还是研究方法，都呈现出多元化的态势，这也推动了联盟研究更加丰富多彩。

时光荏苒，斗转星移，不知不觉我涉足联盟研究已十载有余。从最初对联盟现象的好奇，到尝试进行联盟理论与实践的探索，如今联盟研究已成为我学术研究最挚爱的领域之一。回顾自己的求学历程，无论是撰写探讨联盟转型的硕士论文，还是撰写聚焦楔子战略的博士论文，都是在联盟研究领域摸爬滚打，不断汲取学术营养。工作之后，我依然坚持在联盟研究中不断探索，一方面将理论研究深入到联盟管理和联盟分化；另一方面，在实践层面则从美韩联盟拓展到了美日联盟、美澳联盟等。这些研究经历使我对于联盟理论与实践有了更加全面、系统、深刻的认识，发现了联盟研究的广阔天地。

“师者，所以传道授业解惑也。”成为一名高校教师，是一件幸事，这允许我有相对自由的时间从事联盟研究，同时也有机会将自己的研究成果和设计在课堂上分享，接受同学们的当面“批斗”。在外交学院国际关系研究所和研究生部的支持下，我开设了联盟研究的研究生选修课。在授课当中，我向同学们介绍了大量有关联盟的文献（其中也包括我个人联盟研究的成果），师生之间的批判性学术探讨无疑能够促进教学相长。六年教学的积累，也促使我有更强的动力来撰写这部联盟研究的专著。为了完善本书的整体结构，在过去五年多时间里，我又撰写了多篇相关文章，以充实本书的内容。因此本书可以作为联盟研究或者国际安全研究等相关课程的教材使用。

本书集结了过去十年来我围绕联盟研究刊发的成果，这些成果一部分发表在《世界经济与政治》《当代亚太》和《外交评论》等刊物上。有些还能看出当年的青涩，现在拿出来确实有些诚惶诚恐，但也见证了自己的学术成长之路。这些研究成果反映了我过去一段时间对于联盟研究的不断探索，主要涉及联盟理论、美国亚太联盟等方面。由于论文发表的时间跨度较长，在整理出版的过程中，我对一些文章进行了必要的修改，部分文章的完成离不开郭锐、宁团辉、侯聪睿、梁玄凌等的支持，他们作为合作者曾经和我一同分享了写作与发表的酸甜苦辣。我深知，本书尚有许多不足之处有待进一步完善。但我相信，人比山高、脚比路长，联盟研究犹如一片沃野，只待有心人深耕细作。我会继续致力于此，同时也希望在教学中发现和培养对联盟研究有学术兴趣的学生。

非常幸运的是，在关于联盟研究的探索当中，我得到过许多人的提携或支持。感谢我求学和工作过的吉林大学、外交学院的老师和同学，感谢一群志同道合的学术同行，感谢选修联盟研究课程的历届学生，他们都在本书部分章节的写作过程中给我提供了各种帮助。特别感谢我的授业恩师王帆教授一直以来对我的教诲，当年正是因为对联盟研究的志趣才报考到王老师门下。无论是在做人还是做事方面，王老师给予的指点都使我受益无穷。感谢国际关系研究所卢静、曲博两任所长在工作上的关照，他们的关照使得我能够较快地适应工作后的角色转变。感谢我的同事赵怀普教授、周永生教授、李海东教授、谭继军教授、高尚涛教授，他们在工作中无私地向我传授了很多宝贵的经验。感谢外交学院国关所的青年同事，与他们的学术探讨令我受益匪浅。独学而无友，在联盟研究的道路上，有幸向很多前辈和学友请教，在此深表感谢。

感谢外交学院国际关系研究所、科研处、研究生部和教务处等部门的支持。本书是中央高校基本科研业务重大项目“联盟研究：理论与实践”的最终成果，本书的出版也得到了外交学院一流学科建设文库项目的大力支持，在此一并表示衷心的感谢。感谢张怿丹、蒋少荣编辑的细致工作，由于他们严谨的工作，使得本书避免了一些错漏，也最终能够顺利出版。感谢我的研究生在文字校对方面提供的帮助。

最后要感谢家人的陪伴和体谅，如果没有他们在生活中的默默付出和大力支持，我不可能有相对充裕的时间投入本书的写作和修改当中。在本书最后的写作和统稿之时，突如其来的新冠肺炎疫情使得我多数时间待在家中，也有了更多的时间来陪伴女儿的成长。我愿意把这本书献给我的爱女杉杉，希望她永远健康快乐。

凌胜利

2022 年 4 月 9 日